罗曼·罗兰 等著

傅雷 译

傅译传记五种

生活·讀書·新知 三联书店

Copyright © 2016 by SDX Joint Publishing Company.
All Rights Reserved.

本作品版权由生活·读书·新知三联书店所有。
未经许可,不得翻印。

图书在版编目(CIP)数据

傅译传记五种/(法)罗曼·罗兰等著;傅雷译. —北京:
生活·读书·新知三联书店,2016.11 (2019.4重印)
ISBN 978-7-108-05818-8

Ⅰ.①傅… Ⅱ.①罗…②傅… Ⅲ.①名人-列传-世界
Ⅳ.①K811

中国版本图书馆CIP数据核字(2016)第220835号

傅译传记五种

责任编辑 王 竞 张静芳	刊 行 者
装帧设计 蔡立国	生活·讀書·新知
责任校对 曹忠苓 张国荣	三联书店
责任印制 董 欢	地址:北京市东城区美术馆东街22号
	网址:www.sdxjpc.com
880毫米×1230毫米 32开本	印 刷 者
7.75印张 429,000字	三河市天润建兴印务有限公司
2016年11月北京第1版	发 行 者
2019年4月北京第2次印刷	新华书店
印数 06,001-10,000册	印装查询:01064002715
定价 68.00元	邮购查询:01084010542

初读《贝多芬传》时的傅雷(一九二九年)

罗曼·罗兰回复傅雷的信（附赠照片）
（一九三四年六月三十日）

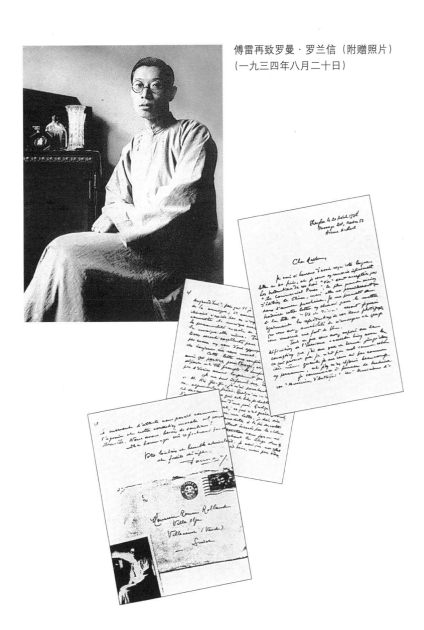

傅雷再致罗曼·罗兰信（附赠照片）
（一九三四年八月二十日）

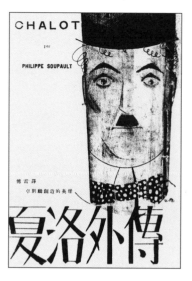

《夏洛外传》一九三三年九月初版书影

《贝多芬传》一九四六年四月初版书影

《傅译传记五种》一九八三年十一月初版书影

出版说明

三联书店出版傅雷先生的著译作品始于1945年。那年傅雷完成了他的译作《约翰·克利斯朵夫》，皇皇四册，由生活书店的分支上海骆驼书店出版，随后又出版了他翻译的《高老头》《贝多芬传》等。解放后，根据上级安排，傅雷翻译的文学作品移交至人民文学出版社出版。改革开放后，傅聪第一次回国时，三联书店的负责人范用了解到，傅雷生前曾写给傅聪百余封长信，内容很精彩，即动员他和弟弟傅敏把这批信整理发表，后摘录编成一集，约十五万字，名为《傅雷家书》。彼时，傅聪50年代出国不归的事情还没有结论，但范用认为："出版一本傅雷的家书集，在政治上应不成问题，从积极的意义上讲，也是落实政策，在国内外会有好的影响。"范用还说，这本书对年轻人、老年人都有益处（怎样做父亲，怎样做儿子），三联书店出这样的书，很合适。

《傅雷家书》于1981年8月由三联书店出版，广受好评，持续畅销，至2000年销售达一百一十六万册，并获得全国首届优秀青年读物一等奖(1986)，入选"百年百种中国优秀文学图书"(1999)。《傅雷书信选》即在"家书"的基础上，加入一组"给朋友的信"，而这些给朋友的信，也大多是谈论傅聪的（如给傅聪岳父、著名音乐家梅纽因的信，给傅聪的钢琴老师杰维茨基的信等），因而从另一个角度丰富了"父亲"和"儿子"的形象,可以说是对"家书"的一个补充。

80年代,三联书店还相继出版过《傅译传记五种》(1983)和《人生五大问题》(1986),均受到读者的欢迎。前者收入了傅雷翻译的罗曼·罗兰《贝多芬传》《弥盖朗琪罗传》《托尔斯泰传》,莫罗阿《服尔德传》以及菲列伯·苏卜《夏洛外传》,借他们克服苦难的故事,让我们"呼吸英雄气息",由钱锺书颢写书名,杨绛作序。后者原名《情操与习尚》,是阐述人生和幸福的五个演讲,1936年经傅雷定名为《人生五大问题》初版,80年代三联书店在"文化生活译丛"中推出;傅雷曾经将它与莫氏的《恋爱与牺牲》一起,推荐给年轻的傅聪和弥拉阅读。此次合为一册,一齐呈现给读者,以"明智"为旨,"高明的读者自己会领悟"。

《世界美术名作二十讲》是傅雷于30年代写的美术讲义,1979年"从故纸堆里"被发现后,由三联书店委托中国艺术研究院的吴甲丰加以校订、配图,于1985年推出;1998年复推出彩色插图版。《艺术哲学》是傅雷精心翻译的艺术史通论,"采用的不是一般教科书的形式,而是以渊博精深之见解指出艺术发展的主要潮流",彼时,傅雷忍着腰酸背痛、眼花流泪,每天抄录一部分译文,寄给傅聪;其情殷殷,其书精妙。

作为优秀的文学翻译家和高明的艺术评论家,傅雷早年对张爱玲的评价和中年对黄宾虹的评价均独具慧眼,为后世所证明;他对音乐的评论更是深入幽微,成大家之言,《与傅聪谈音乐》(1984)曾辑录了部分精彩文字。我们特邀请傅敏增编了傅雷的艺术评论集,并从信札中精选出相关内容,辑为"文学手札""翻译手札""美术手札""音乐手札"附于其后,名之为《傅雷谈艺录》,展示一位严谨学者一生的治学经验,相信同样会得到读者的喜爱。

今年,傅雷先生逝世五十周年,我们特别推出三联纪念版傅雷作品,以此纪念傅雷先生,以及那些像他一样"又热烈又恬静、又深刻又朴素、又温柔又高傲、又微妙又率直"的灵魂。

s·s·s·s·s

三联纪念版《傅译传记五种》以1983年的初版为底本,其中有些标点和字词(如"发见""那末""的""地")的用法与现在的规范有所不同,均未作改动,以存原貌。

书中的一些译名,与现行通用译名亦有不同,如"卓别麟"今译为"卓别林","弥盖朗琪罗"今译为"米开朗琪罗","服尔德"今译为"伏尔泰","翡冷翠"今译为"佛罗伦萨","佛尼市"今译为"威尼斯"。因傅雷先生对译名的选择有自己的考虑,所以本书保留傅译原名。同时,为了方便今日读者阅读,在常见人名、地名、作品名首次出现时,以括号内加楷体的形式,标注出通用译名。

生活·讀書·新知 三联书店编辑部
2016年6月

目 录

代序（杨绛）　　001
夏洛外传（菲列伯·苏卜）　　011
贝多芬传（罗曼·罗兰）　　113
　　附录　贝多芬的作品及其精神（傅雷）　　188
弥盖朗琪罗传（罗曼·罗兰）　　225
托尔斯泰传（罗曼·罗兰）　　347
服尔德传（莫罗阿）　　525

附录　谈傅雷和罗曼·罗兰的通信（戈宝权）　　627

代 序

杨 绛

我先要向读者道歉,我实在没有资格写这篇序。因为我对于这几部传记的作者,以及传记里的人物,毫无研究;也缺乏分别精华和糟粕的能力,不会自信地指出该吸收什么、摈弃什么。但傅敏要我为他爸爸所译的传记作序。我出于对傅雷的友谊,没有推辞。这里,我只简约地介绍这五种传记,并介绍我所认识的这位译者。

传记五种,作者只三人。

《夏洛外传》里的夏洛,是虚构的人物——电影明星卓别麟(卓别林)的艺术创造。夏洛是一个追寻理想的流浪者;他的手杖代表尊严,胡须表示骄傲,一对破靴象征人世间沉重的烦恼。有一位早期达达派作者以小说的体裁、童话的情趣,写了这部幻想人物的传。译者在他所处的那个"哭笑不得的时代",介绍了这么一个令人笑、更令人哭的人物,同时也介绍了卓别麟的艺术。[①]

---

① 参看《夏洛外传》卷头语及译者序。

《贝多芬传》《弥盖朗琪罗传》《托尔斯泰传》同出罗曼·罗兰之手。传记里的三人，虽然一是音乐家，一是雕塑家兼画家，一是小说家，各有自己的园地，三部传记都着重记载伟大的天才，在人生忧患困顿的征途上，为寻求真理和正义，为创造能表现真、善、美的不朽杰作，献出了毕生精力。他们或由病痛的折磨，或由遭遇的悲惨，或由内心的惶惑矛盾，或三者交叠加于一身，深重的苦恼，几乎窒息了呼吸，毁灭了理智。他们所以能坚持自己艰苦的历程，全靠他们对人类的爱、对人类的信心。贝多芬供大家享乐的音乐，是他"用痛苦换来的欢乐"。弥盖朗琪罗（米开朗琪罗）留给后世的不朽杰作，是他一生血泪的凝聚。托尔斯泰在他的小说里，描述了万千生灵的渺小与伟大，描述了他们的痛苦和痛苦中得到的和谐，借以播送爱的种子，传达自己的信仰："一切不是为了自己，而是为了上帝生存的人"；"当一切人都实现了幸福的时候，尘世才能有幸福存在"。罗曼·罗兰把这三位伟大的天才称为"英雄"。他所谓英雄，不是通常所称道的英雄人物。那种人凭借强力，在虚荣或个人野心的驱策下，能为人类酿造巨大的灾害。罗曼·罗兰所指的英雄，只不过是"人类的忠仆"，只因为具有伟大的品格；他们之所以伟大，是因为能倾心为公众服务。

　　罗曼·罗兰认为在这个腐朽的社会上、鄙俗的环境里，稍有理想而不甘于庸庸碌碌的人，日常都在和周围的压力抗争。但他们彼此间隔，不能互相呼应，互相安慰和支援。他要向一切为真理、为正义奋斗的志士发一声喊："我们在斗争中不是孤军！"他要打破时代的间隔和国界的间隔——当然，他也泯灭了阶级的间隔,号召"英雄"们汲取前辈"英雄"的勇力,结成一支共同奋斗的队伍。①

《服尔德传》的情调,和以上三部传记不同。作者莫罗阿说,服尔德(伏尔泰)"一生全是热烈轻快的节奏"。但服尔德观察过人类的生活;他自己也生活过、奋斗过、受过苦,并看到旁人受苦。他认为这个世界是疯狂而残酷的,人的智慧却很有限;可是他主张每个人应当有所作为,干他力所及的事。"一切都是不良的,但一切都可改善"。他为了卫护真理和正义,打击愚蠢和懦怯,常不顾个人利害,奋起斗争。他那些轰轰烈烈的作为,很能振奋人心。②

读了这五种传记,见到了传记里的人物,对他们的作品能加深理解和鉴赏的能力,同时对传记的作者也会有所认识,不必我喋喋多言。可是传记的译者呢,除了偶一流露他翻译这几部传记的意念,始终隐而不见。而这五部传记的译文里,渗透着译者的思想感情。他辅助传记作者"打开窗子",让我们都来"呼吸英雄气息"。我想,读者或许也愿意见见我们的译者傅雷吧?

傅雷广交游。他的朋友如楼适夷、柯灵等同志,已经发表了纪念他的文章。我只凭自己的一点认识,在别人遗留的空白上添补几笔。

抗战末期、胜利前夕,钱锺书和我在宋淇先生家初次会见傅雷和朱梅馥夫妇。我们和傅雷家住得很近,晚饭后经常到他家去夜谈。那时候知识分子在沦陷的上海,日子不好过,真不知"长

---

① 以上两节的引文,都出于本书的本文和原序。
② 参看服尔德《刚第特》(《老实人》)和传记本文。

夜漫漫何时旦"。但我们还年轻,有的是希望和信心,只待熬过黎明前的黑暗,就想看到云开日出。我们和其他朋友聚在傅雷家朴素幽雅的客厅里各抒己见,也好比开开窗子,通通空气,破一破日常生活里的沉闷苦恼。到如今,每回顾那一段灰黯的岁月,就会记起傅雷家的夜谈。

说起傅雷,总不免说到他的严肃。其实他并不是一味板着脸的人。我闭上眼,最先浮现在眼前的,却是个含笑的傅雷。他两手捧着个烟斗,待要放到嘴里去抽,又拿出来,眼里是笑,嘴边是笑,满脸是笑。这也许因为我在他家客厅里、坐在他对面的时候,他听着锺书说话,经常是这副笑容。傅雷只是不轻易笑;可是他笑的时候,好像在品尝自己的笑,觉得津津有味。

也许锺书是唯一敢当众打趣他的人。他家另一位常客是陈西禾同志。一次锺书为某一件事打趣傅雷,西禾急得满面尴尬,直向锺书递眼色;事后他犹有余悸,怪锺书"胡闹"。可是傅雷并没有发火。他带几分不好意思,随着大家笑了;傅雷还是有幽默的。

傅雷的严肃确是严肃到十分,表现了一个地道的傅雷。他自己可以笑,他的笑脸只许朋友看。在他的孩子面前,他是个不折不扣的严父。阿聪、阿敏那时候还是一对小顽童,只想赖在客厅里听大人说话。大人说的话,也许孩子不宜听,因为他们的理解不同。傅雷严格禁止他们旁听。有一次,客厅里谈得热闹,阵阵笑声,傅雷自己也正笑得高兴。忽然他灵机一动,蹑足走到通往楼梯的门旁,把门一开。只见门后哥哥弟弟背着脸并坐在门槛后面的台阶上,正缩着脖子笑呢。傅雷一声呵斥,两孩子在登登咚咚一阵凌乱的脚步声里逃跑上楼。梅馥忙也赶了上去。在傅雷前,她是抢先去责骂儿子;在儿子前,她却是挡了爸爸的盛怒,自己温言告诫。等他们俩回来,客厅里渐渐回复了当初的气氛。但过了一会,在笑声中,傅雷又突然过去开那扇门,阿聪、阿敏依然鬼头鬼脑并坐原处偷听。这回傅雷可冒火了,梅馥也起不了中和作用。只听得傅雷厉声呵喝,夹杂着梅馥的调解和责怪;一个孩子想是哭了,另一个还想为自己辩白。我们谁也不敢劝一声,只装作不闻不知,坐着扯淡。傅雷回客厅来,脸都气青了。梅馥抱歉地为客人换上热茶,大家又坐了一回辞出,不免叹口气:"唉,傅雷就是这样!"

阿聪前年回国探亲,锺书正在国外访问。阿聪对我说:"啊呀!我们真爱听钱伯伯说话呀!"去年他到我家来,不复是顽童偷听,而是做座上客"听钱伯伯说话",高兴得哈哈大笑。可是他立即记起他严厉的爸爸,凄然回忆往事,慨叹说:"唉——那时候——我们就爱听钱伯伯说话。"他当然知道爸爸打他狠,正因为爱他深。他告诉我:"爸爸打得我真痛啊!"梅馥曾为此对我落泪,又说阿聪的脾气和爸爸有相似之处。她也告诉我傅雷的妈妈怎样批评傅雷。性情急躁是不由自主的,感情冲动下的所作所为,沉静下来会自己责怪,又增添自己的苦痛。梅馥不怨傅雷的脾气,只为此怜他而为他担忧;更因为阿聪和爸爸脾气有点儿相似,她既不愿看到儿子拂逆爸爸,也为儿子的前途担忧。"文化大革命"开始时,阿聪从海外好不容易和家里挂通了长途电话。阿聪只叫得一声"姆妈",妈妈只叫得一声"阿聪",彼此失声痛哭,到哽咽着勉强能说话的时候,电话早断了。这是母子末一次通话——话,尽在不言中,因为梅馥深知傅雷的性格,已经看到他们夫妇难逃的命运。

有人说傅雷"孤傲如云间鹤";傅雷却不止一次在锺书和我面前自比为"墙洞里的小老鼠"——是否因为莫罗阿曾把服尔德比作"一头躲在窟中的野兔"呢?傅雷的自比,乍听未免滑稽。梅馥称傅雷为"老傅";我回家常和锺书讲究:那是"老傅"还是"老虎",因为据他们的乡音,"傅"和"虎"没有分别,而我觉得傅雷在家里有点儿老虎似的。他却自比为"小老鼠"!但傅雷这话不是矫情,也不是谦虚。我想他只是道出了自己的真实心情。他对所有的朋友都一片至诚。但众多的朋友里,难免夹杂些不够朋友的人。误会、偏见、忌刻、骄矜,会造成人事上无数矛盾和倾轧。傅雷曾告诉我们:某某"朋友"昨天还在他家吃饭,今天却在报纸上骂他。这种事不止一遭。傅雷讲起的时候,虽然眼睛里带些气愤,嘴角上挂着讥诮,总不免感叹人心叵测、世情险恶,觉得自己老实得可怜,孤弱得无以自卫。他满头棱角,动不动会触犯人;又加脾气急躁,制不住要冲撞人。他知道自己不善在世途上圆转周旋,他可以安身的"洞穴",只是自己的书斋;他也像老鼠那样,只在洞口窥望外面的大世界。他并不像天上的鹤,翘首云外,不屑顾视地下的泥淖。傅雷对国计民生念念不忘,可是他也许遵循《刚第特》的教训吧?只潜身书斋,做他的翻译工作。

傅雷爱吃硬饭。他的性格也像硬米粒儿那样僵硬、干爽;软和懦不是他的美德,他全让给梅馥了。朋友们爱说傅雷固执,可是我也看到了他的固而不执,有时候竟是很随和的。他有事和锺书商量,尽管讨论得很热烈,他并不固执。他和周煦良同志合办《新语》,尽管这种事锺书毫无经验,他也不摈弃外行的意见。他有些朋友(包括我们俩)批评他不让阿聪进学校会使孩子脱离群众,不善适应社会。傅雷从谏如流,就把阿聪送入中学读书。锺书建议他临什么字帖,他就临什么字帖;锺书忽然发兴用草书抄笔记,他也高兴地学起十七帖来,并用草书抄稿子。

解放后,我们夫妇到清华大学任教。傅雷全家从昆明由海道回上海,道过天津。傅雷到北京来探望了陈叔通、马叙伦二老,就和梅馥同到我们家来盘桓三四天。当时我们另一位亡友吴晗同志想留傅雷在清华教授法语,央我们夫妇做说客。但傅雷不愿教法语,只愿教美术史。从前在上海的时候,我们曾经陪傅雷招待一个法国朋友,锺书注意到傅雷名片背面的一行法文:Critique d'Art(美术批评家)。他对美术批评始终很有兴趣。可是清华当时不开这门课,而傅雷对教学并不热心。尽管他们夫妇对清华园颇有留恋,我们也私心窃愿他们能留下,傅雷决计仍回上海,干他的翻译工作。

我只看到傅雷和锺书闹过一次别扭。一九五四年在北京召开翻译工作会议,傅雷未能到会,只提了一份书面意见,讨论翻译问题。讨论翻译,必须举出实例,才能说明问题。傅雷信手拈来,举出许多谬误的例句;他大概忘了例句都有主人。他显然也没料到这份意见书会大量印发给翻译者参考;他拈出例句,就好比挑出人家的错来示众了。这就触怒了许多人,都大骂傅雷狂傲;有一位老翻译家竟气得大哭。平心说,把西方文字译成中文，至少也是一项极繁琐的工作。译者尽管认真仔细，也不免挂一漏万；译文里的谬误，好比猫狗身上的跳蚤，很难捉拿净尽。假如傅雷打头先挑自己的错作引子，或者挑自己几个错作陪，人家也许会心悦诚服。假如傅雷事先和朋友商谈一下，准会想得周到些。当时他和我们两地间隔，读到锺书责备他的信，气呼呼地对我们沉默了一段时间，但不久就又回复书信来往。

傅雷的认真，也和他的严肃一样，常表现出一个十足地道的傅雷。有一次他称赞我的翻译。我不过偶尔翻译了一篇极短的散文，译得也并不好，所以我只当傅雷是照例敷衍，也照例谦逊一句。傅雷怫然忍耐了一分钟，然后沉着脸发作道："杨绛，你知道吗？我的称赞是不容易的。"我当时颇像顽童听到校长错误的称赞，既不敢笑，也不敢指出他的错误。可是我实在很感激他对一个刚试笔翻译的人如此认真看待。而且只有自己虚怀若谷，才会过高地估计别人。

傅雷对于翻译工作无限认真，不懈地虚心求进。只要看他翻译的这传记五种，一部胜似一部。《夏洛外传》是最早的一部。《贝多芬传》虽然动笔最早，却是十年后重译的，译笔和初译显然不同。他经常写信和我们讲究翻译上的问题，具体问题都用红笔清清楚楚录下原文。这许多信可惜都已毁了。傅雷从不自满——对工作认真，对自己就感到不满。他从没有自以为达到了他所悬的翻译标准。他曾自苦译笔呆滞，问我们怎样使译文生动活泼。他说熟读了老舍的小说，还是未能解决问题。我们以为熟读一家还不够，建议再多读几家。傅雷怅然，叹恨没许多时间看书。有人爱说他狂傲，他们实在是没见到他虚心的一面。

六三年我因妹妹杨必生病，到上海探望。朋友中我只拜访了傅雷夫妇。梅馥告诉我她两个孩子的近况；傅雷很有兴趣地和我谈论些翻译上的问题。有个问题常在我心上而没谈。我最厌恶翻译的名字佶屈聱牙，而且和原文的字音并不相近，曾想大胆创新，把洋名一概中国化，历史地理上的专门名字也加简缩，另作"引得"或加注。我和傅雷谈过，他说"不行"。我也知道这来有许多不便，可是还想听他谈谈如何"不行"。六四年我又到上海接妹妹到北京休养，来去匆匆，竟未及拜访傅雷和梅馥。"别时容易见时难"，我年轻时只看作李后主的伤心话，不料竟是人世的常情。

我很羡慕傅雷的书斋，因为书斋的布置，对他的工作具备一切方便。经常要用的工具书，伸手就够得到，不用站起身。转动的圆架上，摊着几种大字典。沿墙的书橱里，排列着满满的书可供参考。书架顶上一个镜框里是一张很美的梅馥的照片。另有一张傅雷年轻时的照片，是他当年赠给梅馥的。他称呼梅馥的名字是法文的玛格丽特；据傅雷说，那是歌德《浮士德》里的玛格丽特。几人有幸福娶得自己的玛格丽特呢！梅馥不仅是温柔的妻子、慈爱的母亲、沙龙里的漂亮夫人，不仅是非常能干的主妇，一身承担了大大小小、里里外外的杂务，让傅雷专心工作，她还是傅雷的秘书，为他做卡片，抄稿子，接待不速之客。傅雷如果没有这样的好后勤、好助手，他的工作至少也得打三四成折扣吧？

傅雷翻译这几部传记的时候，是在"阴霾遮蔽整个天空的时期"。他要借伟人克服苦难的壮烈悲剧,帮我们担受残酷的命运。他要宣扬坚忍奋斗,敢于向神明挑战的大勇主义。①可是,智慧和信念所点燃的一点光明,敌得过愚昧、褊狭所孕育的黑暗吗?对人类的爱,敌得过人间的仇恨吗?向往真理、正义的理想,敌得过争夺名位权利的现实吗?为善的心愿,敌得过作恶的力量吗?傅雷连同他忠实的伴侣,竟被残暴的浪潮冲倒、淹没。可是谁又能怪傅雷呢。他这番遭遇,对于这几部传记里所宣扬的人道主义和奋斗精神,该说是残酷的讽刺。但现在这五部传记的重版,又标志着一种新的胜利吧?读者也许会得到更新的启示与鼓励。傅雷已作古人,人死不能复生,可是被遗忘的、被埋没的,还会重新被人记忆起来,发掘出来。

一九八〇年十一月

---

① 参看傅雷《贝多芬传》译者序。

菲列伯·苏卜

夏洛外传

目　录

卷头语　　014
译者序　　015

第一章　渊源　　019
第二章　城市之焰　　025
第三章　饥与渴　　033
第四章　大自然生活　　039
第五章　人的生活与狗的生活　　046
第六章　回声　　053
第七章　世界最大的城　　057
第八章　纽约　　065
第九章　战争　　068
第十章　镜　　074
第十一章　非时间，亦非空间……　　078
第十二章　爱情与黄金　　087
第十三章　微笑的影子　　095
第十四章　永恒的星　　098
第十五章　终局　　109

卷头语

在这个哭笑不得的时代,"幽默"成了文坛底风气;利用这空气,赶快把"夏洛"出版。这自然是投机。适应时代叫做思想前进,投机却是偷鸡,却是取巧了。然而只要取巧而与人无损与己有益,即是投机又有何妨?

夏洛既曾予我以真切的感动,一定亦会予人以同样的感动;夏洛曾使卓别麟致富,一定也会替我挣几个钱:这便是我所谓与人无损与己有益。

然而夏洛底命运,似乎迄未改善。这本书已经碰了几家书店经理底钉子,因为不是因为夏洛缺少绅士气,便是因为他太孤独了,出版之后不能引人注意(如丛书之类)。

于是我决计独自把他来诞生下来。"自己丛书"说是我自己的丛书固可,说是夏洛自己的丛书亦可,说是读者自己的丛书更无不可。这一本便是丛书的第一部。

译 者
一九三三年七月付印时

译者序

"夏洛是谁?"恐怕国内所有爱看电影的人中没有几个能回答。

大家都知有卓别麟而不知有夏洛,可是没有夏洛(Chalot),也就没有卓别麟了。

大家都知卓别麟令我们笑,不知卓别麟更使我们哭。大家都知卓别麟是世界上最著名的电影明星之一,而不知他是现代最大艺术家之一。这是中国凡事认不清糟粕与精华(尤其是关于外国的)的通病。

"夏洛是谁?"是卓别麟全部电影作品中的主人翁,是卓别麟幻想出来的人物,是卓别麟自身的影子,是你,是我,是他,是一切弱者的影子。

夏洛是一个无家可归的浪人。在他飘泊的生涯中,除受尽了千古不变的人世的痛苦,如讥嘲,嫉妒,轻薄,侮辱等等以外,更备尝了这资本主义时代所尤其显著的阶级的苦恼。他一生只是在当兵,当水手,当扫垃圾的,当旅馆侍者,那些"下贱"的职业中轮回。

夏洛是一个现世所仅有的天真未凿,童心犹在的真人。他对于世间的冷嘲,热骂,侮辱,非但是不理,简直是不懂。他彻头彻尾地不了解人类倾轧凌轹的作用,所以他吃了亏也只知拖着笨重的破靴逃;他不识虚荣,故不知所谓胜利的骄傲;其不知抵抗者亦以此。

这微贱的流浪者,见了人——不分阶级地脱帽行礼,他懂得惟有这样才能免受白眼与恶打。

人们虽然待他不好,但夏洛并不憎恨他们,因为他不懂憎恨。他只知爱。

是的,他只知爱:他爱自然,爱动物,爱儿童,爱飘流,爱人类,只要不打他的人他都爱,打过了他的人他还是一样地爱。

因此,夏洛在美洲,在欧洲,在世界上到处博得普遍的同情,一切弱者都认他为唯一的知己与安慰者。

他是憨,傻,蠢,真——其实这都是真的代名词——因此他一生做了不少又憨又傻又蠢而又真的事!

他饿了,饥饿是他的同伴,他要吃,为了吃不知他挨了几顿恶打。

他饿极的时候,也想发财,如一般的人一样。

也如一般的人一样,他爱女人,因此做下了不少在绅士们认为不雅观的笑话。

他飘泊的生涯中,并非没有遇到有饭吃,有钱使,有女人爱的日子,但他终于舍弃一切,回头去找寻贫穷,饥饿,飘泊。他割弃不了它们。

他是一个孤独者。

夏洛脱一脱帽,做一个告别的姿势,反背着手踏着八字式的步子又望不可知的世界里去了。

他永远在探险。他在举动上,精神上,都没有一刻儿的停滞。

夏洛又是一个大理想家,一直在做梦。

"夏洛是谁?"

夏洛是现代的邓几枭脱(堂吉诃德,Don Quichotte)。

夏洛是世间最微贱的生物,最高贵的英雄。

夏洛是卓别麟造出来的,故夏洛的微贱就是卓别麟的微贱,夏洛的伟大也就是卓别麟的伟大。

夏洛一生的事迹已经由法国文人兼新闻记者菲列伯·苏卜(Philippe Soupault),以小说的体裁,童话的情趣,写了一部外传,列入巴黎北龙书店(Librairie Plon, Paris)的"幻想人物列传"之三。

去年二月二十二日巴黎 Intransigeant 夜报载着卓别麟关于夏洛的一段谈话:

"啊,夏洛!我发狂般爱他。他是我毕生的知己,是我悲哀苦闷的时间中的朋友。一九一九年我上船到美国去的时候,确信在电影事业中是没有发财的机会的;然而夏洛不断的勉励我,而且为我挣了不少财产。我把这可怜的小流浪人,这怯弱,不安,挨饿的生物诞生到世上来的时候,原想由他造成一部悲怆的哲学

(philosophie pathétique),造成一个讽刺的,幽默的人物。手杖代表尊严,胡须表示骄傲,而一对破靴是象征世间沉重的烦恼!

"这个人物在我的心中生存着,有时他离我很近,和我在一起,有时却似乎走远了些。"

夏洛在《城市之光》里演了那幕无声的恋爱剧后,又不知在追求些甚么新的 aventure 了。但有一点我敢断言的,就是夏洛的 aventure 是有限的,而他的生命却是无穷的。他不独为现代人类之友,且亦为未来的,永久的人类之友,既然人间的痛苦是无穷无尽的。

第一章
渊　源

夏洛到底生在什么地方，谁也不知道。有人说他生在伦敦大雾的那天，也有人说他在明媚的春天生在华沙附近的佃户人家，另外还有许多城市，都要争道是夏洛的故乡以为荣。也许他在某一个黄昏薄暮中从云端里降下来的吧？

夏洛小的辰光，人家把他送到学校里去。但是那个胖胖的老师，拿着可怕的戒尺，却不欢喜他，老是把夏洛当做顽童看待。于是夏洛决计逃走了。他焦灼地等着夜的来临，一待天黑，就把书包望棘林丛里一丢，折着一枝榛树干，径上大道。他回头来看见灯光照耀着的两扇窗子，这是他父母的家。他向它做一个告别的手势，又把他的狗抚摩了一会，就在黑夜里闭着眼睛走了一夜。他从来不敢望黑影里去，因为他怕那在黑暗中神怪的生物。人家常常和他讲起吃孩子的狼，可怕的鸟，和残忍的熊……走了几公里之后，他睁大眼睛，只见周围是一片平原，头上是无垠的青天，他举首望见数百万的星星，快活地闪耀着，似乎在歌唱。黑夜么？夏洛从没有见过，闻到，与呼吸过，他也从没感到夜和夜的同伴——寒冷之苦。

夏洛只顾对着新发现的一切出神。静寂包围着他,使他害怕。他要奔波的世界,似乎显得无穷地大,而且是美妙非凡。他这样地望前走着,一个人走着,自由自在,一些也不害怕,使他感到莫名的喜悦。就在这第一夜,夏洛觉得流浪者的灵魂,在他心头觉醒了。

那时候,天中间挂着一颗雪白的月,有时好像是一个圆圆的大头颅在微笑,有时好像是一头可爱的动物,有时似是一滴大水珠……尽自在苍穹溜,滑。

夏洛暗暗地自许为她的朋友。

月亮,静悄悄地,照例用着她照在大路上的最美最忠实的白光来回答他。她走在夏洛前面,因为夏洛见着黑影还有些害怕,而且还有蹩着石子跌跤的危险。

星星们也伴着他。她们仿佛挤着小眼在唱:"我们在这里,无数的我们,都是你永久的朋友。"夏洛听着那些许愿,走着,提起着脚尖,惟恐踏破了他的新朋友——月光。

夏洛已不再害怕了。从今以后,夜变成了他的朋友,黑暗里的居民,守着静默,他们都愿做他的忠仆;那些用桠枝做出可怕的姿势的树,在晚上还可以变做强盗,变做野兽或魔鬼的树,却和气地为夏洛引路,请他在疲乏的时光,把头靠在它们的身上。

夏洛躺下来,闭着眼睛,睡熟了。呼呼的风奔腾着,狂啸着,吹着冷风;但经过夏洛身旁的时候,却悄然地飘过去了,惟恐惊醒他的好梦。忠实的月光在床头陪伴着他,做着为一切儿童所亲爱的女护士。

在夏洛好梦正酣的时光,夜渐渐的隐去了。星星一个一个地熄灭,月光也在幽默中不见。

走了长路的夏洛睡得正熟。

忽然,他觉得手上触着一缕暖气,以为是他的狗在舐他的手,不料是一道阳光。夏洛搓着眼,记起他昨夜的逃亡。他望望周围,只见弯弯曲曲的大道在田野中穿过;回头来看见是一个大森林。他睡在森林脚下。

夏洛还从没见过这样美丽的林子。太阳笼罩着它。仿佛替它戴上了一个金色的冠。

这个小流浪人恭敬地走近比他要大十倍的树。树干的阴影中,生满着绿的,蓝的小植物。亮光依着树木围转地照射着,爬上树枝,照在那些生在棘丛里的小花上。

他慢步走近这些神秘的植物,呼吸着从泥土中喷着,树巅上散布着的气味;他蹑着脚步前进,恐怕惊动了林中无边的静寂。

远处,不知是哪种动作在振撼着树巅。每走一步就有一种奇迹发现:有时一只鸟静悄悄地飞过,有时一声怪叫打破沉默的空气,有时一朵红艳的花引起了这小人儿的注意。

疲乏的夏洛给种种神奇怔住了,坐了下来。幽幽的小虫忙忙碌碌不知在赶些甚么工作。夏洛俯身看见一群蚂蚁,在一个窟洞周围蠕蠕骚动,有的背负了比它身子还大的东西,别的蚂蚁把它推着,还有别的在另一方面匆匆奔向才发见了的宝贝。

长久长久地,夏洛注视着它们。

他随后采了一颗果子,因为他饿了。他撩开树枝,重新向前走去,他不知道取哪一方向,可是一种微弱的声音在呼唤他,也许是一朵小银花在叫他,声音渐渐的高起来,响亮了。

他望前走着,声音似乎渐渐逼近,草变得更青,树也更雄伟了。他不久就看见岩石中涌出一道泉水,在歌唱,一群小鸟都聚在它的周围。

夏洛俯下身去,像喝井水般地喝泉水。他还未见过泉水的飞涌。

他听着,瞧着,种种的奇迹都发见了:泉水中有雨,有风,有光,有微笑,有夜,有月亮,也有太阳,还有鸟语,快乐,惊讶,飞翔,敬礼,温暖与寒冷的交替,总之,世界上一切的反映。

夏洛一心一意地瞧着泉水所呈现的各般色相,他俯身挨近它;有时他举首,端相树林。它依着山坡的起伏,斜斜地展开在他的眼前,它有时变成一片薄雾,有时只见深深的绿色,随后又发出绯红的回光,有时更黝暗下去,变成他脑中的一段回忆。

夏洛在这些幻景中认出春与夏,也认识了秋与冬。

他等着,却并没有人来。他独自一个人在树林中间,时间悠然的遁去。夏洛尽对着流水,看不厌。

他以为流逝了的只有几分钟的时间与几滴水,可是实际上,夏洛在泉水旁边已经好几年了。他稍稍长大了些,但他在林间所见的万般形相,已教了他学校中所没有的智识。

他凄然地离开泉水,因为泉水劝他继续望着前途趱奔。他跨过荆棘,撩开树枝,爬上山坡。路上遇见硕大无比的树木,树尖似乎一直消失在云雾里，鹿儿见了他愕然惊跳远去。他不再害怕了，因为他已认识森林而且爱它。

夏洛登到那威临着周围的田地的山巅，坐下来凝眸瞩望。

远远地，他望见他出发的村庄，他辨出他父母的屋舍，他赶紧旋转头去。

前面铺展着一片平原，那边的城市都变了红的黑的点子；原野中并有温柔的小山岗，有绵绵不绝的大河，就是那泉水的巨流；近处还有白的大道跟踪着他。

极远极远，还有另外一片白的，青的平原，在太阳下闪耀着，仿佛是无穷无极地。那蓝的，动的地方，就是夏洛要去的区处；他站起身向着目的地出发了。

他沿着河，走了好几天，好几夜。疲乏了，或是渴睡欲眠的时候，就在河滨绿草上躺下。

他想起泉水，河中万千的反映带来了泉水的音讯。这是回忆往事的音乐。鱼们在芦苇中溜来滑去，阳光和水中的小虫在游戏。

夏洛有时被饥饿所苦，但他并不减少勇气。他能和饥饿交战，也能和饥饿的同伴——寒冷抵抗。

他越过一岗又是一岗。

日子一天一天的过去，夏洛老是走着。一个晚上，他听到一声很长的呼啸，接着一阵疾风吹过他的颈项。风过后他口唇上觉得有些咸味。他一直走到夜里，因为他听见不远的地方，有一种单调的巨声。他比往常疲乏得更厉害，因他在迎着风走，而风又是一阵紧一阵地尖利。夏洛再也看不见一些东西，巨声却愈来愈响。他躺在柔软的细沙上面，听着巨响，竟自睡下。这响声几乎要令人怀疑是世界的颠覆；但对于夏洛，却使他想起泉水的声音，一面想着那往事，渐趋和缓的风微微吹拂他，把他催眠着睡熟了。

等到太阳把他的眼睛呼唤开来的时候，夏洛以为是在做梦。他的前面是一望无际的水，他把它比做无穷大的湖。他开始害怕起来，因为波浪像万马奔腾般向他汹涌而来。他慢慢地和这水波的来往熟习了，终于他对着太阳的游戏与色的变化出神。

夏洛从没见过大海。他把眼睛仔细搓揉了一番，坐在金黄的沙上望着。

他看过了拂晓，他去了，因为夏洛应当走，走，老是走，走便是他的志愿。没有一件东西能够把他留住，因为他想在此以外，更远的地方还有甚么新事物在等他。

他发现世界。他的青年便是世界的发见。现在他已认识夜，冷，太阳，月亮，森林，天空与云彩，虫，泉水，鸟，河，风与季候，他也认识了海。

他不认识人。他还年轻呢。

夏洛去了。他离开了海滨，沿沙岸走去，穿过田野，攀登山岭。他等着夜，他走着，白天，黑夜。他睡在大自然中。他肚子很饥，他跑起来了。

夏洛已不是一个孩子了，因为他知道怎样和来自各方的敌人斗争。

他爱这种斗争。他那样地自由，但他自己却不知道。他自由地动作，言语，他可以歌唱，只要他欢喜。他做他所要做的事情。

夏洛是非常年轻。

第二章
城市之焰

夏洛又走了很久。有一天,他觉得鼻子下面多了一小簇须。他在一条溪水中对自己照了照,大声的笑了出来。

一晚,他决定在睡觉以前,爬上一个大山岗。到了山巅,他望见在山谷的深处,一大块黝暗的东西,成千成万的小星在那里发光。但它们并不像天上的星一样,因为远远地,它们显得是粉红的,或竟是红的。

夏洛放开脚步跑去。渐渐地,他辨出一所一所的屋子,窗打开着明晃晃地。他明白这是一座大村庄,成千成万的星就是城市之光。

他刚走到几所房子前面,天上忽然下起雨来。他打门,希望像村子里的习惯一般,人家会让他避一避雨。使尽了气力,他敲了好一会,有人来开门了。一个男人喊着:

——谁?

——夏洛。

门开了一半。夏洛看见一个大胖子,撅起着须,握着手枪。

——走你的路，小伙子，他吆喝道。

——可是天在下雨，我肚子又饥。

——滚，快快滚，不然我就放枪。

夏洛向他抗议。胖子对准夏洛的屁股就是一脚；接着关了门。

夏洛只得继续前进，敲了好几家门，老是一样的招待。有时人家把门砰的一声关上，几乎碰折了夏洛的鼻梁；有时人家拿扫帚威吓他。一个妇人甚至叫他"浪人"。

"浪人？浪人？"夏洛反复地自言自语。

争执得疲乏了，他想找一块地方睡觉。他拾起一块硬面包，津津有味地大嚼起来。吃完，他看见一片草地。他紧贴着身，伏在墙脚下，尽量望雨点打不到的地方躺着。他毫不怨忿地睡下了。睡熟之前，又望了一望天空：一颗星也没有，天色也不好看，只是布满着又灰又红的沉闷的颜色。

早上醒来，他前后左右一看，到处只见忙忙碌碌的人。有些太太们手里拿着牛奶瓶，来来往往的跑。先生们全是威严非凡。他们都有一顶圆帽子，不时把它一上一下的掀动着，当他遇见和他差不多的先生时。有的还拿着一个棒，在空中舞动。

夏洛张开着嘴。他对着这些人们的威仪，只是惊讶和赞美。

惴惴地，他走出了草地，沿着街道大踏步前进，一面尽是在留神些可以吃的东西。他看见一大堆一大堆的垃圾，破布，穿了洞的靴子，中间藏着几块硬面包头，烂蔬菜，还有罐头食品的空盒子。

夏洛在一堆垃圾旁边坐下，细磨细琢的扒起来。他发现一顶圆帽子，虽然走了样子，他觉得还是华美非凡。望头上一戴，他自以为和刚才看见的先生们一样地威严了。他也拣了一双靴子穿起来，亦很合式。随后他吞了几块硬面包头。

他寻一条小溪，要照一照他的崭新的打扮。他的确看见好几处在阶石下面流着的污水，但无论如何也没法找到半些反光，可以反射出他的容仪。

——算了，他喃喃地说，反正我已经很庄严，很美丽了。于是他开始去瞩望城市。

第一件使他出神的，是一盏路灯。他绕来绕去的看，终于看出还燃着的一线火焰。他记起前夜在山岗上望见的红星。

接着他又看屋子。它们都很高，窗也有好几十扇。有些房子还有阳台。

他望前走着：房子越来越高，路灯越来越大，人们也越来越庄严，越匆忙。他们甚至不打招呼了。

忽然，在街道的转角上，出现了一辆自己会跑的车子。它没有马拖，没有犬曳，只是发出轧轧的铁器的响声。车子吼了一声。夏洛，吓昏了，用了最高的速度，赶紧望墙上扑，车子擦着他身体奔过去了，车里的人向他吆喝一声：

——猪猡。

夏洛微笑着向他做了一个亲热的手势。他又看见许多别的汽车。他走近市中心。男人们，女人们格外显得忙乱。

人家一些也不注意他，他可以舒舒服服地观察行人和街上的一切。

他对着店铺仔仔细细地看。橱窗里摆着数不清的东西，一眼看去，总是一件比一件美丽：金啊，银啊。

他把头靠在一扇窗上，望见内面的人在吃东西。他们那般的匆忙，叫夏洛弄不明白。也许这些人都饿透了，像他一样。

夏洛不敢进去。

可是饥饿比他的胆怯更强，他学着一个路人的样，推进门去。他决心事事都模仿这个人，他坐在他对面。他做着同样的手势，说着同样的言语，人家给他端上同样的菜。

人家也给他送上账单，也和对面的人一样，他摸着衣袋，可是一些东西也摸不出来。

他向伙计说明他的情形，伙计对他直瞪着眼，只答应了一声：

——好。

接着他嘴里嘘——了一声。

那伙计是眉毛很浓，牙床突出，粗野得骇人的大个子。他又嘘——了一声。

于是，所有的伙计，穿着黑衣服，套着白围巾的，全来了，把夏洛团团围住。其中两个人抓住夏洛的肩头，最胖而最强的一个就结结实实的送了他一脚。接着别的伙计，举着拳一齐上前。全体的客人都立起来看厮打。

夏洛挨了一阵痛打之后，重新站在街沿上了。那个胖子立在门口喊着：

——让你受一番教训，小家伙。

夏洛看见这人似乎一直追踪着他，他吓逃了。

他逃到离开饭店狠远的地方才停住，他坐下，抚摩着浮肿的四肢。

"为何要恨我啊,这大个子?我怎么惹了他?"

夏洛又看见这厉害的人了,真是太厉害了,又残忍,又凶恶,对他满怀着怨毒。这是他的运命的一个形象:比他厉害的人。

虽然痛楚,但夏洛想想这一个上午,究竟没有白废掉,既然他饱餐了一顿。

他在街上溜达着。他继续去鉴赏那些铺子。但还有别的情景更吸引他:一个警察在街上做着各种手势指挥汽车及别的车辆行走。夏洛走近他,想从旁细细的鉴赏一番。最初,警察全没注意到这小人儿。一刻钟之后,他可觉察出来了,以为这对着他尽望的小人在嘲笑他。

——你在这里干吗?他向夏洛这样的喊,一面把手里的棍子舞动了一下。

夏洛,还没忘记刚才一顿毒打,他想还是不加说明,悄悄的走掉为妙。

他重新在路上闲荡起来。不久,他在一所正在建筑的屋子前面站住了。

一切都值得他赞美。工人们搬运砖头,一块一块的往上垒,涂上水泥。他对着举起重物的机器,和一忽儿上,一忽儿下的升降机出神。

"好职业。"他望着泥水匠想。

他走到一块小方场中,拣了一条凳子坐下,想起森林中的树。他眼前的树显得那样地瘦削,惨淡。几只迷路的鸟飞来停在树枝上,可是也显得可怜相。它们藏在树叶中去了。

男人，女人，走来坐在他旁边，夏洛对着他们微笑。他们向他忿忿地望了一眼，庄严地起身走了。

夏洛耸一耸肩，不明白人们为什么对于他的微笑总把这副恼怒的神气来回答他。

一个娇弱的金发少女，来坐在他的凳上。夏洛从没有见过这样美的造物，而且和他坐得这样近，更使他有些飘飘然。可是他胆怯，他不敢向她微笑，怕她和别人一样，庄严地走开。但这一回倒是她先向他嫣然，夏洛也不禁报之以微笑。她并不起身，反而对他望着。

她似乎和他一样空闲，一样孤独。夏洛很想和她谈话，但他害怕。

他举一举他的帽子，好似他看见别人做的那模样，她点了一点头。他旋转头去，看见小路的底上，一个警察在舞着棍子踱来踱去。

他走近他们坐的凳子。夏洛觉得有些不放心。警察停住了，瞪了少女一眼，又直望着动也不动的夏洛。

他走开了，又回头来。

少女站起身，也不招呼告别，也不微笑，径自去了。夏洛想起来跟随她，但警察直看着他，带着威吓的神气。

她去了，夏洛仍旧坐着，看小鸟飞来飞去，只是惘然。

长久长久地，他留在方场中的凳子上，希望这样可以不让金发少女的印象消失。他记起她的金黄的头发，温和的微笑，一双烦躁地紧握着的纤手，他又重新看见在小黑皮鞋中的一对天足。但夏洛没有听到她的声音，这使他非常难过。他只得自己在脑中想象。这是宏亮,清脆,热烈的声调,比她的笑容还要温柔的歌。

天黑了。夏洛还离不开这小花园。数小时以来,这花园已成为世界上最美的花园了。几分钟内,他又看到了他运命的第二个形象:一个美丽的金发少女。

夜似乎把男人们,女人们统赶出了这方场。可是许多黑影出现了。这是一对对寻找阴影和静默的男女。

一动不动地,冻僵的夏洛尽望着那些男女。一道月光从云隙里漏出来,正落在一对人儿的身上。夏洛看见两张脸互相偎倚着,两片嘴唇连在一起。他看见这对嘴唇,忽然,他在这对不相识的人中,看见他自己的脸正膏住在金发少女的脸上。他打了一个寒噤。月光重新隐去,夏洛甚么也看不见了。

他起身离开了阴影。城市的光焰在呼唤他。他走出方场,看见那些情侣正像瞎子一般走着。

夏洛,走近光明的大街,以为是起了大火。他急急的奔去。光焰本身就在绕圈子。一群一群的人懒懒地拖着脚步,汽车到处奔驰着,射出眩目的光亮。

夏洛照例望一望天。电火之外,他毕竟看见他的朋友——星,像每个晚上一样,向他瞅着眼打招呼。人家把他拥,挤,挤,拥,但他的目光终离不开那些星系。他正看到金发少女,在天空对着他嫣然。

街道是这样的美,和早上的是这样的不同,令他相信他眼底下诞生了一个新的城市。行人显得安闲了,女人也似乎更美,污秽给阴暗吞下了,警察也看不见。

夏洛缓缓地走着。他努力要学这些庄严的人们的模样，因为他要和他们一样，成为"城里人"。

在一家店铺外面的大镜子面前，他站住了。他观察他的苍白的脸，上面缀着一小簇黑须。他整一整上衣，紧一紧裤带，又摸了摸领结。但他觉得少了些甚么东西。他抖一抖手，一双空空的手。镜子前面，他旁边，一位绅士站住了在端相他的服装。他手里拿着一根杖。

于是夏洛想起要一根手杖：

"我找到了一根手杖的时候，我可以完全像样了。"

第三章
饥与渴

夏洛成为"城里人"了。

他懂得要工作才有饭吃,要说谎才能生活。

泥水匠的工作是他最初就艳羡的,因此他去做泥水匠。但他满想用与众不同的方法来工作。要在一定的钟点上工,不能在路上逗留一会看一看太阳,这使他非常烦闷。

他离开了工场,袋里稍稍有些钱,重新去度他的流浪生涯。但不久饥饿又来提醒他,非回去再受束缚不行。

这样地,他尝试了各种职业去谋生。他做过搬场小工,杂货商,机器匠,点心司务,旅馆茶房,路劫的强盗,角力者,水兵,银行雇员……

虽然他很努力,但他永远不能恪守纪律。他老是想那以前所过的自由生活,他想森林,想泉水,于是他穷得如《圣经》上的郁勃(约伯)一样。

而且城市似乎也不愿容纳他;贫穷做了他的屏障,淡漠的心情与恶作剧的本领是他的武器,他总站在城市的漩涡之外。夏洛实在是一个怪物。他痴情而又冷淡,胆怯而又勇敢,狡猾而又天真,快乐而又悲哀,是小窃也是老实人……夏洛是一个人。但他更喜欢无牵无挂,无拘无束的独立生活。每逢他猜到自己要被牵系住的时候,总是七手八脚的逃跑。因为他热爱自由,故他永远不愿停留,永远要走。夏洛是一个现代的人,应当是生在一九〇〇年左右的。

流浪了许多时候,被饥饿煎熬得难忍起来。一天,夏洛又决定要选择一种职业了。他踌躇了好久,因为他总是看到每种职业的坏的方面。他很愿意做老板,可是从没有人请他去就这位置。

虽然决定了要谋一种职业,终于甚么事情也不愿做。他上街闲荡,望着店铺,希望乘伙计不留意的时候,这里掠一只苹果,那边抓一条香肠,另外再拿一块面包。只要瞥见有何集合,他就赶快跑过去,提着脚尖,热心地瞩望。一天,在一条小路上,他看见许多男人和女人,静悄悄地听一个老头儿演讲。他走近去:老人是一位牧师,正在痛骂酗酒的醉鬼,他在布道。夏洛只是纳闷,但他看见一个可以搬动的竹管子,便转着怎样可以弄到手里的念头。布道完了,牧师请求施舍,竹管在人们手里一个一个传递。大家都投入一些零钱。竹管传到夏洛手中,他抓着,拼命掏自己的袋,甚么也掏不出来。布道重新开始了,听众也旋转头去,牧师致谢他们的乐善好施。趁这没人注意的当儿,夏洛把竹管藏在衣襟下面,悄悄地去放在一个偏僻的地方。接着,他又大模大样,若无其事的走回来听牧师演说。牧师唱着赞美诗,旁边一个金发少女和着。夏洛望着她,张开的嘴合不拢来,他也跟着唱;少女看见他胸部微动,向他嫣然。

夏洛开始觉得做了亏心事，忐忑不安起来。歌唱完了，牧师和少女收拾起简单的行装。但他们找不到竹管。他们寻了好久。

夏洛，一动不动地看他们来来去去的找。他心里很难过。失望的少女，坐在小箱子上哭了，他后悔不该偷了他们募化的钱。少女哭个不停，于是夏洛走近去，用着最可爱的微笑，向她提议由他去寻觅。她抬起头来，用十二分感激的目光望他，他再不迟疑了。他跑去，得意洋洋地把竹管安放在少女的膝盖上。

牧师，感动得含着泪，夏洛的忏悔使他很喜悦，向他伸着手：

——你怎么过活，我的孩子？

夏洛，愈觉羞涩了，不知道怎么回答。

——喔，他用十二分圆到的语气说，我做工。

——做什么工啊？

——我现在没有职业，夏洛说。他并且暗暗地发誓，只要再有人向他提议任何职业，他一定马上接受。

——星期日早上到教堂里来。上天佑助你。

夏洛行了个最庄严的礼，等金发少女对他嫣然一笑之后，他说一声：

——星期日见。

他走了。

夏洛发誓要谋一个位置。可是要去寻找啊！他到处望望。没有一个人用得到他。他敲门，问工头。人家把他回了。没有工做。找事情，并不像人们所想象的那么容易。

咦，那里有一个告白。这是警察署。啊，不，什么工作都可以，这个可要不得。他走开了。夏洛重新去钻谋，一些事情也没

有。又回头来,再去看那告白:

招 募 警 察

这是不可能的,夏洛不能做警察。警察!他先要把自己吓倒了。

可是他已发誓要找一个位置。这不是一样的职业吗?算了。他试试再说,等到他找到别的……

他走近去。门口的警察用着猜疑的神气望他。夏洛,吓了,就逃。但他细细思索了一番。他振起精神,鼓着勇气,走进警察署。

他先受了一番试验,被录用了。现在,他事业成功,很高兴。这倒还是一种清静的职业:一天到晚在街上溜达。夏洛,坐在凳上,穿着漂亮的制服,等着去站岗。

一个受伤了,一个被暴徒打得鲜血直流的警察。立刻,派了别一个去代替。五分钟后,第二个受伤的扛回来了。说是在一个险僻的墙角里,一个暴徒,如土耳其人般的凶狠,要袭击一切经过这地方的警察,他要报仇。第三个受伤了。该死的职业!

这一会轮到夏洛了。

他走到这风声紧急的街上。那个大汉子,如野兽一样的狰狞,看着夏洛大笑。

他要吓一吓夏洛。他骨碌碌地把眼睛转着,紧握着拳头,露出牙齿。他跳上路灯杆,把它扭曲了。显完身手,他很骄傲,得意。可是夏洛比他更狡猾,在背后跃上他的肩头,把他的头揿住在路灯中，开放了煤气龙头。大家伙倒下来了。人们把这中毒的汉子抓去警察署。

这一次冒险使上官们看重夏洛，他的同伴和街上的住户也敬重他了。人家向他行礼，向他微笑，大家都怕他。

不久，一切暴徒都怕夏洛了，城市中重归安谧。他为取悦金发少女起见，把那些坏蛋都送到教堂里去忏悔。

但这个职业缺少意外的奇遇，尤其是夏洛不愿意长此做警察，他寻别的位置。少女已没有以前那样的美丽，牧师的演说也永远是那一套。

因此，夏洛想尝一尝大都市的享乐。那时他已挣了不少钱，他租了一所住宅，星期六晚上他到酒排间去玩。夏洛也不讨厌喝酒，且喝得很不少。有一晚，在早上一点钟回家的时候，他竟烂醉了。

他走进屋子，但辨不出室内的东西。不知怎么，它们成了他的敌人。他走近去，一切东西都走远了，拿在手里，又尽是乱跳。

楼梯也似乎对他生了恶感。夏洛挣扎了数小时以后，说："真是，喝酒不是好事。"

他早上醒来，从窗里一望，只见一座灰色的高墙掩蔽了天。愤恨之下，他出门去换空气。但那城市，他初来时显得那样的美，此刻却变成悲哀的，沉闷的，老是一副哭丧的神气。

夏洛做了一个鬼脸。

他摸摸衣袋，发见昨晚把所有的钱化完了。得再去工作来吃饭。

吃了饭工作,工作了吃饭……夏洛又做一个鬼脸。

他厌烦够了。

他把漂亮的衣服,高大的礼帽统卖了。用卖来的钱他买了一架提琴,这是他已经想了好久的东西。

于是他急急忙忙地出城。

他急着要再去看树,看草,看云,太阳,拼命的呼吸。

他看到最后几所屋子时,欢喜得跳起来。

街的尽头,躺着无边的大路。

第四章
大自然生活

自由的空气,美丽的星辰,大自然中的生活……夏洛高兴地走着,背着提琴,想他新的幸福,和他重新获得的自由。

他没有忘记大路上醉人的气息,但这种生活的价值,在这重新获得自由的第一天,才完全感觉到,体验到。

他孤独了,很快乐,他用不到谁。他不必再工作,他走着。

几天之后,他带的糗粮完了,饥饿开始压榨他的胃。到一个村庄,夏洛拉起提琴来,请求布施。人们给他铜子,面包,蛋。乡下人爱音乐。

好美丽的生活!

傍午,他走到一所村子的广场上,在教堂旁边停下,不再等待了,开始奏提琴。

奏的是一阕很流行的情歌。儿童们走近来,女人,男子。有几个低声哼着歌辞。夏洛微笑。再奏一阕更通俗的情歌。

夏洛正奏到那复唱的时候,一阵牛鸣似的吼声把琴音阻断了。

夏洛突然停住,一个号筒吹着,一个大喇叭应和着,号筒再吹着，另一个大号角应答着。

夏洛并不退让，尽力的拉——拉断了一根弦。一秒钟也不能错过。夏洛拿着帽子请求施舍。大家都给他。真是一笔好收入。

夏洛坐着数钱。

号筒，喇叭，号角，终于也噎住了巨声。一个人讨钱。一个铜子也没有。

——你过分了，有人说。

——过分什么？什么？讨钱的人回答。

人家告诉他，他不识趣，讨两次钱！不该过度的。

——怎么，这不是第一次？

人们耸耸肩，微笑。一个向正在数钱的夏洛一指。

——贼，奏号筒的人喊着，奔向夏洛。

——强盗，奏喇叭的人喝道。

——强盗，奏号角的人喊。

夏洛毫不迟疑，捧着胀饱了铜子的帽子就逃。全个乐队在后面追。

夏洛跑得快。他跑入一个小林子里绕圈子，把那些音乐家迷了，歇住不追。

夏洛可以休息了。他在林中找一片平坦的地方，躺在草上睡。

他听到怒骂叫喊的声音。

真是永远不得安宁。他轻轻地走近去。

一个少女在游方人的车子附近洗衣服。她的头发在太阳下发出金光，她很吃力地捣衣。不时，还有一个老妇来监视她，只要少女显出疲乏的神气，老妇就打她一巴掌。

可是她很美丽呢，这少女。老妇不在的时候，她向着太阳和小鸟微笑。

好可怜！因为少女回不过气来停住了，老妇就大大的发怒。她打她，打得那么厉害，连老妇自己也累了。她走开了。

夏洛不敢走向少女面前去，他要说她美丽，可怜，但他害怕。他拿起提琴。有时候拉琴比说话容易。

提琴唱：

"美丽得像你……

"我梦神奇……

"我俩同去……

"你是多么美丽，

"喔，我可爱的金发天使……"

提琴唱，少女笑。她还从没听过这样温柔的歌，称颂她美丽。她幻梦。

一个巴掌把她惊醒了。

这是她听了音乐，不洗衣服的教训。那个打她耳光的大汉就是游方车的主人，老妇的丈夫，洗衣女的"父亲"。他有无上的威权。而且他是最有力的，故他决心要制服那个音乐家，因为他不该扰乱人家工作。

他奔向夏洛。"弄音乐真没运气。"夏洛想。大汉子很凶，幸而他跑得不快。夏洛在小林子里乱跑。他藏起来。大汉，拿着棒，再也找不到他。他明明在夏洛身畔走过，只是看不见。不必蹐躇了，夏洛拾起一根粗大的树枝窥伺着。大汉昂着头，还在寻找。等他走近，夏洛就用力的砍了他一棒。他倒下去了，发出一声可怕的怪叫,这声音把还在追寻的几个音乐家招来了。几个喇叭手都蜂拥着扑向夏洛,夏洛只得把他们一个一个砍倒了,方才安静。

夏洛,正想走,觉得有些内疚。如果他放弃那少女,大汉子一定要在她身上复仇。

他回到游方人的车子旁边,驾好了马,向洗衣女郎提议和他一同逃走。

她答应了。

夏洛鞭着马飞奔,车子隆隆的发出巨大的声响。经过小林子的时候,巨声把昏晕的音乐家们唤醒了。他们瞥见了逃亡者,立刻发脚追逐。

大汉子,看见自己的财产被盗,跑得比别人更快。夏洛徒然鞭他的马,大汉快赶上了。只有一个方法排脱这蛮子。夏洛把一个铁棍授给吓呆了的洗衣女郎,说:

——用力砍下去,对准着头。

她依着他的话,大汉倒在路上。胜仗啊。夏洛鼓励着马,不久,车子便在追逐者的视线中消失了。再走几公里,便可休息。

夏洛一面鞭着马,一面想:大自然生活还没有住在城里时所想象的那么平静。

啊,终于发现了美丽的一角,可以歇息了。

他把马解下来,它也很应该休息一会了,他走近少女。她真好看,但她有一股特别的气味。她的头发是金黄的,可是很脏。

她,洗得那么好的衣服,应该想到洗一洗自己。那里正好有一条小溪。夏洛替少女洗了脸,她只觉得奇怪。

可是得想到吃饭问题了。夏洛去掘番薯，打发少女去拿水。

夏洛回来，剥好番薯，生好火。但少女没有来。"怪了！"夏洛想。

微微有些不安，他出发去寻找。他看见她坐在一块石头上，面前一个画家在画她的肖像。

这可以延迟长久。

但画家的手脚倒不慢。他差不多要完工了。夏洛去看他的画，还不坏。

可是番薯呢？

夏洛提着桶，自己去煮了。

画家重重的谢他的新朋友，因为美丽的小姐帮了他不少忙，明天有一个展览会，这张画一定可以获得狂热的欢迎。

两方面恭恭敬敬行了礼，画家告别了。

夏洛他们吃完饭，睡了。

明天早上，整理行装，隔夜奔波过度的车子也修理好了，只等起程。但远行之前，夏洛感到有和少女一同散步的需要。他好久好久没有看到花和树。夏洛变成感伤了。他讲了许多美妙的故事给他的同伴听，她快乐得微笑。因为这个提琴家是她的救主，她非常信任他。

午晌，出发了。

然而今天夏洛以为不必着急。他每看到一个风景秀丽的所在便停下。他望望在阳光中欢笑的田畴。他，他也想笑出来。他很幸福了。小鸟们唱着，风和缓地吹拂。

但后面有一辆发着大声的汽车，呜呜地拼命的叫。撞坏了甚么啊?夏洛回头去,有人向他做着手势:"停下来!"

汽车紧靠游方车停住,画家在车中下来向夏洛说"早安",一个老妇冲上前来,向着少女。

——就是她,她喊,她哭了。

——谁留着她的?

少女望着夏洛。

终于一切都明白了。

老妇,在参观展览会的当儿,认出了她十年前失踪的女儿。由了画家的帮忙,她追到了游方车。她来寻访她的女儿。

"真是太妙了。"夏洛想。

——那么,再见!他说。他握了同伴的手,向她的母亲和画家行了礼。

汽车驶远了。

夏洛拥抱了一下他的老马,方才上路。

好美丽的大自然生活!

夏洛想起城市。也许他不该离开它的。孤独的生活不见得老是有趣的。

太阳还是一样的太阳。小鸟唱的仍是一样的歌。风吹得不免凄凉。啊!田野!

咦,又是一辆汽车。这种家伙只会制造灰尘,发出巨声。它亦停了。

谁在向他做记号?

少女来找他,因为她永远不愿离开他了。

——真的吗?

——真的。

是,真的,但这究竟不同了。

放弃车子,老马……夏洛坐在车厢底里,在两位把他挤得紧紧的太太中间。他甚么也看不见,他局促得厉害。少女显得没有以前的美了,太阳与风不再回绕她的头发,眼睛……

此刻,夏洛发现她和她的母亲很相像。

实在,夏洛并不欢喜。他是运命的玩物。他竟永远不能做他所愿意做的事情。一个人得老是和运命,和自己争斗。人家对他太恶了,或是太好了。无论是谁,他总合不拢来。他要什么,愿望什么,他不明白。

第五章
人的生活与狗的生活

夏洛闷够了！他不能在这所美丽而冷峻的屋子中度那种满含着虚伪的好意和隐藏着陷阱的生活。

一个晚上，他离开了凄凉的房屋，也不向谁告别。他放弃了少女，微笑，以及一切现代的享用。他希望……

事情不会老是那样的，他很知道人家决不惋惜他，也许发见了他偷跑之后，会满足地叹一口气。在这些又高又大的屋子中，笑一声会把一切都破坏了的环境里，夏洛是无论如何也住不下去的。

他把人家给他的漂亮的衣服，提琴，金钱都留下。

夏洛上街溜达，一阵阵的醉意。他觉得有些孤独，但也觉得解放了。他可以走他愿意走的地方，他可以停留，奔跑，没有人向他说一句话。

他坐下。一会儿，他打一个寒噤，觉得遗憾。她有时真和善，这少女。她是金发的，很温柔。算了！

在他近旁，坐着一条满身污泥的狗。它也是逃出来的，因为要跑东,跑西,要自由。

夏洛轻轻地抚摩它。

他又向前走,狗跟着他。他们俩都倦了,想渴睡。

幸而夏洛认识一些安静的地方,可以躲避在阴影中刮着的大风。

那边有一片广场。

夏洛安顿下来。他把头枕在一块石头上,正在入梦。他很可以吃些东西,但他没有铜子。

那末改天再说罢。

——去。狗,睡去。

但这同伴简直不理。它嗅,它爬地。大大小小的耗子。真讨厌,这狗!闹得人不能安睡。

——睡去!

它不理,它尽是爬,爬。

夏洛起来打了它一下屁股。这狗,它找到了甚么东西?它真不蠢。一只装满了钞票的皮箧。

美妙的人生啊。

大家先去玩一下罢,夏洛不渴睡了。

到跳舞场去!

第一先得喝些东西。

可是这些流氓在他周围转来转去干么?

他们已嗅到他的皮箧了。

这些家伙并没费多少时间就把钞票偷去,他们自以为变了财主,另外开了一个特别房间去开怀畅饮。他们甚么都欢迎。

夏洛，蹑手蹑足的走近，等一个贼旋转头去，他便对准了另一个贼的头猛击下去，把他打昏了。接着他把手伸在那打昏了的人的胁下，向他的同伴做手势要求分赃。那贼，已经烂醉了，俯着头数票子，夏洛抓起酒瓶照准了贼头又是一下。

立刻，夏洛抢着皮箧，发令叫他的双腿飞奔，狗跟着，多高兴，尾巴直摇摆不停。

他们俩都有钱了，这晚上。

五分钟以来有了这许多钱，怎么使用？

最好还是去喝酒，可以助助思索。

夏洛走进另一家跳舞场。一个人有了钱，终是要进跳舞场的。

音乐，电光，酒精，交错着混成一片，如同晴朗的白昼。人们很长久地等待甚么"希望"。种种的梦织成了许多风景。

早上或晚上五点钟，酒排间里胀饱了的烟直冲你喉咙：就在星光下面打一个瞌睡。可是时间过得真快，一秒钟也不能错过。抽烟罢。

路旁边，人们遇着一个影子，不少影子。十字路口的小贩手插在袋里望。

口唇上，桌子旁，在这迷迷糊糊的跳舞场中，烟卷到处在燃烧。烦闷来了。有人唱，一个新明星唱一支凄凉的老调。夏洛旋过头去。

他走开了。明星也隐灭。他再没有恋爱的勇气与欲念。

白天来了。又是一天。

双手插在袋里，夏洛漫步走着。他是孤独的，也许还是自由的。他不信任自己，提防自己的迷惑，自己的爱情。

冷峭的晨风，慢慢地吹着他前进。他想起长日，长夜，不觉叹一声气。他怕时间。

这个早上，他觉得所有的街道都认识了，看见过同样的云，一切都单调。

他后面，鼻尖向着地，狗慢慢地走着。它好似夏洛的影子。时间照常过去。这一天，已不是夏洛在生活，而是城市本身了。街道，房屋，全是声响与动作，云在天上打转，一忽儿又漂浮到不知哪里去了。

渐渐地，夏洛对于周围的一切变成淡漠。他知道没有一个人想起他，也没有一个人把他当真。

他走了好久。

在华丽的地段，他停下，坐在一条街中的凳上，那里的屋子全像装点了花朵。

一辆巨大的，光辉四射的汽车，在一扇门前停下。车夫走远了，他等得不耐烦，跑去喝东西。

夏洛对着汽车看得出神。忽然一个穷妇人走来开汽车门，把一个褓襁中的婴孩，轻轻地放在车垫上，连奔带跑的逃了。

她才走，又来了几个人，他们装做若无其事的样子端相汽车。其中一个跳进车厢，开足马力飞去，还有一个也同时上车，发现有一个婴孩在坐垫上。汽车重新停下，驾驶人把婴孩放在一个灰堆上。

夏洛走近去看。这弃儿尽力的哭喊。得安慰他才是，夏洛想，他摇他。婴孩不哭了。夏洛重新在灰堆上把他放下，转身走了。

——喂！

夏洛回首。原来是一个警察在喊他。

——你遗弃你的孩子，羞不羞？

——不是我的啊。

——不要多说，薄情的父亲。

夏洛抗议。警察生气了，甚么也不理会。

——好，夏洛说，他抱起婴孩。

——你看，他的确是你的孩子，警察固执着喊。

夏洛可不服，但终得安置下这宝贝。

随随便便，他把他放在商店门前小儿车里，母亲正在店中买东西。

"她将看到一个孩子变了一对，那才有趣呢！"

但妇人已经瞥见夏洛，她叫喊，咒骂，喊得把警察又唤回来了。

——还是你，他说……你愿意把你的孩子抱去吗？

没有办法，夏洛抱起"他的"儿子。

现在得去找一个住处，还得去工作，为两个人工作。

夏洛找到了一些小职业。他做了玻璃匠，也做了家长。

孩子长大起来，会走了。他更长大，说话了。为不使他在日中孤独起见，夏洛携着孩子一同去营生。

一年一年的过去。此刻孩子帮他忙了。他拾起石子掷人家的玻璃，窗子破了，他逃。几分钟之后，那玻璃匠"父亲"在这条街上走过，人家叫他去配玻璃。生意一天一天的兴旺起来。不幸，孩子病了。和小孩子一起，真不得安宁。他实在病得厉害。

医生决定送他进医院。孩子无论如何也不愿去，夏洛也不答应。医院里的看护不得不拉拉扯扯的把孩子硬拖去。

终于告痊了。小孩子回家来。但是那职业已不行了。有一个警察窥破了玻璃匠及其小伙计的勾当。夏洛只得把铺子收起。要去住宿店了。但夏洛的钱，不够付两个铺位的代价。

偷偷摸摸两个人变了一个人的混过了一夜。

明天，天气很好，可以露宿了。小孩睡得很熟。

夏洛梦着：

"甚么都变了。街道充满了喜气，灰色的屋子也显得在微笑……人们轻轻地走着没有声响。他们长着如天使般的翅膀。警察他们也有翅翼，其中有一个走近来拍他的肩。"

他醒来，他又睡了：

翌朝，夏洛睁眼一望，孩子失踪了。他大大的出惊，到处寻。终于寻不到。他到警察署去，他们把失踪的原委给他解释了：

遗弃这孩子的母亲有了钱，忏悔她过去的行为，决心要找回孩子。她出了几百镑的赏格。毕竟被侦探们寻获。

夏洛去了。

——修玻璃……配玻璃！……

他重新干他的职业，走他的路，过他的生活。晚上，每个晚上，他去睡在"他的"空场上。

孩子吵着要他的"父亲"，警察把夏洛领到孩子家里。

夏洛很快乐，也很悲哀。他慢慢地为孩子解释，说这一切都很美丽，但是对于夏洛，却是一个梦。还是早早觉醒为妙。

——再见，我的小乖乖……

夏洛向他伸着手，动身了。

——修玻璃……配玻璃！……

第六章
回　声

在住了几天或几月的城中,人家便讲起他。有人不安,有人笑。有的要驱逐浪人,有的只是看轻他就算了,大部分都觉得他是无伤无害而很可发笑的,有几个人也爱他。一晚,夜色将临的时候,夏洛坐在一家酒排间前面。不久,黑夜包围着他,他消失了。在打开的窗子里,透出几句对话一直贯到夏洛的耳朵里。

—— 他从哪里来?

—— 不知道。没有人能够给我丝毫消息。人家问他,他只是做一个模糊的手势,张着手臂,指东,指西。

—— 他是谁?

—— 一个浪人。

—— 一个贼。

—— 一个可怜虫。

—— 一个混蛋。

—— 一个孩子。

—— 一个善于谋生的人。

—— 一个阴险之徒。

—— 一个神通广大的巫术师。

—— 他同时是这些人物,而且还是别的人物。

—— 甚么别的?

—— 一个好汉。

—— 一个疯子。

—— 一个朋友。

—— 一个胆怯者。

—— 他叫甚么名字?

—— 夏洛。

—— 夏利。

—— 卡利多。

—— 卡尔卿。

—— 他愿望什么?

—— 甚么也不愿望。

—— 生。

—— 爱。

—— ……还有?

—— 没有。

—— 生。

—— 爱。

夏洛微笑。他想回答这些问题;但他想满足他自己的好奇心也是徒然。

人家现在辩论起来了。

——我有一天看见他。他对着云讲话,云膨胀起来,形成巨大的宫殿,接着又变成巨大的脸相,拼命的笑。

——我有一夜看见他,别一个人说,不,实在我认出他的影子在东倒西歪。他很可能是醉了。他一个人打拳。他永远打胜。但他一发见我,就吓逃了。

——几天以前,我看见他和孩子们在草地上玩,在教堂后面。孩童都学他样。他教他们行像他一样行的礼,教他们拿棍子在空中旋转,双足分开着在脚尖上走路……我走去,他教孩子们微笑。

——我,第四个人说,我听见他和一条狗谈话。他对它叙述他的旅行。他描写硕大无朋的邮船,他背出世界上最大的商埠底名字。狗汪汪的叫,尾巴摇。

只听见喁喁的声音了。在灯的周围,大家都俯着头。一片静寂。不安进入了他们的灵魂。他们一些也不明白夏洛,因为每个人看到的样子都各各不同,但大家都在他的影子中,他们的影子中辨认出来。他们可怜他,却又怕他。他们怕夏洛好比他们怕真理一般。

这晚以后,夏洛觉得更孤独了。在大众与他之间,云雾渐渐地浓厚起来。可以说字眼失掉了它的形,它的式,从此没有一种言语可以表现一种谅解。

夏洛留神注意。男人,女人都在察看他。只有动物爱他了。

生命横在他前面,好像一条河;他后面,是他的过去,像一条湖,极远处,是他的未来,像海洋,像一种神秘。现在在两条河岸中间流,青葱的或是荒确的,微笑的或是阴晦的。

哦，这是人类，这是城市，表面，云彩，夏洛。

他梦。

他对着消灭在他脚下的巨浪的颜色冥想。他想起夜与静。

有时他觉得世界广大，有时他遇见了一条不认识的路而失望。

他梦。是他的侧影在他眼前映过。他先是笑，因为这是大家所知道的，他是世界上最快乐的人……按着他的记忆又背出古老的往事，许多鬼脸，饥饿，失望，颓丧。他记起他的生命还只开始，他还得向着看不见的运命走去，回来，出发，教他老是在一个圆圈中绕来绕去，他觉得厌倦。他怕永远不能变易，而老是继续走那单调的路。他不怕微笑，既然显得快乐是必要的，既然他的命运逼着他要成为怪物，但是他对于这些重新开始的事物，腻够了。

可是他仍旧走远去，走，永远走。

第七章
世界最大的城

夏洛,一个晴明的早上,到一所小村庄,在山中很远的地方。所有的居民都放弃了他们的屋子。他们把最贵重的东西放在一口袋里,其余的都卖掉。以后,他们走了,向着西方。

夏洛跟着他们。

一天又一天,他们走。末了到一个大城市。他们穿过市街,到口岸上停住。那边有人指点他们埠头。一只大船,高得像屋子一样,全新的,巍峨的,在等候乘客。那些移民很高兴。"多么美丽的船。"他们想。

满着希望,他们走上船梯。大家都笑。有人指示他们较远的地方,横渡大西洋邮船里阴暗的一角。

有人来招待了。一个船员指点他们位置,接着把他们关起。一会儿大家都昏闷。几点钟过了,移民的希望减少了些。

船似乎骚动起来。听见铃声,警笛声,末了是呜呜的一声汽笛。

船动了。

启碇了。

终于有人把舱门打开。

移民们可以最后一次看一看他们生长的大陆。

欧罗巴渐渐远去。

女人们哭起来。

"其实甚么都没有。"夏洛想。

他,他去参观全船。他去看底舱,厨房,机器。他望海。他钓鱼。一阵铃声,大家从没听见过,但全知道是叫他们聚餐。肚子都饿了。门前拥拥挤挤一大堆。汤很不好,而且再是叮嘱也是无用的。

夏洛,吃完饭,去甲板上散步。有的人在掷骰子。其余比较正经的人在斗纸牌。

好奇地,夏洛走近去。一忽儿,胆大起来,也拿少许钱去试博。他赢了。同玩的人显得不大高兴。人家斜着眼监视他。但夏洛不作声。

此刻他面前堆着许多钞票。别人一些零钱也没有了。他们走了,愤愤地。

高高兴兴的,夏洛在甲板上散步。他望着旅伴。许多人觉得时间慢,他们有永远不会到达的印象。

一个可怜的老妇躺在地板上睡着。她很老了。不时,一个少女来望她。她看见她睡熟,恐怕惊醒她,提着脚尖走了。夏洛学她样,跟她走。她很美,这少女。夏洛向她微笑,少女微微地惊诧,不安,回答了他的微笑。

可是瞧那些赌鬼,发疯般走来走去。他们忘不了输的钱。看到夏洛，他们咬紧牙齿。夏洛，坐在一隅，望他们。他想着他的胜利在得意。黄昏的时候，他看到他们窜东窜西。在暗处，夏洛直望着他们。突然，他看见他们摸老妇的衣袋，找到了她的钱就拿。

——捉贼，夏洛喊。

没有人听见。太晚了。赌鬼们，贼，在船上各处找夏洛。他们还要赌，以便"翻身"。

夏洛接受了。他赌，他赢了。

一个赌鬼，大家伙，那个偷老妇银钱的，大大的发怒。他把一切都捣坏了，纸牌丢在海里。

夏洛，袋里胀饱了钞票，看他做。他老老实实的觉得开心。

但他听见哭声。他走近去，在月光下面，他看见老妇在哭。她发现在睡觉的时候，人家偷了她的钱。少女也哭。她想安慰她的老母，但是徒然。

夏洛走近去，装着淡漠的神气，把他赢得的钞票，偷偷地放了几张在老妇的袋里。他又想了想。他要至少给她一半。于是他重新拿起钞票数。他分成两份。一半留着，一半塞在老妇的袋里。

但这时候，有人扑向他。船长看见他在老妇的袋里摸。人家当他是贼。

少女解释了他的行为："并非他偷的。"

她又把那宗礼物送还夏洛。夏洛尊严地拒绝了。她坚执。夏洛仍是拒绝。于是她谢他，并且深深地微笑。

铃响了。这是晚餐。有几个人不去吃饭。风开始呼啸，海里满是浪。船一面走，一面颠。大家的心都在荡来荡去。

小船此刻被风浪猛力地震撼。移民们没有水手的脚力，一个一个离开了餐桌，病了。他们可怕地打呃，他们喊起死来。

在最后几个人中，夏洛离开餐桌。病人的榜样会传染的。

长久的受苦之后，海上重复平静，大家的心也重新安定了。

不久看见海岸。

纽约。自由神的像。爬天的大屋……

纽约。金洋，财富……

移民们微笑。阳光正射在大屋子的论千论万的玻璃窗上。大家站在舱面上，张开着嘴，看世界上最大的城市。

自由神像的影子投射到船上。移民们背着包裹，绳子连着，拥拥挤挤，不耐烦地等着把脚落到地上去。

到岸的时候，有人来查验他们，问他们，考察他们，仿佛他们是贼或罪犯。

夏洛很愿意跟随少女和她的母亲，但她们比他先受查验，眼看她们远了，在城市中消灭了，永远消灭了，也许。

最初的惊奇过去了，钱差不多用完了，夏洛找工作。人家不要他。他太小，或太憨，或太弱。

钱慢慢地流去，比人家所想的更快。毕竟有一天他会富有……无疑的，就是明天。但是，今天袋里没有一块金洋，但他永远希望着。

饥饿，老是它（它在世界上到处都一样的），开始使他受苦。他找一片面包，随便什么。本来，纽约的饭店那么多。一个晚上，它们中间一个引起他注意了。这是小得甚么也没有的饭店，不奢华，但很舒服，吃得很好。气眼里透出一阵阵的烟，夹着肉香和番薯的味道。

夏洛去绕了一个圈子。随后他又回过来,隔着玻璃窗张望。顾客们尽量的吃着。啊!有福气的人!一个念头。只要进去,吃,以后再说。第一先要吃。他推门。

这个饭店里的人真是和气。忽然,嘘——的一声,伙计们都弯着手臂往一个顾客身上送。一个顶凶的,大个子,像醉鬼一样的打那可怜的家伙。夏洛问:"他做了甚么啊?"店主回答道:"这个人吃了东西,没有钱付账。今天已经是第二个了。一不过二,二不过三。但是第三个一定不会让他活着出去的了!"

很有礼貌地,夏洛谢谢他告诉他这故事,行过礼,走了。

何等美丽的城市,纽约!

夏洛夜里走着。他在街上跑,看看房子。但是街上,屋上,甚么也没有可吃的。

纽约。世界上最大的城,大,大得人家逃不了。

不由自主地,夏洛拖着脚步走回来,他重新走过那小饭店。他坐在门口,因为他觉得累了。一辆街车停下,坐车的人在付钱的时候,落下一枚钱币,毫无声响地滚到阶石下面。夏洛的眼睛一直没有离开。街车开走,那个人进到一所屋子里,只剩下那枚钱。蹑着脚步,夏洛走近去抓起来,仔仔细细看了一回,突然一跳便进了饭店。他叫一客饭,正是那大个子来招呼他。

他看那矮小的食堂,摆满着桌子,上面铺着一块红一块白的桌布。顾客们,匆匆忙忙的,吃得快极了。人家给他端来一块小面包,小豌豆,一小块肉,一小杯牛奶咖啡。夏洛慢慢地吃。不时他摸一下袋里的那枚钱。忽然,喔!可怕,它不见了。他赶快的掏：袋底有一个洞。

他望地下，它在那里发光。他俯下头去，可是那大个子粗暴地授给他账单。"一分钟，对不起，我还没吃完。"大个子伙计一脚踏住了钱，使他没有法子拾。

终于伙计走了，但是一个邻近的座客抢着先拾了那枚金洋，高高兴兴地授给伙计算账。但那伙计不大放心地把那金洋咬了一下，这是铅的。

"真运气，"夏洛想，"不然我该倒霉了……"

此刻怎么付钱呢？夏洛已经在抚摩着不久就要吃那厉害的拳头的肋骨。他望望门口。假使他能够不被人看见跨出门槛。他轻轻地站起。可是刚走了两步，大个子便抢前把账单塞在他怀里。

还好，一个少女走进来，一个他立刻认识的少女，和他同船的。于是，恭恭敬敬地请她到他桌子前来坐下。威严地他又叫了一客饭请他的同伴。

她一面吃，一面诉说她的不幸的遭遇。老母死了，她没有一个钱。谁也不肯给她工作。她不认识一个人。纽约是这般大。

她进到饭店里来，想要求饭店里收她做侍女，是这样地碰见了夏洛。她的同伴和气地望着她。他望着她的微笑，头发，手，忘记了等一会将要临到的苦难。大个子在他们旁边打转。他把两张账单一起端上，那个手势分明是说："喂，你们来得够久了，也可以把位置让给别的客人了。"

"让我们清静些罢，"夏洛想，"……难道人们不能在纽约快乐么？"

为不让大个子多唠叨，他又叫了第三客饭。既然始终免不了那一场，还是尽量的吃了再说。人家也不见得为了三客饭比一客饭打得更凶的。

离他们不远，坐下一位胖先生，长满着胡子，露着笑容。他很讨人欢喜，只是有些过分亲狎。他不停地看夏洛和他的同伴。

他向他们微笑。

夏洛也回敬他一个微笑。于是胖先生走近来搭讪了。

——好天气！

他轮流地望他们。这胖子干甚么啊？

不会厌倦的大个子又送账单来了。愈来愈可爱的胖先生客气着要代付。但是，很尊严地，夏洛谢绝了。那先生也不再客气。"好不幸啊，"夏洛想。他太有规矩了！

大个子把找还胖先生的零钱拿来，又把账单递给夏洛。他装做没有看见，趁大个子旋转背去的时候，把他的账单偷偷地放在胖先生留下大数小账的盆子里，接着喊伙计：

"留着那钱罢。"他说。

夏洛叹一口气。他逃过了，好险！

——喂，邻客说，我是画家。我找不到某幅画的模特儿。你们愿意不愿意来当这个差使？我给你们每人两块金洋一天。行吗？

夏洛，永远很尊严的样子，踌躇了一下。他答道：

——行。

——好啊！画家喊道。瞧，这是我的住址。

夏洛和他的朋友行过礼，走了。

——明天见。

这差不多是交了财运。

夏洛领着他的朋友。啊！纽约！好美丽的城！外面正下着大雨。

他们将到哪里去呢？

胖先生，那画家，从饭店里出来。夏洛，灵机一动，冲上去就说：

——你可以让我们稍稍预支一些钱吗？

——很乐意。

他授给他们一张十块钱的钞票。

夏洛搀着他的女朋友的手臂，在雨点下跑，找宿店去。

忽然他看见结婚注册处。他们俩一齐奔进去。两个人的时候，事情又不同了。

虽然下雨，刮风，孤独，空中却有歌声在回转。

纽约。

——以后，夏洛想使他同伴完全定心，所以说，应该积蓄一些。

第八章
纽　约

夏洛总是太弱。一天,他孤独了。人家离开了他!于是他开始瞩视四周。第一是高大的警察。他是认识他的。他在各个十字街头,在世界上各个城市里都看见他。

夏洛走出他住的那一区。他隐没在他初到时看见的高屋子的影子中,大房子下面拥着一大堆急急忙忙的群众把他挤,把他窒塞。

他跟随他们。走得很快,愈走愈快。一长串汽车望着同一方向趱奔,停下,呜呜的大叫。慢慢地夏洛大胆起来:他望他的周围。头昏目眩。

虽然有些昏迷,他仍旧继续走他的路。黄昏降临了,一切都发光。多少的字句红得像火焰一般,巨大的字母在黑夜里飞来飞去。群众愈走愈快:他们发喘了。一阵强烈的味道,橡皮,灰尘,纸张,汽油,合成一片云雾。

夏洛想喊救命。但是他身旁的人领他到光亮中去。

充满着火焰声音气味与动作的时间在漩涡中流逝。

低着头,夏洛回到他的已被黑夜包围了的市区。他重新看见,好似在梦中一样,大道与小街像光亮的湖般在流,在闪耀着几千万的小眼睛的高屋下面。他觉得他没有隶属于这个城,他站在群众以外。也许他会给城市吞下,沉没,迷失,迷失。

他等待一个记号,但他很知道没有人会举手。这个国里,人家把墙头愈造愈高,也没有时间望别处,没有一个人有一些闲空。

为夏洛忘记它的过去与现在而一下子发见的宇宙,他也并非不知道可以把它和其余的世界相比——那些缩小的图像。

为避免碰壁起见,他应当变成如其余的人一样:大海里的一滴水。他想起一切嘲弄他的人,还有那些回头看着他发笑——因为他和他们不同——的人。他并没什么梦想。他永不能像他们。他老是爱闲荡,去,张望,听,笑,无论是什么时候,无论在什么地方,只要他愿意。

"纽约,"他再三的说,"纽约。"在他心里,有人回答他:"夏洛,夏洛。"

他睡去了。

太阳已经起来了好久,当他醒来的时候。他的邻人都上工去了。他们各有所事,夏洛却躺在床上,想别的事情。他羡慕在机器或办公桌前面劳作的人。他觉得自己比那些为了一些小的野心而活动,但的确在活动的人似乎更低下。可是他无论如何不能克制自己去站在他们的行列内。他相信他们是对的,但他觉得自己去学他们是错的。

他沉浸在这种战败者的梦中,使他明白他并没这个城里的居民的身份。有时他觉得太大了，有时太小。要保持一种身份的不可能，和必得迷失在群众之间的思念令他苦闷。

从南到北满城里乱跑的快感又抓住了他。他无论如何要活动，工作，计算，提议，但是回忆控制了他。他忘不掉小城中的钟声相应，鸡犬相闻，太阳照在每扇窗上，儿童们微笑着。

在纽约是分辨不出任何声响的，侧耳一听，只是像一般的吼声。夏洛走出他的第十七层的小房间，他找一株树。他找不到，于是他想起森林，想起被雨水压低，闪耀着水光的树叶。

他寻找……纽约，光的森林，电车在中间啁啾，多得像蚂蚁般的汽车来来去去，不休息，也不停止。只有走，夏洛想，但他很知道他是被世界最大的城底巨大的，有吸力的心在牵引，挽留，同时又在推拒。他不明白它的力，他觉到它的又温柔又可怕的力在跳动，像海一样有力，像潮的絮语般温和。他为了纽约痛苦，因为他又是爱它，又是恨它，仿佛一切参加这日夜不息的大戏剧的人一样。

在他路上遇见的每个人的眼中，夏洛观察到同样的悲怆，同样的狂热。他不像他们中间的任何人，然而他知道这是弟兄们。

有一天他会逃走的，可是他永远不能忘记这城，因为应该追念伟大，力量，丑恶，还有残暴。

第九章
战　争

像美国所有的人一样,夏洛应当去投军。而且一切稍微爱他的人,他爱的人,都死了。他和同伴们一齐起程。

他到了战场。无数的营帐。一个可怕的副官,胖胖的,高大非凡,老是在发怒。他们先学走步。夏洛很得意,十二分的得意,但那副官觉得他的脚摆得太往外斜了。

——摆进去!

——是,夏洛答道,我把它们摆进去。

但他过分要好了,他提着脚尖走。

——摆出来!

——是,夏洛说,于是他自然地走着,照他本来的样子,脚尖斜在外面。夏洛走得好些了,副官也不再说甚么,夏洛微笑。

可是他觉得奇怪不再被胖子斥骂,他回头,一个人也没有了。他没听见"小转弯"的口令。赶紧跑去追上队伍,还好没有人看见。操练完毕了。

——呃——啊,夏洛叹一口气。

他倒在床上,摘下他的大帽子,想着战场上的生活,一条狗样的生活。他幻想前线。咦,就是壕沟与地道了。这么多的烂泥!大雨像瀑布般倒下来。

总得去。

夏洛有了锅底式的小钢帽,枪,还有一只大袋,像所有的袋一样,真是重得要命,而且是越来越重。他寻路。

路旁一块牌子指示着往百老汇路去的方向。

真是寻开心!同伴们在向他做手势。指点他睡觉的床位。

他低着头追去,但他忘记了背着的长枪,梗住了阻止他不得前进。

同伴都睡了。

他也倒在床上,睡熟了。

外面下着大雨。壕沟里全积了水。洪水来了。水流进他们的地室,很快地涨高。睡着的人疲倦得甚么也不觉得。

水完完全全淹没了酣睡的夏洛。他醒来。但他渴睡得厉害,为免得水淹没了鼻孔,他抢一个留声机上的喇叭套在脸上。重新睡下,又睡熟了。

有人推醒他,轮到他守望了。

他来来去去的踱,闷透。战争全不像人家所说的那样可怕,只是走和等。

夏洛烦闷。他掏出一支烟,但他没有火柴,究竟不能惊醒同伴去问他们要火。幸而有不少流弹一刻不停地在壕沟上面飞过,稍稍用一些机巧,他就教流弹在纸烟头上燃着了。

可是夏洛真闷得慌!

他从壕沟的洞里望去。他看见敌人就在他前面。他放一枪。死了一个。用一块铅粉他在木板上划一下记起来。二个……三个……四个……不，不打这个，他还枪了……这一次确确实实打死了。五个……六个……但是雨啊。应该停止射击去避一避雨。

终于信来了。好运气！分发信件。连小小的邮片都没有夏洛的份。没有运气！人家忘掉我了，夏洛想。

那边有一个家伙露着很快乐的神气。他正在读一封长信。夏洛瞥了一眼。真有趣，这封信。稍稍用一些想象，夏洛可以相信这封信是写给他的。信里讲起乡间，讲起快要生小牛的母牛，讲起爬上屋檐的花，也说到刚死的铁匠。可怜的人。

但同伴觉察了夏洛在偷看。夏洛微笑。同伴却全不以为这是好玩的，走开了！

啊！战争。

还在下雨。

可以做些甚么事呢？只有无聊。一个军官来了，征求义勇队。终于要干些甚么事情了。但是愿意接受这个差使的人太多了。

——很危险的，军官说。

大家都反悔了。

于是不得不用拈阄的方法挑选，夏洛被挑中了。他微微有些烦恼。志愿的，可并不是他的志愿。人家对他讲明白了怎样干。

他懂了。

他化装成一株树，在拂晓时候，到了敌军的阵地。他察看风景。一切很静寂。他等了好几点钟，终于有一个小队出现了。敌军慢慢地走近。他们在他们当做一棵树的不远的地方安顿下来。

他们准备煮饭。一个人,拿着一把斧,被派去寻木柴。他前后左右一望,看中了"夏洛树"。

他毫不迟疑,脱下上衣,预备砍那树干。夏洛退了几步。敌人奇怪起来。他再走近去,夏洛又退了几步。这一次,他看出有些靠不住的事情来了。他想喊救命,但夏洛马上猛力的砍了他一下。

那个人喊了一声倒下去了。他的同伴们来救护他,并各处寻找敌人,只是徒然。

但夏洛想还是逃走为妙。虽然他化装得如何像真,他们终于要看出破绽的。

发疯般地敌人们拔脚就追那树。

他们快要追上了,因为夏洛被他的装饰阻碍着,不得跑快。幸而,他逃入了一个森林,站着不动。没有法子找出他。夏洛是几千株树中的一株树。他不动,也不喘气。

敌人们寻着,寻着。他们在他面前走过而认不出他。他们走得这样近,近得给夏洛一个一个的砍死。

他安安宁宁卸下服装,走到一个他望见的村子的场上。这里他可以从和敌人作对的居民那里探听些消息。

他走进一所屋子,上楼梯,踏进一个房间。一张床。他刚看到一张床!他舒舒服服的睡下了。他几世纪以来没有睡过床。他闭上眼睛睡熟,毫不想起他临到的危险,因为房间里的墙给炮弹毁去了,大家可以在外面望见他。敌军将很快地认出他的军服。

他睡着,也许在做梦,因为睁开眼睛,他看见一个女人在他前面,坐在床脚下。一个女人,一个金发的……她触着他的手,因为他砍敌人的时候把自己弄伤了。她觉察到他已经睡醒，把手放下了。夏洛装着再睡。她明白这意思，笑了。于是他完完全全醒过来了。他微笑。

这真是太美了。敌人们已经瞧见了他。要逃啊。不可能。一架机关枪对准着，夏洛被押走了。

他被解到一个军官前面审问。军官接待他而且为表示欢迎起见，先送了他好几记耳光，好几只火腿。"美妙的东道主。"夏洛想。

人家让他和军官一个人留着。他计上心来，把军官先行打倒，剥下衣服，推进壁橱去。急急忙忙，他穿起他的衣服。一下子夏洛变了军官。他出去发令。他要避免开口，谁向他说话，就赏谁几下巴掌。

"大佐在发脾气。"兵士们低着头想。

夏洛正在寻找一辆汽车。

"一个俘虏！"

这是他的同伴。快乐得了不得，他走过去拥抱他，但一想这个不妥当，就不去握他的手而送了他一大脚。

俘虏心里明白，兵士们却佩服他们大佐的勇敢。

来了一辆汽车，停在屋子前面。全体兵士都举枪致敬，他们似乎很胆怯。

夏洛认出是敌军的总司令。该死。

可是当那许多将军前呼后拥护着的总司令，在检阅军队的时候，夏洛放了他的同伴，打倒了汽车夫，两个人穿着汽车夫的服装坐在车厢里。

总司令和将军们很忙,跳上汽车。

他发了一个命令。汽车发动了,每小时一百公里的速度。

——还要快。

已经是前线了。

——向前。还要快。

开足马力穿过了敌军阵线,正好到了夏洛那一个部队的防地。

总司令做俘虏了。

夏洛给大家扛着祝贺凯旋。但是突然人家把他丢在地下。他醒了。

副官喊道:

——站起,懒虫,上操去。

夏洛赶走了他的美梦。开步——走,一,二,一,二,一,二。

第十章
镜

夏洛从此认识了他的命运。

孤独是一个忠实的伙伴。应该要和它相熟。时间走得快或慢,都是因日子及钟点而不同。孤零零地,一个人。没有甚么抱憾。

人们,一般人所称为同类及弟兄的人们老是很强,他们自己也知道,就滥用他们的强力。他们寻找弱者以便统治,使他们顺从。他们爱傻子,可以给他们取笑。夏洛正是弱而傻。只有低头。一种愿望,一种强烈的爱情掀动夏洛,催促他,逼迫他逃遁这羁绊。他爱自由。

他宁愿孤独而自由。

他望绕着他身子转的影子。它逃不掉。它在骚乱。它是他的痛苦中的灵魂。

他去了,这个在光亮中浮动的哑子陪着他。他不找甚么,但他尽是走,向着冒险的方向,准备接受一种新的生活,充满着爱情,光荣,金钱,看他的时间而定。他很明白要保留这些,必得付很高的代价。但他还可以，如果他愿意，放弃一切，重新走他的大路，在那里没有人难为他。

他已经认识这许多东西。他并不失望，因为他永远希望；但当生命向他提议一种新的冒险时，他已经猜到这个冒险不过是一段枝节的故事，不论哪一天，他还是要拒绝它而逃避。还是。已经。

夏洛先决定只做一个浪人，以后他懂得做浪人很应该自夸了。

他向他周围的一切请教，流水，行云，风，光。大家都劝他不要留着不动；于是有人或事物请他停留的时候，他总不听。

从此他相信世界为他而转动，把他牵引到它的途程中去。他再没有国家，出身，回忆。他是宇宙的居民。

然而，当整个世界似乎睡熟的时候，慢慢地，夏洛醒了。一滴月光使迷失在城中的一条小湖发亮。他俯近亮光，他看见他的影像反映出来。

他的目光，他的线条，他的影子在这面镜子中颤抖。夏洛不由自主的想起他自己。

也许有一天他会知道他诞生的秘密和他生命的意义。他还想认识他的运命。他俯近这反映的形象，但他只看见睁开的眼睛望着，向自己望着。夏洛不询问自己。他起来走开了。他在黑夜中消失，接着在梦寐中消失。

谁生活着？

答语就在他的唇边。他不愿说谎，夏洛，你是谁？

他是一个过路的人。我是一个过路的人。是随便什么地方不能停留，认世界为也许不够大的那个人。

地，天，世界，宇宙，都是对于夏洛不存在的名词。他只认识路，雨，城市……

永远有一个影子走在他前面，它包含了一切的"不相识"。是向着它夏洛在走。他把"不相识"与"无穷"弄混了，因为怀疑主义不是他所擅长的。他是永远在希望而永远是失望的人。他记起来了。

镇静地，夏洛前进。他有他的整个的生命在他前面。有时候生命对于他显得太短促，有时显得太长久。他不晓得度量，因为日子是有时很艰难的。

夏洛不悲哀，不觉悟，也不烦恼。他老是猜到他在人家眼里和在他自己眼里是什么人物而痛苦的人。烦恼是不用害怕的。他判断。人只在受着鞭击的时候才觉得痛，但没有受着之前是不痛的。

最简单的，但这也是暂时的而实在是不行的办法，是变成淡漠。至少应得要有淡漠的神气。微笑。动作。用手杖在空中旋转。若无其事的样子。夏洛是谦虚的。这是他最可靠的武器。但是他骄傲。他不欢喜人家踏着他的脚。可是这是很容易的事情。他有一双很大的脚，他感觉又灵敏，他又可笑。算了。

他不懂得和过去争斗。他以为是看见了它，是一朵云，但压在他的肩上却很重。他要排脱它，他努力摇撼它，离开它，但这朵云会逃避，等到他要去抓的时候。这只是流逝的水。他相信已经解脱了，抓握不住的云压在他的背上更重了。他徒然争斗，但也不能退让到停止这争斗。于是他走，给一个天天加重的担荷追逐着。有时候，很远，他以为看见一滴阳光在动，像一个小小的火焰。是向着它,他想走去,但它也避远了。他叫它做"未来"。

同样的冒险重行开始。平凡。日子一天接一天的流过,留下一点磷火般的痕迹,单调的痕迹,烦闷的痕迹。有时,夏洛很乐观,想象着一切将要改变了,只要一些小小的灵迹。不久以后,他发见错误了。甚么也不变,或至多只是外表的改动。是它们——外表——使得人有一些希望,如果人以为有什么更变的话。然而当你的希望渐渐尖化的时候,用了疯狂而轻佻的快乐所鼓足的美丽的球爆裂了,只剩下一副可怜的空囊,丑得像一口痰。平凡。永远平凡。

这样地夏洛在走路。风景,人,动物不完全一样了,但是他们这样的相像,令人看见他们的动作就感到失望。他们的姿势在世界整个的面积上重复地演着,他们摇动他们的手,腿,跟着工作,休息,吃饭,睡眠的单调的节奏。

真是,夏洛的心中再没有乐观的成分了。一种并无恶意的苦味,像油渍那般的涩腻,慢慢地浸透了他的心。

夏洛有一天回过来走。他重新到他流浪的少年时代所垦发的地方。许多东西似乎改变了,尤其是男人和女人。第一次,夏洛发见人与物换了一副样子,因为他把他们和他自己以往所认识的他们相比,但这是他的眼睛不是用同样方式来看的缘故。

第十一章
非时间，亦非空间……

夏洛下狱了。真是一切都和他作对。从凶狠的栅栏中望出来，夏洛看见他失去了一切；一切，就是自由。

他心底藏着回忆。他想起将要在这樊笼中消磨的岁月，他捏紧拳头。无论如何，他要逃。

他竟逃了。

然而困难来了。人家会重新捉到他，一定的，如果运气不帮他忙。穿着这套衣服——像斑马的外衣——立刻会被人辨认出来。

他匍匐而行，一直到一条河边，现在运气来了。堤岸上放着一个洗澡的人的衣服。

他一秒钟也不错过，把它拿了穿扮起来。他到河边去照自己，水面上映出一个牧师的影子。

牧师！一件他还从没干过的职业。可是他只要装出一副虔敬的神气，时时仰起头望望天就够。

在这种装束之下，人家再也认不出他。但究竟还以离开这个地方为妙。他留在那边的坏成绩也不少了。

他匆匆忙忙走向距离最近的一个车站。买票的时候，他不晓得拣哪一个方向。到哪里就哪里罢，既然他已经靠了偶然的帮忙。

他闭着眼把手指随便向车站表上一点。手指落在"新新"城上，那里刚造好一个世界上最大的监狱。啊！不。什么地方都好，除了这个。监狱，他已经认识。他闭着眼再来一下，指着了"小城"。去，往"小城"去。

火车到了。在车厢里，夏洛叹了一口心满意足的气。车轮的每一转使他离开这该咒的地方更远一步，每一转代表一些更大的自由。

他去坐在一个很威严的先生旁边，那先生在阅报，夏洛可以顺便借借光。他耸过头去就吓了一跳，他看见在第一张上印着他穿着囚衣的肖像。人家悬赏捉拿他。这位置真不好。他立起身来。但同时，他的邻人定着眼在望他，夏洛看见他的背心上佩戴着侦探的襟章。只好硬硬头皮装做若无其事的样子。

旅行竟没有预想那般的舒服。夏洛急着要快些到。下一站就下车罢。

车子没有完全停妥，夏洛已经跳了下去。他刚刚呼了一口气，一个又胖又大，穿黑衣服的人迎上来向他行礼。夏洛，稍稍不安地，回敬了。那个人申述来意：这是教堂里的香伙，特地前来迎候今天应该到任的新牧师。

夏洛没有话说。这个角色还得一直扮演到底。但是那一个真正的牧师，就要到来。

人家送来一个电报，是给香伙的。可是他没有眼镜是读不了的。恭恭敬敬地,他就请可尊敬的牧师先生替他念一念电报。

夏洛读完,乐不可支。

这是新任牧师的电报,说他有事要暂缓到任。

夏洛把电报读做:"你等待的包裹,还要过几天到。"香伙莫名其妙。但他重重的谢了可尊敬的牧师。牧师,乖巧地,把电报撕了。

香伙告诉牧师这里的教徒们热心得不耐烦,都聚集在教堂里恭候他的大驾。

上路。

整个村子的人都集合着要拜识他。他进入教堂,大家站起。随后唱赞美诗。香伙同他的小沙弥倒很有念头。他们开始募化,夏洛仔细留神着。没有人敢拒绝。夏洛很高兴。

此刻全体都静默了。香伙和小沙弥去坐着,交叉着手,诚心诚意地。夏洛学他们样。"好古怪的职业。"夏洛想。香伙咳嗽,夏洛也学着咳嗽。香伙向他做手势,夏洛也回报他手势。他站起身来,夏洛也站起。

——你可以布道了,香伙和他说,授给他一本《圣经》。

这,夏洛倒没有想起。他向他们讲些甚么呢?很窘,夏洛望着香伙揭开着的《圣经》。

大卫与哥里阿德(歌利亚)。好,就讲大卫与哥里阿德罢。

"从前有一次,"夏洛开始说,"有两队人打来打去纠缠不清。于是他们决定要爽爽快快打个分明。可是这却使两方面都为难,他们想找一个取巧的方法。

"有一天,一个凶狠的大汉子,向梭尔(扫罗)一派去挑

战,辱骂他们。'没有胆量的小鬼,来一个和我较一较手,我们就饶恕了你们。'

"大汉子这样地咒骂了四十天,梭尔一派中没有一个人敢向前请他吃一个耳刮子。但是梭尔一派中有一个小人儿,叫做大卫,他觉得那大汉子未免过分了。'他使我的耳朵热起来了,这家伙。'

"他拿起皮制的弹弓,等大汉走近来,一颗大石子打在他的臭嘴上。

"大汉,叫做哥里阿德,一下子就给弹了开去。小大卫割下他的头。你们要讲他回来后的……"

虽然觉得奇怪,信徒们对于这个故事究竟很感兴味,一致表示满意。

"行了。"夏洛想。

他回过来向大家行礼,丢吻,好像他看见人家对什么明星们做的那样子。

这很美,成功了,但一笔丰富的收入却更妙。夏洛,做着最自然的神气,挟了竹筒,走了。

香伙跟在他后面跑。募来的钱不是为可尊敬的牧师的,而是为教堂的。夏洛失望了。

信徒们走来和他握手。夏洛很和气,可是这些人并不见得怎样可爱……他判断得太快了。不是来了一个金发少女,由她的母亲陪着吗?她微笑,夏洛挤一下眼睛。

母亲请问可尊敬的牧师愿意不愿意赏光到她家里去喝一杯茶。

"哼,说得好听。"夏洛想。他答应了。

由少女和她的母亲陪着,夏洛穿过小城。大家全向他们行礼。夏洛挺一挺身子。走过酒排间的前面,两个女人眼睛低下来。夏洛却恨不得去转一转。

　　他的脚步突然急促起来,帽子也拉得很低。他刚认出了一个他牢狱里的同伴。但这位朋友并没给夏洛这手法瞒过;他认出了夏洛,和他打招呼。夏洛记起了他们在监里的谈话。这家伙的生活,是偷窃。他偷,像他呼吸一般平常。夏洛悲戚地想又要遇到甚么倒霉的事,惟恐立刻要发生甚么变故,在这种情形之内,人家会把他们俩一起抓去。贼远远地跟着他们。幸而他们到了少女的家,夏洛希望他至少不会有胆量跟进来。

　　已经在预备茶了。使可尊敬的牧师先生不致厌烦起见,人家给他看藏有全个家庭的照片的册子:祖母,一个高贵的太太,她爱花草,尤其是玫瑰,她织得一手好袜子,一个女神……姚叔叔,一个又好又勇敢的人,天国里的猎人,瞧,他的枪还挂在火炉架子上面……小雅各,可怜的孩子,在十四岁上发了一个凶险的寒热死了,他是那样地勤谨,用功,老是很乖,很听话,一个温和的小天使……还有爱米姑母……伊达姨母……夏洛把照相册一页页更快地翻过去:"哀弟斯嫂嫂,于梨耶表姊,耶纳娘舅,杰姆堂兄!……"

　　有人按门铃。

　　这是好邻人,西特男好医生,来做他每天访问的功课,他的可爱的夫人和活宝贝似的小孩一起跟来了。

　　人家讲这个,讲那个。把城中重要的事情都告诉了牧师。东家生了一个小克拉克,西家的少女和南家的少男订婚。高莱伯伯把屋子重新油漆了。

——不是很好玩吗，这小宝贝？

于是人家把小宝贝送上来向牧师先生请安。这小孩，把他抱在膝上真好。他玩起来了，抓夏洛的头发，小手小脚在他身上乱打乱蹴。一个爱神。但牧师还是劝他去看他的好爸爸。不幸好爸爸尝够了小拳头，把孩子又送给牧师先生。又是一顿小拳头。

——去，看你妈妈去，我的小爱神。

小爱神走向妈妈去。她在织绒线，小爱神高兴极了。他找到了一个新的玩意儿。他拉绒线，用力的拉。拉过来了。拉，再拉。勇敢的小孩。此刻他玩起阳伞来了，顶着爸爸的帽子到厨房里去了。有人按铃：有一位先生要求见牧师，据他说是"牧师的朋友"。

这是监狱里的朋友来了。

——我已经预感到有好生意经了，喃喃向夏洛说。

一番介绍。

那位朋友仔仔细细看着屋子。

——很好，你们这屋子。

他多么和气！大家一齐微笑。

这可爱的人却很古怪。他不脱帽子，他一段又一段的抽着雪茄屁股。大城市里的举动，一定的。不比乡村里守旧。

西特男医生告辞了。但，老是大意的，这可怜的医生把帽子丢了。客室里，饭厅里，上天下地的寻。没有法子找到这该咒的帽子。

绝望地。医生秃着头走了。小爱神一声不响。

"滚得好。"夏洛想。

开始喝茶了。永远可爱的牧师,帮着少女预备一个出色的布丁,上面满布着香草奶油。

——牧师先生,请你赏光割布丁。

没有法子。布丁硬得像木头一样。牧师用尽力气割下去。盆子朝天,布丁跳起。医生的帽子接着弹了出来。

大家都笑。可怜又可爱的医生。老是这么大意。点心吃完了。要预备房间。牧师的朋友有没有在宿店里开了房间?没有?留他住下。朋友的房间是空的。牧师竭力辞谢。真是识趣的,可爱的人!但是东道之谊是神圣的。我们乡下还是老规矩,应得留客。

夏洛愈来愈不安了,但朋友很高兴。他留神观察。他随随便便拉开抽屉。他大概要一把刀或一只茶匙,多么识趣!不要怕搅扰我们啊。

太太和小姐格外殷勤。他们有这两位上客,感到蓬荜生辉地荣幸。永远忘不掉的回忆。

但夏洛却提防着。他静听。他的朋友等了几分钟,幽幽地下楼去偷他刚才在一只抽屉里看到的钱。夏洛赶下去要阻止他。一场争战。太太和小姐恐怕有何意外,赶下来了。两位战士,若无其事的样子,只是在辩论。他们都热心研究神学。重复安定了。

这一次贼动手得更快了。他趁着夏洛一不小心就偷着钱逃了。

但是女主人们觉察了失窃,她们绝望。她们全部的积蓄都被盗去,她们要被人逐出这所屋子了。

夏洛发誓要替她们找回钱来。他奔去。

当地的村长得了警察署的通知来捉拿冒充的牧师。他到处搜寻。

夏洛在酒排间里把贼寻获了。

他玩一下假手枪的戏法,叫他的同伴举起臂,在他袋里搜到了原赃。

立刻他急急忙忙把钱送还给金发少女。

但他落在村长手里。

该死。

人家把他拘捕了。

村长押着他。

夏洛倒霉。算了。

他给手枪威逼着走。他想也许在这村子里的生活很舒服,在这金发少女旁边。他可以每星期布道。但他的梦都飞散了。路底就是监狱。

村长把他的梦惊醒了。

——你瞧见那块路牌吗?

——是,夏洛回答,这是一块边界的牌子。

夏洛想着那小村子。

——喂,村长说,你瞧见那边的田野没有?……那是墨西哥。

——是,夏洛答道,那是墨西哥。

他重新再走。

——去,到那边去替我把那朵美丽的花摘来。

——好,夏洛答应着,他已经懂得尊重纪律了。

他听了命令去摘花。但他回来的时候,村长已不在了。他在几公尺之外。夏洛大声喊。

村长回头来,耸一耸肩,一脚把夏洛踢到墨西哥。

这一次夏洛明白了。村长是一个好人。

夏洛得救了,他自由了。他可以安宁了。

一阵枪声。有人在打他。有人追他。墨西哥人当他是一个牧师。他只得重新逃入美国。

可是美国对于他是牢狱。只有自己小心,于是夏洛在边界上踱来踱去。

他梦想着。他踱了很久。

第十二章
爱情与黄金

夏洛困苦颠连了长久。他又饥又渴。他足够了。他要变成富翁,于是有一天他上船往黄金国去。

怎样的天气!雪,泥,雪。寒冷。夏洛狼狈地走着。他跟着神气上似乎知道一切的人们。大半都是疯子。他们害怕。他们唯恐人家窥探了他们的秘密,可是饥饿等着他们。他们不会笑了,他们都生了黄金病。他们走,夏洛跟着。走,走……

夜和雪同时降下。甚么都不能作准了。那些人变得凶野。

夏洛敲一家门。他想烘几分钟火。人家不收留浪人。

还得走,走。饿态到处乱逛。夏洛试着撬开一所小屋的门。人家咒骂,抵住着。夏洛拼命的推。没有办法。可是来了又大又强壮的人帮他一臂,门开了,屋子里的人不得不招待那些客人,因为现在他们比他更强。

小屋子里很暖,但夏洛有些不安。饿的幽灵出现了。

夏洛望望他同伴们的又长又白的牙齿。他知道他是三个人中最小最弱的一个。

要吃。

大家拈阄，决定谁应该去寻觅食物。阄落在那个不愿意接待过客的人手里。他去了。可是他会回来吗？

夏洛想出一个念头来了。他望望他的皮靴，向同伴提议把它煮汤。极好的计策。极坏的一餐。饥饿没有平息。它叫起来了。

有人在门上爬。也许他有粮食？夏洛和他的同伴，高高兴兴的跑去开门，门开了，两人都吓得望后退。这是一头熊。

但饥饿比恐惧更强。大家杀了熊，把它吃了。这一次饥饿可赶跑了。

于是夏洛的同伴诉说起他的秘事来了。他讲他找到一座金矿，和夏洛解释。夏洛，快活极了，听着并且祝贺他的同伴。

酣睡过后，两个同伴分别了。一个往金矿去，一个往不知何处去。

一晚，夏洛到一个木头和铁皮的城。照例在下雪。永久的冬天。冷得厉害。光微弱而又悲惨。

幸而有一个跳舞场。由他的朋友——一条狗陪着，夏洛走向音乐，音乐使他暖和；走向酒，酒使他微笑，走向热闹。大家跳舞。

夏洛看着。有些很洁亮的女人，穿着发光的长裙。其中有一个是那样的美，使其余的都不见了。

有人叫她。她的名字是乔琪亚。

喃喃地，夏洛再三的喊："乔琪亚。乔琪亚。"

他向她做一个他最动人的微笑。奇迹！她答应了他；他微笑。乔琪亚。她还微笑。夏洛对着他的幸福，竟不敢相信。

他回头来。一个大家伙在他后面做一个小小的手势。夏洛觉得这种冒昧的举动很可恼。他望着乔琪亚，要告诉她这心理。

哟可怜！她不是向夏洛微笑，而是向这个混蛋，强壮得像一头公牛。

音乐使光亮旋转。

人家忘记了雪，冷，风。在这热度中只有音乐，跳舞，酒精。乔琪亚走近夏洛。她要跳舞，她的臃肿的大家伙不愿意。夏洛上前自荐，她悲哀地接受了。

夏洛微笑。他要讨他舞伴的欢喜。但她不望他。她的眼睛钉住了酒排间，她的情人正在牛饮。

夏洛在碰运命。

他努力要跳得好，但是徒然。他的带子断了，他觉得裤子慢慢地在往下堕。他微笑。舞伴和气地答应他。慢慢地，可是确确实实地，他的裤子往下溜。

他看见地下躺着一根绳，他得救了。他请求原谅，停止了跳舞，敏捷地抓起绳，结住了裤子。哎哟！这条绳原是一端系着一条睡着的狗的皮带。

狗动起来了，拼命的拉，把舞男拉倒在地下。

夏洛觉得自己的可笑。大家在嘲弄他，哄堂大笑。只有乔琪亚和婉地望着他，可是这是因为她可怜他。

夏洛发怒了。

他走了。走了几步，可是不，他宁愿成为可笑的人而再去看乔琪亚。

跳舞场快关门了，乔琪亚不见了。

明天，以后几天，夏洛回到跳舞场去。可是这样是不能使他发财的。他很幸福，因为有时候，这个美妙的女人和他谈话。

当他一个人在小屋子里的时候，在寂静和雪中，他想她，他等待天黑以便回到跳舞场去看她，他从小房间里望着门外一白无际的平原在出神。他梦着。一个雪球打在他脸上。大声的笑把他完全惊醒了。他辨别出乔琪亚的声音。

是她和几个朋友在散步，掷雪为戏。人家告诉他他刚才受到的一个雪球原来是掷乔琪亚的。

他微笑。

他的屋子很荣幸，大家进来瞻仰，但这是为的嘲笑他。只有乔琪亚温柔地望他，这样的温柔，使他大胆起来：

——八天以后便是圣诞节，你们愿意在我这里吃圣诞餐，使我十二分的快乐吗？

所有的少妇都笑起来。但乔琪亚答道："很乐意。"她去了。

夏洛快活得跳起来。他想跳舞，想捣乱一切。他抓住耳朵把它摇。羽毛在飞，雪又降了。夏洛，为预备圣诞餐的钱，去高高兴兴地工作。肩着一把铲，他一家一家的跑去请求替他们打扫门槛。他工作了一整天。十二月二十四日，袋里装着赚来的钱，去采办东西。随后，在约定时间的老早以前，他回到他的小屋子，安排筵席。他急匆匆的赶。虽然夏洛很不耐烦，但时间过得仍旧很快。终于到了半夜缺一刻。夏洛点起蜡烛，心突突的跳，他望着。每一个客人都有一件礼物，但最好的却躺在乔琪亚的盆子里。他在桌子上也安置了许多金光灿烂的装饰，盆子旁边有精致的小面包。一切都预备好了。

夏洛坐着，他梦想，等一会……

哦，她们来了。她们进来吗？她们幽幽地来，一些声响也没有。她们已经在桌子周围坐下，她们已经瞻仰一切装饰，乔琪亚已经在微笑，好像只有她一个人才懂得微笑。

大家好好地乐一下子。

小屋里跳起舞来真是太小了。能够怎样作乐就怎样作乐罢。夏洛在他脑子里寻找。他要显一些小本领给她们看。他用叉和小面包装成舞女的腿。

小面包和叉变成了小舞女，会跳极难的步子。小面包跳舞了。乔琪亚和其余的同伴都拼命的笑。成功了。

夏洛抬起头。一个人也没有。蜡烛烧去了四分之三。一个人也没有，一个人也没有。

这是清早二点钟。夏洛明白他做了梦。她们没有来。她们寻他开心。夏洛耸耸肩，望着桌子，礼物，小面包，蜡烛。还是往跳舞场去的好。乔琪亚在那里跳舞，乔琪亚在那里笑。

站在门口，进去之前，他迟疑。但是乔琪亚的回忆推着他。他听见音乐和歌声。他推门。所有的老朋友都在。他们鼓掌，为他们中间最老的，跳得很好的一个喝彩。音乐改换了。它此刻奏一曲二十年前的老调，他们年轻的时候，离开冷，风，黄金很远的时代的老调。有几个人在沉思，有的忘记了一切，有的微笑。夏洛，他，只看见乔琪亚一个人。她很悲哀，于是夏洛不再恨她了。

他望着她，不敢走近去。

而且老是有那个大汉子向她讲话。他在发怒。他要打她。夏洛跑过去威吓他。大汉子嘲笑他认为无用的小人。但是夏洛并不胆怯，他为了乔琪亚和他打。

大汉抓住他的喉咙把他骨碌骨碌的转。他终于挣脱了，重新冲上去。他的怒气把他的敌人猛烈地撞在墙上，猛烈得把一架大钟撞下来碰在大汉头上。全场喝彩。夏洛打胜了。

他走近乔琪亚。

但是这个时候……

真是夏洛没有运气。另外一个大汉，从前他在茅屋里遇到，两个人都饿极的那人，刚走进门。他瞥见夏洛就上去抓住他不肯放手。他述明来意。

——你还记得吗，那个茅屋离开我的金矿极近？领我去。我失掉了记忆力。有人要打我。我不知道我的金矿在哪里了。这是一笔横财啊……

他吼着。这是一个疯子。

夏洛记起来了。然而他不愿意离开乔琪亚。

——我送你半个金矿，你将变成几兆兆的大富翁。

乔琪亚大笑。

夏洛记起来了；他望望乔琪亚。他领疯子到金矿去，他就成了富翁，令人出惊的富翁，他再回来寻乔琪亚。

——我们明天动身，夏洛说。

疯子大怒。

——不，立刻，像熊一般强，他挟着夏洛推了他出门。

他们走了好几点钟。夏洛认识路。雪照常的下着，也许比往常下得更凶。末了，他们瞥见小屋子。他们去休息一会。风在外面尽力的吹。这是一阵风暴。不能再出去了。

光阴流逝。饥饿开始令他们感觉了。在这该死的屋子里，永远是肚子饿。风暴还是那样猛烈。听到它的吼，嘶。

饿了，老是饿。

大家咬咬牙齿。老疯子骚乱了。他很饿，愈来愈饿。他望望夏洛，用眼睛估量他。他看他很可一吃。他的肉应该和鸡肉差不多，很嫩。

疯子慢慢走近夏洛。夏洛退，疯子进，夏洛望后跳了一大段。他开着门逃。风暴已经停止，现在天晴了。

夏洛逃，逃。他到了金矿前面。

看啊，黄金。

老疯子忘记了他的饥饿。看啊，黄金。这是财运。

夏洛从来没有这般的富。他愿望什么就做什么。他很忙。他旅行。芝加哥，纽约，派姗皮区。日子用着发狂一般的速度在飞过。夏洛不晓得先干甚么好。

然而他已经够了。他要到欧洲去和他的朋友一同休息，这恰好和他一样富有的，没有记忆力的疯子。

特等舱。雪茄。修指甲。威士忌酒。人家在他们周围忙碌地侍奉着。新闻记者请问他们有何印象。几百兆的富翁。一个照相师向他提出问题。夏洛答应穿着他寻黄金时的衣服摄影。大家到有阳光的地方去。这是三等舱。很有本地风光。

也有一个少女在孤独的哭。夏洛去安慰她。

他认出她了。
——乔琪亚,乔琪亚,乔琪亚。
他向照相师宣布他们订婚了,照相师祝贺他们,替他们摄影。
别了纽约!

第十三章
微笑的影子

有凄凉的日子。于是夏洛不见了,仿佛冬天的鸟儿。当奇遇和爱情消失的时候,夏洛走远了。

这是大地荒漠的时代,鸟兽低垂着头,屋子里保持着静默的节季。嘴里所传出来的只是哀丧的声音;树上,天空,只有灰色的鸟;水味也变得苦。没有人再有勇气哭。

纽约的银行家倒闭,日本与智利在地震,不列颠帝国森林最茂的郡邑中汽车肇祸,丹麦的海上船只沉没……

日子一天天的过去,没有一个孩子敢笑。但是一晚,幸运啊;偶然地人家看见夏洛在天际出现了。

一个一个地,世界上所有的欢乐苏醒起来。有拂晓的欢乐,有黄昏的欢乐,有星的欢乐,有马的欢乐,有红球的欢乐,有蒸汽机的欢乐。人家到处看到微笑。有人在山边笑,有人在湖边笑。雪,亮晶晶的,海,像镜子一样,一道阳光俯在树上,张开着喉咙歌唱。

夏洛在响露水中前进。他的影子渐渐增大。

(很远,在田野中,城市里,点起晚上的灯火。)

他的影子渐渐增多,映在粉墙上,映在刚洗过的被单上,映在满满的月光中。

有几处地方并没受到感染。人们不愿意笑。他们不知道把他们的悲哀与怨恨忘掉一分钟。邻人的笑声使他们痛苦。他们伏在他们的书上,好像俯在镜子前面。更远处,老是更远处,有人想着格林兰特冰岛,澳洲南边的太斯玛尼岛,夏洛的影子愈加长大。欢乐和夜同时上升。时间一下一下的敲过。世界显得缩小了,人类走近来互相挨紧。大家在说话。

像一阵清风,像一片热流,同情心注入各个人群。夏洛散布的单纯的欢乐,闪闪着飞,像雪花般落下来,布满整个的地面。日蚀,鱼,发疯的草,白云,露水,松鼠,以及夏洛曾经受过一天,一小时,一分钟的一切东西。大家称为"微笑"的周游世界的狂热的途程,似乎留下磨灭不掉的痕迹。从他经过之后,这里,那里,不敢笑的许多人的忧郁病痊愈了。他们做手势,他们吐出言辞,他们喃喃地……

是夏洛(被一群人跟着)在向前。他笔直的往前走,手里拿着杖,帽子戴在头角上。

他走。

他生活。

他笑。

但是在他周围,许多影子骚乱起来。人家在他们的步履上认出是永久的幽灵。第一有一个巨大的人,太胖,太凶。他像他的高大一般的卑怯,像他的肥胖一般的残忍。当他确定他自己是最强的时候,他滥用他的强力。他总是尽力的打。他到处都在,人家在城市里,乡下遇到他,早上,晚上,夜里。他舞动他的长臂吓人,有时候他的影子把他自己也吓了。

他恨恨地追逐夏洛,因为夏洛弱小而且并不恶。

在他后面,另外一个胀满胸脯在走;他很美,尤其他自己相信这样。他鬈曲着须,用藐视的神气看他周围的一切;这是破碎人家的心的人,为一切女人爱慕的诱惑者。他知道只要在眼睛里望一个女人,就可使她倒在他的臂抱里。夏洛羡慕他,是他最憎恨的人。他要把他驱逐出地面;因为在他旁边有一个小女有时哭,有时笑。是她,他愿意被她打败的。是她,夏洛爱的。是她,夏洛想奉献幸福,富贵,温柔。她全知道,然而她喜欢粗暴的人,自私的,蠢的但是美的。夏洛追逐着这个逃避他的影子,有时候他追到她的时候,她令他失望;但虽然失望,他宁愿在旁边看她;她和夏洛在她身上织成的梦是那样的不同,使夏洛也走远了,去找另外一个影子,老是那个,那个。

是重新看到这些人物,这些云彩的时候,夏洛在微笑中含着要哭的意念。人是不应当感伤的,但是忧患,生活的习惯,硬留在那些想忘掉一切的人的记忆里。

夏洛到每个地方去探险。他努力要保持他的宁静,避免他的生命屡次用以缠绕他的重复。徒然。他觉得土地好似布满了男人,女人,光明,阴暗,快乐,微笑和影子的一个球。

第十四章
永恒的星

年光消逝。它扫荡一切确实的事物。没有一件东西能够不为时间的运动所摇撼，黄金，爱情，往事，都支撑不住。

地球转着。欧罗巴，亚细亚，亚美利加。已经好几年了，夏洛重新获得他的自由，这困顿和孤独的姊妹。他迎着日子向前，像空气般自由。他忘了他已往的一切。

他跟随着风，他追逐他的影子，或窥伺运命的神秘的记号。

一天，他在一个城里散步；又一天，他到乡下去。他逃，他飘流，他生活，他是自由的。

从今以后，他相信，没有一件东西再能羁绊他。他甚至对金发女人也不信任了。饥饿重新做他的同伴。但他知道应该靠偶然；因为它是一切人类之主。

夏洛有一天听见群众的单调的声音。他向着声音前进。在城里有一个大节会，稀奇古怪的戏法，猪油的味道中杂着碳酸气。白天也到处点着灯，像假的首饰一般在发亮。男人女人闲荡着。他们大张着嘴，惊讶地叹赏会得叫的画片，商人们讨欢喜的腔调。天空中，旗帜给音乐和群众的嚣声震动着，飘扬着想去和云儿握手。

夏洛让潮水般的人把他拥着向前。有时他在活动肉铺子前面停留，鉴赏香肠和小面包。

有一个卖肉的劝他吃一客火腿夹面包，正在闹饥荒的夏洛本能地伸出手，但随即缩了回来，因为他记起袋里没有一文钱。

有人，喔真是寻开心，试着来扒他的衣袋。扒手转起坏念头来。夏洛微笑。夏洛没有被窃，正是相反。一个警察看见扒手在夏洛袋里摸，勒令他把他的皮夹还了夏洛。夏洛道谢。他买了一条香肠，然而他良心上总是不安稳，他宁愿走开。

夏洛从来不大爱警察。他一看见他们的制服就跑，本能地。这真是笨极了。笨极了，因为这样一跑就使人注意他。人家以为——也不完全真，也不完全假——他做了甚么虚心事。

警察们正接到了警告，大张着眼睛。有人报告说有一队扒手到了城里。

看到夏洛遇到他们总是逃，警察就监视他了，其中一个在后面跟着他。

夏洛跑，警察跑，愈来愈相信他是一个贼，或竟是一个杀人犯。夏洛使乖。他跑进一座奇怪的屋子，走廊黑暗得厉害，一阵阵冷风吹着，楼梯歪来倒去的，有时候房间太狭，有时候天花板太低，客厅里的墙壁上挂着的镜子，配得那样古怪，教人再也摸不着出路，一个人一霎时变成了四五个。在这里警察追上了夏洛。夏洛看见他给五个警察包围着。这真是太多了。但那些警察也给迷昏了，扑向夏洛的时候，他们一头撞在镜子上。

夏洛逃脱了。

他还跑。他在一个大篷帐四周跑,但瞥见了永久的警察底影子,他溜进了马戏场。野兽在吼。一阵兽粪的臭味笼罩着这个奇怪的国土,内面放着球,金属的零件,绳索,鞭子……一面完全是金光灿烂的世界,一面是污秽恶臭的悲惨世界。人们急急忙忙的走过,喘气也来不及,也有人在一隅睡着。

——你来干么?马戏班主喝着问。

——我来寻一些差使,他回答。

——你会做什么?

——样样都会一些……

——好,班主说,等着。

夏洛等着。他看看周围。一个年轻的女郎,浑身披着白纱,悲哀地走过。

——她是谁,夏洛问。

——女骑师。

夏洛十分赞赏她。

班主收留了他,令他做一切最脏的工作。他并不抱怨。他疲乏了,望望在练习武艺的女骑师。

——喂!那边的家伙,你是来做工的。

晚上,夏洛很高兴不出钱看白戏。人家教他帮着搬应用的器具。但人家忘记给他制服。算了,他老是有他的小杖使他显得很尊严。

看客慢慢地来了。戏快开场。乐队奏着序曲。铜器响了。灯也亮了。

夏洛传接器具。

在机器匠们预备着天空体操的家伙时,夏洛被任传接各种魔术家的用具。可是他不大有习惯搬运这类东西,不幸也没有人肯告诉他留神些。他那样的毛手毛脚把魔术家的西洋镜拆穿了。他看见藏着桌子里的兔子乱窜,一只木箱里的鸭满场跑,他第一个就叫起来。他追鸭子,寻兔子。看客们望着夏洛傻头傻脑的神气,乐不可支。哄堂大笑。有的人以为是一个新小丑上台,开始喝彩。很威严地,夏洛行礼答谢。掌声像春雷似的爆发。

夏洛又行了一个礼,下台了。

他回到后台,同伴们嘲笑他。

——喂!朋友,看你要挨老板的臭骂。

老板走近来。他一声不响。他望一望夏洛和小丑头目说:

——教他扮奇奥默·丹尔的儿子。

夏洛不晓得谁是奇奥默,更不认识他的儿子。

他不耐烦地等着。

——喂,夏洛,跟我们来。

小丑们出场了。可是夏洛看见了女骑师,想着别的事情。小丑喊他。

——夏洛!

他赶上去。

他一上场,台下就热烈地拍掌。很荣幸,夏洛微笑,行礼。他试着去帮助小丑,但虽然他尽力的干,总是手脚太慢。

看客笑得很厉害。

"还好,"夏洛说,"他们看不出我还外行。"

他扮奇奥默·丹尔的儿子。

他不懂这幕戏。人家把一只香蕉放在他头上。他拿掉它。小丑们怒极了。但是看客笑得愈加起劲了。

——一切都齐备了,小丑们喊。

夏洛回头去望。闯祸。得重新来过。看客拍手。

夏洛又行礼,香蕉可滚下来了。夏洛看见全场的人都在笑,他想今天晚上他们倒开心得很。

终于演完了。夏洛,心里明白他做得很蠢,回到后台。小丑们出台行礼的时候,他跑去藏着,他恐怕给人家叱骂。夏洛想他把那出戏弄糟了;他们要这样的嘲笑他!

群众拍手。

——夏洛,看客喊,夏洛……

乖巧地,夏洛躲着不动。他听见班主在喊:

——夏洛!

夏洛缩得很小。

——畜生,班主骂。

"我该怎样的倒霉啊。"夏洛想。

终于班主看见他了。

——去行礼,混蛋。要是你不马上去,他们要把一切都捣烂了。

夏洛,半死半活地,回到台上。

狂热的欢迎。

人家喝彩捧他,叫好。他四周一望。这真是成功了。他瞥见女骑师在笑,在鼓掌。

他快活得跳起来,走到少女前面去。有人喊他。

班主急急忙忙走前来。

——我和你订两年合同。你每星期可赚五块金洋。但是你每天晚上,得照着今天所做的,完全一样的做。

"真是怪物,这些戏子!"夏洛想。每个晚上他重新开始。人家很热烈的欢迎他。白天,他继续他的工作。人家教他做最吃苦,最脏的事情。他很快乐。他的生活不单调,女骑师又对他很和气。他可以帮她不少忙,有时候和她谈话,常常安慰她,因为她不是幸福的。她的父亲,马戏班主,是一个非常强暴的人。他打她好像他打一切不敢违拗他的人。至于他,夏洛,他不能抱怨。班主让他很安宁。的确他教他做许多工,他监视他,但他不打他。

夏洛不懂为何他得到这种优待。是他的朋友,女骑师,替他解释明白了。

——你不觉得,她有一天和他说,当他在料理喂马的干草的时候,你不觉得他在利用你。靠了你的成功,他发了一笔横财。你的名字已经可以使马戏场每夜客满。但他不给钱。你是一个大艺术家,但他给你最下等的马夫工钱。你不知道他真怕你走掉⋯⋯

夏洛放下割草的家伙。他想不明白。他,一个大艺术家!他笑了。

——喂,他的朋友又说,试一试。和他说好如他不多给你钱,你要走⋯⋯

一阵呼喝的声音把女骑师的说话截断了。班主,粗暴的家伙,藏在离开那里不远的地方,听到他女儿的最后一句话。发疯似的震怒,举起短鞭,他扑向他的女儿。

夏洛,吓呆了,试着去挽回老板的怒气,拿起他的割草刀。忘记了他的女儿,班主开始追夏洛,并且威吓他要把他勒死。

可是夏洛对于追逐的玩艺儿,颇有经验。他很可以逃掉这疯子。他躲着。可是他走近了。夏洛逃。一面退,一面走进了一辆游方车,用力关上了门。现在他可平安了。

他回头一看。哎哟!

这辆车原来是狮子笼。"亚历山大,山野之王,亚非利加之恐怖者,世界上最凶猛的狮子"在他前面。夏洛望望亚历山大,亚历山大望望夏洛。一个心里怕,一个肚里饿。狮子打呵欠。这是它吃东西的时候了,它舐着嘴唇。夏洛不敢喊救命,他没有叫喊的力气。他发抖。

一秒钟之内夏洛重新看见了他的生活。他想起他看见过的一切地方,他爱过的一切女人,他尝过的一切失望……他没有甚么遗憾。但他为了那少女,还想生活一回。

她来了。

她看见他在栅栏里,在狮子前面。她呼救,她喊。被这许多声音惊扰了,狮子站起来。终于驯服狮子的人赶来了,救出夏洛。

他好险啊。

无疑的,这是他一生遇到的最大的危险。

一切都好,结果也好。夏洛跑去谢救他的也是他救的女友。他走近篷帐,她不在。大家都集在门口。铁线之王,世界上最有名的走绳索家到了。

女骑师在他旁边,她鉴赏着他,向他微笑。

哦,他不见得如何讨人欢喜。他恐怕是一个滑头。夏洛宁愿走开。

演戏的时刻到了。乐队,灯光,喝彩声。

班主宣布在完场的时候,有一幕世界上最危险的玩艺。轮到夏洛了。他很受欢迎,但比以前要差些。看客不耐烦地等待铁线之王。

夏洛下场。女骑师在那里。是他,她在等他。好幸福!他向着她走去。她和铁线之王谈话,他愈漂亮了。女骑师替他们介绍。他行礼。但是走绳索的不屑地望着小丑。

夏洛尊严地走开了。

铁线之王博得极大的成功。夏洛承认他那出表现的确安排得很好,但不应得吹得过分,他不见得如何了不起。

他穿着得很美,夏洛又注意到这一层,这是一切女人所爱好的。

夏洛注意他的修饰。

一天一天,夏洛发觉女骑师对铁线之王显得亲热起来。夏洛,可怜的他,一晚,决定去向她诉说他的爱情了。演完了戏,他要去看她,准备伏在她的脚下。

他发见她在铁线之王的臂抱里。夏洛走远了。他想离开马戏班。他没有勇气。希望还没死灭。他要重新去争回女骑师。铁线之王不是正经的人。他知道总有一天他会遗弃她。希望他愈早遗弃她愈好。她可以打破她的幻梦!诱惑她的,是他的美丽的衣服……

悲哀的日子。应该坚苦忍耐。班主待夏洛不比从前和气了。他再没有从前那样博得看客的欢迎。

夏洛细细想。他要胜过他。晚上他很卖力。他要做得古怪。拼命的要令人发笑。

没有人再笑了。他徒然旋转他的小杖，镇静地行礼。一个人也不笑了。

人家不再喝他的彩。班主和他说：

——你已经完了，我的孩子。你简直不古怪了……

夏洛坐在一隅。这是真的，一切都完了。他只有走。

但他们今晚为何这般骚扰？他们都显得呆了。他们失掉了铁线之王。再也找不到他。他失踪了。

夏洛很开心。

班主，狂怒着在叫喊。

——他们捣烂一切了。

看客们不耐烦起来。他们顿足。他们大声的呼啸。

——谁愿意代替这混账的家伙？

夏洛，很镇静的，走过去说：

——我……

班主祝贺他。

——去穿扮起来。

夏洛穿起大礼服。"我非凡的美了。"他想。他走过女骑师身旁。她替他发抖。

——当心，她和他说，——接着又说：不要干这个……

——这不见得怎样的难，你知道。

夏洛觉得这个答语很不坏。看客一见他上场都狂热的喝彩。夏洛认识这个群众的声音。

他望群众，望面上显得惶急的小丑们。他又看到一颗白点。这是女骑师望着他。她合着手，替他捏一把汗。

他往铁线上安放一只脚,接着放上另外一只脚。他靠着秋千架向前。看客们叫好。

"这些混蛋看不见我的把戏……好罢……"

没有上去之前,夏洛在裤带上系了一根铁线,细得看不出的线,把它提着。

夏洛轻飘地向前。可是那些拉着铁线的蠢汉,拉得太用力了。他的裤带开始格格地作响。

夏洛想回头来走。他做记号叫人家拉得松些,但那些蠢汉以为是还要拉得紧些。裤带断了。提着他的铁线远去了……夏洛闭上眼睛。他听见亚历山大的吼声。他记起那狮笼。他想他曾经好好的逃了出来,但这一次……

而且是他自己愿意的。

"而且,讲到末了,这也许更好,"夏洛想,"我已经没有希望了。终是那一回事。"

他慢慢地走着,很艰难地。再二十步他就出险了。

"什么东西在抓我的腿?什么东西在呵我痒?"

一个猴子从笼里溜出来,走上铁线,还有一头也跟来了,开始和夏洛玩。它们抓他的头发,咬他的鼻子。

这一次,真是末日了。

他听见人家的叫喊。看客们发觉了这个危险的情形。女人们晕过去了。夏洛向前走着,只有绝望导引他。

他走的时候,大声的叫喊祝贺他。他得救了。他明早醒来,人家告诉他的一个消息便是寻到了铁线之王。

和这个马戏班竞争的班子,要使这个班子的表演不得成功,把他绑起走了,他在夜里才脱身逃掉。

报信的人还说:

——你要知道那小妮子才怎么高兴呢!

夏洛悲哀地微笑。

他又睡去。刺激把他的心刺伤了。他醒来时,马戏场已经拆掉,一切都准备动身了。

班主决定离开这个地方,到别个大城市的近郊去。

夏洛思索着。马戏班发动了,班主领首,他向着夏洛喊:

——那么,喂,快些呢,混蛋。

戏子们的车子慢慢地走过。他瞥见铁线之王坐在女骑师身旁。他们谈话,互相微笑。手揿着手。女骑师看见了他,把车子停下。她来找夏洛。铁线之王,很可爱地,也再三的邀他。

——走罢,夏洛说,我会跟上来的。

游方车动了。马戏班走过了。一阵灰尘的云飞起,夏洛就在这云里消失了。

马戏班走远了。灰尘重新飞回地上。夏洛望望他的周围。一辆车也没有。天际,已经很远了,一阵灰尘遮掩了游四方的戏班子。夏洛一个人站在他曾经演过戏的场中间。只有些微痕迹,一个圆形,差不多没有了。

夏洛望着这空处。他脚下一件东西在发光。他拾起来。是一个插在女骑师头上的星,她遗忘了的。

夏洛回头。在他后面,马戏班向着它的运命趱奔去了,在他前面,一片无垠的原野与青天。

他站起,他一个人了。他走,他走向永恒。

第十五章
终　局

　　一切夏洛所猜测到的未来，展开在他前面像一幅大风景。很远，在北方，他看见终点，他再不能笑的那一天。因此，他应当躲藏，努力遗忘，既然人家要遗忘他。有时他的名字会在一个老人口上提起，这些字音的回声会传到他的耳边，使他痛苦，像一个创伤。

　　遗忘对于他成了一个问题。他只知道回忆，这是他最大的弱点。他可是并不希求光荣，也不希求名誉。他已经见过群众的任性，如儿童一般，他已识得他们的脾气的古怪的行动。他已用不到任何人，但他还要依赖男人，女人，使自己不致完全倒下。一切散布在生命上的灰烬，像生根的菌一般牢固，它已经啃住了夏洛。因为夏洛不晓得什么时候他要死。他不相信他的灵魂会永生。他知道，在他以前，有过许多人曾经周游世界去探寻使他们肯定自己的微笑，许多人曾经失掉了记忆，他们堕入虚无。

　　夏洛往何处去？他自己苦闷地追问着。他愿望孤独地一个人，但幽灵一动，便使他害怕，害怕寂寞，因为那些无名幽灵，在他周围，长大，絮语，他不敢认识他们。他想否定他们的存在，但他不能禁止自己去怕他们，爱他们。

夏洛知道他令人笑，但令人笑有什么好处？既然他不相信快乐，也不相信幸福。他也一般骗追寻微笑的人，不由自主地。他不能阻止自己不使人笑，只要他的名字能够在人们的面貌上，浮现这个鬼脸。大家都要笑，而夏洛，当他显示出他的苦难，他的悲哀，人类运命的惨酷之时，就令人爆发这个可羞的快乐，使孩子，大人，老年纪的，都乐得忘形。

笑……

好像是唤起已经忘掉的悲哀与快乐的一段复唱底歌辞，这个名词——笑——使夏洛骇怕。能不能避免这个需要，能不能逃遁？他想着一种上天的报仇，奇特的破坏。他忘记了温柔，为的是只去看残忍。他把笑和愤怒相比，因为他知道笑的人是粗暴，自私，残忍的笑，他想，这是看了别人的不幸而作乐，这是要纠正他们治不好的笨拙。而夏洛知道他是笨拙的，糊涂的，惶惑的。

使他骚动而奇怪的，是在人类的视觉之外，他有时在向着一个不认识的世界前进。这个路程使他迷失了，使他遗忘了眼前的需求。他踉踉跄跄，他迟疑，他失足，而这种使他突然向后转的跨踏使看见他的人觉得好玩，无数的看客赏玩他的笨拙。

机械一样地，预备鼓掌的张开的手已经在阖拢来了，同情会远离他。他更不敢去干犯冷淡，恶意，嘲弄，他宁愿受人家的笑，虽然使他憎恨，使他对着整个世界失望。

他得继续走他的路，去寻一千零一种的笑。他只有永远走，还要受苦，跌，挨打，被凶恶的命运追迫，使大家快乐。

他没有无挂无碍的能耐。但他不愿惶惑。他的命运已经定了。为他的生命，只得算了。他是有一天生在一个已经没有名字的地方——至少对于他。他的生活单调地消逝，又寂寞。他的命运，他认识，想象，同时又不晓得。他很愿意人家在他下葬的时候哭，但他知道这些治丧的人将要很高兴，他们生平第一次的快乐，因为他们记起这个死尸往昔曾经活动，拿着一根小杖，他很古怪，那样的古怪。

在他墓上，真可以宣读一篇如何美妙的祭文：

"这是一个人类中从未诞生过的最好笑，最可笑的人。看了他的后影，人家不能不微笑。

"他死了，我们还在微笑，因为我们的回忆陪着他。这个回忆，像死者一样，戴一顶小圆顶帽，穿一双太重笨的靴……"

于是在场的人，重新看到他们儿时见过的夏洛，温和地笑起来，遗忘了的慢慢地沉入地下的死者。也许断一根绳，也许掘墩的工人喝醉了酒，也许他将来最后爱的一个女人，将要想起在地下等着她的情人，也许……？

死人有时也会很古怪的。他想着一个夜里有人会来，在埋着他的遗骸的石上，镌着这几个又凶恶又温柔，又感恩又报复的字……

> 这里永息着一个曾
> 使全世界发笑的人

以后人家也不懂这意思了，而夏洛平平的腐烂。死对于他真会变成一种报复。是在这个时候,人家开始懂得他曾经是那样地残忍,因为他只晓得笑,而有些人或将猜到夏洛是一个和其余的人同样的人,只是少些虚荣心,既然他不愿意认真,他的极端的笨拙也只是一种最聪明的伶俐。

罗曼·罗兰

贝多芬传

……天将降大任于斯人也,必先苦其心志,劳其筋骨,饿其体肤,行拂乱其所为,所以动心忍性,曾益其所不能……

——孟 子

(译者录)

目　录

译者序　116
原序　118
初版序　121

贝多芬传　125
贝多芬遗嘱　164
贝多芬书信集　168
贝多芬思想录　182
参考书目　186

附录　贝多芬的作品及其精神（傅雷）　188
　　一　贝多芬与力　188
　　二　贝多芬的音乐建树　195
　　三　重要作品浅释　204

译者序

唯有真实的苦难,才能驱除浪漫底克的幻想的苦难;唯有看到克服苦难的壮烈的悲剧,才能帮助我们担受残酷的命运;唯有抱着"我不入地狱谁入地狱"的精神,才能挽救一个萎靡而自私的民族:这是我十五年前初次读到本书时所得的教训。

不经过战斗的舍弃是虚伪的,不经劫难磨炼的超脱是轻佻的,逃避现实的明哲是卑怯的;中庸,苟且,小智小慧,是我们的致命伤:这是我十五年来与日俱增的信念。而这一切都由于贝多芬的启示。

我不敢把这样的启示自秘,所以十年前就迻译了本书。现在阴霾遮蔽了整个天空,我们比任何时都更需要精神的支持,比任何时都更需要坚忍、奋斗、敢于向神明挑战的大勇主义。现在,当初生的音乐界只知训练手的技巧,而忘记了培养心灵的神圣工作的时候,这部《贝多芬传》对读者该有更深刻的意义。——由于这个动机,我重译了本书。①

此外,我还有个人的理由。疗治我青年时世纪病的是贝多芬,扶植我在人生中的战斗意志的是贝多芬,在我灵智的成长中给我大影响的是贝多芬,多少次的颠扑曾由他搀扶,多少的创伤曾由他抚慰,——且不说引我进音乐王国的这件次要的恩泽。除了把我所受的恩泽转赠给比我年轻的一代之外,我不知还有甚么方法可以偿还我对贝多芬,和对他伟大的传记家罗曼·罗兰所负的债务。表示感激的最好的方式,是施予。

为完成介绍的责任起见,我在译文以外,附加了一篇分析贝多芬作品的文字。我明知这是一件越俎的工作,但望这番力不从心的努力,能够发生抛砖引玉的作用。

译者
一九四二年三月

---

① 这部书的初译稿,成于一九三二年,在存稿堆下埋藏了几有十年之久。——出版界坚持本书已有译本,不愿接受。但已出版的译本绝版已久,我始终未曾见到。然而我深深地感谢这件在当时使我失望的事故,使我现在能全部重译,把少年时代幼稚的翻译习作一笔勾销。——译者注(五部传记的脚注若无特别说明,均为译者注。作者的原注均采取文中注释的方式。)

原　序

二十五年前，当我写这本小小的《贝多芬传》时，我不曾想要完成什么音乐学的著作。那是一九〇二年。我正经历着一个骚乱不宁的时期，充满着兼有毁灭与更新作用的雷雨。我逃出了巴黎，来到我童年的伴侣、曾经在人生的战场上屡次撑持我的贝多芬那边，寻觅十天的休息。我来到篷恩（波恩），他的故里。我重复找到了他的影子和他的老朋友们，就是说在我到科布楞兹（科布伦茨）访问的韦该勒底孙子们身上，重又见到了当年的韦该勒夫妇。在曼恩兹（美因茨）我又听到他的交响乐大演奏会，是淮恩加纳[①]指挥的，然后我又和他单独相对，倾吐着我的衷曲，在多雾的莱茵河畔，在那些潮湿而灰色的四月天，浸淫着他的苦难，他的勇气，他的欢乐，他的悲哀，我跪着，由他用强有力的手搀扶起来，给我的新生儿约翰·克利斯朵夫行了洗礼。[②]在他

[①] F. Weingartner，系当代指挥贝多芬作品之权威。
[②] 罗曼·罗兰名著《约翰·克利斯朵夫》，最初数卷的事实和主人翁的性格，颇多取材于贝多芬的事迹与为人。且全书的战斗精神与坚忍气息，尤多受贝多芬的感应。

祝福之下，我重又踏上巴黎的归路，得到了鼓励，和人生重新缔了约，一路向神明唱着病愈者底感谢曲。那感谢曲便是这本小册子。先由《巴黎杂志》发表，后又被班琪（贝玑）①拿去披露。②我不曾想到本书会流传到朋友们的小范围以外。可是"各有各的命运……"

恕我叙述这些枝节。但今日会有人在这支颂歌里面寻求以严格的史学方法写成的渊博的著作，对于他们，我不得不有所答复。我自有我做史家的时间。我在《亨特尔》(《韩德尔》)和关于歌剧研究的几部书内，已经对音乐学尽了相当的义务。但《贝多芬传》绝非为了学术而写的。它是受伤而窒息的心灵底一支歌，在苏生与振作之后感谢救主的，我知道，这救主已经被我改换面目。但一切从信仰和爱情出发的行为都是如此。而我的《贝多芬传》便是这样的行为。

大家人手一编的拿了去，给这册小书走上它不曾希望的好运。那时候，法国几百万的生灵，被压迫的理想主义者底一代，焦灼地等待着一声解放的讯号。这讯号，他们在贝多芬的音乐中听到了，他们便去向他呼吁。经历过那个时代的人，谁不记得那些四重奏音乐会，仿佛弥撒祭中唱《神之羔羊》③时的教堂，——谁不记得那些痛苦的脸，注视着祭献礼，因它的启示而受着光辉的烛照？生在今日的人们已和生在昨日的人们离得远远了。（但生在今日的人们是否能和生在明日的离得更近？）在本

---

① 法国近代大诗人，与作者同辈，早死。
② 本书全文曾在班琪主编的半月刊上发表。
③ 此系弥撒祭典礼中之一节。

世纪初期的这一代里,多少行列已被歼灭:战争开了一个窟窿,他们和他们最优秀的儿子都失了踪影。我的小小的《贝多芬传》保留着他们的形象。出自一个孤独者底手笔,它不知不觉地竟和他们相似。而他们早已在其中认出自己。这小册子,由一个无名的人写的,从一家无名的店铺里出来,几天之内在大众手里传播开去,它已不再属于我了。

我把本书重读了一遍,虽然残缺,我也不拟有所更易。[1] 因为它应当保存原来的性质,和伟大的一代神圣的形象。在贝多芬百年祭②的时候,我纪念那一代,同时颂扬它伟大的同伴,正直与真诚的大师,教我们如何生如何死的大师。

> [1] 作者预备另写一部历史性的和专门性的书,以研究贝多芬的艺术和他创造性的人格。①

罗曼·罗兰
一九二七年三月

---

① 此书早已于一九二八年正月在巴黎出版。
② 一九二七年适为贝多芬百年死忌。

初版序

> 我愿证明,凡是行为善良与高尚的人,
> 定能因之而担当患难。
>
> ——贝多芬
>
> (一八一九年二月一日在维也纳市政府语)

我们周围的空气多沉重。老大的欧罗巴在重浊与腐败的气氛中昏迷不醒。鄙俗的物质主义镇压着思想,阻挠着政府与个人的行动。社会在乖巧卑下的自私自利中窒息以死,人类喘不过气来。——打开窗子罢!让自由的空气重新进来!呼吸一下英雄们的气息。

人生是艰苦的。在不甘于平庸凡俗的人,那是一场无日无之的斗争,往往是悲惨的,没有光华的,没有幸福的,在孤独与静寂中展开的斗争。贫穷,日常的烦虑,沉重与愚蠢的劳作,压在他们身上,无益地消耗着他们的精力,没有希望,没有一道欢乐之光,大多数还彼此隔离着,连对患难中的弟兄们一援手的安慰都没有，他们不知道彼此的存在。他们只能依靠自己；可是有时连最强的人都不免在苦难中蹉跌。他们求助，求一个朋友。

为了援助他们，我才在他们周围集合一般英雄的友人，一般为了善而受苦的伟大的心灵。这些"名人传"①不是向野心家的骄傲申说的，而是献给受难者的。并且实际上谁又不是受难者呢？让我们把神圣的苦痛底油膏，献给苦痛的人罢！我们在战斗中不是孤军。世界的黑暗，受着神光烛照。即是今日，在我们近旁，我们也看到闪耀着两朵最纯洁的火焰，正义与自由：毕加大佐和蒲尔（布尔）民族。②即使他们不曾把浓密的黑暗一扫而空，至少他们在一闪之下已给我们指点了大路。跟着他们走罢，跟着那些散在各个国家、各个时代，孤独奋斗的人走罢。让我们来摧毁时间的阻隔，使英雄的种族再生。

我称为英雄的，并非以思想或强力称雄的人；而只是靠心灵而伟大的人。好似他们之中最伟大的一个，就是我们要叙述他的生涯的人所说的："除了仁慈以外，我不承认还有什么优越底标记。"没有伟大的品格，就没有伟大的人，甚至也没有伟大的艺

---

① 作者另有《弥盖朗琪罗传》《托尔斯泰传》，皆与本书同列在"名人传"这总标题内。

② 一八九四至一九〇六年间，法国有一历史性的大冤狱，即史家所谓"特莱弗斯（德雷福斯）事件"。特莱弗斯大尉被诬通敌罪，判处苦役。一八九五年陆军部秘密警察长发觉前案系罗织诬陷而成，竭力主张平反，致触怒军人，连带下狱。著名文豪左拉亦以主张正义而备受迫害，流亡英伦。迨一八九九年，特莱弗斯方获军事法庭更审，改判徒刑十年，复由大总统下令特赦。一九〇六年，特莱弗斯由最高法院完全平反，撤销原判。毕加大佐为昭雪此冤狱之最初殉难者，故作者以之代表正义。——蒲尔民族为南非好望角一带的荷兰人，自维也纳会议，荷兰将好望角割让于英国后，英人虐待蒲尔人甚烈，卒激成一八九九至一九〇二年间的蒲尔战争。结果英国让步，南非联盟宣告成立，为英国自治领地之一。作者以之代表自由的火焰。

术家，伟大的行动者；所有的只是些空虚的偶像，匹配下贱的群众的：时间会把他们一齐摧毁。成败又有什么相干？主要是成为伟大，而非显得伟大。

这些传记中人的生涯，几乎都是一种长期的受难。或是悲惨的命运，把他们的灵魂在肉体与精神的苦难中磨折，在贫穷与疾病的铁砧上锻炼；或是，目击同胞受着无名的羞辱与劫难，而生活为之戕害，内心为之碎裂，他们永远过着磨难的日子；他们固然由于毅力而成为伟大，可是也由于灾患而成为伟大。所以不幸的人啊！切勿过于怨叹，人类中最优秀的和你们同在。汲取他们的勇气做我们的养料罢；倘使我们太弱，就把我们的头枕在他们膝上休息一会罢。他们会安慰我们。在这些神圣的心灵中，有一股清明的力和强烈的慈爱，像激流一般飞涌出来。甚至毋须探询他们的作品或倾听他们的声音，就在他们的眼里，他们的行述里，即可看到生命从没像处于患难时的那末伟大，那末丰满，那末幸福。

在此英勇的队伍内，我把首席给予坚强与纯洁的贝多芬。他在痛苦中间即曾祝望他的榜样能支持别的受难者，"但愿不幸的人，看到一个与他同样不幸的遭难者，不顾自然底阻碍，竭尽所能的成为一个不愧为人的人，而能借以自慰"。经过了多少年超人的斗争与努力，克服了他的苦难，完成了他所谓"向可怜的人类吹嘘勇气"的大业之后，这位胜利的普罗曼德（普罗米修斯）[①]，

[①] 神话中的火神，人类文明最初的创造者。作者常用以譬喻贝多芬。

回答一个向他提及上帝的朋友时说道:"噢,人啊,你当自助!"

我们对他这句豪语应当有所感悟。依着他的先例,我们应当重新鼓起对生命对人类的信仰!

罗曼·罗兰

一九〇三年一月

贝多芬传

> 竭力为善,爱自由甚于一切,
> 即使为了王座,也永勿欺妄真理。
>
> ——**贝多芬**
>
> (一七九二年手册)

他短小臃肿,外表结实,生就运动家般的骨骼。一张土红色的宽大的脸,到晚年才皮肤变得病态而黄黄的,尤其是冬天,当他关在室内远离田野的时候。额角隆起,宽广无比。乌黑的头发,异乎寻常的浓密,好似梳子从未在上面光临过,到处逆立,赛似"梅杜①头上的乱蛇"。[1] 眼中燃烧着一股奇异的威力,使所有见到他的人为之震慑;但大多数人不能

[1] 以上据英国游历家罗赛尔一八二二年时记载。——一八〇一年,邱尼(车尔尼)②尚在幼年,看到贝多芬蓄着长发和多日不剃的胡子,穿着羊皮衣裤,以为遇到了小说中的鲁滨逊。

---

① 系神话中三女妖之一,以生有美发著名。后以得罪火神,美发尽变毒蛇。
② 邱尼(一七九一~一八五七)为奥国有名的钢琴家,为晓邦(萧邦)至友,其钢琴演奏当时与晓邦齐名。

分辨它们微妙的差别。因为在褐色而悲壮的脸上,这双眼睛射出一道犷野的光,所以大家总以为是黑的;其实却是灰蓝的。[1] 平时又细小又深陷,兴奋或愤怒的时光才大张起来,在眼眶中旋转,那才奇妙地反映出它们真正的思想。[2] 他往往用忧郁的目光向天凝视。宽大的鼻子又短又方,竟是狮子的相貌。一张细腻的嘴巴,但下唇常有比上唇前突的倾向。牙床结实得厉害,似乎可以磕破核桃。左边的下巴有一个深陷的小窝,使他的脸显得古怪地不对称。据莫希尔斯说:"他的微笑是很美的,谈话之间有一副往往可爱而令人高兴的神气。但另一方面,他的笑却是不愉快的,粗野的,难看的,并且为时很短。"——那是一个不惯于欢乐的人的笑。他通常的表情是忧郁的,显示出"一种无可疗治的哀伤"。一八二五年,雷斯太勃说看见"他温柔的眼睛及其剧烈的痛苦"时,他需要竭尽全力才能止住眼泪。一年以后,勃罗姆·洪·勃隆太在一家酒店里遇见他,坐在一隅抽着一支长烟斗,闭着眼睛,那是他临死以前与日俱增的习惯。一个朋友向他说话。他悲哀地微笑,从袋里掏出一本小小的谈话手册;然后用着聋子惯有的尖锐的声音,教人家把要说的话写下来。——他的脸色时常变化,或是在钢琴上被人无意中撞见的时候,或是突然有所感应的时候,有时甚至在街上,使路人大为出惊。"脸上的肌肉突然隆起,血管膨胀,犷野的眼睛变得加倍可怕,嘴巴发抖,仿佛一个魔术家召来了妖魔而反被妖魔制服一般",那是莎士比亚

---

[1] 据画家克滦白记载。他曾于一八一八年为贝多芬画像。
[2] 据医生米勒一八二〇年记载:他的富于表情的眼睛,时而妩媚温柔,时而悯然,时而气焰逼人,可怕非常。

式的面目。[1]于里于斯·裴奈狄脱说他无异"李尔王"[②]。

鲁特维克·范·贝多芬（路德维希·凡·贝多芬），一七七〇年十二月十六日生于科隆附近的篷恩，一所破旧屋子的阁楼上。他的出身是弗拉芒族。[2]父亲是一个不聪明而酗酒的男高音歌手。母亲是女仆，一个厨子的女儿，初嫁男仆，夫死再嫁贝多芬的父亲。

艰苦的童年，不像莫扎尔德（莫扎特）般享受过家庭的温情。一开始，人生于他就显得是一场悲惨而残暴的斗争。父亲想开拓他的音乐天分，把他当作神童一般炫耀。四岁时，他就被整天的钉在洋琴[④]前面，或和一架提琴一起关在家里，几乎被繁重的工作压死。他的不致永远厌恶这艺术总算是万幸的了。父亲不得不用暴力来迫使贝多芬学习。他少年时代就得操心经济问题，打算如何挣取每日的面包，那是来得过早的重任。十一岁，他加入戏院乐队；十三岁，他当大风琴手。一七八七年，他丧失了他热爱的母亲。"她对我那么仁慈，那么值得爱戴，我的最好的朋友！噢！当我能叫出母亲这甜蜜的名字而她能听见的时候，谁又比我更幸福？"[3]

[1] 克滦白说是奥雪安（莪相）[①]的面目。以上的细节皆采自贝多芬的朋友，及见过他的游历家的纪载。
[2] 他的祖父名叫鲁特维克，是家族里最优秀的人物，生在盎凡斯（安特卫普），直到二十岁时才住到篷恩来，做当地大公的乐长。贝多芬的性格和他最像。我们必须记住这个祖父的出身，才能懂得贝多芬奔放独立的天性，以及别的不全是德国人的特点。[③]
[3] 以上见一七八九年九月十五日贝多芬致奥斯堡地方的夏台医生书信。

---

① 奥雪安为三世纪时苏格兰行吟诗人。
② 莎士比亚名剧中的人物。
③ 今法国与比国交界之一部及比国西部之地域，古称弗朗特。弗拉芒即居于此地域内之人种名。盎凡斯为今比国北部之一大城名。
④ 洋琴为钢琴以前的键盘乐器。形式及组织大致与钢琴同。

她是肺病死的;贝多芬自以为也染着同样的病症;他已常常感到痛楚;再加比病魔更残酷的忧郁。[1] 十七岁,他做了一家之主,负着两个兄弟的教育之责;他不得不羞惭地要求父亲退休,因为他酗酒,不能主持门户:人家恐怕他浪费,把养老俸交给儿子收领。这些可悲的事实在他心上留下了深刻的创痕。他在篷恩的一个家庭里找到了一个亲切的依傍,便是他终身珍视的勃罗宁一家。可爱的爱莱奥诺·洪·勃罗宁比他小二岁。他教她音乐,领她走上诗歌的路。她是他的童年伴侣;也许他们之间曾有相当温柔的情绪。后来爱莱奥诺嫁了韦该勒医生,他也成为贝多芬的知己之一;直到最后,他们之间一直保持着恬静的友谊,那是从韦该勒、爱莱奥诺和贝多芬彼此的书信中可以看到的。当三个人到了老年的时候,情爱格外动人,而心灵的年轻却又不减当年。[2]

贝多芬的童年尽管如是悲惨,他对这个时代和消磨这时代的地方,永远保持着一种温柔而凄凉的回忆。不得不离开篷恩、几乎终身都住在轻佻的都城维也纳及其惨淡的近郊,他却从没忘记莱茵河畔的故乡,庄严的父性的大河,像他所称的"我们的父亲莱茵";的确,它是那样的生动,几乎赋有人性似的,仿佛一颗巨大的灵魂,无数的思想与力量在其中流过;而且莱茵流域中也没有一个地方比细腻的篷恩更美、更雄壮、更温柔的了,它的浓荫密布,鲜花满地的坂坡,受着河流的冲击与抚爱。在此,贝多芬消磨了他最初的二十年;在此,形成了他少年心中的梦境,——慵懒地拂着水面的草原上,雾氛笼罩着的白杨,丛密的矮树,细柳

---

[1] 他一八一六年时说:"不知道死的人真是一个可怜虫!我十五岁上已经知道了。"
[2] 他们的书信,读者可参看本书的附录。他的老师C.G.纳夫也是他最好的朋友和指导:他的道德的高尚和艺术胸襟的宽广,都对贝多芬留下极其重要的影响。

和果树,把根须浸在静寂而湍急的水流里,——还有是村落,教堂,墓园,懒洋洋地睁着好奇的眼睛俯视两岸,——远远里,蓝色的七峰在天空画出严峻的侧影,上面矗立着废圮的古堡,显出一些瘦削而古怪的轮廓。他的心对于这个乡土是永久忠诚的;直到生命的终了,他老是想再见故园一面而不能如愿。"我的家乡,我出生的美丽的地方,在我眼前始终是那样的美,那样的明亮,和我离开它时毫无两样。"[1]

[1] 以上见一八〇一年六月二十九日致韦该勒书。
[2] 诗的开首是:"专制的铁链斩断了……幸福的民族!……"
[3] 我们可举其中一首为例:"唾弃偏执,摧毁愚蠢的幽灵,为着人类而战斗……啊,这,没有一个亲王的臣仆能够干。这,需要自由的灵魂,爱死甚于爱谄媚,爱贫穷甚于爱奴颜婢膝……须知在这等灵魂内我决非最后一个。"①
[4] 一七八七年春,他曾到维也纳作过一次短期旅行,见过莫扎尔德,但他对贝多芬似乎不甚注意。——他在一七九〇年在篷恩结识的罕顿(海顿),曾经教过他一些功课。贝多芬另外曾拜过阿勃腊赫兹贝葛(阿尔布雷希茨贝格)与萨利哀利(萨列里)为师。

大革命爆发了,泛滥全欧,占据了贝多芬的心。篷恩大学是新思想的集中点。一七八九年五月十四日,贝多芬报名入学,听有名的奥洛葛·希那哀特(厄洛热·施奈德)讲德国文学,——他是未来的下莱茵州的检察官。当篷恩得悉巴斯蒂狱(巴士底狱)攻陷时,希那哀特在讲坛上朗诵一首慷慨激昂的诗,鼓起了学生们如醉若狂的热情。[2] 次年,他又印行了一部革命诗集。[3] 在预约者②的名单中,我们可以看到贝多芬和勃罗宁的名字。

一七九二年十一月,正当战事③蔓延到篷恩时,贝多芬离开了故乡,住到德意志的音乐首都维也纳去。[4] 路上他遇见开向法

---

① 希那哀特生于巴维亚(巴伐利亚)邦,为斯塔斯堡(斯特拉斯堡)雅各宾党首领。一七九四年,在巴黎上断头台。
② 从前著作付印时必先售预约。因印数不多,刊行后不易购得。
③ 此系指法国大革命后奥国为援助法国王室所发动之战争。

国的黑森军队①。无疑的,他受着爱国情绪的鼓动,在一七九六与一七九七两年内,他把弗列特堡(弗里贝格)的战争诗谱成音乐:一阕是《行军曲》,一阕是《我们是伟大的德意志族》。但他尽管讴歌大革命底敌人也是徒然:大革命已征服了世界,征服了贝多芬。从一七九八年起,虽然奥国和法国的关系很紧张,贝多芬仍和法国人有亲密的往还,和使馆方面,和才到维也纳的

[1] 在裴氏周围,还有提琴家洛道夫·克埒采(鲁道夫·克勒策),即后来贝多芬把他有名的朔拿大(奏鸣曲)题赠给他的。

裴那陶德②。[1] 在那些谈话里,他的拥护共和的情绪愈益肯定,在他以后的生活中,我们更可看到这股情绪的有力的发展。

这时代史丹霍塞替他画的肖像,把他当时的面目表现得相当准确。这一幅像之于贝多芬以后的肖像,无异葛冷③的拿破仑肖像之于别的拿破仑像,那张严峻的脸,活现出波那帕脱(波拿巴)充满着野心的火焰。贝多芬在画上显得很年轻,似乎不到他的年纪,瘦削的,笔直的,高领使他头颈僵直,一副睥睨一切和紧张的目光。他知道他的意志所在;他相信自己的力量。一七九六年,他在笔记簿上写道:"勇敢啊!虽然身体不行,我的天才终究会获胜……廿五岁!不是已经临到了

[2] 那时他才初露头角,在维也纳的首次钢琴演奏会是一七九五年三月三十日举行的。

吗?……就在这一年上,整个的人应当显示出来了。"[2] 特·裴恩哈特夫人和葛林克说他很高傲,举止粗野,态度抑郁,带着非常强烈的内地口音。但他藏在这骄傲的笨拙之下的慈悲,唯有几个

---

① 黑森为当时日耳曼三联邦之一,后皆并入德意志联邦。
② 裴氏为法国元帅,在大革命时以战功显;后与拿破仑为敌,与英奥诸国勾结。
③ 葛冷为法国名画家,所作拿破仑像代表拿翁少年时期之姿态。

亲密的朋友知道。他写信给韦该勒叙述他的成功时,第一个念头是:"譬如我看见一个朋友陷于窘境:倘若我的钱袋不够帮助他时,我只消坐在书桌前面;顷刻之间便解决了他的困难……你瞧这多美妙。"[1] 随后他又道:"我的艺术应当使可怜的人得益。"

然而痛苦已在叩门;它一朝住在他身上之后永远不再退隐。一七九六至一八〇〇年间,耳聋已开始它的酷刑。[2] 耳朵日夜作响;他内脏也受剧烈的痛楚磨折,听觉越来越衰退。在好几年中他瞒着人家,连对最心爱的朋友们也不说;他避免与人见面,使他的残废不致被人发见;他独自守着这可怕的秘密。但到一八〇一年,他不能再缄默了;他绝望地告诉两个朋友:韦该勒医生和阿芒达牧师:

"我的亲爱的、我的善良的、我的恳挚的阿芒达……我多祝望你能常在我身旁!你的贝多芬真是可怜已极。得知道我的最高贵的一部分,我的听觉,大大地衰退了。当我们同在一起时,我

---

[1] 以上见一八〇一年六月廿九日致韦该勒书。[①] 一八〇一年左右致李哀斯(里斯)书中又言:"只要我有办法,我的任何朋友都不该有何匮乏。"

[2] 在一八〇二年的遗嘱内,贝多芬说耳聋已开始了六年,——所以是一七九六年起的。——同时我们可注意他的作品目录,唯有包括三支三重奏的全集卷一,是一七九六年以前的制作。包括三支最初的朔拿大的全集卷二,是一七九六年三月刊行的。因此贝多芬全部的作品可说都是耳聋后写的。——关于他的耳聋,可以参看一九〇五年五月十五日德国医学丛报上克洛兹-福莱斯脱医生的文章。他认为这病是受一般遗传的影响,也许他母亲的肺病也有关系。他分析贝多芬一七九六年时所患的耳咽管炎,到一七九九年变成剧烈的中耳炎,因为治疗不善,随后成为慢性的中耳炎,随带一切的后果。耳聋的程度逐渐增加,但从没完全聋。贝多芬对于低而深的音比高音更易感知。在他晚年,据说他用一支小木杆,一端插在钢琴箱内,一端咬在牙齿中间,用以在作曲时听音。一九一〇年,柏林-莫皮脱市立医院主任医师约各勃逊发表一篇出色的文章,说他可证明贝多芬的耳聋是源于梅毒的遗传。——一八一〇年左右,机械家曼扎尔为贝多芬特制的听音器,至今尚保存于篷恩城内贝多芬博物院。

---

① 《贝多芬传》正文内所引述的贝多芬书信的文字,与后文"贝多芬书信集"中的相关文字略有出入,傅译原文即如此;因不影响阅读与理解,编者保留之而未作改动。——编者注

已觉得许多病象,我瞒着;但从此越来越恶劣……还会痊愈吗?我当然如此希望,可是非常渺茫;这一类的病是无药可治的。我得过着凄凉的生活,避免我心爱的一切人物,尤其是在这个如此可怜、如此自私的世界上!……我不得不在伤心的隐忍中找栖身!固然我曾发愿要超临这些祸害;但又如何可能?……"¹

[1 以上见诺尔编《贝多芬书信集》第十三。]

他写信给韦该勒时说:"……我过着一种悲惨的生活。两年以来我躲避着一切交际,因为我不可能与人说话:我聋了。要是我干着别的职业,也许还可以;但在我的行当里这是可怕的遭遇啊。我的敌人们又将怎么说,他们的数目又是相当可观!……在戏院里,我得坐在贴近乐队的地方,才能懂得演员的说话。我听不见乐器和歌唱的高音,假如我的座位稍远的话。……人家柔和地说话时,我勉强听到一些,人家高声叫喊时,我简直痛苦难忍……我时常诅咒我的生命……普卢塔克①教我学习隐忍。我却愿和我的命运挑战,只要可能;但有些时候,我竟是上帝最可怜的造物……隐忍!多伤心的避难所!然而这是我唯一的出路!"²

[2 以上见《贝多芬书信集》第十四。参看附录。]

这种悲剧式的愁苦,在当时一部分的作品里有所表现,例如全集卷十三的《悲怆朔拿大》(一七九九年),尤其是全集卷十(一七九八)之三的朔拿大中的 largo。奇怪的是并非所有的作品都带忧郁的情绪,还有许多乐曲,如欢悦的《七重奏》(一八〇〇),明澈如水的《第一交响乐》(一八〇〇),都反映着一种

---

① 系纪元一世纪时希腊伦理学家与史家。

青年人的天真。无疑的，要使心灵惯于愁苦也得相当的时间。它是那样的需要欢乐，当它实际没有欢乐时就自己来创造。当"现在"太残酷时，它就在"过去"中生活。往昔美妙的岁月，一下子是消灭不了的；它们不复存在时，光芒还会悠久地照耀。独自一人在维也纳遭难的辰光，贝多芬便隐遁在故园的忆念里；那时代他的思想都印着这种痕迹。《七重奏》内以变体曲（Variation）出现的andante的主题，便是一支莱茵的歌谣。《第一交响乐》也是一件颂赞莱茵的作品，是青年人对着梦境微笑的诗歌，它是快乐的，慵懒的；其中有取悦于人的欲念和希望。但在某些段落内，在引子（introduction）里，在低音乐器的明暗的对照里，在神怪的scherzo里，我们何等感动地，在青春的脸上看到未来的天才底目光。那是鲍梯却梨（波提切利）①在《圣家庭》中所画的幼婴底眼睛，其中已可窥到他未来的悲剧。②

在这些肉体的痛苦之上，再加另外一种痛苦。韦该勒说他从没见过贝多芬不抱着一股剧烈的热情。这些爱情似乎永远是非常纯洁的。热情与欢娱之间毫无连带关系。现代的人们把这两者混为一谈，实在是他们全不知道何谓热情，也不知道热情之如何难得。贝多芬的心灵里多少有些清教徒气息；粗野的谈吐与思想，他是厌恶的；他对于爱情的神圣抱着毫无假借的观念。据说他不能原谅莫扎尔德，因为他不惜屈辱自己的天才去写《唐·裘安》③。他的密友兴特勒确言："他一生保着童贞，从未有何缺德

---

① 系文艺复兴前期意大利名画家。
② 此处所谓幼婴系指儿时的耶稣，故有未来的悲剧之喻。
③ 唐·裘安（唐·璜）为西洋传说中有名的登徒子，莫扎尔德曾采为歌剧的题材。

需要忏悔。"这样的一个人是生来受爱情的欺骗，做爱情的牺牲品的。他的确如此。他不断地钟情，如醉如狂般的颠倒，他不断地梦想着幸福，然而立刻幻灭，随后是悲苦的煎熬。贝多芬最丰满的灵感，就当在这种时而热爱、时而骄傲地反抗的轮回中去探寻根源；直到相当的年龄，他的激昂的性格，才在凄恻的隐忍中趋于平静。

一八〇一年时，他热情的对象是琪丽哀太·琪却尔第，为他题赠那著名的全集卷二十七之二的《月光朔拿大》（一八〇二）而知名于世的。①他写信给韦该勒说："现在我生活比较甜美，和人家来往也较多了些……这变化是一个亲爱的姑娘底魅力促成的；她爱我，我也爱她。这是两年来我初次遇到的幸运的日子。"[1]可是他为此付了很高的代价。第一，这段爱情使他格外感到自己的残废，境况的艰难，使他无法娶他所爱的人。其次，琪丽哀太是风骚的，稚气的，自私的，使贝多芬苦恼；一八〇三年十一月，她嫁了伽仑堡伯爵。[2]——这样的热情是摧残心灵的；而像贝多芬那样，心灵已因疾病而变得虚弱的时候，狂乱的情绪更有把它完全毁灭的危险。他一生就只是这一次，似乎到了颠蹶的关头；他经历着一个绝望的苦闷时期，只消读他那时写给兄弟卡尔与约翰的遗嘱便可知道，遗嘱上注明"等我死后开拆"。[3]这是惨痛之极的呼声，

[1] 以上见一八〇一年十一月十六日信。
[2] 随后她还利用贝多芬从前的情爱，要他帮助她的丈夫。贝多芬立刻答应了。他在一八二一年和兴特勒会见时在该话手册上写道："他是我的敌人，所以我更要尽力帮助他。"但他因之而更瞧不起他。"她到维也纳来找我，一边哭着，但是我瞧不起她。"
[3] 时为一八〇二年十月六日——参看附录原文。

---

① 通俗音乐书上所述《月光朔拿大》的故事是毫无根据的。

也是反抗的呼声。我们听着不由不充满着怜悯,他差不多要结束他的生命了。就只靠着他坚强的道德情操才把他止住。[1]他对病愈的最后的希望没有了。"连一向支持我的卓绝的勇气也消失了。噢神,给我一天真正的欢乐罢,就是一天也好!我没有听到欢乐底深远的声音已经多久!什么时候,噢!我的上帝,什么时候我再能和它相遇?……永远不?——不?——不,这太残酷了!"

[1] 他的遗嘱里有一段说:"把德性教给你们的孩子;使人幸福的是德性而非金钱。这是我的经验之谈。在患难中支持我的是道德,使我不曾自杀的,除了艺术以外也是道德。"又一八一〇年五月二日致韦该勒书中:"假如我不知道一个人在能完成善的行为时就不该结束生命的话,我早已不在人世了,而且是由于我自己的处决。"
[2] 以上见《致韦该勒书》,《书信集》第十八。

这是临终的哀诉;可是贝多芬还活了二十五年。他的强毅的天性不能遇到磨难就屈服。"我的体力和智力突飞猛进……我的青春,是的,我感到我的青春不过才开始。我窥见我不能加以肯定的目标,我每天都迫近它一些。……噢!如果我摆脱了这疾病,我将拥抱世界!……一些休息都没有!除了睡眠以外我不知还有什么休息;而可怜我对于睡眠不得不化费比从前更多的时间。但愿我能在疾病中解放出一半:那时候!……不,我受不了。我要扼住命运的咽喉。它决不能使我完全屈服……噢!能把人生活上千百次,真是多美!"[2]

这爱情,这痛苦,这意志,这时而颓丧时而骄傲的转换,这些内心的悲剧,都反映在一八〇二年的大作品里:附有葬曲的朔拿大(全集卷二十六);俗称为《月光曲》的《幻想朔拿大》(全集卷二十七之二);全集卷三十一之二的朔拿大,——其中戏剧式的吟诵体恍如一场伟大而凄婉的独白;——题献亚历山大皇的提琴朔拿大(全集卷三十);《克莱采朔拿大》(全集卷四十七);

依着伽兰尔脱的词句所谱的、六支悲壮惨痛的宗教歌(全集卷四十八)。至于一八〇三年的《第二交响乐》却反映着他年少气盛的情爱;显然是他的意志占了优势。一种无可抵抗的力把忧郁的思想一扫而空。生命的沸腾掀起了乐曲的终局。贝多芬渴望幸福;不肯相信他无可救药的灾难;他渴望痊愈,渴望爱情,他充满着希望。[1]

[1] 一八〇二年霍纳曼为贝多芬所作之小像①上,他作着当时流行的装束,留着鬈角,四周的头发剪得同样长,坚决的神情颇像拜仑式的英雄,同时表示一种拿破仑式的永不屈服的意志。

这些作品里,有好几部进行曲和战斗的节奏特别强烈。这在《第二交响乐》的 allegro 与终局内已很显著,但尤其是献给亚历山大皇的朔拿大的第一章,更富于英武壮烈的气概。这种音乐所特有的战斗性,令人想起产生它的时代。大革命已经到了维也纳。②贝多芬被它煽动了。骑士塞弗烈特说:"他在亲密的友人中间,很高兴地谈论政局,用着非常的聪明下判断,目光犀利而且明确。"他所有的同情都倾向于革命党人。在他生命晚期最熟知他的兴特勒说:"他爱共和的原则。他主张无限制的自由与民族的独立……他渴望大家协力同心的建立国家的政府③……渴望法国实现普选,希望波那帕脱建立起这个制度来,替人类的幸福奠定基石。"他仿佛一个革命的古罗马人,受着普卢塔克的熏陶,梦想着

---

① 此处小像系指面积极小之釉绘像,通常至大不过数英寸,多数画于珐琅质之饰物上,为西洋画中一种特殊的肖像画。
② 拿破仑于一七九三,一七九七,一八〇〇年数次战败奥国,兵临维也纳城下。
③ 意谓共和民主的政府。

一个英雄的共和国,由胜利之神建立的;而所谓胜利之神便是法国的首席执政;于是他接连写下《英雄交响乐:波那帕脱》(一八〇四),[1]帝国的史诗;和《第五交响乐》(一八〇五~一八〇八)的终局,光荣底叙事歌。第一阕真正革命的音乐:时代之魂在其中复活了,那么强烈,那么纯洁,因为当代巨大的变故在孤独的巨人心中是显得强烈与纯洁的,这种印象即和现实接触之下也不会减损分毫。贝多芬的面目,似乎都受着这些历史战争的反映。在当时的作品里,到处都有它们的踪影,也许作者自己不曾觉察,在《高丽奥朗序曲》(一八〇七)内,有狂风暴雨在呼啸,《第四四重奏》(全集卷十八)的第一章,和上述的序曲非常相似;《热情朔拿大》(全集卷五十七,一八〇四),俾斯麦曾经说过:"倘我常常听到它,我的勇气将永远不竭。"[2] 还有《哀格蒙》;甚至《降E调钢琴合奏曲》(全集卷

[1] 大家知道《英雄交响乐》是以波那帕脱为题材而献给他的,最初的手稿上还写着"波那帕脱"这题目。这期间,他得悉了拿破仑称帝之事。于是他大发雷霆,嚷道:"那么他也不过是一个凡夫俗子!"愤慨之下,他撕去了题献的词句,换上一个含有报复意味而又是非常动人的题目:"英雄交响乐……纪念一个伟大的遗迹"。兴特勒说他以后对拿破仑的恼恨也消解了,只把他看做一个值得同情的可怜虫,一个从天上掉下来的"伊加尔"①。——当他在一八二一年听到幽禁圣·赫勒拿岛的悲剧时,说道:"十七年前我所写的音乐正适用于这件悲惨的事故。"他很高兴的发觉在交响乐的葬曲[2]内,对此盖世豪雄的结局有所预感。——因此很可能,在贝多芬的思想内,第三交响乐,尤其是第一章,是波那帕脱的一幅肖像,当然和实在的人物不同,但确是贝多芬理想中的拿破仑,换言之,他要把拿破仑描写为一个革命的天才。一八一〇年,贝多芬曾为标准的革命英雄,自由之神普罗曼德,作过乐曲,其中有一主句,他又在英雄交响乐的终局里重新采用。

[2] 曾任德国驻意大使的劳白·特·葛台尔,著有《俾斯麦及其家庭》一书,一九〇一版。以上事实即引自该书。一八七〇年十月三十日,葛台尔在凡尔赛的一架很坏的钢琴上,为俾斯麦奏这支朔拿大。对于这件作品的最后一句,俾斯麦说:"这是整整一个人生的斗争与嚎恸。"他爱贝多芬甚于一切旁的音乐家;他常常说:"贝多芬最适合我的神经。"

---

① 神话载伊加尔用蜡把翅翼胶住在身上,从克里特岛上逃出,飞近太阳,蜡为日光熔化,以致堕海而死。
② 系交响乐之第二章。

七十三，一八〇九），其中炫耀技巧的部分都是壮烈的，仿佛有人马奔突之势。——而这也不足为怪。在贝多芬写全集卷二十六朔拿大中的"英雄葬曲"时，比《英雄交响乐》的主人翁更配他讴歌的英雄奥许将军，正战死在莱茵河畔，他的纪念像至今还屹立在科布楞兹与篷恩之间的山岗上，——即使当时贝多芬不曾知道这件事实，但他在维也纳也已目击两次革命的胜利。① 一八〇五年十一月，当《斐但丽奥》(《费德里奥》)② 初次上演时，在座的便是法国军佐。于冷将军，巴斯蒂狱的胜利者，住在洛勃高维兹③家里，做着贝多芬的朋友兼保护人，受着他《英雄交响乐》与《第五交响乐》的题赠。一八〇九年五月十日，拿破仑驻节在勋勃洛④。[1] 不久贝多芬便厌恶法国的征略者。但他对于法国人史诗般的狂热，依旧很清楚的感觉到；所以凡是不能像他那样感觉的人，对于他这种行动与胜利底音乐决不能彻底了解。

贝多芬突然中止了他的《第五交响乐》，不经过惯有的拟稿手续，一口气写下了《第四交响乐》。幸福在他眼前显现了。

[1] 贝多芬的寓所离维也纳的城堡颇近，拿破仑攻下维也纳时曾炸毁城垣。一八〇九年六月二十六日，贝多芬致勃拉脱高夫与埃台尔两出版家书信中有言："何等野蛮的生活，在我周围多少的废墟颓垣！只有鼓声，喇叭声，以及各种惨象！"一八〇九年有一个法国人在维也纳见到他，保留着他的一幅肖像。这位法国人叫做德莱蒙男爵。他曾描写贝多芬寓所中凌乱的情形。他们一同谈论着哲学，政治，特别是"他的偶像，莎士比亚"。贝多芬几乎决定跟男爵上巴黎去，他知道那边的音乐院已在演奏他的交响乐，并且有不少佩服他的人。

---

① 拿破仑曾攻陷维也纳两次。——奥许为法国大革命时最纯洁的军人，为史所称。一七九七年战死科布楞兹附近。
② 贝多芬的歌剧。
③ 洛氏为波希米亚世家，以武功称。
④ 勋勃洛为一奥国乡村，一八〇九年之《维也纳条约》，即在此处签订。

一八〇六年五月，他和丹兰士·特·勃仑斯维克订了婚。[1]她老早就爱上他。从贝多芬卜居维也纳的初期，和她的哥哥法朗梭阿伯爵为友，她还是一个小姑娘，跟着贝多芬学钢琴时起，就爱他的。一八〇六年，他在他们匈牙利的玛东伐萨家里作客，在那里他们才相爱起来。关于这些幸福的日子的回忆，还保存在丹兰士·特·勃仑斯维克的一部分叙述里。她说："一个星期日的晚上，用过了晚餐，在月光下贝多芬坐在钢琴前面。先是他放平着手指在键盘上来回抚弄。我和法朗梭阿都知道他这种习惯。他往往是这样开场的。随后他在低音部分奏了几个和弦；接着，慢慢地，他用一种神秘的庄严的神气，奏着赛白斯打·罢哈（赛巴斯蒂安·巴赫）的一支歌：'若愿素心相赠，无妨悄悄相传；两情脉脉，勿为人知。'[2]

"母亲和教士①都已就寝；哥哥严肃地凝眸睇视着；我的心被他的歌和目光渗透了，感到生命的丰满。——明天早上，我们在园中相遇。他对我说：'我正在写一本歌剧。主要的人物在我心中，在我面前，不论我到什么地方，停留在什么地方，他总和我同在。我从没到过这般崇高的境界。一切都是光明和纯洁。在此以前，我只像童话里的孩子，只管检取石子，而不看见路上美艳的鲜花……'一八〇六年五月，只获得我最亲爱的哥哥的同意，我和他订了婚。"

[1] 一七九六年至一七九九年间，贝多芬在维也纳认识了勃仑斯维克一家。琪丽哀太·琪却尔第是丹兰士的表姊妹。贝多芬有一个时期似乎也钟情于丹兰士的姊妹，约瑟芬，她后来嫁给台姆伯爵，又再嫁给史托凯奇格男爵。——关于勃仑斯维克一家的详细情形，可参看安特莱·特·海佛西氏著《贝多芬及其不朽的爱人》一文，载一九一〇年五月一日及十五日的《巴黎杂志》。
[2] 这首美丽的歌是在罢哈的夫人安娜·玛特兰娜的手册上的，原题为琪奥伐尼之歌。有人疑非罢哈原作。

---

① 欧洲贵族家中，皆有教士供养。

这一年所写的《第四交响乐》,是一朵精纯的花,蕴藏着他一生比较平静的日子底香味。人家说:"贝多芬那时竭力要把他的天才,和一般人在前辈大师留下的形式中所认识与爱好的东西,加以调和。"[1] 这是不错的。同样渊源于爱情的妥协精神,对他的举动和生活方式也发生了影响。塞弗烈特和葛里巴扎①说他兴致很好,心灵活跃,处世接物彬彬有礼,对可厌的人也肯忍耐,穿着很讲究;而且他巧妙地瞒着大家,甚至令人不觉得他耳聋;他们说他身体很好,除了目光有些近视之外。[2] 在曼勒替他画的肖像上,我们也可看到一种浪漫底克的风雅,微微有些不自然的神情。贝多芬要博人欢心,并且知道已经博得人家欢心。猛狮在恋爱中:它的利爪藏起来了。但在他的眼睛深处,甚至在《第四交响乐》的幻梦与温柔的情调之下,我们仍能感到那股可怕的力,任性的脾气,突发的愤怒。

[1] 见诺尔著《贝多芬传》。
[2] 贝多芬是近视眼。塞弗烈特说他的近视是痘症所致,使他从小就得戴眼镜。近视使他的目光常有失神的样子。一八二三至一八二四年间,他在书信中时常抱怨他的眼睛使他受苦。
[3] 把歌德的剧本《哀格蒙》谱成的音乐是一八〇九年开始的。——他也想制作《威廉·台尔》的音乐,但人家宁可请教别的作曲家。
[4] 见贝多芬和兴特勒的谈话。

这种深邃的和平并不持久;但爱情底美好的影响一直保存到一八一〇年。无疑是靠了这个影响贝多芬才获得自主力,使他的天才产生了最完满的果实,例如那古典的悲剧:《第五交响乐》,——那夏日底神明的梦:《田园交响乐》(一八〇八)。[3] 还有他自认为他朔拿大中最有力的,从莎士比亚的《狂风暴雨》感悟得来的[4]《热情朔拿大》(一八〇七),为他题献给丹兰士的。全集卷七十八

① 系十九世纪德国有名的诗人。

的富于幻梦与神秘气息的朔拿大（一八〇九），也是献给丹兰士的。写给"不朽的爱人"的一封没有日期的信，所表现的他的爱情的热烈，也不下于《热情朔拿大》：

"我的天使，我的一切，我的我……我心头装满了和你说不尽的话……啊！不论我在哪里，你总和我同在……当我想到你星期日以前不能接到我初次的消息时，我哭了。——我爱你，像你的爱我一样，但还要强得多……啊！天哪！——没有了你是怎样的生活啊！——咫尺，天涯。——……我的不朽的爱人，我的思念一齐奔向你，有时是快乐的，随后是悲哀的，问着命运，问它是否还有接受我们的愿望的一天。——我只能同你在一起过活，否则我就活不了……永远无人再能占有我的心。永远！——永远！——噢上帝！为何人们相爱时要分离呢？可是我现在的生活是忧苦的生活。你的爱使我同时成为最幸福和最苦恼的人。——安静罢……安静——爱我呀！——今天，——昨天，——多少热烈的憧憬，多少的眼泪对你，——你，——你，——我的生命——我的一切！——别了！——噢！继续爱我呀，——永勿误解你亲爱的 L 的心。——永久是你的——永久是我的——永远是我们的。"[1]

什么神秘的理由，阻挠着这一对相爱的人底幸福？——也许是没有财产，地位的不同。也许贝多芬对人家要他长时期的等待，要他把这段爱情保守秘密，感到屈辱而表示反抗。

也许以他暴烈、多病、憎恨人类的性情，无形中使他的爱人受难，而他自己又因之感到绝望。——婚约毁了；然而两人中

[1] 见《书信集》第十五。

间似乎没有一个忘却这段爱情。直到她生命的最后一刻,¹丹兰士·特·勃仑斯维克还爱着贝多芬。

一八一六年时贝多芬说:"当我想到她时,我的心仍和第一天见到她时跳得一样的剧烈。"同年,他制作六阕"献给遥远的爱人"的歌。他在笔记内写道:"我一见到这个美妙的造物,我的心情就泛滥起来,可是她并不在此,并不在我旁边!"——丹兰士曾把她的肖像赠与贝多芬,题着:"给稀有的天才,伟大的艺术家,善良的人。T.B."² 在贝多芬晚年,一位朋友无意中撞见他独自拥抱着这幅肖像,哭着,高声的自言自语着(这是他的习惯):"你这样的美,这样的伟大,和天使一样!"朋友退了出去,过了一忽再进去,看见他在弹琴,便对他说:"今天,我的朋友,你脸上全无可怕的气色。"贝多芬答道:"因为我的好天使来访问过我了。"——创伤深深地铭刻在他心上。他自己说:"可怜的贝多芬,此世没有你的幸福。只有在理想的境界里才能找到你的朋友。"³

他在笔记上又写着:"屈服,深深地向你的运命屈服;你不复能为你自己而存在,只能为着旁人而存在;为你,只在你的艺术里才有幸福。噢上帝!给我勇气让我征服我自己!"

爱情把他遗弃了。一八一〇年,他重又变成孤独;但光荣已经来到,他也显然感到自己的威力。他正当盛年。②他完全放纵他的暴烈与粗犷的性情,对于社会,对于习俗,对于旁人的意见,

---

¹ 她死于一八六一年。①
² 这幅肖像至今还在篷恩的贝多芬家。
³ 致葛拉兴斯坦书。《书信集》第卅一。

---

① 她比贝多芬多活卅四年。
② 贝多芬此时四十岁。

对一切都不顾虑。他还有什么需要畏惧,需要敷衍?爱情,没有了,野心,没有了。所剩下的只有力,力底欢乐,需要应用它,甚至滥用它。"力,这才是和寻常人不同的人底精神!"他重复不修边幅,举止也愈加放肆。他知道他有权可以言所欲言,即对世间最大的人物亦然如此。"除了仁慈以外,我不承认还有甚么优越底标记。"这是他一八一二年七月十七日所写的说话。[1]裴蒂娜·勃朗太诺(贝蒂娜·布伦塔诺)①那时看见他,说:"没有一个帝皇对于自己的力有他这样坚强的意识。"她被他的威力慑伏了,写信给歌德时说道:"当我初次看见他时,整个世界在我面前消失了,贝多芬使我忘记了世界,甚至忘记了你,噢歌德!……我敢断言这个人物远远地走在现代文明之前,而我相信我这句话是不错的。"[2]

[1] 他写给G.D.李沃的信中又道:"心是一切伟大底起点。"《书信集》一〇八。
[2] 一八一一年二月十九日他写给裴蒂娜的信中说:"歌德的诗使我幸福。"一八〇九年八月八日他在旁的书信中也说:"歌德与席勒,是我在奥雪安与荷马之外最心爱的诗人。"——值得注意的是,贝多芬幼年的教育虽不完全,但他的文学口味极高。在他认为"伟大,庄严,小D调式的"歌德以外而看做高于歌德的,只有荷马,普卢塔克,莎士比亚三人。在荷马作品中,他最爱《奥特赛》。莎士比亚的德译本是常在他手头的,我们也知道莎士比亚的《高丽奥朗》和《狂风暴雨》被他多么悲壮地在音乐上表现出来。至于普卢塔克,他和大革命时代的一般人一样,受有很深的影响。古罗马英雄勃鲁塔斯是他的英雄,这一点他和弥盖朗琪罗相似。他爱柏拉图,梦想在全世界上能有柏拉图式的共和国建立起来。一八一九至一八二〇年间的谈话册内,他曾言:"苏格拉底与耶稣是我的模范。"

歌德设法要认识贝多芬。一八一二年,终于他们在波希米的浴场托帕列兹地方相遇,结果却不很投机。贝多芬热烈佩服着歌德的天才;[2]但他过于自由和过于暴烈的性格,不能和歌德的性格融和,

---

① 系歌德的青年女友,裴母曾与歌德相爱,故裴成年后竭力追求歌德。裴对贝多芬备极崇拜,且对贝多芬音乐极有了解。裴兄格莱芒(克莱门斯)为德国浪漫派领袖之一,裴丈夫阿宁亦为有名诗人。

② 裴蒂娜写此信时,约为一八〇八年,尚未满二十九岁。此时贝多芬未满四十岁,歌德年最长,已有六十岁左右。

¹ 以上见贝多芬《致裴蒂娜书》。这些书信的真实性虽有人怀疑，但大体是准确的。

² 歌德写信给采尔脱（策尔特）说："贝多芬不幸是一个倔强之极的人；他认为世界可憎，无疑是对的；但这并不能使世界对他和对旁人变得愉快些。我们应当原谅他，替他惋惜，因为他是聋子。"——歌德一生不曾做什么事反对贝多芬，但也不曾做什么事拥护贝多芬，对他的作品，甚至对他的姓氏，抱着绝对的缄默。——骨子里他是钦佩而且惧怕他的音乐：它使他骚乱，他怕它会使他丧失心灵的平衡，那是歌德以多少痛苦换来的。——年青的孟特尔仲（门德尔松），于一八三〇年经过威玛，曾经留下一封信，表示他确曾参透歌德自称为"骚乱而热烈的灵魂"深处，那颗灵魂是被歌德用强有力的智慧镇压着的。孟特尔仲在信中说："……他先是不愿听人提及贝多芬；但这是无可避免的，®他听了《第五交响乐》的第一章后大为骚动。他竭力装着镇静，和我说：'这毫不动人，不过令人惊异而已。'过了一忽，他又道：'这是巨大的®，狂妄的，竟可说宇宙为之震动。'接着是晚膳，其间他神思恍惚，若有所思，直到我们再提起贝多芬时，他开始询问我，考问我。我明明看到贝多芬的音乐已经发生了效果……"®

而不免于伤害他。他曾叙述他们一同散步的情景，当时这位骄傲的共和党人，把威玛（魏玛）大公的枢密参赞①教训了一顿，使歌德永远不能原谅。

"君王与公卿尽可造成教授与机要参赞，尽可赏赐他们头衔与勋章；但他们不能造成伟大的人物，不能造成超临庸俗社会的心灵；……而当像我和歌德这样两个人在一起时，这般君侯贵胄应当感到我们的伟大。——昨天，我们在归路上遇见全体的皇族②。我们远远里就已看见。歌德挣脱了我的手臂，站在大路一旁，我徒然对他说尽我所有的话，不能使他再走一步。于是我按了一按帽子，扣上外衣的钮子，背着手，望最密的人丛中撞去。亲王与近臣密密层层；太子洛道夫③对我脱帽；皇后先对我照呼。——那些大人先生是认得我的。——为了好玩起计，我看着这队人马在歌德面前经过。他站在路边上，深深地弯着腰，帽子拿在手里。事后我大大地教训了他一顿，毫不同他客气。……"¹

而歌德也没有忘记。²

---

① 此系歌德官衔。
② 系指奥国王室，托帕列兹为当时避暑胜地，中欧各国的亲王贵族麇集。
③ 系贝多芬的钢琴学生。

《第七》和《第八交响乐》便是这时代的作品，就是说一八一二年在托帕列兹写的：前者是节奏底大祭乐，后者是诙谑的交响曲，他在这两件作品内也许最是自在，像他自己所说的，最是"尽量"，那种快乐与狂乱底激动，出其不意的对比，使人错愕的夸大的机智，巨人式的、使歌德与采尔脱惶骇的爆发，[1] 使德国北部流行着一种说法，说《第七交响乐》是一个酒徒的作品。——不错，是一个沉醉人的作品，但也是力和天才的产物。

[1] 见采尔脱一八一二年九月二日致歌德书，又同年九月十四日歌德《致采尔脱书》："是的，我也是用着惊愕的心情钦佩他。"一八一九年采尔脱给歌德信中说："人家说他疯了。"
[2] 这至少是贝多芬曾经想过的题目，因为他在笔记内曾经说到，尤其他在《第十交响乐》的计划内提及。

他自己也说："我是替人类酿制醇醪的酒神。是我给人以精神上至高的热狂。"

我不知他是否真如华葛耐（瓦格纳）所说的，想在《第七交响乐》的终局内描写一个酒神底庆祝会。[2] 在这阕豪放的乡村节会音乐中，我特别看到他弗拉芒族的遗传；同样，在以纪律和服从为尚的国家，他的肆无忌惮的举止谈吐，也是渊源于他自身的血统。不论在哪一件作品里，都没有《第七交响乐》那么坦白，那么自由的力。这是无目的地，单为了娱乐而浪费着超人的精力，宛如一条洋溢泛滥的河底欢乐。在《第八交响乐》内，力量

（接上页）④ 孟特尔仲那次是奉歌德之命替他弹全部音乐史上的大作品。
⑤ 歌德原词是 Grandiose，含有伟大或夸大的模棱两可的意义，令人猜不透他这里到底是颂赞（假如他的意思是"伟大"的话）还是贬抑（假如他的意思是"夸大"的话）。
⑥ 采尔脱为一平庸的音乐家，早年反对贝多芬甚烈，直到后来他遇见贝多芬时，为他的人格大为感动，对他的音乐也一变往昔的谩骂口吻，转而为热烈的颂扬。采氏为歌德一生挚友，歌德早期对贝多芬的印象，大半受采氏误解之影响，关于贝多芬与歌德近人颇多撰文讨论。罗曼·罗兰亦有《歌德与贝多芬》一书，一九三〇版。

固没有这样的夸大,但更加奇特,更表现出作者的特点。交融着悲剧与滑稽,力士般的刚强和儿童般的任性。1

一八一四年是贝多芬幸运底顶点。在维也纳会议中,人家看他做欧罗巴底光荣。他在庆祝会中非常活跃。亲王们向他致敬;像他自己高傲地向兴特勒所说的,他听任他们追逐。

他受着独立战争的鼓动。2 一八一三年,他写了一阕《威灵吞战胜交响乐》;一八一四年初,写了一阕战士的合唱:《德意志的再生》;一八一四年十一月二十九日,他在许多君王前面指挥一支爱国歌曲:《光荣的时节》;一八一五年,他为攻陷巴黎①写一曲合唱:《大功告成》。这些应时的作品,比他一切旁的音乐更能增加他的声名。勃拉息斯·赫弗尔依着法朗梭阿·勒德龙的素描所作的木刻,和一八一三年法朗兹·克冷塑的脸型(masque),活泼泼地表显出贝多芬在维也纳会议时的面貌。狮子般的脸上,牙床紧咬着,刻划着愤怒与苦恼的皱痕,但表现得最明显的性格是他的意志,早年拿破仑式的意志:"可惜我在战争里不像在音乐中那么内行!否则我将战败他!"

但是他的王国不在此世,像他写信给法朗梭阿·特·勃仑斯维克时所说的:"我的王国是在天空。"3

---

1 和写作这些作品同时,他在一八一一至一八一二年间在托帕列兹认识一个柏林的青年女歌唱家,和她有着相当温柔的友谊,也许对这些作品不无影响。
2 在这种事故上和贝多芬大异的,是修贝尔脱(舒伯特)的父亲,在一八○七年时写了一阕应时的音乐《献给拿破仑大帝》,且在拿破仑御前亲自指挥。①
3 他在维也纳会议时写信给高卡说:"我不和你谈我们的君王和王国,在我看来,思想之国是一切国家中最可爱的:那是此世和彼世的一切王国中的第一个。"

---

① 拿破仑于一八一二年征俄败归后,一八一三年奥国兴师讨法,不久普鲁士亦接踵而起,是即史家所谓独立战争,亦称解放战争。
② 系指一八一四年三月奥德各邦联军攻入巴黎。

在此光荣的时间以后,接踵而来的是最悲惨的时期。

维也纳从未对贝多芬抱有好感。像他那样一个高傲而独立的天才,在此轻佻浮华、为华葛耐所痛恶的都城里是不得人心的。[1] 他抓住可以离开维也纳的每个机会;一八〇八年,他很想脱离奥国,到威斯发利亚王奚洛姆·波那帕脱的宫廷里去。[2] 但维也纳的音乐泉源是那末丰富,我们也不该抹煞那边常有一般高贵的鉴赏家,感到贝多芬之伟大,不肯使国家蒙受丧失这天才之羞。一八〇九年,维也纳三个富有的贵族——贝多芬的学生洛道夫太子,洛勃高维兹亲王,凯斯基亲王,答应致送他四千弗洛冷[④]的年俸,只要他肯留在奥国。他们说:"显然一个人只在没有经济烦恼的时候才能整个地献身于艺术,才能产生这些崇高的作品为艺术增光,所以我们决意使鲁特维克·范·贝多芬获得物质的保障,避免一切足以妨害他天才发展的阻碍。"

[1] 华葛耐在一八七〇年所著的《贝多芬评传》中有言:"维也纳,这不就说明了一切?——全部的德国新教痕迹都已消失,连民族的口音也失掉而变成意大利化。德国的精神,德国的态度和风俗,全经意大利与西班牙输入的指南册代为解释……这是一个历史、学术、宗教都被篡改的地方……轻浮的怀疑主义,毁坏而且埋葬了真理之爱,荣誉之爱,自由独立之爱!……"——十九世纪的奥国戏剧诗人葛里巴扎曾说生为奥国人是一桩不幸。十九世纪末住在维也纳的德国大作曲家,都极感苦闷。那时奥国都城的思想全被勃拉姆斯伪善的气息笼罩。勃罗克纳(布鲁克纳)的生活是长时期的受难,雨果·伏夫(雨果·沃尔夫)终生奋斗,对维也纳表示极严厉的批评。[①]

[2] 奚洛姆王愿致送贝多芬终生俸每年六百杜加[②]外加旅费津贴一百五十银币,唯一的条件是不时在他面前演奏,并指挥室内音乐会,那些音乐会是历时很短而且不常举行的。贝多芬差不多决定动身了。[③]

---

① 勃罗克纳与雨果·伏夫皆为近代德国大音乐家。勃拉姆斯在当时为反动派音乐之代表。
② 每杜加约合九先令。
③ 奚洛姆王为拿破仑之弟,被封为威斯发利亚王。
④ 奥国银币名,每单位约合一先令又半。

不幸结果与诺言不符。这笔津贴并未付足；不久又完全停止。且从一八一四年维也纳会议起，维也纳的性格也转变了。社会的目光从艺术移到政治方面，音乐口味被意大利作风败坏了，时尚所趋的是洛西尼（罗西尼），把贝多芬视为迂腐。[1]贝多芬的朋友与保护人，分散的分散，死亡的死亡：凯斯基亲王死于一八一二，李区诺斯基（李希诺夫斯基）亲王死于一八一四，洛勃高维兹死于一八一六。受贝多芬题赠全集卷五十九的美丽的四重奏的拉苏莫斯基，在一八一五年举办了最后的一次音乐会。同年，贝多芬和童年的朋友，爱莱奥诺的哥哥，斯丹芬·洪·勃罗宁失和。[2]从此他孤独了。[3]在一八一六年的笔记上，他写道："没有朋友，孤零零地在世界上。"

耳朵完全聋了。[4]从一八一五年秋天起，他和人们只有笔上的往还。最早的谈话手册是一八一六年的。[5]关于一八二二年《斐但丽奥》预奏会的经过，有兴特勒的一段惨痛的记述可按。

"贝多芬要求亲自指挥最后一次的预奏……从第一幕的二部唱起，显而易见他全

---

[1] 洛西尼的歌剧《唐克兰特》《坦克雷迪》足以撼动整个的德国音乐。一八一六年时维也纳沙龙里的意见，据鲍哀番特的日记所载为："莫扎尔德和贝多芬是老学究，只有荒谬的上一代赞成他们；但直到洛西尼出现，大家方知何谓旋律。《斐但丽奥》是一堆垃圾，真不懂人们怎会不怕厌烦的去听它。"——贝多芬举行的最后一次钢琴演奏会是一八一四年。
[2] 同年，贝多芬的兄弟卡尔死。他写信给安东尼·勃朗太诺说："他如此的执着生命，我却如此的愿意舍弃生命。"
[3] 此时唯一的朋友，是玛丽亚·洪·爱尔杜第，他和她维持着动人的友谊，但她和他一样有着不治之症，一八一六年，她的独子又暴卒。贝多芬题赠给她的作品，有一八〇九年全集卷七十的两支三重奏，一八一五至一八一七年间全集卷一〇二的两支大提琴朔拿大。
[4] 丢开耳聋不谈，他的健康也一天不如一天。从一八一六年十月起，他患着重伤风，一八一七年夏天，医生说他是肺病，一八一七至一八一八年间的冬季，他老是为这场所谓的肺病担心着。一八二〇至一八二一年间他患着剧烈的关节炎。一八二一年患黄热病。一八二三年又患结膜炎。
[5] 值得注意的是，同年起他的音乐作风改变了，表示这转捩点的是全集卷一〇一的朔拿大。贝多芬的《谈话册》，共有一一〇〇〇页的手写稿，今日全部保存于柏林国家图书馆。一九二三年诺尔开始印行他一八一九年三月至一八二〇年三月的《谈话册》，可惜以后未曾续印。

没听见台上的歌唱。他把乐曲的进行延缓很多;当乐队跟着他的指挥棒进行时,台上的歌手自顾自的匆匆向前。结果是全局都紊乱了。经常的乐队指挥翁洛夫,不说明什么理由,提议休息一会;和歌唱者交换了几句说话之后,大家重新开始。同样的紊乱又发生了。不得不再休息一次。在贝多芬指挥之下,无疑是干不下去的了;但怎样使他懂得呢?没有一个人有心肠对他说:'走罢,可怜虫,你不能指挥了。'贝多芬不安起来,骚动之余,东张西望,想从不同的脸上猜出症结所在;可是大家都默不作声。他突然用命令的口吻呼唤我。我走近时,他把谈话手册授给我,示意我写。我便写着:'恳求您勿再继续,等回去再告诉您理由。'于是他一跃下台,对我嚷道:'快走!'他一口气跑回家里;进去,一动不动地倒在便榻上,双手捧着他的脸;他这样一直到晚饭时分。用餐时他一言不发,保持着最深刻的痛苦的表情。晚饭以后,当我想告别时,他留着我,表示不愿独自在家。等到我们分手的辰光,他要我陪着去看医生,以耳科出名的……在我和贝多芬的全部交谊中,没有一天可和这十一月里致命的一天相比。他心坎里受了伤,至死不曾忘记这可怕的一幕的印象。"[1]

两年以后,一八二四年五月七日,他指挥着(或更准确地,像节目单上所注明的"参与指挥事宜")《合唱交响乐》[①]时,他全没听见全场一致的彩声;他丝毫不曾觉察,直到一个女歌唱员牵着

[1] 兴特勒从一八一四年起就和贝多芬来往,但到一八一九年以后方始成为他的密友。贝多芬不肯轻易与之结交,最初对他表示高傲轻蔑的态度。

① 即《第九交响乐》。

他的手,把他面对着群众时,他才突然看见全场起立,挥舞着帽子,向他鼓掌。——一个英国游历家罗塞尔一八二五年时看见过他弹琴,说当他要表现柔和的时候,琴键不曾发声,在这静寂中看着他情绪激动的神气,脸部和手指都抽搐起来,真是令人感动。

隐遁在自己的内心生活里,和其余的人类隔绝着,[1]他只有在自然中觅得些许安慰。丹兰士·勃仑斯维克说:"自然是他唯一的知己。"它成为他的托庇所。一八一五年时认识他的查理·纳德,说他从未见过一个人像他这样的爱花木,云彩,自然……他似乎靠着自然而生活。[2]贝多芬写道:"世界上没有一个人像我这样的爱田野……我爱一株树甚于爱一个人……"在维也纳时,每天他沿着城墙绕一个圈子。在乡间,从黎明到黑夜,他独自在外散步,不戴帽子,冒着太阳,冒着风雨。"全能的上帝!——在森林中我快乐了,——在森林中我快乐了,——每株树都传达着你的声音。——天哪!何等的神奇!——在这些树林里,在这些岗峦上,——一片宁谧,——供你役使的宁谧。"

他的精神的骚乱在自然中获得了一些苏慰。[3]他为金钱的烦虑弄得困惫不堪。一八一八年时他写道:"我差不多到了行乞的地步,而我还得装着日常生活并不艰窘的神气。"此外他又说:"全集卷一〇六的朔拿大是在紧急情况中写的。要以工作来换取

---

[1] 参看华葛耐的《贝多芬评传》,对他的耳聋有极美妙的叙述。
[2] 他爱好动物,非常怜悯它们。有名的史家弗里曼的母亲,说她不由自主地对贝多芬怀有长时期的仇恨,因为贝多芬在她儿时把她要捕捉的蝴蝶用手帕赶开。
[3] 他的居处永远不舒服。在维也纳卅五年,他迁居三十次。

面包实在是一件苦事。"斯普尔①说他往往不能出门,为了靴子洞穿之故。他对出版商负着重债,而作品又卖不出钱。《D调弥撒祭乐》发售预约时,只有七个预约者,其中没有一个是音乐家。[1] 他全部美妙的朔拿大,——每曲都得化费他三个月的工作,——只给他挣了三十至四十杜加。③伽列青亲王要他制作的四重奏(全集卷一二七、一三〇、一三二),也许是他作品中最深刻的,仿佛用血泪写成的,结果是一文都不曾拿到。把贝多芬煎熬完的是,日常的窘况,无穷尽的讼案,或是要人家履行津贴的诺言,或是为争取侄儿的监护权,因为他的兄弟卡尔于一八一五年死于肺病,遗下一个儿子。

[1] 贝多芬写信给却吕皮尼(凯鲁比尼)②,"为他在同时代的人中最敬重的"。可是却吕皮尼置之不理。
[2] 他写信给史脱拉赫夫人说:"我从不报复。当我不得不有所行动来反对旁人时,我只限于自卫,或阻止他们作恶。"

他心坎间洋溢着的温情,全部灌注在这个孩子身上。这儿又是残酷的痛苦等待着他。仿佛是境遇的好意,特意替他不断地供给并增加苦难,使他的天才不致缺乏营养。——他先是要和他那个不入流品的弟妇争他的小卡尔,他写道:

"噢我的上帝,我的城墙,我的防卫,我唯一的托庇所!我的心灵深处,你是一览无余的,我使那些和我争夺卡尔的人受苦时,我的苦痛,你是鉴临的。[2] 请你听我呀,我不知如何称呼你的神灵!请你接受我热烈的祈求,我是你造物之中最不幸的可怜虫。"

---

① 当时德国的提琴家兼作曲家。
② 却氏为意大利人,为法国音乐院长,作曲家,在当时音乐界中极有势力。
③ 贝多芬钢琴朔拿大一项,列在全集内的即有卅二曲之多。

"噢神哪!救救我罢!你瞧,我被全人类遗弃,因为我不愿和不义妥协!接受我的祈求罢,让我,至少在将来,能和我的卡尔一起过活!……噢残酷的命运,不可摇撼的命运!不,不,我的苦难永无终了之日!"

然后,这个热烈地被爱的侄子,显得并不配受伯父的信任。贝多芬给他的书信是痛苦的,愤慨的,宛如弥盖朗琪罗给他的兄弟们的信,但是更天真更动人:

"我还得再受一次最卑下的无情义底酬报吗?也罢,如果我们之间的关系要破裂,就让它破裂罢!一切公正的人知道这回事以后,都将恨你……如果连系我们的约束使你不堪担受,那末凭着上帝的名字,——但愿一切都照着他的意志实现!——我把你交给至圣至高的神明了;我已尽了我所有的力量;我敢站在最高的审判之前……"[1]

"像你这样骄养坏的孩子,学一学真诚与朴实决计与你无害;你对我的虚伪的行为,使我的心太痛苦了,难以忘怀……上帝可以作证,我只想跑到千里之外,远离你,远离这可怜的兄弟和这丑恶的家庭……我不能再信任你了。"下面的署名是:"不幸地是:你的父亲,——或更好:不是你的父亲。"[2]

但宽恕立刻接踵而至:

"我亲爱的儿子!——一句话也不必再说,——到我臂抱里来罢,你不会听到一句严厉的说话……我将用同样的爱接待你。如何安排你的前程,我们将友善地一同商量。——我以荣誉为担保,决无责备的言辞!那是毫无用处的。你能期待于我的只有殷

---

[1] 见诺尔编《贝多芬书信集》三四三。
[2] 见诺尔编《书信集》三一四。

勤和最亲切的帮助——来罢——来到你父亲的忠诚的心上。——来罢，一接到信立刻回家罢。"（在信封上又用法文写着："如果你不来，我定将为你而死。"）[1]

他又哀求道："别说谎，永远做我最亲爱的儿子！如果你用虚伪来报答我，像人家使我相信的那样，那真是何等丑恶何等刺耳！……别了，我虽不曾生下你来，但的确抚养过

[1] 见《书信集》第三七〇。
[2] 以上见《书信集》三六二至三六七。——另外一封信，是一八一九年二月一日的，里面表示贝多芬多么热望把他的侄子造成"一个国家有益的公民"。
[3] 当时看见他的兴特勒，说他突然变得像一个七十岁的老人，精神崩溃，没有力量，没有意志。倘卡尔死了的话，他也要死的了。——不多几月之后，他果然一病不起。

你，而且竭尽所能的培植过你精神的发展，现在我用着有甚于父爱的情爱，从心坎里求你走上善良与正直底唯一的大路。你的忠诚的老父。"[2]

这个并不缺少聪明的侄儿，贝多芬本想把他领上高等教育的路，然而替他筹划了无数美妙的前程之梦以后，不得不答应他去习商。但卡尔出入赌场，负了不少债务。

由于一种可悲的怪现象，比人们想象中更为多见的怪现象，伯父的精神底伟大，对侄儿非但无益，而且有害，使他恼怒，使他反抗，如他自己所说的："因为伯父要我上进，所以我变得更下流。"这种可怕的说话，活活显出这个浪子的灵魂。他甚至在一八二六年时在自己头上打了一枪。然而他并不死；倒是贝多芬几乎因之送命：他为这件事情所受的难堪，永远无法摆脱。[3]卡尔痊愈了；他自始至终使伯父受苦，而对于这伯父之死，也未始没有关系；贝多芬临终的时候，他竟没有在场。——几年以前，贝多芬写给侄子的信中说："上帝从没遗弃我。将来终有

人来替我阖上眼睛。"——然而替他阖上眼睛的,竟不是他称为"儿子"的人。

在此悲苦的深渊里,贝多芬从事于讴歌欢乐。

这是他毕生的计划。从一七九三年他在篷恩时起就有这个念头。[1] 他一生要歌唱欢乐,把这歌唱作为他某一大作品底结局。颂歌的形式,以及放在哪一部作品里这些问题,他踌躇了一生。即在《第九交响乐》内,他也不曾打定主意。直到最后一刻,他还想把欢乐颂歌留下来,放在第十或第十一的交响乐中去。我们应当注意《第九交响乐》的原题,并非今日大家所习用的《合唱交响乐》,而是《以欢乐颂歌的合唱为结局的交响乐》。《第九交响乐》可能而且应该有另外一种结束。一八二三年七月,贝多芬还想给它以一个器乐的结束,这一段结束,他以后用在全集卷一三二的四重奏内。邱尼和仲拉哀脱纳(松莱特纳)确言,即在演奏过后,(一八二四年五月)贝多芬还未放弃改用器乐结束的意思。

要在一阕交响乐内引进合唱,有极大的技术上的困难,这是可从贝多芬的稿本上看到的,他作过许多试验,想用别种方式,并在这件作品底别的段落引进合唱,在 adagio 的第二主题的稿本上,他写道:"也许合唱在此可以很适当地开始。"但他不能毅

---

[1] 见一七九三年一月裴休尼赫《致夏洛蒂·席勒书》。席勒的《欢乐颂歌》是一七八五年写的。——贝多芬所用的主题,先后见于一八〇八全集卷八十的《钢琴、乐队、合唱幻想曲》,及一八一〇年依歌德诗谱成的《歌》。——在一八一二年的笔记内,在《第七交响乐》的拟稿和《玛克勃前奏曲》的计划之间,有一段乐稿是采用席勒原词的,其音乐主题,后来用于全集卷一一五的《拿门斯弗尔前奏曲》。——《第九交响乐》内有些乐旨在一八一五年以前已经出现。定稿中欢乐颂歌的主题和其他部分的曲调,都是一八二二年写下的,以后再写 trio 部分,然后又写 andante, moderato 部分,直到最后才写成 adagio。

然决然地和他忠诚的乐队分手。他说:"当我发现一个乐思的时候,我总是听见乐器的声音,从未听见人声。"所以他把运用歌唱的时间尽量延宕;甚至先把主题交给器乐来奏出,不但终局的吟诵体为然,[1]连"欢乐"的主题亦是如此。

> [1] 贝多芬说这一部分"完全好像有歌词在下面"。

对于这些延缓和踌躇的解释,我们还得更进一步:它们还有更深刻的原因。这个不幸的人永远受着忧患磨折,永远想讴歌"欢乐"之美;然而年复一年,他延宕着这桩事业,因为他老是卷在热情与哀伤的漩涡内。直到生命的最后一日他才完成了心愿,可是完成的时候是何等的伟大!

当欢乐底主题初次出现时,乐队忽然中止;出其不意的一片静默;这使歌唱底开始带着一种神秘与神明的气概。而这是不错的:这个主题的确是一个神明。"欢乐"自天而降,包裹在非现实的宁静中间;它用柔和的气息抚慰着痛苦;而它溜滑到大病初愈的人的心坎中时,第一下的抚摩又是那么温柔,令人如贝多芬的那个朋友一样,禁不住因"看到他柔和的眼睛而为之下泪"。当主题接着过渡到人声上去时,先由低音表现,带着一种严肃而受压迫的情调。慢慢地,"欢乐"抓住了生命。这是一种征服,一场对痛苦的斗争。然后是进行曲的节奏,浩浩荡荡的军队,男高音热烈急促的歌,在这些沸腾的乐章内,我们可以听到贝多芬的气息,他的呼吸,与他受着感应的呼喊底节奏,活现出他在田野间奔驰,作着他的乐曲,受着如醉如狂的激情鼓动,宛如大雷雨中的李尔老王。在战争的欢乐之后,是宗教的醉意;随后又是神圣的宴会,又是爱的兴奋。整个的人类向天张着手臂,大声疾呼的扑向"欢乐",把它紧紧地搂在怀里。

巨人的巨著终于战胜了群众的庸俗。维也纳轻浮的风气,被它振撼了一刹那,这都城当时是完全在洛西尼与意大利歌剧的势力之下的。贝多芬颓丧忧郁之余,正想移居伦敦,到那边去演奏《第九交响乐》。像一八〇九年一样,几个高贵的朋友又来求他不要离开祖国。他们说:"我们知道您完成了一部新的圣乐①,表现着您深邃的信心感应给您的情操。渗透着您的心灵的超现实的光明,照耀着这件作品,我们也知道您的伟大的交响乐底王冠上,又添了一朵不朽的鲜花……您近几年来的沉默,使一切关注您的人为之凄然。¹大家都悲哀地想到,正当外国音乐移植到我们的土地上,令人遗忘德国艺术的产物之时,我们的天才,在人类中占有那么崇高的地位,竟默无一言。……唯有在您身上,整个的民族期待着新生命,新光荣,不顾时下的风气而建立起真与美的新时代……但愿您能使我们的希望不久实现……但愿靠了您的天才,将来的春天,对于我们,对于人类,加倍的繁荣!"²这封慷慨陈辞的信,证明贝多芬在德国的优秀阶级中所享有的声威,不但是艺术方面的,而且是道德方面的。他的崇拜者称颂他的天才时,所想到的第一个字既非学术,亦非艺术,而是"信仰"。³

¹ 贝多芬,为琐碎的烦恼、贫穷,以及各种的忧虑所困,在一八一六至一八二一年的五年中间,只写了三支钢琴曲(全集卷一〇一、一〇二、一〇六)。他的敌人说他才力已尽。一八二一年起他才重新工作。
² 这是一八二四年的事,署名的有 C. 李区诺斯基亲王等二十余人。
³ 一八一九年二月一日,贝多芬要求对侄子的监护权时,在维也纳市政府高傲地声称:"我的道德的品格是大家公认的。"

---

① 系指《D 调弥撒祭乐》。

贝多芬被这些言辞感动了，决意留下。一八二四年五月七日，在维也纳举行《D调弥撒祭乐》和《第九交响乐》的第一次演奏会，获得空前的成功。情况之热烈，几乎含有暴动的性质。当贝多芬出场时，受到群众五次鼓掌的欢迎；在此讲究礼节的国家，对皇族的出场，习惯也只用三次的鼓掌礼。因此警察不得不出面干涉。交响乐引起狂热的骚动，许多人哭起来。贝多芬在终场以后感动得晕去；大家把他抬到兴特勒家，他朦朦胧胧地和衣睡着，不饮不食，直到次日早上。可是胜利是暂时的，对贝多芬毫无盈利。音乐会不曾给他挣什么钱。物质生活的窘迫依然如故。他贫病交迫，[1] 孤独无依，可是战胜了：[2]

> [1] 一八二四年秋，他很担心要在一场暴病中送命，"像我亲爱的祖父一样，我和他有多少地方相似。"——他胃病很厉害。一八二四～一八二五年间的冬天，他又重病。一八二五年五月，他吐血，流鼻血。同年六月九日他写信给侄儿说："我衰弱到了极点，长眠不起的日子快要临到了。"
> [2] 德国首次演奏《第九交响乐》，是一八二五年四月一日在法朗克府（法兰克福）；伦敦是一八二五年三月二十五；巴黎是一八三一年五月二十七，在国立音乐院。十七岁的孟特尔仲，在柏林猎人大厅于一八二六年十一月十四日用钢琴演奏。华葛耐在莱布齐格（莱比锡）大学读书时，全部手抄过；且在一八三〇年十月六日致书出版商苏脱，提议由他把交响乐改成钢琴曲。可说《第九交响乐》决定了华葛耐的生涯。

战胜了人类的平庸，战胜了他自己的命运，战胜了他的痛苦。

"牺牲，永远把一切人生底愚昧为你的艺术去牺牲！艺术，这是高于一切的上帝！"

因此他已达到了终身想望的目标。他已抓住欢乐。但在这控制着暴风雨的心灵高峰上，他是否能长此逗留？——当然，他还得不时堕入往昔的怆痛里。当然，他最后的几部四重奏里充满着异样的阴影，可是《第九交响乐》底胜利，似乎在贝多芬心中已留下它光荣的标记。他未来的计划是：[1]《第十交响乐》[2]，纪念罢哈的《前奏曲》，为葛里巴扎的《曼吕西纳》谱的音乐，[3]为高纳的《奥特赛》、歌德的《浮士德》谱的音乐，[4]《大卫与扫罗的祭神剧》，这些都表示他的精神倾向于德国古代大师的清明恬静之境：罢哈与亨特尔，——尤其是倾向于南方，法国南部，或他梦想要去游历的意大利。[5]

史比勒医生于一八二六年看见他，说他气色变得快乐而旺盛了。同年，当葛里巴扎最后一次和他晤面时，倒是贝多芬来鼓励这颓丧的诗人："啊，"他说，"要是我能有千分之一的你的体力和强毅的话！"时代是艰苦的。专制政治的反动，压迫着思想界。葛里巴扎呻吟道："言论检查把我杀害了。倘使一个人要言论自由，

---

[1] 一八二四年九月十七日致苏脱兄弟信中，贝多芬写道："艺术之神还不愿死亡把我带走；因为我还负欠甚多！在我出发去天国之前，必得把精灵启示我而要我完成的东西留给后人，我觉得我才开始写了几个音符。"——《书信集》二七二。
[2] 一八二七年三月十八日贝多芬写信给莫希尔斯说："初稿全部写成的一部交响乐和一支前奏曲放在我的书桌上。"但这部初稿从未发现。——我们只在他的笔记上读到："用 andante 写的 cantigue，——用古音阶写的宗教歌，或是用独立的形式，或是作为一支追逸曲的引子。这部交响乐的特点是引进歌唱，或者用在终局，或从 adagio 起就插入。乐队中小提琴，……等等都当特别加强最后几段的力量。歌唱开始时一个一个地，或在最后几段中复唱 adagio——adagio 的歌辞用一个希腊神话或宗教颂歌，allegro 则用酒神庆祝的形式。"（以上见一八一八年笔记）由此可见以合唱终局的计划是预备用在《第十交响乐》而非《第九交响乐》的。后来他又说要在《第十交响乐》中，把现代世界和古代世界调和起来，像歌德在第二部《浮士德》中所尝试的。
[3] 诗人原作是叙述一个骑士，恋爱着一个女神而被她拘囚着；他念着家乡与自由，这首诗和《坦霍塞》①颇多相似之处，贝多芬在一八二三至一八二六年间曾经从事工作。
[4] 贝多芬从一八○八年起就有意为《浮士德》写音乐。（《浮士德》以悲剧的形式出现是一八○七年秋。）这是他一生最重视的计划之一。
[5] 贝多芬的笔记中有："法国南部！对啦！对啦！"——"离开这里，只要办到这一着，你便能重新登上你艺术的高峰。……写一部交响乐，然后出发，出发，出发……夏天，为了旅费工作着，然后周游意大利，西西利，和几个旁的艺术家一起……"（出处同前）

---

① 系华葛耐的名歌剧。

思想自由，就得往北美洲去。"但没有一种权力能扑制贝多芬的思想。诗人克夫纳写信给他说："文字是被束缚了；幸而声音还是自由的。"贝多芬是伟大的自由之声，也许是当时德意志思想界唯一的自由之声。他自己也感到。他时常提起，他的责任是把他的艺术来奉献于"可怜的人类"，"将来的人类"，为他们造福利，给他们勇气，唤醒他们的迷梦，斥责他们的懦怯。他写信给侄子说："我们的时代，需要有力的心灵把这些可怜的人群加以鞭策。"一八二七年，米勒医生说："贝多芬对于政府、警察、贵族，永远自由发表意见，甚至在公众前面也是如此。[1] 警察当局明明知道，但对他的批评和嘲讽认为无害的梦呓，因此也就让这个光芒四射的天才太平无事。"[2]

[1] 在谈话手册里，我们可以读到：（一八一九年份的）"欧洲政治目前所走的路，令人没有金钱没有银行便什么事都不能做。"——"统治者的贵族，甚么也不曾学得，甚么也不曾忘记。"——"五十年内，世界上到处都将有共和国。"

[2] 一八一九年他几被警察当局起诉，因为他公然声言："归根结蒂，基督不过是一个被钉死的犹太人。"那时他正写着《D调弥撒祭乐》。由此可见他的宗教感应是极其自由的。——他在政治方面也是一样的毫无顾忌，很大胆地抨击他的政府之腐败。他特别指斥几件事情：法院组织的专制与依附权势，程序繁琐，完全妨害诉讼的进行；——警权的滥用；——官僚政治的腐化与无能；——颓废的贵族享有特权，霸占着国家最高的职位。——从一八一五年起，他在政治上是同情英国的。据兴特勒说，他非常热烈地读着英国国会的纪录。英国的乐队指挥波透，一八一七年到维也纳说："贝多芬用尽一切诅咒的字眼痛骂奥国政府。他一心要到英国来看看下院的情况。——他说：'你们英国人，你们的脑袋的确在肩膀上。'"①

[3] 例如侄子之自杀。

因此，甚么都不能使这股不可驯服的力量屈膝。如今它似乎玩弄痛苦了。在此最后几年中所写的音乐，虽然环境恶劣，[3] 往

---

① 一八一四年拿破仑失败，列强举行维也纳会议，重行瓜分欧洲。奥国首相梅特涅雄心勃勃，颇有只手左右天下之志。对于奥国内部，厉行压迫，言论自由剥削殆尽。其时欧洲各国类皆趋于反动政治，虐害共和党人。但法国大革命的精神早已弥漫全欧，到处有蠢动之象。一八二〇年的西班牙，葡萄牙，拿波利（那不勒斯）的革命开其端，一八二一年的希腊独立战争接踵而至，降至一八三〇年法国又有七月革命，一八四八年又有二月革命……贝多芬晚年的政治思想，正反映一八一四至一八三〇年间欧洲智识分子的反抗精神。读者于此，必须参考当时国际情势，方能对贝多芬的思想，有一估价准确之认识。

往有一副簇新的面目，嘲弄的，睥睨一切的，快乐的，他逝世以前四个月，在一八二六年十一月完成的作品，全集一三〇的四重奏底新的结束是非常轻快的。实在这种快乐并非一般人所有的那种。时而是莫希尔斯所说的嬉笑怒骂；时而是战胜了如许痛苦以后的动人的微笑。总之，他是战胜了。他不相信死。

然而死终于来了。一八二六年十一月终，他得着肋膜炎性的感冒；为侄子奔走前程而旅行回来，他在维也纳病倒了。[1]朋友都在远方。他打发侄儿去找医生。据说这麻木不仁的家伙竟忘记了使命，两天之后才重新想起。医生来得太迟，而且治疗得很恶劣。三个月内，他运动家般的体格和病魔挣扎着。一八二七年一月三日，他把至爱的侄儿立为正式的承继人。他想到莱茵河畔的亲爱的友人；写信给韦该勒说："我多想和你谈谈！但我身体太弱了，除了在心里拥抱你和你的洛亨①以外，我甚么都无能为力了。"要不是几个豪侠的英国朋友，贫穷的苦难几乎笼罩到他生命的最后一刻。他变得非常柔和，非常忍耐。[2]一八二七年二月十七日，躺在弥留的床上，经过了三次手术以后，等待着第四次②，他在等待期间还安详地

---

[1] 他的病有两个阶段：（一）肺部的感冒，那是六天就结束的。"第七天上，他觉得好了一些，从床上起来，走路，看书，写作。"——（二）消化器病，外加循环系病。医生说："第八天，我发见他脱了衣服，身体发黄色。剧烈的泄泻，外加呕吐，几乎使他那天晚上送命。"从那时起，水肿病开始加剧。这一次的复病，还有我们迄今不甚清楚的精神上的原因。华洛赫医生说："一件使他愤慨的事，使他大发雷霆，非常苦恼，就促成了病的爆发。打着寒噤，浑身战抖。因内脏的痛楚而起抑挛。"——关于贝多芬最后一次的病情，从一八四二年起就有医生详细的叙述公开发表。

[2] 一个名叫鲁特维克·克拉莫利尼的歌唱家，说他看见最后一次病中的贝多芬，觉得他心地宁静，慈祥恺恻，达于极点。

---

① 即韦该勒夫人爱莱奥诺的亲密的称呼。
② 据葛哈特·洪·勃罗宁的信，说他在弥留时，在床上受着臭虫的骚扰。——他的四次手术是一八二六年十二月二十日，一八二七年正月八日，二月二日，和二月二十七日。

说:"我耐着性子,想道:一切灾难都带来几分善。"

这个善,是解脱,是像他临终时所说的"喜剧底终场"——我们却说是他一生悲剧底终场。

他在大风雨中,大风雪中,一声响雷中,咽了最后一口气。一只陌生的手替他阖上了眼睛(一八二七年三月二十六日)。[1]

亲爱的贝多芬!多少人已颂赞过他艺术上的伟大。但他远不止是音乐家中的第一人,而是近代艺术底最英勇的力。对于一般受苦而奋斗的人,他是最大而最好的朋友。当我们对着世界的劫难感到忧伤时,他会到我们身旁来,好似坐在一个穿着丧服的母亲旁边,一言不发,在琴上唱着他隐忍的悲歌,安慰那哭泣的人。当我们对德与恶底庸俗,斗争到疲惫的辰光,到此意志与信仰底海洋中浸润一下,将获得无可言喻的裨益。他分赠我们的是一股勇气,一种奋斗底欢乐,[2]一种感到与神同在的醉意,仿佛在他和大自然不息地沟通之下,[3]他竟感染了自然底深邃的力。葛里巴扎对贝多芬是钦佩之中含有惧意的,在提及他时说:"他所到达的那种境界,艺术竟和犷野与古怪的原子混合为一。"舒芒(舒曼)提到《第五交响乐》时也说:"尽管你时常听到它,它对你始终有一股不变的威力,有如自然界的现象,虽然时时发生,总教人充满着恐惧与惊异。"他的密

---

[1] 这陌生人是青年音乐家安塞姆·希顿勃兰纳。——勃罗宁写道:"感谢上帝!感谢他结束了这长时期悲惨的受难。"——贝多芬的手稿,书籍,家具,全部拍卖掉,代价不过一五七五弗洛冷。拍卖目录上登记着二五二件的音乐手稿和音乐书籍,共售九八二弗洛冷。《谈话手册》只售一弗洛冷二十。

[2] 他《致不朽的爱人》信中有言:"当我有所克服的时候,我总是快乐的。"——一八〇一年十一月十六日《致韦该勒信》中又言:"我愿把生命活上千百次……我非生来过恬静的日子的。"

[3] 兴特勒有言:"贝多芬教了我大自然的学问,在这方面的研究,他给我的指导和在音乐方面没有分别。使他陶醉的并非自然底律令law,而是自然底基本威力。"

友兴特勒说："他抓住了大自然底精神。"——这是不错的；贝多芬是自然界底一股力；一种原始的力和大自然其余的部分接战之下，便产生了《荷马史诗》般的壮观。

他的一生宛如一天雷雨的日子。——先是一个明净如水的早晨。仅仅有几阵懒懒的微风。但在静止的空气中，已经有隐隐的威胁，沉重的预感。然后，突然之间巨大的阴影卷过，悲壮的雷吼，充满着声响的、可怖的静默，一阵复一阵的狂风，《英雄交响乐》与《第五交响乐》。然而白日底清纯之气尚未受到损害。欢乐依然是欢乐，悲哀永远保存着一缕希望。但自一八一〇年后，心灵底均衡丧失了。日光变得异样。最清楚的思想，也看来似乎水汽一般在升化：忽而四散，忽而凝聚，它们的又凄凉又古怪的骚动，罩住了心；往往乐思在薄雾之中浮沉了一二次以后，完全消失了，淹没了，直到曲终才在一阵狂飙中重新出现。即是快乐本身也蒙上苦涩与犷野的性质。所有的情操里都混和着一种热病，一种毒素。[1]黄昏将临，雷雨也随着酝酿。然后是沉重的云，饱蓄着闪电，给黑夜染成乌黑，挟带着大风雨，那是《第九交响乐》底开始。——突然，当风狂雨骤之际，黑暗裂了缝，夜在天空给赶走，由于意志之力，白日底清明重又还给了我们。

甚么胜利可和这场胜利相比？波那帕脱的哪一场战争，奥斯丹列兹①哪一天的阳光，曾经达到这种超人的努力底光荣？曾

[1] 贝多芬一八一〇年五月二日《致韦该勒书》中有言："噢，人生多美，但我的是永远受着毒害……"

① 系拿破仑一八〇五年十二月大获胜利之地。

经获得这种心灵从未获得的凯旋?
一个不幸的人,贫穷,残废,孤独,由痛苦造成的人,世界不给他欢乐,他却创造了欢乐来给予世界!他用他的苦难来铸成欢乐,好似他用那句豪语来说明的,——那是可以总结他一生,可以成为一切英勇心灵的箴言的:

"用痛苦换来的欢乐。"[1]

[1] 一八一五年十月十日贝多芬《致爱尔杜第夫人书》。

贝多芬遗嘱

埃林耿希太脱遗嘱[1]

[1] 埃林耿希太脱（海林根施塔特）为维也纳近郊小镇名。贝多芬在此曾作勾留。

给我的兄弟卡尔与约翰·贝多芬

噢你们这般人，把我当做或使人把我看做心怀怨恨的，疯狂的，或愤世嫉俗的，他们真是诬蔑了我！你们不知道在那些外表之下的隐秘的理由！从童年起，我的心和精神都倾向于慈悲的情操。甚至我老是准备去完成一些伟大的事业。可是你们想，六年以来我的身体何等恶劣，没有头脑的医生加深了我的病，年复一年的受着骗，空存着好转的希望，终于不得不看到一种"持久的病症"。即使痊愈不是完全无望，也得要长久的年代。生就一副热烈与活动的性格，甚至也能适应社会的消遣，我却老早被迫和人类分离，过着孤独生活。如果有时我要克服这一切，噢！总是被我残废这个悲惨的经验挡住了路！可是我不能对人说："讲得高声一些，叫喊罢；因为我是聋子！"啊！我怎能让人知道我的"一种感官"出了毛病,这感官在我是应该特别比人优胜,而我从前这副感官确比音乐界中谁都更完满的!——噢!这我办不到!——所以倘你们看见我孤僻自处,请你们原谅,因为我心中是要和人们作伴的。我的灾祸对我是加倍的难受,因为我因之被人误解。在人群的交接中,在微妙的谈话中,在彼此的倾吐中去获得安慰,于我是禁止的。孤独,完全的孤独。越是我需要在社会上露面,越是我不能冒险。我只能过着亡命者的生活。如果我走近一个集团,我的心就惨痛欲裂,唯恐人家发觉我的病。

因此我最近在乡下住了六个月。我的高明的医生劝我尽量保护我的听觉;他迎合我的心意。然而多少次我觉得非与社会接近不可时,我就禁不住要去了。但当我旁边的人听到远处的笛声而"我听不见"时,或"他听见牧童歌唱"而我一无所闻时,真是何等的屈辱![1] 这一类的经验几乎使我完全陷于绝望:我的不致自杀也是间不容发的事了。——"是艺术",就只是艺术留住了我。啊!在我尚未把我感到的使命全部完成之前,我觉得不能离开这个世界。这样我才捱延着这种悲惨的——实在是悲惨的——生活,这个如是虚弱的身体,些少变化就会使健康变为疾病的身体!——"忍耐啊!"——人家这么说着;我如今也只能把它来当做我的向导了。我已经有了耐性。——但愿我抵抗底决心长久支持,直到无情的死神来割断我的生命腺的时候。——也许这倒更好,也许并不:总之我已端准

[1] 关于这段痛苦的怨叹,我要提出一些意见,为谁都不曾提过的。大家知道在《田园交响乐》第二章之末,乐队奏出夜莺、杜鹃、鹌鹑的歌声,而且可说整个交响乐都是用自然界的歌唱与喁语组成的。美学家们发表过许多议论,要决定应否赞成这一类模仿音乐的尝试。没有一个人注意到贝多芬其实在并未模仿,既然他什么都已无法听见,他只在精神上重造一个于他已经死灭的世界。就是这一点使他乐章中唤引起群鸟歌唱的部分显得如此动人。要听到它们的唯一的方法,是使它们在他心中歌唱。

好了。——廿八岁上,我已不得不看破一切,这不是容易的;要保持这种态度,在一个艺术家比别人更难。

神明啊!你在天上参透着我的心,你认识它,你知道它对人类抱着热爱,抱着行善的志愿!噢人啊,要是你们有一天读到这些,别忘记你们曾对我不公平;但愿不幸的人,看见一个与他同样的遭难者,不顾自然底阻碍,竭尽所能的厕身于艺术家与优秀之士之列,而能借以自慰。

你们,我的兄弟卡尔和约翰,我死后倘希密脱教授尚在人世的话,用我的名义去请求他,把我的病状详细叙述,在我的病史之外再加上现在这封信,使社会在我死后尽可能的和我言归于好。——同时我承认你们是我的一些薄产的承继者。公公平平的分配,和睦相爱,缓急相助。你们给我的损害,你们知道我久已原谅。你,兄弟卡尔,我特别感谢你近来对我的忠诚。我祝望你们享有更幸福的生活,不像我这样的充满着烦恼。把"德性"教给你们的孩子:使人幸福的是德性而非金钱。这是我的经验之谈。在患难中支持我的是道德,使我不曾自杀的,除了艺术以外也是道德。——别了,相亲相爱罢!——我感谢所有的朋友,特别是李区诺斯基亲王和希密脱教授。——我希望李区诺斯基的乐器①能保存在你们之中任何一个的手里。但切勿因之而有何争论。倘能有助于你们,那么尽管卖掉它,不必迟疑。要是我在墓内还能帮助你们,我将何等的欢喜!

若果如此,我将怀着何等的欢心飞向死神。——倘使死神在

---

① 系指李氏送给他的钢琴。

我不及发展我所有的官能之前便降临,那末,虽然我命途多舛,我还嫌它来得过早,我祝祷能展缓它的出现。——但即使如此,我也快乐了。它岂非把我从无穷的痛苦之中解放了出来?——死亡愿意什么时候来就什么时候来罢,我将勇敢地迎接你。——别了,切勿把我在死亡中完全忘掉;我是值得你们思念的,因为我在世时常常思念你们,想使你们幸福。但愿你们幸福!

鲁特维克·范·贝多芬
一八〇二年十月六日,埃林耿希太脱

给我的兄弟卡尔和约翰在我死后开拆并执行

埃林耿希太脱,一八〇二年十月十日。——这样,我向你们告别了,——当然是很伤心地。——是的,我的希望,——至少在某程度内痊愈的希望,把我遗弃了。好似秋天的树叶摇落枯萎一般,——这希望于我也枯萎死灭了。几乎和我来时一样。——我去了。——即是最大的勇气,——屡次在美妙的夏天支持过我的,它也消逝了。——噢万能的主宰,给我一天纯粹的快乐罢!——我没有听到欢乐底深远的声音已经多久!——噢!什么时候,——噢神明!什么时候我再能在自然与人类的庙堂中感觉到欢乐?——永远不?——不!——噢!这太残酷了!

贝多芬书信集

贝多芬致阿芒达牧师书[①]

我的亲爱的,我的善良的阿芒达,我的心坎里的朋友,接读来信,我心中又是痛苦又是欢喜。你对于我的忠实和恳挚,能有什么东西可以相比?噢!你始终对我抱着这样的友情,真是太好了。是的,我把你的忠诚作过试验,而我是能把你和别个朋友辨别的。你不是一个维也纳的朋友,不,你是我的故乡所能产生的人物之一!我多祝望你能常在我身旁!因为你的贝多芬可怜已极。得知道我的最高贵的一部分,我的听觉,大大地衰退了。当你在我身边时,我已觉得许多征象,我瞒着;但从此越来越恶化。是否会医好,目前还不得而知;这大概和我肚子的不舒服有关。但那差不多已经痊愈;可是我的听觉还有告痊之望么?我当然如此希望;但非常渺茫,因为这一类的病是无药可治的。我得过着凄凉的生活,避

[①] 时期约为一八〇一。

免我一切心爱的人物，尤其是在这个如此可怜、如此自私的世界上！……——在所有的人中，我可以说最可靠的朋友是李区诺斯基。自从去年到现在，他给了我六百弗洛冷；这个数目之外，再加上我作品售得的钱，使我不致为每天的面包发愁了。我如今所写的东西，立刻可有四五家出版商要，卖得很好的代价。——我近来写了不少东西；既然我知道你在××铺子里定购钢琴，我可把各种作品和钢琴一起打包寄给你，使你少费一些钱。

现在，我的安慰是来了一个朋友，和他我可享受一些谈心的乐趣，和纯粹的友谊；那是少年时代的朋友之一。[1] 我和他时常谈到你，我告诉他，自从我离了家乡以后，你是我衷心选择的朋友之一。——他也不欢喜××；[2] 他素来太弱，担当不了友谊。我把他和××完全认为高兴时使用一下的工具；但他们永远不能了解我崇高的活动，也不能真心参加我的生活；我只依着他们为我所尽的力而报答他们。噢！我将多幸福，要是我能完满地使用我的听觉的话！那时我将跑到你面前来。但我不得不远离着一切；我最美好的年龄虚度了，不曾实现我的才具与力量所能胜任的事情。——我不得不在伤心的隐忍中找栖身！固然我曾发愿要超临这些祸害；但又如何可能？是的，阿芒达，倘六个月内我的病不能告痊，我要求你丢下一切而到我这里来；那时我将旅行（我的钢琴演奏和作曲还不很受到残废的影响；只有在与人交际时才特别不行）；你将做我的旅伴；我确信幸福不会缺少；现在有什么东西我不能与之一较短长？自你走后，我什么都写，连歌剧和宗教音乐都有。是的，你是不会拒绝的；你会帮助你的朋友担受他

---

[1] 斯丹芬·洪·勃罗宁。
[2] 疑系指扎曼斯加，他在维也纳当宫廷秘书，对贝多芬极忠诚。

的疾病和忧虑。我的钢琴演奏也大有进步，我也希望这旅行能使你愉快。然后，你永久留在我身旁。——你所有的信我全收到；虽然我复信极少，你始终在我眼前；我的心也以同样的温情为你跳动着。——关于我听觉的事，请严守秘密，对谁都勿提。——多多来信。即使几行也能使我安慰和得益。希望不久就有信来，我最亲爱的朋友。——我没有把你的四重奏①寄给你，因为从我知道正式写作四重奏之后，已把它大为修改：将来你自己会看到的。——如今，别了，亲爱的好人！倘我能替你做些使你愉快的事，不用说你当告诉忠实的贝多芬，他是真诚地爱你的。

贝多芬致弗朗兹·葛哈特·韦该勒书

维也纳，一八〇一年六月二十九日

我的亲爱的好韦该勒，多谢你的关注！我真是不该受，而且我的行为也不配受你的关注；然而你竟如此好心，即是我不可原恕的静默也不能使你沮丧；你永远是忠实的，慈悲的，正直的朋友。——说我能忘记你，忘记你们，忘记我如是疼爱如是珍视的你们，不，这是不可信的！有时我热烈地想念你们，想在你们旁边消磨若干时日。——我的故乡，我出生的美丽的地方，至今清清楚楚的在我眼前，和我离开你们时一样。当我能重见你

---

① 全集卷十八之一。

们，向我们的父亲莱茵致敬时，将是我一生最幸福的岁月的一部分。——何时能实现，我还不能确言。——至少我可告诉你们，那时你将发觉我更长大：不说在艺术方面，而是在为人方面，你们将发觉我更善良更完满；如果我们的国家尚未有何进步，我的艺术应当用以改善可怜的人们的命运……

你要知道一些我的近况，那末，还不坏。从去年起，李区诺斯基（虽然我对你说了你还觉得难于相信）一直是我最热烈的朋友，——（我们中间颇有些小小的误会，但更加强了我们的友谊）——他给我每年六百弗洛冷的津贴，直到将来我找到一个相当的差事时为止。我的乐曲替我挣了不少钱，竟可说人家预定的作品使我有应接不暇之势。每件作品有六七个出版商争着要。人家不再跟我还价了；我定了一个价目，人家便照付。你瞧这多美妙。譬如我看见一个朋友陷于窘境，倘我的钱袋不够帮助他，我只消坐在书桌前面；顷刻之间便解决了他的困难。——我也比从前更省俭了……

不幸，嫉妒的恶魔，我的羸弱的身体，竟来和我作难。三年以来，我的听觉逐渐衰退。这大概受我肚子不舒服的影响，那是你知道我以前已经有过，而现在更加恶劣的；因为我不断地泄泻，接着又是极度的衰弱。法朗克想把补药来滋补我，用薄荷油来医治我的耳朵。可是一无用处；听觉越来越坏，肚子也依然如故。这种情形一直到去年秋天，那时我常常陷于绝望。一个其蠢似驴的医生劝我洗冷水浴；另一个比较聪明的医生，劝我到多瑙河畔去洗温水浴：这倒大为见效，肚子好多了，但我的耳朵始终如此，或竟更恶化。去年冬天，我的身体简直糟透：我患着剧烈的腹痛，完全是复病的样子。这样一直到上个月,我去请教凡林;因为我想我的病是该请外科医生诊治的,而且我一直相信他。他差不多完全止住我的泄泻,又劝我洗温水浴,水里放一些健身的药酒;他不给我任何药物,直到四天前才给我一些治胃病药丸,和治耳朵的一种茶。我觉得好了一些,身体也强壮了些;只有耳朵轰轰作响,日夜不息。两年来我躲避一切交际,我不能对人说:"我是聋子。"倘我干着别种职业,也许还可以;但在我的行当里,这是可怕的遭遇。敌人们将怎么说呢,而且他们的数目又是相当可观!

使你对我这古怪的耳聋有个概念起计,我告诉你,在戏院内我得坐在贴近乐队的地方才能懂得演员的说话。我听不见乐器和歌唱的高音,假如座位稍远的话。在谈话里,有些人从未觉察我的病,真是奇怪。人家柔和地谈话时,我勉强听到一些;是的,我听到声音,却听不出字句;但当人家高声叫喊时,我简直痛苦难忍了。结果如何,只有老天知道。凡林说一定会好转,即使不能完全复原。——我时常诅咒我的生命和我的造物主。普卢塔克教我学习隐忍,我却要和我的命运挑战,只要可能;但有些时候我竟是上帝最可怜的造物。——我求你勿把我的病告诉任何人,连对洛亨都不要说;我是把这件事情当作秘密般交托给你的。你能写信给凡林讨论这个问题,我很高兴。倘我的现状要持续下去,我将在明春到你身边来;你可在什么美丽的地方替我租一所乡下屋子,我愿重做六个月的乡下人。也许这对我有些好处。隐忍!多伤心的栖留所!然而这是我唯一的出路!——原谅我在你所有的烦恼中再来加上一重友谊的烦恼。

斯丹芬·勃罗宁此刻在这里,我们几乎天天在一起。回念当年的情绪，使我非常安慰！他已长成为一个善良而出色的青年，颇有些智识（且像我们一样），心地很纯正。……

我也想写信给洛亨。即使我毫无音信，我也没有忘掉你们之中任何一个，亲爱的好人们；但是写信，你知道，素来非我所长；我最好的朋友都成年累月的接不到我一封信。我只在音符中过生活；一件作品才完工，另一件又已开始。照我现在的工作方式，我往往同时写着三四件东西。——时时来信罢；我将寻出一些时间来回答你。替我问候大家……

别了，我的忠实的，好韦该勒。相信你的贝多芬底情爱与友谊。

维也纳，一八〇一年十一月十六日

我的好韦该勒！谢谢你对我表示的新的关切，尤其因为我的不该承受。——你要知道我身体怎样，需要什么。虽然谈论这个问题于我是那么不快，但我极乐意告诉你。

凡林几个月来老把发泡药涂在我的两臂上……这种治疗使我极端不快；痛苦是不必说，我还要一两天不能运用手臂……得承认耳朵里的轰轰声比从前轻减了些，尤其是左耳，那最先发病的一只；但我的听觉，迄今为止丝毫没有改善；我不敢决定它是否变得更坏。——肚子好多了；特别当我洗了几天温水浴后，可有八天或十天的舒服。每隔多少时候，我服用一些强胃的药；我也遵从你的劝告，把草药敷在腹上。——凡林不愿我提到淋雨浴。此外我也不大乐意他。他对于这样的一种病实在太不当心太不周到了，倘我不到他那边去，——而这于我又是多费事——就从来看不见他。——你想希密脱如何？我不是乐于换医生；但似乎凡林太讲究手术，不肯从书本上去补充他的学识。——在这一点上希密脱显得完全两样，也许也不像他那么大意。——人家说直流电有神效；你以为怎样？有一个医生告诉我，他看见一个聋而且哑的孩子恢复听觉，一个聋了七年的人也医好。——我正听说希密脱在这方面有过经验。

我的生活重又愉快了些；和人们来往也较多了些。你简直难于相信我两年来过的是何等孤独与悲哀的生活。我的残疾到处挡着我，好似一个幽灵，而我逃避着人群。旁人一定以为我是憎恶人类，其实我并不如此！——如今的变化，是一个亲爱的，可人的姑娘促成的；她爱我，我也爱她；这是两年来我重又遇到的幸福的日子；也是第一次我觉得婚姻可能给人幸福。不幸，她和我境况不同；——而现在，老实说我还不能结婚：还得勇敢地挣扎一下才行。要不是为了我的听觉，我早已走遍半个世界；而这是我应当做的。——琢磨我的艺术，在人前表现：对我再没更大的愉快了。——勿以为我在你们家里会快乐。谁还能使我快乐呢？连你们的殷勤，于我都将是一种重负：我将随时在你们脸上看到同情的表示，使我更苦恼。——我故园的美丽的乡土，甚么东西在那里吸引我呢？不过是环境较好一些的希望罢了；而这个希望，倘没有这病，早已实现的了！噢！要是我能摆脱这病魔，我愿拥抱世界！我的青春，是的，我觉得它不过才开始；我不是一向病着么？近来我的体力和智力突飞猛进。我窥见我不能加以肯定的目标，我每天都更迫近它一些。唯有在这种思想里，你的贝多芬方能存活。一些休息都没有！——除了睡眠以外，我不知还有什么休息；而可怜我对睡眠不得不化费比从前更多的时间。但愿我能在疾病中解放出一半，那时候，——我将以一个更能自主、更成熟的人底姿态，来到你们面前，加强我们永久的友谊。

我应当尽可能的在此世得到幸福，——决不要苦恼。——不，这是我不能忍受的！我要扼住命运的咽喉。它决不能使我完全屈服。——噢！能把生命活上千百次真是多美！——我非生来过恬静的日子的。

……替我向洛亨致千万的情意……——你的确有些爱我的，不是吗？相信我的情爱和友谊。

你的　贝多芬

韦该勒与爱莱奥诺·洪·勃罗宁致贝多芬书①

科布楞兹，一八二五年十二月二十八日

亲爱的老友鲁特维克：

在我送李哀斯②的十个儿子之一上维也纳的时候，不由不想起你。从我离开维也纳二十八年以来，如果你不曾每隔两月接

---

① 作者认为在此插入两封以下的书信并非没有意义，因为它们表现出这些卓越的人物，贝多芬最忠实的朋友。而且从朋友身上更可认识贝多芬的面目。

② 李氏（一七八四～一八三八）为德国钢琴家兼作曲家。

到一封长信，那末你该责备在我给你最后两信以后的你的缄默。这是不可以的，尤其是现在；因为我们这般老年人多乐意在过去中讨生活，我们最大的愉快莫过于青年时代底回忆。至少对于我，由于你的母亲（上帝祝福她！）之力而获致的对你的认识和亲密的友谊，是我一生光明的一点，为我乐于回顾的……我远远里瞩视你时，仿佛瞩视一个英雄似的，我可以自豪地说："我对他的发展并非全无影响；他曾对我吐露他的愿望和幻梦；后来当他常常被人误解时，我总明白他的志趣所在。"感谢上帝使我能和我的妻子谈起你，现在再和我的孩子们谈起你！对于你，我岳母的家比你自己的家还要亲切，尤其从你高贵的母亲死后。再和我们说一遍呀："是的，在欢乐中，在悲哀中，我都想念你们。"一个人即使像你这样升得高，一生也只有一次幸福：就是年轻的时光。

篷恩，克拉兹堡，哥得斯堡，贝比尼哀等等，应该是你的思念欢欣地眷恋的地方。

现在我要对你讲起我和我们，好让你写复信时有一个例子。

一七九六年从维也纳回来之后，我的境况不大顺利；好几年中我只靠了行医糊口；而在此可怜地方，直要经过多少年月我才差堪温饱。以后我当了教授，有了薪给，一八〇二年结了婚。一年以后我生了一个女儿，至今健在，教育也受完全了。她除了判断正直以外，秉受着她父亲清明的气质，她把贝多芬的朔拿大弹奏得非常动人。在这方面她不值得什么称誉，那完全是靠天赋。一八〇七年，我有了一个儿子，现在柏林学医。四年之内，我将送他到维也纳来；你肯照顾他么？……今年八月里我过了六十岁的生辰,来了六十位左右的朋友和相识,其中有城里第一流的人物。从一八〇七年起,我住在这里,如今我有一座美丽的屋子和一个很好的职位。上司对我表示满意,国王颁赐勋章和封绶。洛亨和我,身体都还不差。——好了,我已把我们的情形完全告诉了你,轮到你了!……

你永远不愿把你的目光从圣·哀蒂安教堂[①]上移向别处吗?旅行不使你觉得愉快吗?你不愿再见莱茵了吗?——洛亨和我,向你表示无限恳切之意。

你的老友　韦该勒

科布楞兹,一八二五年十二月二十九日

亲爱的贝多芬,多少年来亲爱的人!要韦该勒重新写信给您是我的愿望。——如今这愿望实现以后,我认为应当添加几句,——不但为特别使您回忆我,而且为加重我们的请求,问您是否毫无意思再见莱茵和您的出生地,——并且给韦该勒和我最大的快乐。我们的朗亨[②]感谢您给了她多少幸福的时间;——她多高兴听我们谈起您;——她详细知道我们青春时代在篷恩的小故事,——争吵与和好……她将多么乐意看见您!——不幸这妮子毫无音乐天才;但她曾用过不少功夫,那么勤奋那么有恒,居然能弹奏您的朔拿大和变体曲等等了;又

---

① 系维也纳名教堂之一。
② 系她的女儿。

因音乐对于韦始终是最大的安慰,所以她给他消磨了不少愉快的光阴。裘里于斯颇有音乐才具,但目前还不知用功;——六个月以来,他很快乐地学习着大提琴;既然柏林有的是好教授,我相信他能有进步。——两个孩子都很高大,像父亲;——韦至今保持着的——感谢上帝!——和顺与快活的心情,孩子们也有。韦最爱弹您的变体曲里的主题;老人们自有他们的嗜好,但他也奏新曲,而且往往用着难于置信的耐性。——您的歌,尤其为他爱好;韦从没有进他的房间而不坐上钢琴的。——因此,亲爱的贝多芬,您可看到,我们对您的思念是多么鲜明多么持久。——但望您告诉我们,说这对您多少有些价值,说我们不曾被您完全忘怀。——要不是我们最热望的意愿往往难于实现的话,我们早已到维也纳我的哥哥家里来探望您了;——但这旅行是不能希望的了,因为我们的儿子现在柏林。——韦已把我们的情况告诉了您:——我们是不该抱怨的了。——对于我们,连最艰难的时代也比对多数其余的人好得多。——最大的幸福是我们身体康健,有着很好而纯良的儿女。——是的,他们还不曾使我们有何难堪,他们是快乐的、善良的孩子。——朗亨只有一桩大的悲伤,即当我们可怜的白斯却特死去的时候;——那是我们大家不会忘记的。别了,亲爱的贝多芬,请您用慈悲的心情想念我们罢。

爱莱奥诺·韦该勒

贝多芬致韦该勒书[1]

[1] 贝多芬答复韦该勒夫妇的信,已在十个月之后;可见当时的朋友,即使那样的相爱,他们的情爱也不像我们今日这样的急切。

维也纳,一八二六年十二月七日

亲爱的老朋友!

你和你洛亨的信给了我多少快乐,我简直无法形容。当然我应该立刻回复的;但我生性疏懒,尤其在写信方面,因为我想最好的朋友不必我写信也能认识我。我在脑海里常常答复你们;但当我要写下来时,往往我把笔丢得老远,因为我不能写出我的感觉。我记得你一向对我表示的情爱,譬如你教人粉刷我的房间,使我意外地欢喜了一场。我也不忘勃罗宁一家。彼此分离是事理之常;各有各的前程要趱奔;就只永远不能动摇的为善底原则,把我们永远牢固地连在一起。不幸今天我不能称心如意的给你写信,因为我躺在床上……

你的洛亨的倩影,一直在我的心头,我这样说是要你知道,我年轻时代一切美好和心爱的成分于我永远是宝贵的。

……我的箴言始终是:无日不动笔;如果我有时让艺术之神瞌睡,也只为要使它醒后更兴奋。我还希望再留几件大作品在世界上;然后如老小孩一般,我将在一些好人中间结束我尘世的途程。[2]

……在我获得的荣誉里面,——因为知道你听了会高兴,所以告诉你——有已故的法王赠我的勋章,镌着:"王赠与贝多芬先

[2] 贝多芬毫未想到那时他所写的,全集一三〇的四重奏底改作的终局部分,已是他最后的作品。那时他在兄弟家里,在多瑙河畔小镇上。

生"；此外还附有一封非常客气的信，署名的是："王家侍从长，夏德勒大公。"

亲爱的朋友，今天就以这几行为满足罢。过去的回忆充满我的心头，寄此信的时候，我禁不住涕泪交流。这不过是一个引子；不久你可接到另一封信；而你来信越多，就越使我快活。这是无须疑惑的，当我们的交谊已到了这个田地的时候。别了。请你温柔地为我拥抱你亲爱的洛亨和孩子们。想念我啊。但愿上帝与你们同在！

永远尊敬你的，忠实的，真正的朋友，

贝多芬

维也纳，一八二七年二月十七日

我的正直的老友！

我很高兴的从勃罗宁那里接到你的第二信。我身体太弱，不能作复；但你可想到，你对我所说的一切都是我欢迎而渴望的。至于我的复原，如果我可这样说的话，还很迟缓；虽然医生们没有说，我猜到还须施行第四次手术。我耐着性子，想道：一切灾难都带来几分善……今天我还有多少话想对你说！但我太弱了：除了在心里拥抱你和你的洛亨以外，甚么都无能为力。你的忠实的老朋友对你和你一家表示真正的友谊和眷恋。

贝多芬

贝多芬致莫希尔斯书[1]

维也纳，一八二七年三月十四日

我的亲爱的莫希尔斯！

……二月十七日，我受了第四次手术；现又发现确切的征象，需要不久等待第五次手术。长此以往，这一切如何结束呢？我将临到些什么？——我的一份命运真是艰苦已极。但我听任命运安排，只求上帝，以它神明的意志让我在生前受着死的磨难的期间，不再受生活的窘迫。这可使我有勇气顺从着至高的神底意志去担受我的命运，不论它如何艰苦，如何可怕。

……您的朋友

L.V. 贝多芬

[1] 贝多芬此时快要不名一文了，他写信给伦敦的音乐协会和当时在英国的莫希尔斯，要求他们替他举办一个音乐会筹一笔款子。伦敦的音乐协会慷慨地立即寄给他一百镑作为预支。贝多芬衷心感动。据一个朋友说："他收到这封信的时候，合着双手，因快乐与感激而嚎啕大哭起来，在场的人都为之心碎。"感动之下，旧创又迸发了，但他还要念出信稿，教人写信去感谢"豪侠的英国人分担他悲惨的命运"；他答应他们制作一支大曲：《第十交响乐》，一支前奏曲，还有听他们指定就是。他说："我将心中怀着从未有过的热爱替他们写作那些乐曲。"——这封复信是三月十八日写的。同月二十六日他就死了。

贝多芬思想录

关于音乐

没有一条规律不可为获致"更美"的效果起计而破坏。

音乐当使人类的精神爆出火花。

音乐是比一切智慧一切哲学更高的启示……谁能参透我音乐的意义,便能超脱寻常人无以振拔的苦难。

(一八一〇年致裴蒂娜)

最美的事,莫过于接近神明而把它的光芒散播于人间。

为何我写作?——我心中所蕴蓄的必得流露出来,所以我才写作。

你相信吗:当神明和我说话时,我是想着一架神圣的提琴,而写下它所告诉我的一切?

(致旭班齐赫)

照我作曲的习惯，即在制作器乐的时候，我眼前也摆好着全部的轮廓。

(致脱拉哀几葛)

不用钢琴而作曲是必须的……慢慢地可以养成一种机能，把我们所愿望的、所感觉的清清楚楚映现出来，这对于高贵的灵魂是必不可少的。

(致奥太子洛道夫)

描写是属于绘画的。在这一方面，诗歌和音乐比较之下，也可说是幸运的了；它的领域不像我的那样受限制；但另一方面，我的领土在旁的境界内扩张得更远；人家不能轻易达到我的王国。

(致威廉·葛哈特)

自由与进步是艺术的目标，如在整个人生中一样。即使我们现代人不及我们祖先坚定，至少有许多事情已因文明的精炼而大为扩张。

(致奥太子洛道夫)

我的作品一经完成，就没有再加修改的习惯。因为我深信部分的变换足以改易作品的性格。

(致汤姆逊)

除了"荣耀归主"和类乎此的部分以外，纯粹的宗教音乐只能用声乐来表现。所以我最爱巴雷斯德利那；但没有他的精神和他的宗教观念而去模仿他，是荒谬的。

（致大风琴手弗洛哀邓堡）

当你的学生在琴上指法适当，节拍准确，弹奏音符也相当合拍时，你只须留心风格，勿在小错失上去阻断他，而只等一曲终了时告诉他。——这个方法可以养成"音乐家"，而这是音乐艺术底第一个目的。……至于表现技巧的篇章，可使他轮流运用全部手指……当然，手指用得较少时可以获得人家所谓"圆转如珠"的效果；但有时我们更爱别的宝物。[1]

（致钢琴家邱尼）

[1] 一八〇九年德莱蒙男爵曾言："贝多芬的钢琴技术并不准确，指法往往错误；音的性质也被忽视。但谁会想到他是一个演奏家呢？人家完全沉浸在他的思想里，至于表现思想的他的手法，没有人加以注意。"

在古代大师里，唯有德国人亨特尔和赛白斯打·罢哈真有天才。

（一八一九年致洛道夫）

我整个的心为着赛白斯打·罢哈底伟大而崇高的艺术跳动，他是和声之王。

我素来是最崇拜莫扎尔德的人，直到我生命的最后一刻，我还是崇拜他的。

（一八二六年致神甫斯太特勒）

我敬重您的作品，甚于一切旁的戏剧作品。每次我听到您的一件新作时,我总是非常高兴,比对我自己的更感兴趣;总之,我敬重您,爱您……您将永远是我在当代的人中最敬重的一个。如果您肯给我几行,您将给我极大的快乐和安慰。艺术结合人类,尤其是真正的艺术家们;也许您肯把我归入这个行列之内。[1]

[1] 这封信,我们以前提过,却吕皮尼置之不理。

(一八二三年致却吕皮尼)

关于批评

在艺术家的立场上,我从没对别人涉及我的文字加以注意。
(一八二五年致苏脱)

我和服尔德一样的想:"几个苍蝇咬几口,决不能羁留一匹英勇的奔马。"
(一八二六年致克冷)

至于那些蠢货,只有让他们去说。他们的嚼舌决不能使任何人不朽,也决不能使阿波罗指定的人丧失其不朽。
(一八〇一年)

参考书目①

一 关于贝多芬的生活的：

Moscheles：*The Life of Beethoven*，2vols.1841，London

Alexandre Wheetock Thayer：*Ludwig van Beethoven Leben*，5vols.1866～1917

    此书原系英国作家所著，始于一八六六年，一八九七年作家去世，原作中辍，止于贝多芬一八一六年的阶段。后由德人 Hermann Deiters 译成德文，并续著；一九〇七年 D 氏去世，书又中辍。M.H.Riemann 于一九一七年续成，全书五大册，为研究贝多芬最完备详尽之作。

Jean Chantavoine：*Beethoven*，1vol.1907，Paris

J.G.Prod'homme：*La Jeunesse de Beethoven*，1vol.1921，Paris

    此书为研究一八〇〇年以前的贝多芬之生活与艺术的重要作品。

---

① 罗曼·罗兰原列书目甚长，包括德、英、法、意、奥各国作家研究贝多芬之著作，似非目前国内读书界需要。兹特录其最重要者数种。出版年代较近者，为译者另行列入，不在原书目之内。

二 关于贝多芬的作品的：

《贝多芬全集》德国莱布齐格"Bretkopf und Haertel"出版，共三十八册

George Grove：*Beethoven and His Nine Symphonies*，1896，London

J.G.Prod'homme：*Les Symphonis de Beethoven*，1906，Paris

Vincent d'Indy：*Beethoven*，1911，Paris

Theodor Frimmel：*Beethoven—Handbuch*，2vols.1926 此书为百科全书式的贝多芬史料专书，内容完备。

Romain Rolland：*Beethoven—Les Grandes Epoques Créatrices*，1928，Paris

R.Schumann：*Ecrits sur la Musique et les Musiciens*，lère série（H.de Curzon 法译本，1894）

R.Wagner：*Beethoven*，1870，Leipzig

附录　贝多芬的作品及其精神

傅　雷

一　贝多芬与力

十八世纪是一个兵连祸结的时代，也是歌舞升平的时代，是古典主义没落的时代，也是新生运动萌芽的时代。——新陈代谢的作用在历史上从未停止：最混乱最秽浊的地方就有鲜艳的花朵在探出头来。法兰西大革命，展开了人类史上最惊心动魄的一页：十九世纪！多悲壮，多灿烂！仿佛所有的天才都降生在一时期……从拿破仑到俾斯麦，从康德到尼采，从歌德到左拉，从达维特（达维德）到塞尚纳（塞尚），从贝多芬到俄国五大家；北欧多了一个德意志，南欧多了一个意大利，民主和专制的搏斗方终，社会主义的殉难生活已经开始：人类几曾在一百年中走过这么长的路！而在此波澜壮阔，峰峦重叠的旅程的起点，照耀着一颗巨星：贝多芬。在音响的世界中，他预言了一个民族的复兴，——德意志联邦——他象征着一世纪中人类活动的基调——力！

一个古老的社会崩溃了,一个新的社会在酝酿中。在青黄不接的过程内,第一先得解放个人(这是文艺复兴发轫而未完成的基业)。反抗一切约束,争取一切自由的个人主义,是未来世界的先驱。各有各的时代。第一是:我!然后是:社会。

要肯定这个"我",在帝王与贵族之前解放个人,使他们承认个个人都是帝王贵族;或个个帝王贵族都是平民,就须先肯定"力",把它栽培,扶养,提出,具体表现,使人不得不接受。每个自由的"我"要指挥。倘他不能在行动上,至少能在艺术上指挥。倘他不能征服王国像拿破仑,至少他要征服心灵、感觉和情操,像贝多芬。是的,贝多芬与力,这是一个天生就的题目。我们不在这个题目上作一番探讨,就难能了解他的作品及其久远的影响。

从罗曼·罗兰所作的传记里,我们已熟知他运动家般的体格。平时的生活除了过度艰苦以外,没有旁的过度足以摧毁他的健康。健康是他最珍视的财富,因为它是一切"力"底资源。当时见过他的人说"他是力的化身",当然这是含有肉体与精神双重的意义的。他的几件无关紧要的性的冒险,[1] 既未减损他对于爱情的崇高的理想,也未减损他对于肉欲的控制力。他说:"要是我牺牲了我的生命力,还有甚么可以留给高贵与优越?"力,是的,体格的力,道德的力,是贝多芬的口头禅。"力是那般与寻常人不同的人底道德,也便是我的道德。"[2] 这种论调分明已是"超人"的口吻。而且在他三十岁前后,过于充溢的力未免有不公平的滥用。不必说他暴烈的性格对身份高贵的人要不时爆发,即对他

---

[1] 这一点,我们毋须为他隐讳。传记里说他终生童贞的话是靠不住的,罗曼·罗兰自己就修正过。贝多芬一八一六年的日记内就有过性关系的记载。
[2] 一八〇〇年语。

平辈或下级的人也有枉用的时候。他胸中满是轻蔑:轻蔑弱者,轻蔑愚昧的人,轻蔑大众,[1]甚至轻蔑他所爱好而崇拜他的人。[2]在他青年时代帮他不少忙的李区诺斯基公主的母亲,曾有一次因为求他弹琴而下跪,他非但拒绝,甚至在沙发上立也不立起来。后来他和李区诺斯基亲王反目,临走时留下的条子是这样写的:"亲王,您之为您,是靠了偶然的出身;我之为我,是靠了我自己。亲王们现在有的是,将来也有的是。至于贝多芬,却只有一个。"这种骄傲的反抗,不独用来对另一阶级和同一阶级的人,且也用来对音乐上的规律:

——"照规则是不许把这些和弦连用在一块的……"人家和他说。

——"可是我允许。"他回答。

然而读者切勿误会,切勿把常人的狂妄和天才的自信混为一谈,也切勿把力底过剩的表现和无理的傲慢视同一律。以上所述,不过是贝多芬内心蕴蓄的精力,因过于丰满之故而在行动上流露出来的一方面;而这一方面,——让我们说老实话——也并非最好的一方面。缺陷与过失,在伟人身上也仍然是缺陷与过失。而且贝多芬对世俗对旁人尽管傲岸不逊,对自己却竭尽谦卑。当他对邱尼谈着自己的缺点和教育的不够时,叹道:"可是我并非没有音乐的才具!"二十岁时摒弃的大师,他四十岁上把一个一个的作品重新披读。晚年他更说:"我才开始学得一些东西……"青年时,朋友们向他提起他的声名,他回答说:"无聊!我从未想到声名和荣誉而写作。我心坎里的东西要出来,所

[1] 然而他又是热爱人类的人!
[2] 在他致阿芒达牧师信内,有两句说话便是诬蔑一个对他永远忠诚的朋友的。——参看书信录。

以我才写作！"[1]

可是他精神的力，还得我们进一步去探索。

> [1] 这是邱尼的记载。——这一段希望读者，尤其是音乐青年，作为座右铭。

大家说贝多芬是最后一个古典主义者，又是最先一个浪漫主义者。浪漫主义者，不错，在表现为先，形式其次上面，在不避剧烈的情绪流露上面，在极度的个人主义上面，他是的。但浪漫主义的感伤气氛与他完全无缘。他生平最厌恶女性化的男子。和他性格最不相容的是没有逻辑和过分夸张的幻想。他是音乐家中最男性的。罗曼·罗兰甚至不大受得了女子弹奏贝多芬的作品，除了极少的例外。他的钢琴即兴，素来被认为具有神奇的魔力。当时极优秀的钢琴家李哀斯和邱尼辈都说："除了思想的特异与优美之外，表情中间另有一种异乎寻常的成分。"他赛似狂风暴雨中的魔术师，会从"深渊里"把精灵呼召到"高峰上"。听众嚎啕大哭，他的朋友雷夏尔脱流了不少热泪，没有一双眼睛不湿……当他弹完以后看见这些泪人儿时，他耸耸肩，放声大笑道："啊，疯子！你们真不是艺术家。艺术家是火，他是不哭的。"[2] 又有一次，他送一个朋友远行时，说："别动感情。在一切事情上，坚毅和勇敢才是男儿本色。"这种控制感情的力，是大家很少认识的！"人家想把他这株橡树当作萧飒的白杨，不知萧飒的白杨是听众。他是力能控制感情的。"[3]

> [2] 以上都见邱尼记载。
> [3] 罗曼·罗兰语。

音乐家，光是做一个音乐家，就需要有对一个意念集中注意的力，需要西方人特有的那种控制与行动的铁腕：因为音乐是动的构造，所有的部分都得同时抓握。你的心灵必须在静止（immobilité）中作疾如闪电的动作。清明的目光，紧张的意志,全部的精神都该超临在整个梦境之上。那末,在这一点上,把思想抓握得如是紧密,如是恒久,如是超人式的,恐怕没有一个音乐家可和贝多芬相比。因为没有一个音乐家有他那样坚强的力。他一朝握住一个意念时,不到把它占有决不放手。他自称为那是"对魔鬼的追逐"。——这种控制思想,左右精神的力,我们还可从一个较为浮表的方面获得引证。早年和他在维也纳同住过的赛弗烈特曾说:"当他听人家一支乐曲时,要在他脸上去猜测赞成或反对是不可能的;他永远是冷冷的,一无动静。精神活动是内在的,而且是无时或息的;但躯壳只像一块没有灵魂的大理石。"

要是在此灵魂的探险上更望前去,我们还可发见更深邃更神化的面目。如罗曼·罗兰所说的:提起贝多芬,不能不提起上帝。[1] 贝多芬的力不但要控制肉欲,控制感情,控制思想,控制作品,且竟与运命挑战,与上帝搏斗。"他可把神明视为平等,视为他生命中的伴侣,被他虐待的;视为磨难他的暴君,被他诅咒的;再不然把它认为他的自我之一部,或是一个冷酷的朋友,一个严厉的父亲……而且不论什么,只要敢和贝多芬对面,他就永不和它分离。一切都会消逝,他却永远在它面前。贝多芬向它哀诉,向它怨艾,向它威逼,向它追问。内心的独白永远是两个声音的。从他初期的作品起,[2] 我们就听见这些两重灵魂的对白,时而协和,时而争执,时而扭殴,时而拥抱……但其中之一总是主子的声音,决不会令你误会。"[3] 倘没有这等持久不屈的"追逐魔鬼",拗住上帝的毅力,他哪还能在"埃林耿

[1] 注意:此处所谓上帝系指十八世纪泛神论中的上帝。
[2] 全集卷九之三的三重奏底 allegro;全集卷十八之四的四重奏底第一章,及《悲怆朔拿大》等。
[3] 以上引罗曼·罗兰语。

希太脱遗嘱"之后再写《英雄交响乐》和《命运交响乐》？哪还能战胜一切疾病中最致命的——耳聋？

耳聋，对平常人是一部分世界的死灭，对音乐家是整个世界的死灭。整个的世界死灭了而贝多芬不曾死！并且他还重造那已经死灭的世界，重造音响的王国，不但为他自己，而且为着人类，为着"可怜的人类！"这样一种超生和创造的力，只有自然界里那种无名的，原始的力可以相比。在死亡包裹着一切的大沙漠中间，唯有自然的力才能给你一片水草！

一八〇〇年，十九世纪第一页。那时的艺术界，正如行动界一样，是属于强者而非属于微妙的机智的。谁敢保存他本来面目，谁敢威严地主张和命令，社会就跟着他走。个人的强项，直有吞噬一切之势；并且有甚于此的是：个人还需要把自己溶化在大众里，溶化在宇宙里。所以罗曼·罗兰把贝多芬和上帝的关系写得如是壮烈，决不是故弄玄妙的文章，而是窥透了个人主义底深邃的意识。艺术家站在"无意识界"的最高峰上，他说出自己的胸怀，结果是唱出了大众的情绪。贝多芬不曾下功夫去认识的时代意识，时代意识就在他自己的思想里。拿破仑把自由、平等、博爱当作幌子踏遍了欧洲，实在还是替整个时代的"无意识界"做了代言人。感觉早已普遍散布在人们心坎间，虽有传统、盲目的偶像崇拜，竭力高压也是徒然，艺术家迟早会来揭幕！《英雄交响乐》！即在一八〇〇年以前，少年贝多芬的作品，对于当时的青年音乐界，也已不下于《少年维特之烦恼》那样的诱人。[1]然而《第三交响乐》

---

[1] 莫希尔斯说他少年时在音乐院里私下问同学借抄贝多芬的《悲怆朔拿大》，因为教师是绝对禁止"这种狂妄的作品"的。

是第一声宏亮的信号。力解放了个人，个人解放了大众，——自然，这途程还长得很，有待于我们，或以后几代的努力，——但力的化身已经出现过，悲壮的例子写定在历史上，目前的问题不是否定或争辩，而是如何继续与完成……

当然，我不否认力是巨大无比的，巨大到可怕的东西。普罗曼德的神话存在了已有二十余世纪。使大地上五谷丰登、果实累累的，是力；移山倒海、甚至使星球击撞的，也是力！在人间如在自然界一样，力足以推动生命，也能促进死亡。两个极端摆在前面：一端是和平、幸福、进步、文明、美；一端是残杀、战争、混乱、野蛮、丑恶。具有"力"的人宛如执握着一个转捩乾坤的钟摆，在这两极之间摆动。往哪儿去？……瞧瞧先贤的足迹罢。贝多芬的力所推动的是什么？锻炼这股力的洪炉又是什么？——受苦，奋斗，为善。没有一个艺术家对道德的修积，像他那样的兢兢业业；也没有一个音乐家的生涯，像贝多芬这样的酷似一个圣徒的行述。天赋给他的犷野的力，他早替它定下了方向。它是应当奉献于同情、怜悯、自由的；它是应当教人隐忍、舍弃、欢乐的。对苦难命运，应当用"力"去反抗和征服；对人类，应当用"力"去鼓励，去热烈的爱。——所以《弥撒祭乐》里的泛神气息，代卑微的人类呼吁，为受难者歌唱，……《第九交响乐》里的欢乐颂歌，又从痛苦与斗争中解放了人，扩大了人。解放与扩大的结果，人与神明迫近，与神明合一。那时候，力就是神，力就是力，无所谓善恶，无所谓冲突，力的两极性消灭了。人已超临了世界，跳出了万劫，生命已经告终，同时已经不朽！这才是欢乐，才是贝多芬式的欢乐！

二 贝多芬的音乐建树

现在,我们不妨从高远的世界中下来,看看这位大师在音乐艺术内的实际成就。

在这件工作内,最先仍须从回顾以往开始。一切的进步只能从比较上看出。十八世纪是讲究说话的时代,在无论何种艺术里,这是一致的色彩。上一代的古典精神至此变成纤巧与雕琢的形式主义,内容由微妙而流于空虚,由富丽而陷于贫弱。不论你表现什么,第一要"说得好",要巧妙,雅致。艺术品的要件是明白、对称、和谐、中庸;最忌狂热、真诚、固执,那是"趣味恶劣"的表现。罕顿的宗教音乐也不容许有何神秘的气氛,它是空洞的,世俗气极浓的作品。因为时尚所需求的弥撒祭乐,实际只是一个变相的音乐会;由歌剧曲调与悦耳的技巧表现混合起来的东西,才能引起听众的趣味。流行的观念把人生看作肥皂泡,只顾享受和鉴赏它的五光十色,而不愿参透生与死的神秘。所以罕顿的旋律是天真地、结实地构成的,所有的乐句都很美妙和谐;它特别魅惑你的耳朵,满足你的智的要求,却从无深切动人的言语诉说。即使罕顿是一个善良的、虔诚的"好爸爸",也逃不出时代感觉的束缚:缺乏热情。幸而音乐在当时还是后起的艺术,连当时那么浓厚的颓废色彩都阻遏不了它的生机。十八世纪最精彩的面目和最可爱的情调,还找到一个旷世的天才做代言人:莫扎尔德。他除了歌剧以外,在交响乐方面的贡献也不下于罕顿，且在精神方面还更走前了一步。音乐之作为心理描写是从他开始的。他的《G调交响乐》在当时批评界的心目中已是艰涩难解（！）之作。但他的温柔与妩媚，细腻入微的感觉，匀称有度的体裁，我们仍觉是旧时代的产物。

而这是不足为奇的。时代精神既还有最后几朵鲜花需要开放，音乐曲体大半也还在摸索着路子。所谓古典朔拿大的形式，确定了不过半个世纪。最初，朔拿大的第一章只有一个主题（thème），后来才改用两个基调（tonalité）不同而互有关连的主题。当古典朔拿大的形式确定以后，就成为三鼎足式的对称乐曲，主要以三章构成，即：快——慢——快。第一章 allegro 本身又含有三个步骤：（一）破题（exposition），即披露两个不同的主题；（二）发展（développement），把两个主题作种种复音的配合，作种种的分析或综合——这一节是全曲的重心；（三）复题（récapitulation），重行披露两个主题，而第二主题[1]以和第一主题相同的基调出现，因为结论总以第一主题的基调为本。[2]第二章 andante 或 adagio，或 larghetto，以歌（Lied）体或变体曲（Variation）写成。第三章 allegro 或 presto，和第一章同样用两句三段组成；再不然是 rondo，由许多复奏（répétition）组成，而用对比的次要乐句作穿插。这就是三鼎足式的对称。但第二与第三章间，时或插入 menuet 舞曲。

这个格式可说完全适应着时代的趣味。当时的艺术家首先要使听众对一个乐曲的每一部分都感兴味，而不为单独的任何部分着迷。[3]第一章 allegro 底美的价值，特别在于明白，均衡，和有

---

[1] 亦称副句，第一主题亦称主句。
[2] 这第一章部分称为朔拿大典型（forme-sonate）。
[3] 所以特别重视均衡。

规律：不同的乐旨总是对比的，每个乐旨总在规定的地方出现，它们的发展全在典雅的形式中进行。第二章 andante，则来抚慰一下听众微妙精炼的感觉，使全曲有些优美柔和的点缀；然而一切剧烈的表情是给庄严稳重的 menuet 挡住去路的，——最后再来一个天真的 rondo，用机械式的复奏和轻盈的爱娇，使听的人不致把艺术当真，而明白那不过是一场游戏。渊博而不迂腐，敏感而不着魔，在各种情绪底表皮上轻轻拂触，却从不停留在某一固定的感情上：这美妙的艺术组成时，所模仿的是沙龙里那些翩翩蛱蝶，组成以后所供奉的也仍是这般翩翩蛱蝶。

我所以冗长地叙述这段朔拿大史，因为朔拿大[1]是一切交响乐、四重奏等纯粹音乐底核心。贝多芬在音乐上的创新也是由此开始。而且我们了解了他的朔拿大组织，对他一切旁的曲体也就有了纲领。古典朔拿大虽有明白与构造结实之长，但有呆滞单调之弊。乐旨（motif）与破题之间，乐节（période）与复题之间，凡是专司联络之职的过板（conduit）总是无美感与表情可言。当乐曲之始，两个主题一经披露之后，未来的结论可以推想而知：起承转合的方式，宛如学院派的辩论一般有固定的线索，一言以蔽之，这是西洋音乐上的八股。

贝多芬对朔拿大的第一件改革，便是推翻它刻板的规条，给以范围广大的自由与伸缩，使它施展雄辩的机能。他的卅二阕钢琴朔拿大中，十三阕有四章，十三阕只有三章，六阕只有两章，每阕各章的次序也不依快——慢——快的成法。两个主题在基调方面的关系，同一章内各个不同的乐旨间的关系，都变得自

---

[1] 尤其是其中朔拿大典型那部分。

由了。即是朔拿大的骨干——朔拿大典型——也被修改。连接各个乐旨或各个小段落的过板,到贝多芬手里大为扩充,且有了生气,有了更大的和更独立的音乐价值,甚至有时把第二主题的出现大为延缓,而使它以不重要的插曲的形式出现。前人作品中纯粹分立而仅有乐理关系[1]的两个主题,贝多芬使它们在风格上统一,或者出之以对照,或者出之以类似。所以我们在他作品中常常一开始便听到两个原则底争执,结果是其中之一获得了胜利;有时我们却听到两个类似的乐旨互相融和,[2]例如全集卷七十一之一的《告别朔拿大》,第一章内所有旋律底原素,都是从最初三音符上衍变出来的。朔拿大典型部分原由三个步骤组成,[3]贝多芬又于最后加上一节结论(coda),把全章乐旨作一有力的总结。

---
[1] 即副句与主句互有关系,例如以主句基调的第五度音作为副句的主调音等等。
[2] 这就是上文所谓的两重灵魂的对白。
[3] 详见前文。
[4] 近代法国音乐史家。

贝多芬在即兴(improvisation)方面的胜长,一直影响到他朔拿大的曲体。据约翰·桑太伏阿纳[4]的分析,贝多芬在主句披露完后,常有无数的延音(point d'orgue),无数的休止,仿佛他在即兴时继续寻思,犹疑不决的神气。甚至他在一个主题的发展中间,会插入一大段自由的诉说,飘渺的梦境,宛似替声乐写的旋律一般。这种作风不但加浓了诗歌的成分,抑且加强了戏剧性。特别是他的adagio,往往受着德国歌谣的感应。——莫扎尔德的长句令人想起意大利风的歌曲(Aria);罕顿的旋律令人想起节奏空灵的法国的歌(Romance);贝多芬的adagio却充满着德国歌谣(Lied)所特有的情操:简单纯朴,亲切动人。

在贝多芬心目中,朔拿大典型并非不可动摇的格式,而是可以用作音响上的辩证法的：他提出一个主句，一个副句，然后获得一个结论，结论的性质或是一方面胜利，或是两方面调和。在此我们可以获得一个理由，来说明为何贝多芬晚年特别运用追逸曲。[1] 由于同一乐旨以音阶上不同的等级三四次的连续出现，由于参差不一的答句，由于这个曲体所特有的迅速而急促的演绎法，这追逸曲的风格能完满地适应作者的情绪，或者：原来孤立的一缕思想慢慢地渗透了心灵，终而至于占据全意识界；或者，凭着意志之力，精神必然而然地获得最后胜利。

[1] fugue，这是罢哈以后在朔拿大中一向遭受摈弃的曲体。贝多芬中年时亦未采用。

总之，由于基调和主题底自由的选择，由于发展形式的改变，贝多芬把硬性的朔拿大典型化为表白情绪的灵活的工具。他依旧保存着乐曲底统一性，但他所重视的不在于结构或基调之统一，而在于情调和口吻（accent）之统一；换言之，这统一是内在的而非外在的。他是把内容来确定形式的；所以当他觉得典雅庄重的 menuet 束缚难忍时，他根本换上了更快捷、更欢欣、更富于诙谐性、更宜于表现放肆姿态的 scherzo。[2] 当他感到原有的朔拿大体与他情绪的奔放相去太远时，他在题目下另加一个小标题："Quasi una fantasia"[3]（全集卷廿七之一之二——后者即俗称《月光曲》）。

此外，贝多芬还把另一个古老的曲体改换了一副新的面目。变体曲在古典音乐内，不过是一个主题周围加上无数的装饰而已。但在五彩缤纷的衣饰之下，本体[4]的真相始终是清清楚楚的。贝多芬却把它加以更自由的运用，[5] 甚至使主体改头换面，不复可辨。有时旋律的线条依

[2] 此字在意大利语中意为 joke，贝多芬原有粗犷的滑稽气氛，故在此体中的表现尤为酣畅淋漓。
[3] 意为："近于幻想曲"。
[4] 即主题。
[5] 后人称贝多芬的变体曲为大变体曲，以别于纯属装饰味的古典变体曲。

旧存在，可是节奏完全异样。有时旋律之一部被作为另一个新的乐思的起点。有时，在不断地更新的探险中，单单主题的一部分节奏或是主题的和声部分，仍和主题保持着渺茫的关系。贝多芬似乎想以一个题目为中心，把所有的音乐联想搜罗净尽。

至于贝多芬在乐器配合法（orchestration）方面的创新，可以粗疏地归纳为三点：（一）乐队更庞大，乐器种类也更多；[1]（二）全部乐器的更自由的运用，——必要时每种乐器可有独立的效能；[2]（三）因为乐队的作用更富于戏剧性，更直接表现感情，故乐队的音色不独变化迅速，且臻于前所未有的富丽之境。

在归纳他的作风时，我们不妨从两方面来说：素材[3]与形式[4]。前者极端简单，后者极端复杂，而且有不断的演变。

以一般而论，贝多芬的旋律是非常单纯的；倘若用线来表现，那是没有多少波浪，也没有多大曲折的。往往他的旋律只是音阶中的一个片段（a fragment of scale），而他最美最知名的主题即属于这一类；如果旋律上行或下行，也是用整音音程的（diatonic interval）。所以音阶组成了旋律的骨干。他也常用完全和弦的主题和转位法（inverting）。但音阶，完全和弦，基调的基础，都是一个音乐家所能运用的最简单的原素。在旋律的主题（melodic theme）之外，他亦有交响的主题（symphonic theme）作为一个"发展"底材料，但仍是绝对的单纯；随便可

---

[1] 但庞大的程度最多不过六十八人：弦乐器五十四人，管乐、铜乐、敲击乐器十四人。这是从贝多芬手稿上——现存柏林国家图书馆——录下的数目。现代乐队演奏他的作品时，人数往往远过于此，致为批评家诟病。桑太伏阿纳有言："扩大乐队并不使作品增加伟大。"
[2] 以《第五交响乐》为例，andante 里有一段，basson 占着领导地位。在 allegro 内有一段，大提琴与 double basse 又当着主要角色。素不被重视的鼓，在此交响曲内的作用，尤为人所共知。
[3] 包括旋律与和声。
[4] 即曲体，详见本文前段分析。

举的例子，有《第五交响乐》最初的四音符（sol-sol-sol-mi），或《第九交响乐》开端的简单的下行五度音。因为这种简单，贝多芬才能在"发展"中间保存想象底自由，尽量利用想象底富藏。而听众因无需费力就能把握且记忆基本主题，所以也能追随作者最特殊最繁多的变化。

贝多芬的和声，虽然很单纯很古典，但较诸前代又有很大的进步。不和协音的运用是更常见更自由了：在《第三交响乐》《第八交响乐》《告别朔拿大》等某些大胆的地方，曾引起当时人的毁谤（！）。他的和声最显著的特征，大抵在于转调（modulation）之自由。上面已经述及他在朔拿大中对基调间的关系，同一乐章内各个乐旨间的关系，并不遵守前人规律。这种情形不独见于大处，亦且见于小节。某些转调是由若干距离弯远的音符组成的，而且出之以突兀的方式，令人想起大画家所常用的"节略"手法，色彩掩盖了素描，旋律的继续被遮蔽了。

至于他的形式，因繁多与演变的迅速，往往使分析的工作难于措手。十九世纪中叶，若干史家把贝多芬的作风分成三个时期，[1] 这个观点至今非常流行，但时下的批评家均嫌其武断笼统。一八五二年十二月二日，列兹（李斯特）答复主张三期说的史家兰兹时，曾有极精辟的议论，足资我们参考，他说：

---

[1] 大概是把《第三交响乐》以前的作品列为第一期，钢琴朔拿大至全集卷二十二为止，两部朔拿大至全集三十为止。《第三》至《第八交响乐》被列入第二期，又称为贝多芬盛年期，钢琴朔拿大至全集卷九十为止。全集卷一百以后至贝多芬死的作品为末期。

> 对于我们音乐家，贝多芬的作品仿佛云柱与火柱，领导

着依色拉伊（以色列）人在沙漠中前行，——在白天领导我们的是云柱，——在黑夜中照耀我们的是火柱，使我们夜以继日的趱奔。他的阴暗与光明同样替我们划出应走的路；它们俩都是我们永久的领导，不断的启示。倘使要我把大师在作品里表现的题旨不同的思想，加以分类的话，我决不采用现下流行[1]而为您采用的三期论法。我只直捷了当的提出一个问题，那是音乐批评底轴心，即传统的、公认的形式，对于思想底机构的决定性，究竟到什么程度？

用这个问题去考察贝多芬的作品，使我自然而然地把它们分做两类：第一类是传统的公认的形式包括而且控制作者的思想的；第二类是作者的思想扩张到传统形式之外，依着他的需要与灵感而把形式与风格或是破坏，或是重造，或是修改。无疑的，这种观点将使我们涉及"权威"与"自由"这两个大题目。但我们毋须害怕。在美的国土内，只有天才才能建立权威，所以权威与自由的冲突，无形中消灭了，又回复了它们原始的一致，即权威与自由原是一件东西。

这封美妙的信可以列入音乐批评史上最精彩的文章里。由于这个原则，我们可说贝多芬的一生是从事于以自由战胜传统而创造新的权威的。他所有的作品都依着这条路线进展。

贝多芬对整个十九世纪所发生的巨大的影响，也许至今还未告终。上一百年中面目各异的大师，孟特尔仲，舒芒，勃拉姆斯，列兹，裴辽士（柏辽兹），华葛耐，勃罗格奈（布鲁克

---

[1] 系指当时。

纳），法朗克（弗兰克），全都沾着他的雨露。谁曾想到一个父亲能有如许精神如是分歧的儿子？其缘故就因为有些作家在贝多芬身上特别关切权威这个原则，例如孟特尔仲与勃拉姆斯；有些则特别注意自由这个原则，例如列兹与华葛耐。前者努力维持古典的结构，那是贝多芬在未曾完全摒弃古典形式以前留下最美的标本的。后者，尤其是列兹，却继承着贝多芬在交响乐方面未完成的基业，而用着大胆和深刻的精神发现交响诗的新形体。自由诗人如舒芒，从贝多芬那里学会了可以表达一切情绪的弹性的音乐语言。最后，华葛耐不但受着《斐但丽奥》的感应，且从他的朔拿大、四重奏、交响乐里提炼出"连续的旋律"（mélodie continue）和"领导乐旨"（leit-motiv），把纯粹音乐搬进了乐剧的领域。

由此可见一个世纪的事业，都是由一个人散下种子的。固然，我们并未遗忘十八世纪的大家所给予他的粮食，例如罕顿老人的主题发展，莫扎尔德的旋律底广大与丰满。但在时代转捩之际，同时开下这许多道路，为后人竖立这许多路标的，的确除贝多芬外无第二人。所以说贝多芬是古典时代与浪漫时代的过渡人物，实在是估低了他的价值，估低了他的艺术底独立性与特殊性。他的行为底光轮，照耀着整个世纪，孵育着多少不同的天才！音乐，由贝多芬从刻板严格的枷锁之下解放了出来，如今可自由地歌唱每个人的痛苦与欢乐了。由于他，音乐从死的学术一变而为活的意识。所有的来者，即使绝对不曾模仿他，即使精神与气质和他的相反，实际上也无异是他的门徒，因为他们享受着他用痛苦换来的自由！

三　重要作品浅释

为完成我这篇粗疏的研究起计，我将选择贝多芬最知名的作品加一些浅显的注解。当然，以作者的外行与浅学，既谈不到精密的技术分析，也谈不到微妙的心理解剖。我不过撷拾几个权威批评家的论见，加上我十余年来对贝多芬作品亲炙所得的观念，作一个概括的叙述而已。我的希望是：爱好音乐的人能在欣赏时有一些启蒙式的指南，在探宝山时稍有凭借；专学音乐的青年能从这些简单的引子里，悟到一件作品的内容是如何精深宏博，如何在手与眼的训练之外，需要加以深刻的体会，方能仰攀创造者底崇高的意境。——我国的音乐研究，十余年来尚未走出幼稚园；向升堂入室的路出发，现在该是时候了罢！

（一）钢琴朔拿大

全集卷十三：《悲怆朔拿大》(Sonate Pathétique in c min.)——这是贝多芬早年朔拿大中最重要的一阕，包括allegro——adagio——rondo 三章。第一章之前冠有一节悲壮严肃的引子，这一小节，以后又出现了两次：一在破题之后，发展之前；一在复题之末，结论之前。更特殊的是，副句与主句同样以阴调为基础。而在阳调的 adagio 之后，rondo 仍以阴调演出。——第一章表现青年的火焰，热烈的冲动；到第二章，情潮似乎安定下来，沐浴在宁静的气氛中；但在第三章泼辣的 rondo 内，激情重又抬头。光与暗的对照,似乎象征着悲欢的交替。

全集卷二十七之二:《月光朔拿大》(*Sonate quasi una fantasia, no.2 in c# min.*)——朔拿大体制在此不适用了。原应位于第二章的 adagio,占了最重要的第一章。开首便是单调的、冗长的、缠绵无尽的独白,赤裸裸地吐露出凄凉幽怨之情。紧接着的是 allegretto,把前章痛苦的悲吟挤逼成紧张的热情。然后是激昂迫促的 presto,以朔拿大典型的体裁,如古悲剧般作一强有力的结论:心灵的力终于镇服了痛苦。情操控制着全局,充满着诗情与戏剧式的波涛,一步紧似一步。[1]

[1] 十余年前国内就流行着一种浅薄的传说,说这曲朔拿大是即兴之作,而且在小说式的故事中组成的。这完全是荒诞不经之说。贝多芬作此曲时绝非出于即兴,而是经过苦心的经营而成。这有他遗下的稿本为证。

全集卷三十一之二:《D 阴调朔拿大》(*Sonate in d min.*)——一八〇二~一八〇三年间,贝多芬给友人的信中说:"从此我要走上一条新的路。"这支乐曲便可说是证据。音节,形式,风格,全有了新面目,全用着表情更直接的语言。第一章末戏剧式的吟诵体(recitatif),宛如庄重而激昂的歌唱。adagio 尤其美妙,兰兹说:"它令人想起韵文体的神话;受了魅惑的蔷薇,不,不是蔷薇,而是被女巫的魅力催眠的公主……"那是一片天国的平和,柔和黝暗的光明。最后的 allegretto 则是泼辣奔放的场面,一个"仲夏夜之梦",如罗曼·罗兰所说。

全集卷五十三:《黎明朔拿大》(*Sonate l' Aurore in C maj.*)——黎明这个俗称,和月光曲一样,实在并无确切的根据。也许开始一章里的 crescendo,也许 rondo 之前短短的 adagio,——那种曙色初现的气氛,莱茵河上舟子的歌声,约略可以唤起"黎明"底境界。然而可以肯定的是：在此毫无贝多芬悲壮的气质，他仿佛在田野里闲步，悠然欣赏着云影，鸟语，水色，怅惘地出神着。到了 rondo，慵懒的幻梦又转入清明高远之境。罗曼·罗兰说这支朔拿大是《第六交响乐》之先声，也是田园曲。[1]

[1] 通常称为田园曲的朔拿大，是全集卷十四；但那是除了一段乡妇的舞蹈以外，实在并无旁的田园气息。

全集卷五十七：《热情朔拿大》(*Sonate Appassionnata in f min.*)——壮烈的内心的悲剧，石破天惊的火山爆裂，莎士比亚的《狂风暴雨》式的气息，伟大的征服，……在此我们看到了贝多芬最光荣的一次战争。——从一个乐旨上演化出来的两个主题：犷野而强有力的"我"，命令着，威镇着；战栗而怯弱的"我"，哀号着，乞求着。可是它不敢抗争，追随着前者，似乎坚忍地接受了运命（一段阳调的旋律）。然而精力不继，又倾倒了，在苦痛的阴调上忽然停住……再起……再扑，……一大段雄壮的"发展"，力底主题重又出现，滔滔滚滚地席卷着弱者，——它也不复中途蹉跌了。随后是英勇的结论（coda）。末了，主题如雷雨一般在辽远的天际消失，神秘的 pianissimo。第二章，单纯的 andante，心灵获得须臾的休息，两片巨大的阴影[2]中间透露一道美丽的光。然而休战的时间很短，在变体曲之末，一切重又骚乱，吹起终局（finale-rondo）的旋风……在此，怯弱的"我"虽仍不时发出悲怆的呼吁，但终于被狂风暴雨[3]掩没了。最后的结论，无殊一片沸腾的海洋……人变了一颗原子，在吞噬一切的大自然里不复可辨。因为犷野而有力的"我"就代表着原始的自然。在第一章里犹图挣扎的弱小的"我"，此刻被贝多芬交给了原始

[2] 第一与第三章。
[3] 犷野的我。

的"力"。

全集卷八十一之A：《告别朔拿大》(*Sonate Les Adieux in E*^{b} *maj.*)[1]——第一乐章全部建筑在sol-fa-mi三个音符之上，所有的旋律都从这简单的乐旨出发（这一点加强了全曲情绪之统一）；复题之末的结论中，告别[2]更以最初的形式反复出现，——同一主题底演变，代表着同一情操底各种区别：在引子内，"告别"是凄凉的，但是镇静的，不无甘美的意味：在allegro之初，[3]它又以击撞抵触的节奏与不和协弦重现：这是匆促的分手。末了，以对白方式再三重复的"告别"，几乎合为一体地以diminuento告终。两个朋友最后的扬巾示意，愈离愈远，消失了。——"留守"是短短的一章adagio，彷徨，问询，焦灼，朋友在期待中。然后是vivacissimamente，热烈轻快的篇章，两个朋友互相投在怀抱里。——自始至终，诗情画意笼罩着乐曲。

---

[1] 本曲印行时就刊有告别、留守、重叙这三个标题。所谓告别系指奥太子洛道夫一八〇九年五月之远游。
[2] 即前述的三音符。
[3] 第一章开始时为一段迟缓的引子，然后继以allegro。

全集卷九十：《E阴调朔拿大》(*Sonate in e min.*)——这是题赠李区诺斯基伯爵的，他不顾家庭的反对，娶了一个女伶。贝多芬自言在这支乐曲内叙述这桩故事。第一章题作"头脑与心的交战"，第二章题作"与爱人的谈话"。故事至此告终，音乐也至此完了。而因为故事以吉庆终场，故音乐亦从阴调开始，以阳调结束。再以乐旨而论，在第一章内的戏剧情调和第二章内恬静的倾诉，也正好与标题相符。诗意左右着乐曲的成分，比《告别朔拿大》更浓厚。

全集卷一〇六：《降B调朔拿大》(*Sonate in B*^{b} *maj.*)——

贝多芬写这支乐曲时是为了生活所迫，所以一开始便用三个粗野的和弦，展开这首惨痛绝望的诗歌。"发展"部分是头绪万端的复音配合，象征着境遇与心绪的艰窘。[1] 发展中间两次运用追逸曲体式（fugato）的作风，好似要寻觅一个有力的方案来解决这堆乱麻。一忽儿是光明，一忽儿是阴影。——随后是又古怪又粗犷的 scherzo，恶梦中的幽灵。——意志底超人的努力，引起了痛苦的反省：这是 adagio appassionnato，慷慨的陈辞，凄凉的哀吟。三个主题以大变体曲的形式铺叙。当受难者悲痛欲绝之际，一段 largo 引进了追逸曲，展开一个场面伟大、经纬错综的"发展"，运用一切对位与轮唱曲（canon）的巧妙，来陈诉心灵的苦恼。接着是一段比较宁静的插曲，预先唱出了《D 调弥撒祭乐》内谢神的歌。——最后的结论，宣告患难已经克服，命运又被征服了一次。在贝多芬全部朔拿大中，悲哀的抒情成分，痛苦底反抗的吼声，从没有像在这件作品里表现得惊心动魄。

[1] 作曲年代是一八一八，贝多芬正为了侄儿的事弄得焦头烂额。

（二）提琴与钢琴朔拿大

在"两部朔拿大"（即提琴与钢琴，或大提琴与钢琴朔拿大）中，贝多芬显然没有像钢琴朔拿大般的成功。软性与硬性的两种乐器，他很难觅得完善的驾驭方法。而且十阕提琴与钢琴朔拿大内，九阕是《第三交响乐》以前所作；九阕之内五阕又是《月光朔拿大》以前的作品。一八一二年后，他不再从事于此种乐曲。在此我只介绍最特出的两曲。

全集卷三十之二：《C 阴调朔拿大》（题赠俄皇亚历山大二

世)——在本曲内,贝多芬的面目较为显著。暴烈而阴沉的主题,在提琴上演出时,钢琴在下面怒吼。副句取着威武而兴奋的姿态,兼具柔媚与遒劲的气概。终局的激昂奔放,尤其标明了贝多芬的特色。赫里欧[1]有言:"如果在这件作品里去寻找胜利者[2]的雄姿与战败者的哀号,未免穿凿的话,我们至少可认为它也是英雄式的乐曲充满着力与欢畅,堪与《第五交响乐》相比。"

> [1] 法国现代政治家兼音乐批评家。
> [2] 系指俄皇。

全集卷四十七:《克莱采朔拿大》(*Sonate à Kreutzer in A maj.*)[3]——贝多芬一向无法安排的两种乐器,在此被他找到了一个解决的途径:它们

> [3] 克垿采为法国人,为王家教堂提琴手。曾随军至维也纳与贝多芬相遇。贝多芬遇之甚善,以此曲题赠。但克氏始终不愿演奏,因他的音乐观念迂腐守旧,根本不了解贝多芬。

俩既不能调和,就让它们冲突;既不能携手,就让它们争斗。全曲的第一与第三乐章,不啻钢琴与提琴的肉搏。在旁的"两部朔拿大"中,答句往往是轻易的,典雅的美;这里对白却一步紧似一步,宛如两个仇敌的短兵相接。在 andante 底恬静的变体曲后,争斗重新开始,愈加紧张了,钢琴与提琴一大段急流奔泻的对位,由钢琴的宏亮的呼声结束。"发展"奔腾飞纵,忽然凝神屏息了一会,经过几节 adagio,然后消没在目眩神迷的结论中间。——这是一场决斗,两种乐器的决斗,两种思想的决斗。

(三)四重奏

弦乐四重奏是以朔拿大典型为基础的曲体,所以在贝多芬的四重奏里,可以看到和他在朔拿大与交响乐内相同的演变。他的趋向是旋律底强化,发展与形式底自由;且在弦乐器上所能

表现的复音配合，更为富丽更为独立。他一共制作十六阕四重奏，但在第十一与第十二阕之间，相隔有十四年之久（一八一〇～一八二四），故最后五阕形成了贝多芬作品中一个特殊面目，显示他最后的艺术成就。当第十二阕四重奏问世之时，《D调弥撒祭乐》与《第九交响乐》都已诞生。他最后几年的生命是孤独、[1]疾病、困穷、烦恼[2]煎熬他最甚的时代。他慢慢地隐忍下去，一切悲苦深深地沉潜到心灵深处。他在乐艺上表现的是更为肯定的个性。他更求深入，更爱分析，尽量汲取悲欢的灵泉，打破形式的桎梏。音乐几乎变成歌辞与语言一般，透明地传达着作者内在的情绪，以及起伏微妙的心理状态。一般人往往只知鉴赏贝多芬的交响乐与朔拿大；四重奏的价值，至近数十年方始被人赏识。因为这类纯粹表现内心的乐曲，必须内心生活丰富而深刻的人才能体验；而一般的音乐修养也须到相当的程度方不致在森林中迷路。

全集卷一二七：《降E阳调四重奏》（Quatuor in E^b maj.）[3]——第一章里的"发展"，着重于两个原则：一是纯粹节奏的，[4]一是纯粹音阶的。[5]以静穆的徐缓的调子出现的adagio包括六支连续的变体曲，但即在节奏复杂的部分内，也仍保持默想的气息。奇谲的scherzo以后的"终局"，含有多少大胆的和声，用节略手法的转调。——最美妙的是那些adagio，[6]好似一株树上开满着不同的花，各有各的姿态。在那些吟诵体内，时而清明，时而绝

[1] 尤其是艺术上的孤独，连亲近的友人都不了解他……
[2] 侄子的不长进。
[3] 第十二阕。
[4] 一个强毅的节奏与另一个柔和的节奏对比。
[5] 两重节奏从 E^b 转到明快的G，再转到更加明快的C。
[6] 包括着adagio manon troppo; andante con molto; adagio molto espressivo.

望，——清明时不失激昂的情调，痛苦时并无疲倦的气色。作者在此的表情，比在钢琴上更自由：一方面传统的形式似乎依然存在，一方面给人的感应又极富于启迪性。

全集卷一三〇：《降B调四重奏》（Quatuor in B^b）[1]——第一乐章开始时，两个主题重复演奏了四次，——两个在乐旨与节奏上都相反的主题：主句表现悲哀，副句[2]表现决心。两者的对白引入朔拿大典型的体制，在诙谑的 presto 之后，接着一段插曲式的 andante：凄凉的幻梦与温婉的惆怅，轮流控制着局面。此后是一段古老的 menuet，予人以古风与现代风交错的韵味。然后是著名的 cavatine-adagio molto espressivo，为贝多芬流着泪写的：第二小提琴似乎模仿着起伏不已的胸脯，因为它满贮着叹息；继以凄厉的悲歌，不时杂以断续的呼号……受着重创的心灵还想挣扎起来飞向光明。——这一段倘和终局作对比，就愈显得惨恻。——以全体而论，这支四重奏和以前的同样含有繁多的场面，[3] 但对照更强烈，更突兀，而且全部的光线也更神秘。

[1] 第十三阕。
[2] 由第二小提琴演出的。
[3] allegro 里某些句子充满着欢乐与生机，presto 富有滑稽意味，andante 笼罩在柔和的微光中，menuet 借用着古德国的民歌的调子，终局则是波希米亚人放肆的欢乐。
[4] 第十四阕。

全集卷一三一：《变C阴调四重奏》（Quatuor in $c^\# $ min.）[4]——开始是凄凉的 adagio，用追逸曲写成的，浓烈的哀伤气氛，似乎预告着一篇痛苦的诗歌。华葛耐认为这段 adagio 是音乐上从来未有的最忧郁的篇章。然而此后的 allegro molto vivace 却又是典雅又是奔放，尽是出人不意的快乐情调。andante 及变体曲，则是特别富于抒情的段落，心中感动的，微微有些不安的情绪。此后是 presto, adagio, allegro, 章节繁多，曲折特甚的终局。——这是一支千绪万端的大曲，轮廓分明的插曲即已有十三四支之多，仿佛作者把手头所有的材料都集合在这里了。

全集卷一三二：《A 阴调四重奏》(Quatuor in a min.)[1]——这是有名的"病愈者底感谢曲"。贝多芬在 allegro 中先表现痛楚与骚乱，[2]然后阴沉的天边渐渐透露光明，一段乡村舞曲代替了沉闷的冥想，一个牧童送来柔和的笛声。接着是 allegro，四种乐器合唱着感谢神恩的颂歌。贝多芬自以为病愈了。他似乎跪在地下，合着双手。在赤裸的旋律之上（andante），我们听见从徐缓到急促的言语，赛如大病初愈的人试着软弱的步子，逐渐回复了精力。多兴奋！多快慰！合唱的歌声再起，一次热烈一次。虔诚的情意，预示华葛耐的《巴西弗》(《帕西法尔》) 歌剧。接着是 allegro alla marcia，激发着青春底冲动。之后是终局。动作活泼，节奏明朗而均衡，但阴调的旋律依旧很凄凉。病是痊愈了，创痕未曾忘记。直到旋律转入阳调，低音部乐器繁杂的节奏慢慢隐灭之时，贝多芬的精力才重新获得了胜利。

全集卷一三五：《F 阳调四重奏》(Quatuor in F maj.)[3]——这是贝多芬一生最后的作品。[4]第一章 allegretto 天真，巧妙，满着幻想与爱娇，年代久远的罕顿似乎复活了一刹那：最后一朵蔷薇，在萎谢之前又开放了一次。vivace 是一篇音响的游戏，一幅纵横无碍的素描。而后是著名的 lento，原稿上注明着"甘美的休息之歌，或和平之歌"，这是贝多芬最后的祈祷，最后的颂歌，照赫里欧的说法，是他精神

---

[1] 第十五阕。
[2] 第一小提琴的兴奋，和对位部分的严肃。
[3] 第十六阕。
[4] 未完成的稿本不计在内。

的遗嘱。他那种特有的清明的心境，实在只是平复了的哀痛。单纯而肃穆，虔敬而和平的歌，可是其中仍有些急促的悲叹，最后更高远的和平之歌把它抚慰下去，——而这缕恬静的声音，不久也朦胧入梦了。终局是两个乐句剧烈争执以后的单方面的结论，乐思的奔放，和声的大胆，是这一部分的特色。

（四）合奏曲（Concerto）

贝多芬的钢琴与乐队合奏曲共有五支，重要的是第四与第五。提琴与乐队合奏曲共只一阕，在全部作品内不占何等地位，因为国人熟知，故亦选入。

全集卷五十九：《G 阳调合奏曲》(Concerto pour Piano et Orchestre in G maj.)[1]——单纯的主题先由钢琴提出，然后继以乐队的合奏，不独诗意浓郁，抑且气势雄伟，有交响乐之格局。"发展"部分由钢琴表现出一组轻盈而大胆的面目，再以飞舞的线条（arabesque）作为结束。——但全曲最精彩的当推短短的 andante con molto，全无技术的炫耀，只有钢琴与乐队剧烈对垒的场面。乐队奏出威严的主题，肯定着强暴的意志；胆怯的琴声，柔弱地，孤独地，用着哀求的口吻对答。对话久久继续，钢琴的呼吁越来越迫切，终于获得了胜利。全场只有它的声音，乐队好似战败的敌人般，只在远方发出隐约叫吼的回声。不久琴声也在悠然神往的和弦中缄默。——此后是终局，热闹的音响中杂有大胆的碎和声（arpeggio）。

全集卷七十三：《帝皇合奏曲》(Concerto Empereur in E$^\sharp$

[1] 第四合奏曲，一八〇六年作。

maj.)[1]——滚滚长流的乐句,像瀑布一般,几乎与全乐队的和弦同时揭露了这件庄严的大作。一连串的碎和音,奔腾而下,停留在 A# 的转调上。浩荡的气势,雷霆万钧的力量,富丽的抒情成分,灿烂的荣光,把作者当时的勇敢、胸襟、怀抱、骚动,[2] 全部宣泄了出来。谁听了这雄壮瑰丽的第一章不联想到《第三交响乐》里的 crescendo?——由弦乐低低唱起的 adagio,庄严静穆,是一股宗教的情绪。而 adagio 与 finale 之间的过渡,尤令人惊叹。在终局的 rondo 内,豪华与温情,英武与风流,又奇妙地融冶于一炉,完成了这部大曲。

[1] 第五合奏曲,一八〇九年作。帝皇二字为后人所加的俗称。
[2] 一八〇九为拿破仑攻入维也纳之年。

全集卷六十一:《D 阳调提琴合奏曲》(Concerto pour Violon et Orchestre in D maj.)第一章 adagio,开首一段柔媚的乐队合奏,令人想起第四钢琴合奏曲底开端。两个主题的对比内,一个 C# 音的出现,在当时曾引起非难。larghetto 的中段一个纯朴的主题唱着一支天真的歌,但奔放的热情不久替它展开了广大的场面,增加了表情的丰满。最后一章 rondo 则是欢欣的驰骋,不时杂有柔情的倾诉。

(五)交响乐

全集卷二十一:《第一交响乐》(in C maj.)[3]——年轻的贝多芬在引子里就用了 F 的不和协弦,与成法背驰。[4] 虽在今日看来,全曲很简单,只有第三章的 menuet 及其三重奏部分较为特别;以 allegro molto vivace 奏出来的 menuet 实际已等于 scherzo。但当时批评

[3] 初次演奏:一八〇〇年四月二日。
[4] 照例这引子是应该肯定本曲的基调的。

界觉得刺耳的，尤其是管乐器的运用大为推广。timbale 在莫扎尔德与罕顿，只用来产生节奏，贝多芬却用以加强戏剧情调。利用乐器各别的音色而强调它们的对比，可说是从此奠定的基业。

全集卷三十六：《第二交响乐》(in D maj.)[1]——制作本曲时，正是贝多芬初次的爱情失败，耳聋的痛苦开始严重地打击他的时候。然而作品的精力充溢饱满，全无颓丧之气。——引子比第一交响乐更有气魄：先由低音乐器演出的主题，逐渐上升，过渡到高音乐器，终于由整个乐队合奏。这种一步紧一步的手法，以后在《第九交响乐》底开端里简直达到超人的伟大。——larghetto 显示清明恬静、胸境宽广的意境。scherzo 描写兴奋的对话，一方面是弦乐器，一方面是管乐和敲击乐器。终局与 rondo 相仿，但主题之骚乱，情调之激昂，是与通常流畅的 rondo 大相径庭的。

[1] 一八〇二年作。一八〇三年四月演奏。

全集卷五十五：《第三交响乐》(《英雄交响乐》in E♭ maj.)[2]——巨大的迷宫，深密的丛林，剧烈的对照，不但是音乐史上划时代的建筑，[3] 亦且是空前绝后的史诗。可是当心啊，初步的听众多容易在无垠的原野中迷路！——控制全局的乐句，实在只是：

[2] 一八〇二至一八〇四年间作。
[3] 回想一下罕顿和莫扎尔德罢。

不问次要的乐句有多少，它的巍峨的影子始终矗立在天空。罗曼·罗兰把它当做一个生灵，一缕思想，一个意志，一种本能。因为我们不能把英雄的故事过于看得现实，这并非叙事或描写的音乐。拿破仑也罢，无名英雄也罢，实际只是一个因子，一个象征。真正的英雄还是贝多芬自己。第一章通篇是他双重灵魂的决斗，经过三大回合[1]方始获得一个综合的结论：钟鼓齐鸣，号角长啸，狂热的群众曳着英雄欢呼。然而其间的经过是何等曲折：多少次的颠扑与多少次的奋起。（多少次的 crescendo！）这是浪与浪的冲击，巨人式的战斗！发展部分的庞大，是本曲最显著的特征，而这庞大与繁复是适应作者当时的内心富藏的。——第二章，英雄死了！然而英雄的气息仍留在送葬者的行列间。谁不记得这幽怨而凄惶的主句：

[1] 第一章内的三大段。

当它在阳调上时，凄凉之中还有清明之气，酷似古希腊的薤露歌。但回到阴调上时，变得阴沉，凄厉，激昂，竟是莎士比亚式的悲怆与郁闷了。挽歌又发展成史诗的格局。最后，在 pianissimo 的结论中，呜咽的葬曲在痛苦的深渊内静默。——scherzo 开始时是远方隐约的波涛似的声音，继而渐渐宏大，继而又由朦胧的号角[2]吹出无限神秘的调子。——终局是以富有舞曲风味的主题作成的变体曲，仿佛是献给欢乐与自由的。但第一章的主句，英雄，重又露面，而死亡也重现了一次；可是胜利之局已定，剩下的只有光荣的结束了。

全集卷六十：《第四交响乐》(*in* B^b *maj.*)[3]——是贝多芬和丹兰士·勃仑斯维克订婚的一年，诞生了这件可爱的、满是笑意的作品。引子从 B^b 阴调转到阳

[2] 通常的三重奏部分。
[3] 一八〇六年作。

调,遥远的哀伤淡忘了。活泼而有飞踪跳跃之态的主句,由低音笛(basson)、木笛(hautbois)与长笛(flûte)高雅的对白构成的副句,流利自在的"发展",所传达的尽是快乐之情。一阵模糊的鼓声,把开朗的心情微微搅动了一下,但不久又回到主题上来,以强烈的欢乐结束。——至于 adagio 的旋律,则是徐缓的,和悦的,好似一叶扁舟在平静的水上滑过。而后是 menuet,保存着古称而加速了节拍。号角与木笛传达着缥缈的诗意。最后是 allegro ma non troppo,愉快的情调重复控制全局,好似突然露脸的阳光;强烈的生机与意志,在乐队中间作了最后一次爆发。——在这首热烈的歌曲里,贝多芬泄露了他爱情的欢欣。

全集卷六十七:《第五交响乐》(in c min.)[1]——开首的 sol-sol-sol-mi 是贝多芬特别爱好的乐旨,在《第五朔拿大》,[2]《第三四重奏》,[3]《热情朔拿大》中,我们都曾见过它的轮廓。他曾对兴特勒说:"命运便是这样地来叩门的。"[4] 它统率着全部乐曲。渺小的人得凭着意志之力和它肉搏——在运命连续呼召之下,回答的永远是幽咽的问号。人

[1] 俗称《命运交响乐》。一八○五至一八○八年间作。
[2] 全集卷九之一。
[3] 全集卷十八之三。
[4] 命运二字的俗称即渊源于此。

挣扎着,抱着一腔的希望和毅力。但运命的口吻愈来愈威严,可怜的造物似乎战败了,只有悲叹之声。——之后,残酷的现实暂时隐灭了一下,andante 从深远的梦境内传来一支和平的旋律。胜利的主题出现了三次。接着是行军的节奏,清楚而又坚定,扫荡了一切矛盾。希望抬头了,屈服的人恢复了自信。然而 scherzo 使我们重新下地去面对阴影。运命再现,可是被粗野的舞曲与诙谑的 staccati 和 pizziccati 挡住。突然,一片黑暗,唯有隐约的鼓声,

乐队延续奏着七度音程的和弦,然后迅速的 crescendo 唱起凯旋的调子。[1] 运命虽再呼喊,[2] 不过如恶梦的回忆,片刻即逝。胜利之歌再接再厉的响亮。意志之歌切实宣告了终篇。——在全部交响乐中,这是结构最谨严,部分最均衡,内容最凝炼的一阕。批评家说:"从未有人以这么少的材料表达过这么多的意思。"

全集卷六十八:《第六交响乐》(《田园交响乐》,in F maj.)[3]——这阕交响乐是献给自然的。原稿上写着:"纪念乡居生活的田园交响乐,注重情操的表现而非绘画式的描写。"由此可见作者在本曲内并不想模仿外界,而是表现一组印象。——第一章 allegro,题为"下乡时快乐的印象"。在提琴上奏出的主句,轻快而天真,似乎从斯拉夫民歌上采来的。这个主题底冗长的"发展",始终保持着深邃的平和,恬静的节奏,平稳的转调;全无次要乐曲的羼入。同样的乐旨和面目来回不已。这是一个人面对着一幅固定的图画悠然神往的印象。——第二章 andante,"溪畔小景",中音弦乐[4]象征着潺潺的流水,是"逝者如斯,而未尝往也;盈虚者如彼,而卒莫消长也"的意境。林间传出夜莺、[5] 鹌鹑、[6] 杜鹃[7]的啼声,合成一组三重奏。——第三章 scherzo,"乡人快乐的宴会"。先是三拍子的华尔兹,——乡村舞曲,继以二拍子的粗野的蒲雷舞。[8] 突然远处一阵隐雷,[9] 一阵静默,……几道闪电。[10] 俄而是暴雨和霹雳一齐发作。然后雨散云收,青天随着 C 阳调的上行音阶[11]重新显现。——而后是第四章 allegretto "牧歌,雷雨之后

[1] 这时已经到了终局。
[2] scherzo 的主题又出现了一下。
[3] 一八○七至一八○八年间作。

[4] 第二小提琴,次高音提琴,两架大提琴。
[5] 长笛表现。
[6] 木笛表现。
[7] clarinette 表现。
[8] 法国一种地方舞。
[9] 低音弦乐。
[10] 小提琴上短短的碎和音。
[11] 还有笛音点缀。

的快慰与感激"。——一切重归宁谧：潮湿的草原上发出清香，牧人们歌唱，互相应答，整个乐曲在平和与喜悦的空气中告终。——贝多芬在此忘记了忧患，心上反映着自然界的甘美与闲适，抱着泛神的观念，颂赞着田野和农夫牧子。

全集卷九十二：《第七交响乐》(in A maj.)[1]——开首一大段引子，平静地，庄严地，气势是向上的，但是有节度的。多少的和弦似乎推动着作品前进。用长笛奏出的主题，展开了第一乐章的中心：vivace。活跃的节奏控制着全曲，所有的音域，所有的乐器，都由它来支配。这儿分不出主句或副句；参加着奔腾飞舞的运动的，可说有上百的乐旨，也可说只有一个。——allegretto 却把我们突然带到另一个世界。基本主题和另一个忧郁的主题轮流出现，传出苦痛和失望之情。——然后是第三章，在戏剧化的 scherzo 以后，紧接着美妙的三重奏，似乎均衡又恢复了一刹那。终局则是快乐的醉意，急促的节奏，再加一个粗犷的旋律，最后达于 crescendo 这紧张狂乱的高潮。——这支乐曲的特点是：一些单纯而显著的节奏产生出无数的乐旨；而其兴奋动乱的气氛，恰如华葛耐所说的，有如"祭献舞神"的乐曲。

[1] 一八一二年作。

全集卷九十三：《第八交响乐》(in F maj.)[2]——在贝多芬的交响乐内，这是一支小型的作品，宣泄着兴高采烈的心情。短短的 allegro，纯是明快的喜悦、和谐而自在的游戏。——在 scherzo 部分，[3] 作者故意采用过时的 menuet，来表现端庄娴雅的古典美。——到了终局的 allegro vivace 则通篇充满着笑声与平民的幽默。有人说，是"笑"产生这部作品的。我们在此可

[2] 一八一二年作。
[3] 第三章内。

发见贝多芬的另一副面目，像儿童一般，他作着音响的游戏。

全集卷一二五：《第九交响乐》（Choral Symphony in d min.）[1]——《第八》之后十一年的作品，贝多芬把他过去在音乐方面的成就作了一个综合，同时走上了一条新路。——乐曲开始时（allegro ma non troppo），la-mi 的和音，好似从远方传来的呻吟，也好似从深渊中浮起来的神秘的形象，直到第十七节，才响亮地停留在 D 阴调的基调上。而后是许多次要的乐旨，而后是本章的副句[2]……《第一》、《第五》、《第六》、《第七》、《第八》各交响曲里的原子，迅速地显露了一下，回溯着他一生的经历。把贝多芬完全笼盖住的阴影，在作品中间移过。现实的命运重新出现在他脑海里。巨大而阴郁的画面上，只有若干简短的插曲映入些微光明。——第二章 molto vivace，实在便是 scherzo。句读分明的节奏，在《弥撒祭乐》和《斐但丽奥序曲》内都曾应用过，表示欢畅的喜悦。在中段，clarinette 与 hautbois 引进一支细腻的牧歌，慢慢地传递给整个的乐队，使全章都蒙上明亮的色彩。——第三章 adagio 似乎使心灵远离了一下现实。短短的引子只是一个梦。接着便是庄严的旋律，虔诚的祷告逐渐感染了热诚与平和的情调。另一旋律又出现了，凄凉的，惆怅的。然后远处吹起号角，令你想起人生的战斗。可是热诚与平和未曾消灭，最后几节的 pianissimo 把我们留在甘美的凝想中。——但幻梦终于像水泡似的隐灭了，终局最初七节的 presto 又卷起激情与冲突的漩涡。全曲的原素一个一个再现，全溶解在此最后一章内。[3] 从此起，贝多芬在调整你的情绪，准

[1] 一八二三年完成。
[2] B♭ 阳调。
[3] 先是第一章的神秘的影子。继而是 scherzo 的主题，adagio 的乐旨，但都被 double basse 上吟诵体的间句阻住去路。

备接受随后的合唱了。大提琴为首，渐渐领着全乐队唱起美妙精纯的乐句，铺陈了很久；于是犷野的引子又领出那句吟诵体，但如今非复最低音提琴，而是男中音的歌唱了："噢，朋友，毋须这些声音，且来听更美更愉快的歌声"[1]——接着，乐队与合唱同时唱起《欢乐颂歌》的"欢乐，神明底美丽的火花，天国底女儿……"——每节诗在合唱之前，先由乐队传出诗的意境。合唱是由四个独唱员和四部男女合唱组成的。欢乐的节会由远而近，然后大众唱着："拥抱啊，千千万万的生灵……"当乐曲终了之时，乐器的演奏者和歌唱员赛似两条巨大的河流，汇合成一片音响的海。——在贝多芬的意念中，欢乐是神明在人间的化身，它的使命是把习俗和刀剑分隔的人群重行结合。它的口号是友谊与博爱。它的象征是酒，是予人精力的旨酒。由于欢乐，我们方始成为不朽。所以要对天上的神明致敬，对使我们入于更苦之域的痛苦致敬。在分裂的世界之上，——一个以爱为本的神。在分裂的人群之中，欢乐是唯一的现实。爱与欢乐合为一体。这是柏拉图式的又是基督教式的爱。——除此以外，席勒的《欢乐颂歌》，在十九世纪初期对青年界有着特殊的影响。[2] 第一是诗中的民主与共和色彩，在德国自由思想者的心目中，无殊《马赛歌》之于法国人。无疑的，这也是贝多芬的感应之一。其次，席勒诗中颂扬着欢乐，友爱，夫妇之爱，都是贝多芬一生渴望而未能实现的，所以尤有共鸣作用。——最后，我们更当注意，贝多芬在此把字句放在次要地位；他的用意是要使器乐和人声打成一片，——而这人声既是他的，又是我们大众的，——使音乐从此和我们的心融和为一，

[1] 这是贝多芬自作的歌词，不在席勒原作之内。

[2] 贝多芬属意于此诗篇，前后共有二十年之久。

好似血肉一般不可分离。

（六）宗教音乐

全集卷一二三：《D 调弥撒祭乐》(Missa Solemnis in D)——这件作品始于一八一七年，成于一八二三年。当初是为奥皇太子洛道夫兼任大主教的典礼写的，结果非但失去了时效，作品的重要也远远地超过了酬应的性质。贝多芬自己说，这是他一生最完满的作品。——以他的宗教观而论，虽然生长在基督旧教的家庭里，他的信念可不完全合于基督教义。他心目之中的上帝是富有人间气息的。他相信精神不死须要凭着战斗、受苦与创造，和纯以皈依、服从、忏悔为主的基督教哲学相去甚远。在这一点上他与弥盖朗琪罗有些相似。他把人间与教会的篱垣撤去了，他要证明"音乐是比一切智慧与哲学更高的启示"。在写作这件作品时，他又说："从我的心里流出来，流到大众的心里。"

全曲依照弥撒祭典礼的程序，[1] 分成五大颂曲：（一）吾主怜我 (Kyrie)；（二）荣耀归主 (Gloria)；（三）我信我主 (Credo)；（四）圣哉圣哉 (Sanctus)；（五）神之羔羊 (Agnus Dei)。[2]——第一部以热诚的祈祷开始，继以 andante 奏出"怜我怜我"的悲叹之声，对基督的呼吁，在各部合唱上轮流唱出。[3]——第二部表示人类俯伏卑恭，颂赞上帝，歌颂主荣，感谢恩赐。——第三部，贝多芬流露出独有的

---

[1] 弥撒祭歌唱的词句，皆有经文——拉丁文的——规定，任何人不能更易一字。各段文字大同小异，而节目繁多，谱为音乐时部门尤为庞杂。凡不解经典及不知典礼的人较难领会。
[2] 全曲以四部独唱与管弦乐队及大风琴演出。乐队的构成如下：2 flûtes；2 hautbois；2 clarinettes；2 bassons；1 contrebasse；4 cors (horns)；2 trompettes；2 trombones；timbale 外加弦乐五重奏，人数之少非今人想象所及。
[3] 五大部每部皆如朔拿大式分成数章，兹不详解。

口吻了。开始时的庄严巨大的主题,表现他坚决的信心。结实的节奏,特殊的色彩,trompette 的运用,作者把全部乐器的机能用来证实他的意念。他的神是胜利的英雄,是半世纪后尼采所宣扬的"力"的神。贝多芬在耶稣的苦难上发见了他自身的苦难。在受难、下葬等壮烈悲哀的曲调以后,接着是复活的呼声,英雄的神明胜利了!——第四部,贝多芬参见了神明,从天国回到人间,散布一片温柔的情绪。然后如《第九交响乐》一般,是欢乐与轻快底爆发。紧接着祈祷,苍茫的,神秘的。虔诚的信徒匍匐着,已经蒙到主的眷顾。——第五部,他又代表着遭劫的人类祈求着"神之羔羊",祈求"内的和平与外的和平",像他自己所说。

(七)其他

全集卷一三八之三:《雷奥诺前奏曲第三》(*Ouverture de Leonore no.3*)。[1]〔本事〕脚本出于一极平庸的作家,贝多芬所根据的乃是原作的德译本。事述西班牙人弗洛雷斯当向法官唐·法尔南控告毕萨尔之罪,而反被诬陷,蒙冤下狱。弗妻雷奥诺化名斐但丽奥[2]入狱救援,终获释放。故此剧初演时,戏名下另加小标题:"一名夫妇之爱"。——序曲开始时(adagio),为弗洛

[1] 贝多芬完全的歌剧只此一出。但从一八〇三年起到他死为止,二十四年间他一直断断续续地为这件作品化费着心血。一八〇五年十一月初次在维也纳上演时,剧名叫做《斐但丽奥》,演出的结果很坏。一八〇六年三月,经过修改后,换了《雷奥诺》的名字再度出演,仍未获得成功。一八一四年五月,又经一次大修改,仍用《斐但丽奥》之名上演。从此,本剧才算正式被列入剧院的戏目里。但一八二七年,贝多芬去世前数星期,还对朋友说他有一部《斐但丽奥》的手写稿压在纸堆下。可知他在一八一四年以后仍在修改。现存的《斐但丽奥》,共只二幕,为一八一四年稿本,目前戏院已不常贴演。在音乐会中不时可以听到的,只是片段的歌唱。至今仍为世人熟知的,乃是它的前奏曲。——因为名字屡次更易,故序曲与歌剧之名今日已不统一。普通于前奏曲多称《雷奥诺》,于歌剧多称《斐但丽奥》,但亦不一定如此。再本剧前奏曲共有四支,以贝多芬每改一次,即另作一次序曲。至今最著名的为第三序曲。

[2] 西班牙文,意为忠贞。

雷斯当忧伤的怨叹。继而引入 allegro。在 trompette 宣告释放的信号[1]之后，雷奥诺与弗洛雷斯当先后表示希望、感激、快慰等各阶段的情绪。结束一节，尤暗示全剧明快的空气。

在贝多芬之前，格吕克（格鲁克）与莫扎尔德，固已在序曲与歌剧之间建立密切的关系；但把戏剧的性格，发展的路线归纳起来，而把序曲构成交响乐式的作品，确从《雷奥诺》开始。以后韦白（韦伯），舒芒，华葛耐等在歌剧方面，列兹在交响诗方面，皆受到极大的影响，称《雷奥诺》为"近世抒情剧之父"，它在乐剧史上的重要，正不下于《第五交响乐》之于交响乐史。

附录——（一）贝多芬另有两支迄今知名的前奏曲：一是《高里奥朗前奏曲》（Ouverture de Coriolan），[2] 把两个主题作成强有力的对比：一方面是母亲的哀求，一方面是儿子的固执。同时描写这顽强的英雄在内心的争斗。——另一支是《哀格蒙前奏曲》（Ouverture d'Egmont），[3] 描写一个英雄与一个民族为自由而争战、而高歌胜利。（二）在贝多芬所作的声乐内，当以歌（Lied）为最著。如《悲哀底快感》，传达亲切深刻的诗意；如《吻》，充满着幽默；如《鹌鹑之歌》，纯是写景之作。——至于《弥侬》[4] 底热烈的情调，尤与诗人原作吻合。此外尚有《致久别的爱人》，[5] 四部合唱的《挽歌》[6] 与以歌德的诗谱成的《平静的海》与《快乐的旅行》等，均为知名之作。

[1] 法官登场一场。
[2] 全集卷六十二。根据莎士比亚的本事，述一罗马英雄名高里奥朗者，因不得民众欢心，愤而率领异族攻略罗马，及抵城下，母妻遮道泣谏，卒以罢兵。
[3] 全集卷八十五。根据歌德的悲剧，述十六世纪荷兰贵族哀格蒙伯爵，领导民众反抗西班牙统治之史实。
[4] 歌德原作。
[5] 全集卷九十八。
[6] 全集卷一一八。

一九四二年作

罗曼·罗兰

弥盖朗琪罗传

目 录

译者弁言　228
原序　229

弥盖朗琪罗　232
上编　战斗　245
　　　一　力　245
　　　二　力底崩裂　265
　　　三　绝望　279
下编　舍弃　293
　　　一　爱情　293
　　　二　信心　315
　　　三　孤独　332
尾声　340
　　　死　340

这便是神圣的痛苦的生涯　345

译者弁言

本书之前,有《贝多芬传》;本书之后,有《托尔斯泰传》:合起来便是罗曼·罗兰底不朽的"巨人三传"。迻译本书的意念是和迻译《贝多芬传》的意念一致的,在此不必多说。在一部不朽的原作之前,冠上不伦的序文是件亵渎的行为。因此,我只申说下列几点:

一、本书是依据原本第十一版全译的。但附录底弥氏诗选因其为意大利文原文(译者无能),且在本文中已引用甚多,故擅为删去。

一、附录之后尚有详细参考书目(英、德、美、意四国书目),因非目下国内读书界需要,故亦从略。

一、原文注解除删去最不重要的十余则外,余皆全译,所以示西人治学之严,为我人作一榜样耳。

一九三四年一月五日

原　序

在翡冷翠（佛罗伦萨）底国家美术馆中，有一座为弥盖朗琪罗（米开朗琪罗）称为"胜利者"的白石雕像。这是一个裸露的青年，生成美丽的躯体，低低的额上垂覆着卷曲的头发。昂昂地站着，他的膝盖踞曲在一个胡髭满面的囚人背上，囚人蜷伏着，头伸向前面，如一匹牛。可是胜利者并不注视他。即在他的拳头将要击下去的一刹那，他停住了，满是沉郁之感的嘴巴，和犹豫的目光转向别处去了。手臂折转去向着肩头，身子望后仰着；他不再要胜利，胜利使他厌恶。他已征服了，但亦被征服了。

这幅英雄的惶惑之像，这个折了翅翼的胜利之神，在弥盖朗琪罗全部作品中是永留在工作室中的唯一的作品，以后，但尼哀·特·伏尔丹想把它安置在弥氏墓上。——它即是弥盖朗琪罗自己，即是他全部生涯底象征。

痛苦是无穷的，它具有种种形式。有时，它是由于物质底凌虐，如灾难，疾病，命运底徧枉，人类底恶意。有时，它即蕴藏在人底内心。在这种情境中的痛苦，是同样的可悯，同样的无可挽救；因为人不能自己选择他的人生，人既不要求生，也不要求成为他所成为的样子。

弥盖朗琪罗底痛苦，即是这后一种。他有力强，他生来便是为战斗为征服的人；而且他居然征服了。——可是，他不要胜利。他所要的并不在此。——真是哈姆雷德式的悲剧呀！赋有英雄的天才而没有实现的意志；赋有专断的热情，而并无奋激的愿望：这是多么悲痛的矛盾！

人们可不要以为我们在许多别的伟大之外，在此更发见一桩伟大！我们永远不会说是因为一个人太伟大了，世界于他才显得不够。精神底烦闷并非伟大底一种标识。即在一般伟大的人物，缺少生灵与万物之间，生命与生命律令之间底和谐，并不算是伟大：却是一桩弱点。——为何要隐蔽这弱点呢？最弱的人难道是最不值得人家爱恋吗？——他正是更值得爱恋，因为他对于爱的需求更为迫切。我绝不会造成不可企及的英雄范型。我恨那懦怯的理想主义，它只教人不去注视人生底苦难和心灵底弱点。我们当和太容易被梦想与甘言所欺骗的民众说：英雄的谎言只是懦怯的表现。世界上只有一种英雄主义：便是注视世界底真面目——并且爱世界。

我在此所要叙述的悲剧，是一种与生俱来的痛苦，从生命底核心中发出的，它毫无间歇地侵蚀生命，直到把生命完全毁灭为止。这是巨大的人类中最显著的代表之一，一千九百余年来，我们的西方充塞着他的痛苦与信仰底呼声，——这代表便是基督徒。

将来，有一天，在多少世纪底终极，——（如果我们尘世的事迹还能保存于人类记忆中的话）——会有一天，那些生存的人们，对于这个消逝的种族，会倚凭在他们堕落的深渊旁边，好似但丁俯在 Malebolge 之旁那样，充满着惊叹、厌恶与怜悯。

但对于这种又惊又佩又恶又怜的感觉，谁还能比我们感得更真切呢？因为我们自幼便渗透这些悲痛的情操，便看到最亲爱的人们相斗，我们一向识得这基督教悲观主义底苦涩而又醉人的味道，我们曾在怀疑踌躇的辰光，费了多少力量，才止住自己不致和多少旁人一样堕入虚无的幻象中去。

神呀！永恒的生呀！这是一般在此世无法生存的人们底荫庇！信仰，往往只是对于人生对于前途的不信仰，只是对于自己的不信仰，只是缺乏勇气与欢乐！……啊！信仰！你的苦痛的胜利，是由多少的失败造成的呢！

基督徒们，为了这，我才爱你们，为你们抱憾。我为你们怨叹，我也叹赏你们的悲愁。你们使世界变得凄惨，又把它装点得更美。当你的痛苦消灭的时候，世界将更加枯索了。在这满着卑怯之徒的时代，——在苦痛前面发抖，大声疾呼地要求他们的幸福，而这幸福往往便是别人底灾难，——我们应当敢于正视痛苦，尊敬痛苦！欢乐固然值得颂赞，痛苦亦何尝不值得颂赞！这两位是姊妹，而且都是圣者。她们锻炼人类，开展伟大的心魂。她们是力，是生，是神。凡是不能兼爱欢乐与痛苦的人，便是既不爱欢乐，亦不爱痛苦。凡能体味她们的，方懂得人生底价值和离开人生时底甜蜜。

罗曼·罗兰

弥盖朗琪罗

这是一个翡冷翠城中的中产者,——

——那里,满是阴沉的宫殿,矗立着崇高的塔尖如长矛一般,柔和而又枯索的山岗细腻地映在天际,岗上摇曳着杉树底圆盖形的峰巅,和闪闪作银色,波动如水浪似的橄榄林;

——那里,一切都讲究极端的典雅,洛朗·特·梅迭西斯(洛伦佐·德·美第奇)底讥讽的脸相,玛几阿凡(马基雅维利)底阔大的嘴巴,鲍梯却梨(波提切利)画上的黄发,贫血的维纳斯,都会合在一起;

——那里,充满着热狂,骄傲,神经质的气息,易于耽溺在一切盲目的信仰中,受着一切宗教的和社会的狂潮耸动,在那里,个个人是自由的,个个人是专制的,在那里,生活是那么舒适,可是那里的人生无异是地狱;

——那里,居民是聪慧的,顽固的,热情的,易怒的,口舌如钢一般尖利,心情是那么多疑,互相试探,互相嫉忌,互相吞噬;

——那里,容留不下莱渥那·特·文西(莱奥纳多·达·芬奇）般的自由思想者，那里，鲍梯却梨只能如一个苏格兰底清教徒般在幻想的神秘主义中终其天年，那里，萨伏那洛尔（Savonarole）受了一般坏人的利用，举火焚烧艺术品，使他的僧徒们在火旁舞蹈——三年之后，这火又死灰复燃地烧死了他自己。

在这个时代底这个城市中，他是他们的狂热底对象。

自然，他对于他的同胞们没有丝毫温婉之情，他的豪迈宏伟的天才蔑视他们小组的艺术，矫饰的精神，平凡的写实主义，他们的感伤情调与病态的精微玄妙。他对待他们的态度很严酷；但他爱他们。他对于他的国家，并无特·文西般的微笑的淡漠。远离了翡冷翠，便要为怀乡病所苦。[1] 他一生想尽方法要住在翡冷翠，在战争底悲惨的时期中，他留在翡冷翠；他要"至少死后能回到翡冷翠，既然生时是不可能"[2]。

因为他是翡冷翠底旧家，故他对于自己的血统与种族非常自傲。[3] 甚至比对于他的天才更加自傲。他不答应人家当他艺术家看待：

"我不是雕塑家弥盖朗琪罗……我是弥盖朗琪罗·鲍那洛蒂

---

[1] "我不时堕入深切的悲苦中，好似那些远离家庭的人一样。"（见罗马，一四九七年八月十九日书）

[2] "死之于我，显得那么可爱；因为它可以使我获得生前所不能得到的幸福，即回到我的故乡。"

[3] Buonarroti Simoni，裔出Settignano，在翡冷翠地方志上自十二世纪起即已有过记载。弥盖朗琪罗自然知道这一点。"我们是中产阶级，是最高贵的世裔。"（一五四六年十二月致他的侄子Lionardo书）——他不赞成他的侄子要变得更高贵的思念："这决非是自尊的表示。大家知道我们是翡冷翠最老最高贵的世家。"（一五四九年二月）——他试着要重振他的门第，教他的家族恢复他的旧姓Simoni，在翡冷翠创立一族庄；但他老是被他兄弟们底平庸所沮丧。他想起他的弟兄中有一个（Gismondo）还推车度日，如乡下人一般地生活着，他不禁要脸红。——一五二〇年，Alessandro de Canossa伯爵写信给他，说在伯爵底家谱上查出他们原是亲戚的证据。这消息是假的，弥盖朗琪罗却很相信，他竟去购买Canossa底宫邸。据说那是他的祖先底发祥地。他的传记作者Condivi依了他的指点把法王亨利二世底姊姊，和玛蒂特大伯爵夫人都列入他的家谱之内。一五一五年，教皇雷翁十世到翡冷翠的时候，弥盖朗琪罗底兄弟Buonarroto受到教皇底封锡。

(Michelagniolo Buonarroti)……"[1]

他精神上便是一个贵族,而且具有一切阶级底偏见。他甚至说:"修炼艺术的,当是贵族而非平民。"[2]

他对于家族抱有宗教般的,古代的,几乎是野蛮的观念。他为它牺牲一切,而且要别人和他一样牺牲。他将,如他所说的,"为了它而卖掉自己,如奴隶一般"[3]。在这方面,为了些微的事情,他会激动感情。他轻蔑他的兄弟们,的确他们也应该受他轻蔑。他轻蔑他的侄子,——他的承继人。但对于他的侄子和兄弟们,他仍尊敬他们代表世系的身份。这种言语在他的信札中屡见不鲜:

"我们的世系……维持我们的世系……不要令我们的血统中断……"

凡是这强悍的种族底一切迷信,一切盲从,他都全备。这些仿佛是一个泥团(有如上帝捏造人类的泥团),弥盖朗琪罗即是在这个泥团中形成的。但在这个泥团中却涌跃出澄清一切的成分:天才。

不相信天才,不知天才为何物的人,请看一看弥盖朗琪罗罢!从没有人这样地为天才所拘囚的了。这天才底气质似乎和他的气质完全不同:这是一个征服者投入他的怀中而把他制服了。他的意志简直是一无所能;甚至可说他的精神与他的心也是一无所能。这是一种狂乱的爆发,一种骇人的生命,为他太弱的肉体

---

[1] 他又说:"我从来不是一个画家,也不是雕塑家,——作艺术商业的人。我永远保留着我世家底光荣。"(一五四八年五月二日致 Lionardo 书)
[2] 他的传记作者 Condivi 所述语。
[3] 一四九七年八月十九日致他的父亲书。——他在一五〇八年三月十三日三十三岁时才从父亲那里获得成丁独立权。

与灵魂所不能胜任的。

他在继续不断的兴奋中过生活。他的过分的力量使他感到痛苦,这痛苦逼迫他行动,不息地行动,一小时也不得休息。

他写道:"我为了工作而筋疲力尽,从没有一个人像我这样地工作过,我除了夜以继日的工作之外,甚么都不想。"

这种病态的需要活动不特使他的业务天天积聚起来,不特使他接受他所不能实行的工作,而且也使他堕入偏执的僻性中去。他要雕琢整个的山头。当他要建造甚么纪念物时,他会费掉几年的光阴到石厂中去挑选石块,建筑搬运石块的大路;他要成为一切:工程师,手工人,斫石工人;他要独个子干完一切;建造宫邸,教堂,由他一个人来。这是一种判罚苦役底生活。他甚至不愿分出时间去饮食睡眠。在他的信札内,随处看得到同样可怜的语句:

"我几乎没有用餐的时间……我没有时间吃东西……十二年以来,我的肉体被疲倦所毁坏了,我缺乏一切必需品……我没有一个铜子,我是裸体了,我感受无数的痛苦……我在悲惨与痛苦中讨生活……我和患难争斗……"[1]

这患难其实是虚幻的。弥盖朗琪罗是富有的;他拼命使自己富有,十分富有。[2]但富有对于他有何用处?他如一个穷人一样生活,被劳作束缚着好似一匹马被磨轮底轴子系住一般。没有人会懂得他如此自苦的原因。没有人能懂得他为何不能自主地使自己受苦,也没有人能懂得

[1] 见一五〇七,一五〇九,一五一二,一五一三,一五二五,一五四七诸年信札。
[2] 他死后,人家在他罗马寓所发现他的藏金有七千至八千金币,约合今日四万或五万法郎(合华币八万或十万元)。史家伐萨利(Vasari)说他两次给他的侄儿七千小金元,给他的侍役Urbino两千小金元。他在翡冷翠亦有大批存款。一五三四年时,他在翡冷翠及附近各地置有房产六处,田产七处。他酷爱田。一五〇五,一五〇六,一五一二,一五一五,一五一七,一五一八,一五一九,一五二〇各年他购置不少田地。这是他乡下人底遗传性。然而他的储蓄与置产并非为了他自己,而是为别人化去,他自己却甚么都不舍得享用。

他的白苦对于他实是一种需要。即是脾气和他极相似的父亲也埋怨他：

"你的弟弟告诉我，你生活得十分节省，甚至节省到悲惨的程度。节省是好的；但悲惨是坏的；这是使神和人都为之不悦的恶行；它会妨害你的灵魂与肉体。只要你还年轻，这还可以；但当你渐渐衰老的时光，这悲惨的坏生活所能产生的疾病与残废，全都会显现。应当避免悲惨、中庸地生活，当心不要缺乏必需的营养，留意自己不要劳作过度……"[1]

但甚么劝告也不起影响。他从不肯把自己的生活安排得更合人性些。他只以极少的面包与酒来支持他的生命。他只睡几小时。当他在蒲洛涅（博洛尼亚，Bologne）进行于勒二世（尤利乌斯二世，Jules II）底铜像时，他和他的三个助手睡在一张床上，因为他只有一张床而又不愿添置。[2] 他睡时衣服也不脱，皮靴也不卸。有一次，腿肿起来了，他不得不割破靴子；在脱下靴子的时候，腿皮也随着剥下来了。

这种骇人的卫生，果如他的父亲所预料，使他老是患病。在他的信札中，人们可以看出他生过十四或十五次大病。[3] 他好几次发热，几乎要死去。他眼睛有病，牙齿有病，

---

[1] 这封信后面又加上若干指导卫生的话，足见当时的野蛮程度："第一，保护你的头，使它保有相当的温暖，但不要洗；你应当把它揩拭，但不要洗。"（一五〇〇年十二月十九日信）

[2] 见一五〇六年信。

[3] 一五一七年九月，在他从事于圣洛朗查底坟墓雕塑与米纳佛基督像的时候，他病得几乎死去。一五一八年九月，在 Seravezza 石厂中，他以疲劳过度与烦闷而病了。一五二〇年拉斐尔逝世的时候，他又病倒了。一五二一年年终，一个友人 Lionardo Sellajo 祝贺他："居然从一场很少人能逃过的痛症中痊愈了。"一五三一年六月，翡冷翠城陷落后，他失眠，饮食不进，头和心都病了；这情景一直延长到年终；他的朋友们以为他是没有希望的了。一五三九年，他从西施庭教堂底高架上跌下，跌破了腿。一五四四年六月，他患了一场极重的热病。一五四五年十二月至一五四六年正月，他旧病复发，使他的身体极度衰弱。一五四九年三月，他为石淋症磨难极苦。一五五五年七月，他患风痛。一五五九年七月，他又患石淋与其他种种疾病；他衰弱得厉害。一五六一年八月，他"晕倒了，四肢拘挛着"。

头痛，心病。[1] 他常为神经痛所苦，尤其当他睡眠的时候；睡眠对于他竟是一种苦楚。他很早便老了。四十二岁，他已感到衰老。[2] 四十八岁时，他说他工作一天必得要休息四天。[3] 他又固执着不肯请任何医生诊治。

他的精神所受到这苦役生活底影响，比他的肉体更甚。悲观主义侵蚀他。这于他是一种遗传病。青年时，他费尽心机去安慰他的父亲，因为他有时为狂乱的苦痛纠缠着。[4] 可是弥盖朗琪罗底病比他所照顾的人感染更深。这没有休止的活动，累人的疲劳，使他多疑的精神陷入种种迷乱状态。他猜疑他的敌人，他猜疑他的朋友。[5] 他猜疑他的家族，他的兄弟，他的嗣子；他猜疑他们不耐烦地等待他的死。

一切使他不安；[6] 他的家族也嘲笑这永远的不安。[7] 他如自己所说的一般，在"一种悲哀的或竟是癫狂的状态"中过生活。[8] 痛苦久了，他竟嗜好有痛苦，他在其中觅得一种悲苦的乐趣：

"愈使我受苦的我愈欢喜。"[9]

对于他，一切都成为痛苦底题

[1] 见他的诗集卷八十二。
[2] 一五一七年七月致 Domenico Buoninsegni 书。
[3] 一五二三年七月致 Bart Angiolini 书。
[4] 在他致父亲的信中，时时说："你不要自苦……"（一五〇九年春）——"你在这种悲痛的情操中生活真使我非常难过；我祈求你不要再去想这个了。"（一五〇九年正月二十七日）——"你不要惊惶，不要愁苦。"（一五〇九年九月十五日）他的父亲 Buonarroti 和他一样时时要发神经痛。一五二一年，他突然从他自己家里逃出来，大声疾呼地说他的儿子把他赶出来了。
[5] "在完满的友谊中，往往藏着毁损名誉与生命的阴谋。"（见他致他的朋友 Luigi del Riccio——把他从一五四六年那场重病中救出来的朋友——的十四行诗）参看一五六一年十一月十五日，他的忠实的朋友 Tommaso dei Cavalieri 为他褊枉地猜忌之后给他的声辩信：——"我敢确言我从没得罪过你；但你太轻信那般你最不应该相信的人……"
[6] "我在继续的不信任中过生活……不要相信任何人，张开了眼睛睡觉……"
[7] 一五一五年九月与十月致他的兄弟 Buonarroto 信中有言："……不要嘲笑我所写的一切……一个人不应当嘲笑任何人；在这个时代，为了他的肉体与灵魂而在恐惧与不安中过活是并无害处的……在一切时代，不安是好的……"
[8] 在他的信中，他常自称为"忧愁的与疯狂的人"，——"老悖"，——"疯子与恶人"。——但他为这疯狂辩白，说只对于他个人有影响。
[9] 诗集卷一百五十二。

目，——甚至爱,[1]——甚至善。[2]

"我的欢乐是悲哀。"[3]

没有一个人比他更不接近欢乐而更倾向于痛苦的了。他在无垠的宇宙中所见到的所感到的只有它。世界上全部的悲观主义都包含在这绝望的呼声,这极端褊枉的语句中:

"千万的欢乐不值一单独的苦恼!……"[4]

"他的猛烈的力量,"Condivi 说,"把他和人群几乎完全隔离了。"

他是孤独的。——他恨人;他亦被人恨。他爱人;他不被人爱。人们对他又是钦佩,又是畏惧。晚年,他令人发生一种宗教般的尊敬。他威临着他的时代。那时,他稍微镇静了些。他从高处看人,人们从低处看他。他从没有休息,也从没有最微贱的生灵所能享受的温柔——即在一生能有一分钟的时间在别人底爱抚中睡眠。妇人底爱情于他是无缘的。在这荒漠的天空,只有 Vittoria Colonna 底冷静而纯洁的友谊,如明星一般照耀了一刹那。周围尽是黑夜,他的思想如流星一般在黑暗中剧烈旋转,他的意念与幻梦在其中回荡。贝多芬却从没有这种情境。因为这黑夜即在弥盖朗琪罗自己的心中。贝多芬底忧郁是人类底过失;他天性是快乐的,他希望快乐。弥盖朗琪罗却是内心忧郁,这忧郁令人害怕,一切的人本能地逃避他。他在周围造成一片空虚。

---

[1] 十四行诗卷一百九十,第四十八首:"些少的幸福对于恋爱中人是一种丰满的享乐,但它会使欲念绝灭,不若灾患会使希望长大。"
[2] "一切事物使我悲哀,"他写道,"……即是善,因为它存在的时间太短了,故给予我心灵的苦楚不减于恶。"
[3] 诗集卷八十一。
[4] 诗集卷七十四。

这还算不得什么。最坏的并非是成为孤独，却是对自己亦孤独了，和自己也不能生活，不能为自己底主宰，而且否认自己，与自己斗争，毁坏自己。他的心魂永远在欺妄他的天才。人们时常说起他有一种"反对自己的"宿命，使他不能实现他任何伟大的计划。这宿命便是他自己。他的不幸底关键，足以解释他一生底悲剧——而为人们所最少看到或不敢去看的关键，——只是缺乏意志和赋性懦怯。

在艺术上，政治上，在他一切行动和一切思想上，他都是优柔寡断的。在两件作品，两项计划，两个部分中间，他不能选择。关于于勒二世底纪念建筑，圣洛朗查（圣洛伦佐教堂）底屋面，梅迭西斯底坟墓（美第奇家族陵墓）等等的历史都足证明他这种犹豫。他开始，开始，却不能有何结果。他要，他又不要。他才选定，他已开始怀疑。在他生命终了的时光，他甚么也没有完成：他厌弃一切。人家说他的工作是强迫的；人家把朝三暮四，计划无定之责，加在他的委托人身上。其实如果他决定拒绝的话，他的主使人正无法强迫他呢。可是他不敢拒绝。

他是弱者。他在种种方面都是弱者，为了德性和为了胆怯。他是心地怯弱的。他为了种种思虑而苦闷，在一个性格坚强的人，这一切思虑全都可以丢开的。因为他把责任心夸大之故，便自以为不得不去干那最平庸的工作，为任何匠人可以比他做得更好的工作。[1]他既不能履行他的义务，也不能把它忘掉。[2]

他为了谨慎与恐惧而变得怯弱。为

---

[1] 他雕塑圣洛朗查底墓像时，在Seravezza石厂中过了几年。
[2] 他一五一四年承受下来的弥纳尔寺中的基督像，到一五一八年还未动工。"我痛苦死了……我做了如窃贼一般的行为……"一五〇一年，他和西也纳Piccolomini寺签订契约，订明三年以后交出作品。可是六十年后，一五六一年，他还为了没有履行契约而苦恼。

于勒二世所称为"可怕的人",同样可被伐萨利称做"谨慎者",——"使任何人,甚至使教皇也害怕的"[1]人会害怕一切。他在亲王权贵面前是怯弱的,——可是他又最瞧不起在亲王权贵面前显得怯弱的人,他把他们叫做"亲王们底荷重的驴子"。[2]——他要躲避教皇;他却留着,他服从教皇。[3]他容忍他的主人们底蛮横无理的信,他恭敬地答复他们。[4]有时,他反抗起来,他骄傲地说话;——但他永远让步。直到死,他努力挣扎,可没有力量奋斗。教皇克莱芒七世(Clément Ⅶ)——和一般的意见相反——在所有的教皇中是对他最慈和的人,他认识他的弱点;他也怜悯他。[5]

[1] Sébastien del Piombo 信中语(一五二〇年十月二十七日)。
[2] 和伐萨利谈话时所言。
[3] 一五三四年,他要逃避教皇保尔三世,结果仍是听凭工作把他系住。
[4] 一五一八年二月二日,大主教于勒·梅迪西斯猜疑他被加莱人收买,送一封措辞严厉的信给他。弥盖朗琪罗屈服地接受了,回信中说他"在世界上除了专心取悦他以外,再没别的事务了"。
[5] 参看在翡冷翠陷落之后,他和 Sébastien del Piombo 的通信。他为了他的健康为了他的苦闷抱着不安。
[6] "……我不能和你相比。你在一切学问方面是独一无二的。"(一五三三年正月一日弥盖朗琪罗致 Tommaso dei Cavalieri 书)

他的全部的尊严会在爱情前面丧失。他在坏蛋前面显得十分卑怯。他把一个可爱的但是平庸的人,如 Tommaso dei Cavalieri 当做一个了不得的天才。[6]

至少,爱情使他这些弱点显得动人。当他为了恐惧之故而显得怯弱时,这怯弱只是——人们不敢说是可耻的——病苦得可怜的表现。他突然陷入神志错乱的恐怖中。于是他逃了,他被恐怖逼得在意大利各处奔窜。一四九四年,为了某种幻象,吓得逃出翡冷翠。一五二九年,翡冷翠被围,负有守城之责的他,又逃亡了。他一直逃到佛尼市(威尼斯)。几乎要逃到法国去。以后他对于这件事情觉得可耻,他重行回到被围的城里,尽他的责任,直到围城终了。但当翡冷翠陷落,严行流戍放逐,雷厉风行之时，他又是多么怯弱而发抖！他甚至去恭维法官 Valori，那个把他的朋友，高贵的 Battista della Palla 处死的法官。可怜啊！他甚至弃绝他的友人，翡冷翠底流戍者。[1]

他怕。他对于他的恐怖感到极度的羞耻。他瞧不起自己。他憎厌自己以致病倒了。他要死。人家也以为他快死了。[2]

但他不能死。他内心有一种癫狂的求生的力量，这力量每天会苏醒，求生，为的要继续受苦。——他如果能不活动呢？但他不能如此。他不能不有所行动。他行动。他应得要行动。——他自己行动么？——他是被动！他是卷入他的癫痫的热情与矛盾中，好似但丁底狱囚一般。

他应得要受苦啊！

"使我苦恼罢！苦恼！在我过去，没有一天是属于我的！"[3]

他向神发出这绝望的呼号：

"哟神！神哟！谁还能比我自己更透入我自己？"[4]

如果他渴望死，那是因为他认为死是这可怕的奴隶生活底终极之故。他讲起已死的人时真是多么艳羡！

"你们不必再恐惧生命底嬗变和欲念底转换……后来的时间

---

[1] "……一向我留神着不和被判流戍的人谈话，不和他们有何来往；将来我将更加留意……我不和任何人谈话；尤其是翡冷翠人。如果有人在路上向我行礼，在理我不得不友善地和他们招呼，但我竟不理睬。如果我知道谁是流戍的翡冷翠人，我简直不回答他……"这是他的侄儿通知他被人告发与翡冷翠底流戍者私自交通后，他自罗马发的复信（一五四八年）中语。更甚于此的，他还做了忘恩负义的事情；他否认他病剧时受过 Strozzi 一家底照拂："至于人家责备我曾于病中受 Strozzi 家的照拂，那么，我并不认为我是在 Strozzi 家中而是在 Luigi del Riccio 底卧室中，他是和我极友善的。"(Luigi del Riccio 是在 Strozzi 邸中服役）——弥盖朗琪罗曾在 Strozzi 家中作客是毫无疑义的事，他自己在两年以前即送给 Roberto Strozzi 一对《奴隶》（现存法国卢佛美术馆），表示对于他的盛情的感谢。

[2] 那是一五三一年，在翡冷翠陷落后，他屈服于教皇克莱芒七世和谄媚法官 Valori 之后。

[3] 诗集卷四十九（一五三二）。

[4] 诗集卷六（一五〇四至一五一一年间）。

不再对你们有何强暴的行为了；必须与偶然不再驱使你们……言念及此，能不令我艳羡？"[1]

"死！不再存在！不再是自己！逃出万物底桎梏！逃出自己的幻想！"

"啊！使我，使我不再回复我自己！"[2]

他的烦躁的目光还在京都博物馆中注视我们，在痛苦的脸上，我更听到这悲怆的呼声。[3]

他是中等的身材，肩头很宽，骨骼与肌肉突出很厉害。因为劳作过度，身体变了形，走路时，头望上仰着，背伛偻着，腹部突向前面。这便是画家 François de Hollande 底肖像中的形相：那是站立着的侧影，穿着黑衣服，肩上披着一件罗马式大氅；头上缠着布巾，布巾之上覆着一顶软帽。[4]

头颅是圆的，额角是方的，满着皱痕，显得十分宽大。黑色的头发乱蓬蓬地虬结着。眼睛很小，又悲哀，又强烈，光彩时时在变化，或是黄的或是蓝的。鼻子很宽很直，中间隆起，曾被 Torrigiani 底拳头击破。[5] 从鼻孔到口角有很深的皱痕，嘴巴生得很细腻，下唇稍稍前突。鬓毛稀薄，牧神般的胡须簇拥着两片颧骨前突的面颊。

全部脸相上笼罩着悲哀与犹豫的神情，这确是诗人 Tasse 时代底面目，表现着不安的，被怀疑所

---

[1] 诗集卷五十八（一五三四年纪念他父亲之死的作品）。
[2] 诗集卷一百三十五。
[3] 以下的描写根据弥盖朗琪罗各个不同的肖像。Francesco La Cava 晚近发见《最后之审判》中，有他自己的画像。四百年来，多少人在他面前走过而没有看见他。但一经见到，便永远忘不了。
[4] 一五六四年，人们把他的遗骸自罗马运回到翡冷翠去的时候，曾经重开他的棺龛，那时头上便戴着这种软帽。
[5] 这是一四九〇至一四九二年间的事。

侵蚀的痕迹。凄惨的目光引起人们底同情。

同情，我们不要和他斤斤较量了罢。他一生所希望而没有获到的这爱情，我们给了他罢。他尝到一个人可能受到的一切苦难。他目击他的故乡沦陷。他目击意大利沦于野蛮民族之手。他目击自由之消灭。他眼见他所爱的人一个一个地逝世。他眼见艺术上的光明，一颗一颗地熄灭。

在这黑夜将临的时光，他孤独地留在最后。在死的门前，当他回首瞻望的时候，他不能说他已做了他所应做与能做的事以自安慰。他的一生于他显得是白费的。一生没有欢乐也是徒然。他也徒然把他的一生为艺术底偶像牺牲了。[1]

没有一天快乐，没有一天享受到真正的人生，九十年间的巨大的劳作，竟不能实现他梦想的计划于万一。他认为最重要的作品没有一件是完成的。运命嘲弄他，使这位雕塑家[2]有始有终地完成的事业，只是他所不愿意的绘画。在那些使他骄傲使他苦恼的大工程中，有些——（如《比士之战》底图稿，于勒二世底铜像）——在他生时便毁掉了，有些——（于勒二世底坟墓，梅迭西斯底家庙）——是可怜地流产了：现在我们所看到的只是他的思想底速写而已。

雕塑家 Ghiberti 在他的注解中讲述一桩故事，说德国 Anjon 公爵底一个镂银匠，具有可和"希腊古雕塑家相匹敌"的手腕，暮年时眼见他灌注全生命的一件作品毁掉了。——"于是他看

---

[1] "……热情的幻梦，使我们艺术当作一个偶像与一个王国……"（诗集卷一百四十七）
[2] 他自称为"雕塑家"而非"画家"。一五〇八年三月十日他写道："今日，我雕塑家弥盖朗琪罗，开始西施庭教堂底绘画。"——"这全不是我的事业。"一年以后他又写道："……我毫无益处地费掉我的时间。"（一五〇九年正月二十七日）关于这个见解，他从没变更。

到他的一切疲劳都是枉费；他跪着喊道：'哟吾主，天地底主宰，不要再使我迷失，不要让我再去跟从除你以外的人；可怜我罢！'立刻，他把所有的财产分给了穷人，退隐到深山中去，死了……"

如这个可怜的德国镂银匠一样，弥盖朗琪罗到了暮年，悲苦地看着他的一生，他的努力都是枉费，他的作品未完的未完，毁掉的毁掉。

于是，他告退了。文艺复兴睥睨一切的光芒，宇宙底自由的至高至上的心魂，和他一起遁入"这神明的爱情中，他在十字架上张开着臂抱迎接我们"。

"颂赞欢乐"底丰满的呼声，没有嘶喊出来。于他直到最后的一呼吸，永远是"痛苦底颂赞"，"解放一切的死底颂赞"。他整个地战败了。

这便是世界底战胜者之一。我们，享受他的天才底结晶品时，和享受我们祖先底功绩一般，再也想不起他所流的鲜血。

我愿把这血渗在大家眼前，我愿举起英雄们底红旗在我们的头上飘扬。

上　编
战　斗

一　力

一四七五年三月六日,他生于嘉藏打地方底嘉泼莱斯(Caprese)。荒确的乡土,"飘逸的空气"[1],岩石,桐树,远处是阿北尼山(亚平宁山)。不远的地方,便是圣法朗梭阿·大西士(圣方济各)在阿尔佛尼阿山头看见基督显灵的所在。

父亲[2]是嘉泼莱斯与丘西地方的法官。这是一个暴烈的,烦躁的,"怕上帝"的人。母亲[3]在弥盖朗琪罗六岁[4]时便死了。他们共是弟兄五人:Lionardo, Michelagniolo, Buonarroto, Giovan Simone, Gismondo。[5]

他幼时寄养在一个石匠底妻子家里。以后他把做雕塑家底志愿好玩地说是由于这幼年的乳。人家把他送入学

---

[1] 弥盖朗琪罗欢喜说他的天才是由于他的故乡底"飘逸的空气"所赐。
[2] 他的名字叫做 Lodovico di Lionardo Buonarroti Simoni——他们一家真正的姓字是 Simoni。
[3] Francesca di Neri di Miniato del Sera。
[4] 父亲在一四八五年续娶 Lucrezia Ubaldini,她死于一四九七年。
[5] Lionardo 生于一四七三年,Buonarroto 生于一四七七年,Giovan Simone 生于一四七九年,Gismondo 生于一四八一年。——Lionardo 做了教士。因此弥盖朗琪罗成为长子了。

校:他只用功素描。"为了这,他被他的父亲与伯叔瞧不起而且有时打得很凶,他们都恨艺术家这职业,似乎在他们的家庭中出一个艺术家是可羞的。"[1] 因此,他自幼便认识人生底残暴与精神底孤独。

可是他的固执战胜了父亲底固执。十三岁时,他进入 Domenico Ghirlandajo 底画室——那是当代翡冷翠画家中最大最健全的一个。他初时底成绩非常优异,据说甚至令他的老师也嫉忌起来。[2] 一年之后他们分手了。

> [1] 据 Condivi 纪载。
> [2] 实在,一个那样大的艺术家会对他的学生嫉忌总是很难令人置信的。我不信这是弥盖朗琪罗离开奇朗大各底原因。他到暮年还保存着对于他的第一个老师的尊敬。

他已开始憎厌绘画。他企慕一种更英雄的艺术。他转入雕塑学校。那个学校是洛朗・特・梅迭西斯所主办的,设在圣玛克花园内。[3] 那亲王很赏识他:教他住在宫邸中,允许他和他的儿子们同席;童年的弥盖朗琪罗一下子便处于意大利文艺复兴运动底中心,处身于古籍之中,沐浴着柏拉图研究的风气。他们的思想,把他感染了,他沉湎于怀古的生活中,心中也存了崇古的信念:他变成一个希腊雕塑家。在"非常钟爱他"的 Politien 底指导之下,他雕了《Centaures 与 Lapithes 底争斗》[4]。

> [3] 这个学校由陶拿丹罗(多纳泰罗)底学生 Bertoldo 所主持。
> [4] 此像现存翡冷翠。《微笑的牧神面具》一作,亦是同时代的,它引起洛朗・特・梅迭西斯对于弥盖朗琪罗的友谊。《梯旁的圣母》亦是那时所作的浮雕。

这座骄傲的浮雕,这件完全给力与美统制着的作品,反映出他成熟时期底武士式的心魂与粗犷坚强的手法。

他和 Lorenzo di Credi, Bugiardini Granacci, Torrigiano del Torrigiani 等到嘉弥纳寺中去临摹玛撒西屋(马萨乔,Masaccio)

底壁画。他不能容忍他的同伴们底嘲笑。一天，他和虚荣的Torrigiani冲突起来。Torrigiani一拳把他的脸击破了，后来，他以此自豪："我紧握着拳头"，他讲给Benvenuto Cellini听，"我那么厉害地打在他的鼻子上，我感到他的骨头粉碎了，这样，我给了他一个终生的纪念"[1]。

然而异教色彩并未抑灭弥盖朗琪罗底基督教信仰。两个敌对的世界争夺弥盖朗琪罗底灵魂。

一四九〇年，教士萨伏那洛尔，依据了陶米尼派（多明我派）底神秘经典"*Apocalypse*"开始说教。他三十七岁，弥盖朗琪罗十五岁。他看到这短小羸弱的说教者，充满着热烈的火焰，被神底精神燃烧着，在讲坛上对教皇作猛烈的攻击，向全意大利宣扬神底威权。翡冷翠人心动摇。大家在街上乱窜，哭着喊着如疯子一般。最富的市民如Ruccellai, Salviati, Albizzi, Strozzi辈都要求加入教派。博学之士，哲学家也承认他有理。[2] 弥盖朗琪罗底哥哥，李奥那陶便入了陶米尼派修道。[3]

弥盖朗琪罗也没有免掉这惊惶底传染。萨伏那洛尔自称为预言者，他说法兰西王查理八世将是神底代表，这时候，弥盖朗琪罗不禁害怕起来。

他的一个朋友，诗人兼音乐家嘉尔第哀（Cardiere）有一夜

[1] 一四九一年事。
[2] 那时的学者Pic de la Mirandole和Politien等都表示屈服于萨伏那洛尔底教义。不久之后，他们都死了（一四九四）。Politien遗言死后要葬在陶米尼派底圣·玛克寺中，即萨伏那洛尔底寺院。——Pic de la Mirandole死时特地穿着陶米尼派教士底衣装。
[3] 一四九一年事。

看见洛朗·特·梅迭西斯底黑影[1]在他面前显现,穿着褴褛的衣衫身体半裸着;死者命他预告他的儿子比哀尔,说他将要被逐出他的国土,永远不得回转。嘉尔第哀把这幕幻象告诉了弥盖朗琪罗,弥氏劝他去告诉亲王;但嘉尔第哀畏惧比哀尔,绝对不敢。

一个早上,他又来找弥盖朗琪罗,惊悸万分地告诉他说,死者又出现了:他甚至穿了特别的衣装,嘉尔第哀睡在床上,静默地注视着,死人底幽灵便来把他批颊,责罚他没有听从他。弥盖朗琪罗大大地埋怨他,逼他立刻步行到梅迭西斯别墅。半路上,嘉尔第哀遇到了比哀

---

[1] 洛朗·特·梅迭西斯死于一四九二年四月八日;他的儿子比哀尔承袭了他的爵位。弥盖朗琪罗离开了爵邸,回到父亲那里,若干时内没有事做。以后,比哀尔又教他去任事,委托他选购浮雕与凹雕的细石。于是他雕成巨大的白石像《力士》,最初放在 Strozzi 宫中,一五二九年被法兰西王法朗梭阿一世购藏于枫丹白露(Fontainebleau),但在十七世纪时便不见了。放在 San Spirito 修道院的十字架木雕亦是此时之作,为这件作品,弥盖朗琪罗用尸身研究解剖学,研究得那么用功,以致病倒了(一四九四)。

尔:他就讲给他听。比哀尔大笑,喊马弁把他打开。亲王底秘书 Bibbiena 和他说:"你是一个疯子。你想洛朗爱哪一个呢?爱他的儿子呢还是爱你?"嘉尔第哀遭了侮辱与嘲笑,回到翡冷翠,把他倒霉的情形告知弥盖朗琪罗,并把翡冷翠定要逢到大灾难的话说服了弥盖朗琪罗,两天之后,弥盖朗琪罗逃走了。[2]

这是弥盖朗琪罗第一次为迷信而大发神经病,他一生,这类事情不知发生了多少次,虽然他自己也觉得可羞,但他竟无法克制。

---

[2] 据 Condivi 底记载:弥盖朗琪罗于一四九四年十月逃亡。一个月之后,比哀尔·特·梅迭西斯因为群众反叛也逃跑了;平民政府便在翡冷翠建立,萨伏那洛尔力予赞助,预言翡冷翠将使全世界都变成共和国。但这共和国将承认一个国王,便是耶稣基督。

他一直逃到佛尼市。

他一逃出翡冷翠,他的骚乱静了下来。——回到蒲洛涅,过

了冬天,[1] 他把预言者和预言全都忘掉了。世界底美丽重新使他奋激。他读班德拉葛（彼特拉克，Pétrarque），鲍加斯（薄伽丘，Boccace）和但丁底作品。

一四九五年春，他重新路过翡冷翠，正当举行着狂欢节底宗教礼仪，各党派剧烈地争执的时候。但他此刻对于周围的热情变得那么淡漠，且为表示不再相信萨伏那洛尔派底绝对论起见，他雕成著名的《睡着的爱神》像，在当时被认为是古代风的作品。在翡冷翠只住了几个月；他到罗马去。直到萨伏那洛尔死为止，他是艺术家中最倾向于异教精神的一个。他雕《醉的酒神》《垂死的Adonis》和巨大的《爱神像》的那一年，萨伏那洛尔正在焚毁他认为"虚妄和邪道"的书籍、饰物和艺术品。[2] 他的哥哥李奥那陶为了他信仰预言之故被告发了。一切的危险集中于萨伏那洛尔底头上：弥盖朗琪罗却并不回到翡冷翠去营救他。萨伏那洛尔被焚死了[3]：弥盖朗琪罗一声也不响。在他的信中，找不出这些事变底任何痕迹。

弥盖朗琪罗一声也不响；但他雕成了《耶稣死像》[4]：

永生了一般的年轻，死了的基督躺在圣母底膝上，似乎睡熟了。他们的线条饶有希腊风的严肃。但其中已混杂着一种不可言状的哀愁情调；这些美丽的躯体已沉浸在凄凉的氛围中。悲哀已占据了弥盖朗琪罗底心魂。

---

[1] 在那里他住在高贵的 Giovanni Francesco Aldovrandi 家里作客。在和蒲洛涅警察当局发生数次的纠葛中，都得到他的不少帮助。这时候他雕了几座宗教神像，但全无宗教意味，只是骄傲的力底表现而已。

[2] 弥盖朗琪罗于一四九六年六月到罗马。《醉的酒神》《垂死的Adonis》与《爱神像》都是一四九七年底作品。

[3] 时在一四九八年五月二十三日。

[4] 据弥盖朗琪罗与Condivi的谈话，可见他所雕的圣母所以那么年轻，所以和陶拿丹罗，鲍梯却梨辈底圣母绝然不同是另有一种骑士式的神秘主义为背景的。

使他变得阴沉的，还不单是当时的忧患和罪恶底境象。一种专暴的力进入他的内心再也不放松他了。他为天才底狂乱所扼制，至死不使他呼一口气，并无甚么胜利底幻梦，他却赌咒要战胜，为了他的光荣和为他家属底光荣。他的家庭底全部负担压在他一个人肩上。他们向他要钱。他没有钱，但他那么骄傲，从不肯拒绝他们：他可以把自己卖掉，只是为要供应家庭向他要求的金钱。他的健康已经受了影响。营养不佳，时时受寒，居处潮湿，工作过度等等开始把他磨蚀。他患着头痛，一面的胁腹发肿。[1] 他的父亲责备他的生活方式；他却不以为是他自己的过错。

[1] 见他父亲给他的信——一五〇〇年十二月十九日。
[2] 见他给父亲的信——一五〇九年春。
[3] 见他给父亲的信——一五二一年。

"我所受的一切痛苦，我是为的你们受的。"弥盖朗琪罗以后在写给父亲的信中说。[2]

"……我一切的忧虑，我只因为爱护你们而有的。"[3]

一五〇一年春，他回到翡冷翠。

四十年前，翡冷翠大寺维持会曾委托 Agostino di Duccio 雕一个先知者像，那作品动工了没有多少便中止了。一向没有人敢上手的这块巨大的白石，这次交托给弥盖朗琪罗了；[4] 硕大无朋的《大卫像》(David)，便是缘源于此。

[4] 一五〇一年八月。——几个月之前，他和 Francesco Piccolomini 大主教签订合同，承应为西哀纳寺塑造装饰用的雕像。这件工作他始终没有做，他一生常常因此而内疚。

相传：翡冷翠底行政长官 Pier Soderini（即是决定交托弥氏雕塑的人）去看这座像时，为表示他的高见计，加以若干批评：他认为鼻子太厚了。弥盖朗琪罗拿了剪刀和一些石粉爬上台架，轻轻地把剪刀动了几下，手中慢慢地散下若干粉屑；但他一些也没有

改动鼻子,还是照它老样。于是,他转身向着长官问道:

"现在请看。

"——'现在',Soderini说,'它使我更欢喜了些。你把它改得有生气了。'

"于是,弥盖朗琪罗走下台架,暗暗地好笑。"[1]

在这件作品中,我们似乎便可看到幽默的轻蔑。这是在休止期间的一种骚动的力。它充满着轻蔑与悲哀。在美术馆底阴沉的墙下,它会感到闷塞。它需要大自然中的空气,如弥盖朗琪罗所说的一般,它应当"直接受到阳光"[2]。

一五〇四年正月二十五日,艺术委员会(其中的委员有李毗Filippino Lippi,鲍梯却梨Botticelli,班吕勤Pérugin与莱渥那·特·文西等)讨论安置这座巨像的地方。依了弥盖朗琪罗底请求,人们决定把它立在"诸侯宫邸"底前面。[3] 搬运的工程交托大寺底建筑家们去办理。五月十四日傍晚,人们把《大卫像》从临时廊棚下移出来。晚上,市民向巨像投石,要击破它,当局不得不加以严密的保护。巨像慢慢地移动,系得挺直,高处又把它微微吊起,免得在移转时要抵住泥土。从Duomo广场搬到老宫前面一共费了四天光阴。五月十八日正午,终于到达了指定的场所。夜间防护的工作仍未稍懈。可是虽然那么周密,某个晚上群众底石子终于投中了《大卫像》。[4]

[1] 据伐萨利记载。
[2] 这个像在他的工作室内时,一个雕塑家想使外面的光线更适宜于这件作品,弥盖朗琪罗和他说:"不必你辛苦,最要的是直接受到阳光。"
[3] 委员会讨论此事的会议录还保存着。迄一八七三年为止,《大卫像》留在当时弥盖朗琪罗所指定的地位,在诸侯宫邸前面。以后,人们把它移到翡冷翠美术学士院底一个特别的圆亭中,因为那时代这像已被风雨侵蚀到令人担忧的程度。翡冷翠艺术协会同时提议作一个白石的摹本,放在诸侯宫邸前底原位上。
[4] 这一段记载,完全根据当时的历史,详见Pietro di Marco Parenti著《翡冷翠史》。

这便是人家往往认为值得我们作为模范的翡冷翠民族。[1]

一五〇四年,翡冷翠底诸侯把弥盖朗琪罗和莱渥那·特·文西放在敌对的立场上。

两人原不相契。他们都是孤独的,在这一点上,他们应该互相接近了。但他们觉得离开一般的人群固然很远,他们两人却离得更远。两人中更孤独的是莱渥那。他那时是五十二岁,长弥盖朗琪罗二十岁。从三十岁起,他离开了翡冷翠,那里的狂乱与热情使他不耐;他的天性是细腻精密的,微微有些胆怯,他的清明宁静与带着怀疑色彩的智慧,和翡冷翠人底性格都是不相投契的。这享乐主义者,这绝对自由绝对孤独的人,对于他的乡土,宗教,全世界,都极淡漠,他只有在一般思想自由的君主旁边才感到舒服。一四九九年,他的保护人 Ludovic le More 下台了,他不得不离别米兰。一五〇二年,他投效于 César Borgia 幕下;一五〇三年,这位亲王在政治上失势了,他又不得不回到翡冷翠。在此,他的讥讽的微笑正和阴沉狂热的弥盖朗琪罗相遇,而他正激怒他。弥盖朗琪罗,整个地投入他的热情与信仰之中的人,痛恨他的热情与信仰底一切敌人,而他尤其痛恨毫无热情毫无信仰的人。莱渥那愈伟大,弥盖朗琪罗对他愈怀着敌意;他亦绝不放过表示敌意的机会。

"莱渥那面貌生得非常秀美,举止温文尔雅。有一天他和一个朋友在翡冷翠街上闲步;他穿着一件玫瑰红的外衣,一直垂到膝盖;修剪得很美观的鬈曲的长须在胸前飘荡。在 Santa Trinità

---

[1] 大卫底圣洁的裸体使翡冷翠人大感局促。一五四五年,人们指责《最后之审判》中的猥亵(因为其中全是裸体的人物)时,写信给他道:"仿效翡冷翠人底谦恭罢,把他们身体上可羞的部分用金叶遮掩起来。"

寺旁，几个中产者在谈话，他们辩论着但丁底一段诗。他们招呼莱渥那，请他替他们辨明其中的意义。这时候弥盖朗琪罗在旁走过。莱渥那说：'弥盖朗琪罗会解释你们所说的那段诗。'弥盖朗琪罗以为是有意嘲弄他，冷酷地答道：'你自己解释罢，你这曾做过一座铜马底模塑，[1]不会铸成铜马而你居然不觉羞耻地就此中止了的人！'——说完，他旋转身走了。莱渥那站着，脸红了。弥盖朗琪罗还以为未足，满怀着要中伤他的念头，喊道：'而那些混帐的米兰人竟会相信你做得了这样的工作！'"[2]

是这样的两个人，行政长官 Soderini 竟把他们安置在一件共同的作品上：即诸侯宫邸中会议厅底装饰画。这是文艺复兴两股最伟大的力底奇特的争斗。一五○四年五月，莱渥那开始他的《Anghiari 战役》底图稿[3]。一五○四年八月，弥盖朗琪罗受命制作那《Cascina 战役》[4]。全个翡冷翠为了他们分成两派。——但是时间把一切都平等了。两件作品全都消灭了。[5]

[1] 这是隐指莱渥那没有完成的 Francesco Sforza 大公底雕像。
[2] 一个同时代人底记录。
[3] 这战役是翡冷翠人打败米兰人的一仗。这个题目是故意使莱渥那难堪的，因为他在米兰有那么多的朋友与保护人。
[4] 亦名《比士之战》。
[5] 弥盖朗琪罗底图稿于一五○五年画到壁上，到了一五一二年梅迭西斯卷土重来时的暴乱中便毁掉了。这件作品只有从零星的摹本中可以窥见一斑。——至于莱渥那底一幅，莱渥那自己够把它毁灭了。他为求技巧完美起见，试用一种油膏，但不能持久；那幅画后来因他灰心而丢弃，到一五五○年时已不存在了。弥盖朗琪罗这时代（一五○一~一五○五）底作品，尚有《圣母》《小耶稣》二座浮雕，现存伦敦王家美术院与翡冷翠 Bargello 博物馆；——《勃吕勃之圣母》，一五○六年时被弗拉芒商人购去；——还有现存 Uffizi 博物馆的《圣家庭》那幅大水胶画，是弥氏最经最美之作。他的清教徒式的严肃，他的英雄的调子，和莱渥那底懒散肉感的艺术极端相反。

一五○五年三月，弥盖朗琪罗被教皇于勒二世召赴罗马。从此便开始了他生涯中的英雄的时代。

两个都是强项、伟大的人，当他们不是凶狠地冲突的时候，教皇与艺术家生来便是相契的。他们的脑海中涌现着巨大的计划。于勒二世要令人替他造一个陵墓，和古罗马城相称的。弥盖朗琪罗为这个骄傲的思念激动得厉害。他怀抱着一个巴比仑式的计划，要造成一座山一般的建筑，上面放着硕大无朋的四十余座雕像。教皇兴奋非凡，派他到加拉尔地方去，在石厂中斫就一切必需的白石。在山中弥盖朗琪罗住了八个多月。他完全被一种超人的狂热笼罩住了。"一天他骑马在山中闲逛，他看见一座威临全景的山头：他突然想把它整个地雕起来，成为一个巨大无比的石像，使海中远处的航海家们也能望到……如果他有时间，如果人家答应他，他定会那么做。"[1]

[1] 据 Condivi 记载。

一五〇五年十二月，他回到罗马，他所选择的大块白石亦已开始运到，安放在圣比哀尔场（圣彼得广场）上，弥盖朗琪罗所住的 Santa-Caterina 底后面。"石块堆到那么高大，群众为之惊愕，教皇为之狂喜。"弥盖朗琪罗埋首工作了。教皇不耐烦地常来看他，"和他谈话，好似父子那般亲热"。为更便于往来起见，他令人在梵谛刚宫底走廊与弥盖朗琪罗底寓所中间造了一顶浮桥，使他可以随意在秘密中去看他。

但这种优遇并不如何持久。于勒二世底性格和弥盖朗琪罗底同样无恒。他一忽儿热心某个计划，一忽儿又热心另一个绝然不同的计划。另一个计划于他显得更能使他的荣名垂久：他要重建圣比哀尔大寺（圣彼得大教堂）。这是弥盖朗琪罗底敌人们怂恿他倾向于这新事业的，那些敌人数不在少，而且都是强有力的。他们中间的首领是一个天才与弥盖朗琪罗相仿而意志更坚强的人物：勃拉芒德（布拉曼特，Bramante d' Urbin），他是教皇底建筑家，拉斐尔底朋友。在两个理智坚强的翁勃里伟人与一个天才犷野的翡冷翠人中间，毫无同情心可言。但他们所以决心要打倒他，[1] 无疑是因为他曾向他们挑战之故。弥盖朗琪罗毫无顾忌地指摘勃拉芒德，说他在工程中舞弊。[2] 那时勃拉芒德便决意要剪除他。

他使他在教皇那边失宠。他利用于勒二世底迷信；在他面前说据普通的观念，生前建造陵墓是大不祥的。他居然使教皇对于弥盖朗琪罗底计划冷淡了下来，而乘机献上他自己的计划。一五〇六年正月，于勒二世决定重建圣比哀尔大寺。陵墓的事情搁置了，弥盖朗琪罗不独被压倒了，而且为了他在作品方面所化的钱负了不少债务。[3] 他悲苦地怨艾。教皇不再见他了；他为了工程的事情去求见时，于勒二世教他的马弁把他逐出梵谛刚宫。

目击这幕情景的吕克主教，和马弁说：

——"你难道不认识他么？"

马弁向弥盖朗琪罗说：

——"请原谅我，先生，但我奉命而行，不得不如此。"

---

[1] 至少是勃拉芒德有此决心。至于拉斐尔，他和勃拉芒德交情太密了，不得不和他取一致行动，但说拉斐尔个人反对弥盖朗琪罗却并无实据。只是弥盖朗琪罗确言他也加入阴谋："我和教皇于勒所发生的争执全是勃拉芒德与拉斐尔嫉妒的缘果：他们设法要压倒我；实在，拉斐尔也是主动的人，因为他在艺术上所知道的，都是从我这里学去的。"（一五四二年十月弥氏给一个不可考的人的信）

[2] Condivi，因为他对于弥盖朗琪罗的盲目的友谊，也猜疑着说："勃拉芒德被逼着去损害弥盖朗琪罗，第一是因为嫉妒，第二是因为他怕弥盖朗琪罗对他的判断，他是知道他的过失的人。大家知道，勃拉芒德极爱享乐，挥霍无度。不论他在教皇那边的薪给是如何高，他总不够化，于是他设法在工程方面舞弊，用劣等的材料筑墙，于坚固方面是不够的。这情形，大家可以在他所主持的圣比哀尔建筑中鉴别出来，……近来好些地方都在重修，因为已在下沉或将要下沉。"

[3] "当教皇转变了念头，而运货船仍从加拉尔地方把石块运到时，我不得不自己来付钱。同时我从翡冷翠雇来的斫石匠们也到了罗马；正当我在教皇支配给我的屋子中安排他们的住处与用具时，我的钱化完了，我处于极大的窘境中。……"（一五四二年十月的信）

弥盖朗琪罗回去上书教皇：

"圣父，今天早上我由你圣下底意旨被逐出宫。我通知你自今日起，如果你有何役使，你可以教人到罗马以外的任何区处找我。"

他把信寄发了，喊着住在他家里的一个石商和一个石匠，和他们说：

"去觅一个犹太人，把我家里的一切全卖给他，以后再到翡冷翠来。"

于是他上马出发。[1] 教皇接到了信，派了五个骑兵去追他，晚上十一点钟时在 Poggibonsi 地方追上了，交给他一道命令："接到此令，立刻回转罗马，否则将有严厉处分。"弥盖朗琪罗回答，他可以回来，如果教皇履行他的诺言；否则，于勒二世永远不必希望再看到他。[2]

[1] 一五〇六年四月十七日。
[2] 这一切叙述都是引用上述的一五四二年十月一信原文。
[3] 有人把这首十四行诗认为是一五一一年作的，但我仍以为放在这个时期较为适当。

他把一首十四行诗寄给教皇[3]：

"吾主，如果俗谚是对的，那真所谓'非不能也，是不欲也'。你相信了那些谎话与谗言，对于真理底敌人，你却给他酬报。至于我，我是，我曾是你的忠实的老仆，我的皈依你好比光芒之于太阳；而我所费掉的时间并不使你感动！我愈劳苦，你愈不爱我。我曾希望靠了你的伟大而伟大，曾希望你的公正的度量与威严的宝剑将是我唯一的裁判人而非听从了谎骗的回声。但上

[4] "枯索的树"隐喻于勒二世系族底旗号上的图案。

天把德性降到世上之后，老是把它作弄，仿佛德性只当在一棵枯索的树上企待果实。"[4]

于勒二世底侮慢，还不止是促成弥盖朗琪罗底逃亡的唯一的

原因。在一封给 Giuliano da San Gallo 的信中，他露出勃拉芒德要暗杀他的消息。[1]

弥盖朗琪罗走了，勃拉芒德成为唯一的主宰。他的敌手逃亡底翌日，他举行圣比哀尔大寺底奠基礼。[2]他的深切的仇恨集中于弥盖朗琪罗底作品上，他要安排得使弥氏底事业永远不能恢复。他令群众把圣比哀尔场上底工场，堆着建造于勒二世陵墓的石块底区处，抢劫一空。[3]

可是，教皇为了他的雕塑家底反抗大为震怒，接连着下敕令到翡冷翠底诸侯那里，因为弥盖朗琪罗躲避在翡冷翠。诸侯教弥盖朗琪罗去，和他说："你和教皇捣蛋，即是法兰西王也不敢那么做。我们不愿为了你而和他轻启争端：因此你当回罗马去；我们将给你必要的信札，说一切对于你的无理将无异是对于我们的无理。"[4]

弥盖朗琪罗固执着。他提出条件。他要于勒二世让他建造他的陵寝，并且不在罗马而在翡冷翠工作。当于勒二世出征班罗士（Pérouse）与蒲洛涅的时候，[5]他的敕令愈来愈严厉了，弥盖朗琪罗想起到土耳其，那边的苏丹曾托法朗梭阿派教士转请他去造一座班拉地方底桥。[6]

终于他不得不让步了。一五〇六年十一月杪，他委屈地往蒲洛涅去，那时于勒二世正攻陷了城，以征服者底资格进入蒲洛涅城。

---

[1] "这还不是使我动身的唯一的原因；还有别的事情，为我不愿讲述的。此刻只须说我想如果我留在罗马，这城将成为我的坟墓，而不是教皇底坟墓了。这是我突然离开的主因。"
[2] 一五〇六年四月十八日。
[3] 见一五四二年十月信。
[4] 同上。
[5] 一五〇六年八月终。
[6] Condivi 记载：一五〇四年，弥盖朗琪罗已有到土耳其去的念头。一五一九年，他和 Andrinopole 诸侯来往，他要他去替他作画。我们知道莱渥那·特·文西也曾有过到土耳其去的意念。

"一个早上，弥盖朗琪罗到 San Petronio 寺去参与弥撒礼。教皇底马弁瞥见他，给认识了，把他引到于勒二世前面，他正在 Seize 宫内用餐。教皇发怒着和他说：'是你应当到罗马去晋谒我们的；而你竟等我们到蒲洛涅来访问你！'——弥盖朗琪罗跪下，高声请求宽赦，说他的行动并非由于恶意而是因为被逐之后愤怒之故。教皇坐着，头微俯着，脸上满布着怒气；一个翡冷翠诸侯府派来为弥盖朗琪罗说情的主教上前说道：'务望圣下不要把他的蠢事放在心上；他为了愚昧而犯罪。所有的画家除了艺术之外，在一切事情上都是一样的。'教皇暴怒起来，大声呼喝道：'你竟和他说即是我们也不敢和他说的侮辱的话。你才是愚昧的……滚开，见你的鬼罢！'——他留着不走，教皇底侍役上前一阵拳头把他撵走了。于是，教皇底怒气在主教身上发泄完了，令弥盖朗琪罗近前去，宽赦了他。"[1]

[1] Condivi 记载。

不幸，为与于勒二世言和起见，还得依从他任性的脾气；而这专横的意志已重新转变了方向。此刻他已不复提及陵墓问题，却要在蒲洛涅建立一个自己的铜像了。弥盖朗琪罗虽然竭力声明"他一些也不懂得铸铜的事"，也是无用。他必得学习起来，又是艰苦的工作。他住在一间很坏的屋子里，他，两个助手 Lapo 与 Lodovico，和一个铸铜匠 Bernardino，三个人只有一张床。十五个月在种种烦恼中度过了。Lapo 与 Lodovico 偷盗他，他和他们闹开了。

"Lapo 这坏蛋，他写信给他的父亲说，告诉大家说是他和 Lodovico 两人做了全部的作品或至少是他们和我合作的。在我没有把他们撵出门外之前，他们脑筋中不知道他们并非是主人；直到我把他们逐出时,他们才明白是为我雇用的。如畜牲一般,我把他们赶走了。"[1]

> [1] 一五〇七年二月八日给他父亲的信。

Lapo 与 Lodovico 大为怨望;他们在翡冷翠散布谣言,攻击弥盖朗琪罗,甚至到他父亲那里强索金钱,说是弥盖朗琪罗偷他们的。

接着是那铸铜匠显得是一个无用的家伙。

"我本信 Bernardino 师父会铸铜的,即不用火也会铸,我真是多么信任他。"

一五〇七年六月,铸铜的工作失败了。铜像只铸到腰带部分。一切得重行开始。弥盖朗琪罗到一五〇八年二月为止,一直在干这件作品。他的健康为之损害了。

"我几乎没有用餐的时间",他写信给他的兄弟说,"……我在极不舒服极痛苦的情景中生活;除了夜以继日地工作之外,我甚么也不想;我曾经受过那样的痛苦,现在又受着这样的磨难,竟使我相信如果再要我作一个像,我的生命将不够了:这是巨人底工作。"[2]

> [2] 一五〇七年十一月十日给他兄弟的信。

这样的劳作却获得了可悲的结果。一五〇八年二月在 San Petronio 寺前建立的于勒二世像,只有四年底寿命。一五一一年十二月,它被于勒二世底敌人 Bentivogli 党人毁灭了;残余的古铜被 Alphonse d'Este 收买去铸大炮。

弥盖朗琪罗回到罗马。于勒二世命他做另一件同样意想不到同样艰难的工程。对于这个全不懂得壁画技术的画家,教皇命他去作西施庭教堂底天顶画。人们可以说他简直在发不可能的命令,而弥盖朗琪罗居然会执行。

似乎又是勃拉芒德,看见弥盖朗琪罗回来重行得宠了,故把这件事情作难他,使他的荣名扫地。[1]即在这一五〇八年,弥氏底敌手拉斐尔在梵谛刚宫开始 Stanze 那组壁画,获得极大的成功,故弥盖朗琪罗底使命尤其来得危险,因为他的敌人已经有了杰作摆在那里和他挑战。[2]他用尽方法辞谢这可怕的差使,他甚至提议请拉斐尔代替他:他说这不是他的艺术,他绝对不会成功的。但教皇尽是固执着,他不得不让步。

勃拉芒德为弥盖朗琪罗在西施庭教堂内造好了一个台架,并且从翡冷翠招来好几个有壁画经验的画家来帮他忙。但上面已经说过,弥盖朗琪罗不能有任何助手。他开始便说勃拉芒德底台架不能用,另外造了一个。至于从翡冷翠招来的画家,他看见便头痛,甚么理由也不说,把他们送出门外。"一个早上,他把他们所画的东西尽行毁掉;他自己关在教堂里,他不愿再开门让他们进来,即在他自己家里也躲着不令人见。当这场玩笑似乎持续到够久时,他们沮丧万分,决意回翡冷翠去了。"[3]

弥盖朗琪罗只留着几个工人在身旁;[4]但困难不独没有减煞他的胆量,反而使他把计划扩大了,他决意在原定的天顶之外,更要画四周的墙壁。

一五〇八年五月十日,巨大的工程开始了。黯淡的岁月,——这整个生涯中最黯淡最崇高的岁月!这是传说上的弥盖

---

[1] 这至少是 Condivi 底意见。但我们应得注意在弥盖朗琪罗没有逃到蒲洛涅之前,要他作西施庭壁画的问题已经提起过了,那时节勃拉芒德对于这计划并未见欢欣,因为他正设法要他离开罗马。(一五〇六年五月 Pietro Rosselli 致弥盖朗琪罗书)

[2] 在一五〇八年四月至九月中间,拉斐尔画成了所谓"诸侯厅"中的壁画。其中有《雅典学派》,《圣体争辩》等诸名作。

[3] 见伐萨利记载。

[4] 在弥盖朗琪罗一五一〇年致父亲书中,他曾提及他的助手,甚么也不能做的话,"只要人家去服侍他……当然我不能管这些!我自己已感到帮助的人不够!他使我受苦如一头畜牲"。

朗琪罗，西施庭底英雄，他的伟大的面目应当永远镂刻在人类底记忆之中。

他大感痛苦。那时代底信札证明他的狂乱的失望，决非他神明般的思想能够解救的了：

"我的精神处在极度的苦恼中。一年以来，我从教皇那里没有拿到一文钱；我甚么也不向他要求，因为我的工作进行的程度似乎还不配要求酬报。工作迟缓之故，因为技术上发生困难，因为这不是我的内行。因此我的时间是枉费了的。神佑我！"[1]

[1] 一五〇九年正月二十七日致他的父亲书。

他才画完《洪水》一部，作品已开始发霉：人物底面貌辨认不清。他拒绝继续下去。但教皇一些也不原谅。他不得不重行工作。

在他一切疲劳与烦恼之外，更加上他的家族底纠缠。全家都靠了他生活，滥用他的钱，拼命的压榨他。他的父亲不停地为了钱的事情烦闷，呻吟。他不得不费了许多时间去鼓励他，当他自己已是病苦不堪的时候。

"你不要烦躁罢，这并非是人生遭受侮弄的事情……只要我自己还有些少东西，我决不令你短少什么……即使你在世界上所有的东西全都丧失了，只要我存在，你必不至有何缺乏……我宁愿自己贫穷而你活着，决不愿具有全世界底金银财富而你不在人世。……如你不能和其余的人一样在世界上争得荣誉，你当以有你的面包自足；不论贫与富，当和基督一起生活，如我在此地所做的那样；因为我是不幸的，我可既不为生活发愁亦不为荣誉——即为了世界——苦恼；然而我确在极大的痛苦，与无穷的猜忌中度日。十五年以来，我不曾有过一天好日子，我竭力支撑你；而你从未识得，也从未相信。神宽恕你们众人！我准备在未来，在我存在的时候，永远同样的做人，只要我能够！"[1]

[1] 致他的父亲书（一五〇九至一五一二年间）。

他的三个弟弟都依赖他。他们等他的钱，等他为他们觅一个地位；他们毫无顾忌地浪费他在翡冷翠所积聚的小资产；他们更到罗马来依附他；Buonarroto 与 Giovan Simone 要他替他们购买一份商业的资产，Gismondo 要他买翡冷翠附近的田产。而他们绝不感激他：似乎这是他欠他们的债。弥盖朗琪罗知道他们在剥削他；但他太骄傲了，不愿拒绝他们而显出自己的无能。那些坏蛋还不安分守己呢。他们行动乖张，在弥盖朗琪罗不在家的时候虐待他们的父亲。于是弥盖朗琪罗暴跳起来。他把他的兄弟们当作顽童一般看待，鞭笞他们。必要时他也许会把他们杀死。

[2] Giovan Simone 对他的父亲横施暴行。弥盖朗琪罗写信给他的父亲说："在你的信中我知道一切和 Simone 底行为。十年以来，我不曾有过比这更坏的消息。……如果我能够，即在收到信的那天，我将跨上马，把一切都整顿好了。但我既然不能如此做，我便写信给他。但如果他不改性，如果他拿掉家里的一支牙签，如果他做任何你所厌恶的事情，请你告诉我；我将向教皇请假，我将回来。"（一五〇九年春）

"Giovan Simone,[2]

"常言道：与善人行善会使其更善，与恶人行善会使其更恶。几年以来，我努力以好言好语和温柔的行动使你改过自新，和父亲与我们好好地过活，而你却愈来愈坏了……我或能细细地和你说，但这不过是空言而已。现在不必多费口舌，只要你确切知道你在世界上甚么也没有；因为是我为了上帝的缘故维持你的生活，因为我相信你是我的兄弟和其余的一样。但我此刻断定你不是我的兄弟；因为如果是的，那么你不会威胁我的父亲。你真可说是一头畜牲,我将如对待畜牲一般对待你。须知一个人眼见他的父亲被威胁或被虐待的时候,应当为了他而牺牲生命……这些事情做得够了!……我告诉你,世界上没有一件东西是你所有的;如果我再听到关于你的什么话,我将籍没你的财产,把不是你所挣来的房屋田地放火烧掉;你不是你自己理想中的人物。如果我到你面前来,我将给你些东西使你会痛哭流涕,使你明白你靠了什么才敢这么逞威风……如果你愿改过,你愿尊敬你的父亲,我将帮助你如对于别的兄弟一样,而且不久之后,我可以替你盘下一家商店。但你如不这样做,我将要清理你,使你明白你的本来面目,使你确确实实知道你在世上所有的东西……完了!言语有何欠缺的地方,我将由事实来补足。

弥盖朗琪罗于罗马。

"还有两行。十二年以来,我为了全意大利过着悲惨的生活,我受着种种痛苦,我忍受种种耻辱,我的疲劳毁坏我的身体,我把生命经历着无数的危险,只为要帮扶我的家庭;——现在我才把我们的家业稍振,而你却把我多少年来受着多少痛苦建立起来的事业在一小时中毁掉!……像基督一般!这不算什么!因为我可以把你那样的人——不论是几千几万——分裂成块块,如果是必要的话。——因此,要乖些,不要把对你具有多少热情的人逼得无路可走!"[1]

[1] 这封信底日期有人说是一五〇九年春,有人说是一五〇八年七月。注意这时候 Giovan Simone 已是三十岁的人了,弥盖朗琪罗只长他四岁。

以后是轮到 Gismondo 了:

"我在这里,过的是极度苦闷,极度疲劳的生活。任何朋友也没有，而且我也不愿有……极少时间我能舒舒服服地用餐。不要再和我说烦恼的事情了；因为我再不能忍受分毫烦恼了。"[1]

[1] 一五〇九年十月十七日致 Gismondo 书。

末了是第三个兄弟，Buonarroto，在 Strozzi 底商店中服务的，问弥盖朗琪罗要了大宗款项之后，尽情挥霍，而且以"用的比收到的更多"来自豪：

"我极欲知道你的忘恩负义，"弥盖朗琪罗写信给他道，"我要知道你的钱是从何而来的；我要知道：你在 Santa Maria Nuova 银行里支用我的二百二十八金币与我寄回家里的另外好几百金币时，你是否明白在用我的钱，是否知道我历尽千辛万苦来支撑你们。我极欲知道你曾否想过这一切！——如果你还有相当的聪明来承认事实，你将决不会说：'我用了我自己的许多钱。'也决不会再到此地来和我纠缠而一些也不回想起我已往对于你们的行为。你应当说：'弥盖朗琪罗知道没有写信给我们，他是知道的；如果他现在没有信来，他定是被什么我们所不知道的事务耽搁着！我们且耐性罢。'当一匹马在尽力前奔的时候，不该再去蹴它，要它跑得不可能地那么快。然而你们从未认识我，而且现在也不认识我。神宽宥你们！是他赐我恩宠，曾使我能尽力帮助你们。但只有在我不复在世的时候，你们才会识得我。"[2]

这便是薄情与妒羡的环境，使弥盖朗琪罗在剥削他的家庭和不息地中伤他的敌人中间挣扎苦斗。而他，在这个时期内，完成了西施庭底英雄的作品。可是他化了何等可忍的代价！差一些他要放弃一切而重新逃跑。他自信快死了。[3] 他也许愿意这样。

[2] 一五一三年七月三十日致 Buonarroto 书。
[3] 一五一二年八月信。

教皇因为他工作迟缓和固执着不给他看到作品而发怒起来。他们傲慢的性格如两朵阵雨时的乌云一般时时冲撞。"一天",Condivi述说,"于勒二世问他何时可以画完,弥盖朗琪罗依着他的习惯答道:'当我能够的时候。'教皇怒极了,把他的杖打他,口里反复地说:'当我能够的时候!当我能够的时候!'

"弥盖朗琪罗跑回家里准备行装要离开罗马了。于勒二世马上派了一个人去,送给他五百金币,竭力抚慰他,为教皇道歉。弥盖朗琪罗接受了道歉。"

但翌日,他们又重演一番。一天,教皇终于愤怒地和他说:"你难道要我把你从台架上倒下地来么?"弥盖朗琪罗只得退步;他把台架撤去了,揭出作品,那是一五一二年底诸圣节日。

那盛大而黯淡的礼节,这祭亡魂的仪式,与这件骇人的作品底开幕礼,正是十分适合;因为作品充满着生杀一切的神底精灵,——这挟着疾风雷雨般的气势横扫天空的神,带来了一切生命底力。[1]

---

[1] 关于弥盖朗琪罗底作品在另书解释了,此处不赘。

二 力底崩裂

从这件巨人底作品中解放出来,弥盖朗琪罗变得光荣了,支离破灭了。成年累月地仰着头画西施庭底天顶,"他把他的目光弄坏了,以至好久之后,读一封信或看一件东西时他必得把它们放在头顶上才能看清楚"[1]。

他把自己的病态作为取笑的资料：

……
我的胡子向着天，
我的头颅弯向着肩，
胸部像头枭。
画笔上滴下的颜色
在我脸上形成富丽的图案。
腰缩向腹部底位置，
臀部变做秤星，维持我全身重量底均衡。
我再也看不清楚了，
走路也徒然摸索几步。
我的皮肉，在前身拉长了，
在后背缩短了，
仿佛是一张叙利亚底弓。
……[2]

我们不当为这玩笑的口气蒙蔽。弥盖朗琪罗为了变得那样丑而深感痛苦。像他那样的人，比任何人都更爱慕肉体美的人，丑是一桩耻辱。[3] 在他的一部分恋歌中，我们看出他的愧恶之情。[4] 他的悲苦之所以尤其深刻，

---

[1] 伐萨利记载。
[2] 诗集卷九。这首以诙谐情调写的诗是一五一〇年七月作的。
[3] Henry Thode 在他的 *Michelangelo und das Ende der Renaissance*（一九〇二，Berlin）中提出这一点，把弥氏的性格看得很准确。
[4] "……既然吾主把人死后的肉体交给灵魂去受永久的平和或苦难，我祈求他把我的肉体——虽然它是丑的，不论在天上地下——留在你的旁边；因为一颗爱的心至少和一个美的脸庞有同等价值。"（诗集卷一百零九，第十二首）
"上天似乎正因为我在美丽的眼中变得这么丑而发怒。"（诗集卷一百零九，第九十三首）

是因为他一生被爱情煎熬着；而似乎他从未获得回报。于是他自己反省，在诗歌中发泄他的温情与痛苦。

自童年起他就作诗，这是他热烈的需求。他的素描，信札，散页上面满涂着他的反复推敲的思想底痕迹。不幸，在一五一八年时，他把他的青年时代底诗稿焚去大半；有些在他生前便毁掉了。可是他留下的少数诗歌已足唤引起人们对于他的热情的概念。[1]

最早的诗似乎是于一五〇四年左右在翡冷翠写的[2]：

"我生活得多么幸福，爱啊，只要我能胜利地抵拒你的疯癫！而今是可怜！我涕泪沾襟，我感到了你的力……"[3]

一五〇四与一五一一年底，或即是写给同一个女子的两首情诗，含有多少悲痛的表白：

"谁强迫我投向着你……噫！噫！噫！……紧紧相连着么？可是我仍是自由的！……"[4]

"我怎么会不复属于我自己呢？喔神！喔神！喔神！……谁把我与我自己分离？……谁能比我更深入我自己？喔神！喔神！喔神！……"[5]

一五〇七年十二月自蒲洛涅发的一封信底背后，写着下列一首十四行诗，其中肉欲底表白，令人回想起鲍梯却梨底形象：

"鲜艳的花冠戴在她的金发之上，它是何等幸福！谁能够，和鲜花轻抚她的前额一般，第一个亲吻她？终日紧束着她的胸部长袍真是幸运。金丝一般的细发永不厌倦地掠着她的双颊与

---

[1] 弥盖朗琪罗全部诗集底第一次付印是在一六二三年，由他的侄孙在翡冷翠发刊的。这一部版本错讹极多。一八六三年，Cesare Guasti 在翡冷翠发刊第一部差不多是正确的版本。但唯一完全的科学的版本，当推 Dr. Karl Frey 于一八九七年在柏林刊行的一部。本书所申引依据的，亦以此本为准。
[2] 在同一页纸上画有人与马的交战图。
[3] 诗集卷二。
[4] 诗集卷五。
[5] 诗集卷六。

蟠颈。金丝织成的带子温柔地压着她的乳房，它的幸运更是可贵。腰带似乎说：'我愿永远束着她……'啊！……那么我的手臂又将怎样呢！"[1]

在一首含有自白性质的亲密的长诗中[2]——在此很难完全引述的——弥盖朗琪罗在特别放纵的辞藻中诉说他的爱情底悲苦：

"一日不见你，我到处不得安宁。见了你时，仿佛是久饥的人逢到食物一般……当你向我微笑，或在街上对我行礼……我像火药一般燃烧起来……你和我说话，我脸红，我的声音也失态，我的欲念突然熄灭了。……"[3]

接着是哀呼痛苦的声音：

"啊！无穷的痛苦，当想起我多么爱恋的人绝不爱我时，我的心碎了！怎么生活呢？……"[4]

下面几行，是他写在梅迭西斯家庙中的圣母像画稿旁边的：

"太阳底光芒耀射着世界，而我却独自在阴暗中煎熬。人皆欢乐，而我，倒在地下，浸在痛苦中，呻吟，嚎哭。"[5]

弥盖朗琪罗底强有力的雕塑与绘画中间，爱的表现是阙如的；在其中他只诉说他的最英雄的思想。似乎把他心底弱点混入作品中间是一桩羞耻。他只把它付托给诗歌。是在这方面应当寻觅藏在犷野的外表之下的温柔与怯弱的心：

---

[1] 诗集卷七。
[2] 据 Frey 氏意见，此诗是一五三一至一五三二年之作，但我认为是早年之作。
[3] 诗集卷三十六。
[4] 诗集卷十三。另一首著名的情诗，由作曲家 Bartolommeo Tromboncino 于一五一八年前谱成音乐的，亦是同时期之作："我的宝贝，如果我不能求得的援助，如果我没有了你，我如何能有生活的勇气？呻吟着，哭泣着，叹息着，我可怜的心跟踪着你，夫人，并且向你表显我不久将要临到的死，和我所受的苦难。但离别永不能使我忘掉我对你的忠诚，我让我的心和你在一起：我的心已不复是我的了。"（诗集卷十一）
[5] 诗集卷二十二。

"我爱:我为何生了出来?"[1]

西施庭工程告成了,于勒二世死了,[2] 弥盖朗琪罗回到翡冷翠,回到他念念不忘的计划上去:于勒二世底坟墓。他签订了十七年中完工的契约。[3] 三年之中,他差不多完全致力于这件工作。[4] 在这个相当平静的时期——悲哀而清明的成熟时期,西施庭时代底狂热镇静了,好似波涛汹涌的大海重归平复一般,——弥盖朗琪罗产生了最完美的作品,他的热情与意志底均衡实现得最完全的作品:《摩西像》[5] 与现藏卢佛宫的《奴隶像》。[6]

可是这不过是一刹那而已:生命底狂潮几乎立刻重复掀起;他重新堕入黑夜。

新任教皇雷翁十世,竭力要把弥盖朗琪罗从宣扬前任教皇的事业上转换过来,为他自己的宗族歌颂胜利。这对于他只是骄傲底问题,无所谓同情与好感;因为他的伊壁鸠鲁派的精神不会了解弥盖朗琪罗底忧郁的天才[7];他全部的恩宠都加诸拉斐尔一人身上。但

---

[1] 诗集卷一百零九,第三十五首。试把这些爱情与痛苦几乎是同义字的情诗,和肉感的,充满着青春之气的拉斐尔底十四行诗(写在《圣体争辩》图稿反面的)作一比较。
[2] 于勒二世死于一五一三年二月二十一日,正当西施庭天顶画落成后三个月半。
[3] 契约订于一五一三年三月六日。——这新计划较原来的计划更可惊,共计巨像三十二座。
[4] 在这时期内,弥盖朗琪罗似乎只接受一件工作——米纳佛基督像。
[5] 《摩西像》是在预定计划内竖在于勒二世陵墓第一层上的六座巨像之一。直到一五四五年,弥盖朗琪罗还在做这作品。
[6] 《奴隶像》共有二座,弥盖朗琪罗一五一三年之作,一五四六年时他赠与 Roberto Strozzi,那是一个翡冷翠底共和党人,那时正逃亡在法国,《奴隶像》即由他转赠给法兰西王法朗梭阿一世,今存卢佛美术馆。
[7] 他对于弥盖朗琪罗并非没有温情的表示;但弥盖朗琪罗使他害怕。他觉得和他一起非常局促。Sébastien del Piombo 在写给弥氏的信中说:"当教皇讲起你时,仿佛在讲他的一个兄弟;他差不多眼里满含着泪水。他和我说你们是一起教养长大的(弥氏幼年在梅迭西斯学校中的事情已见前文叙述),而他不承认认识你爱你,但你要知道你使一切的人害怕,甚至教皇也如此。"(一五二〇年十月二十七日)在雷翁十世底宫廷中,人们时常把弥盖朗琪罗作为取笑的资料。他写给拉斐尔保护人 Bibbiena 大主教的一封信,措辞失当,使他的敌人们引为大乐。Sébastien 和弥氏说:"在宫中,人家在谈论你的信;它使大家发笑。"(一五二〇年七月三日书)

完成西施庭的人物却是意大利底光荣；雷翁十世要役使他。

他向弥盖朗琪罗提议建造翡冷翠底梅迭西斯家庙。弥盖朗琪罗因为要和拉斐尔争胜——拉斐尔利用他离开罗马的时期把自己造成了艺术上的君王底地位，[1]——不由自主地听让这新的锁链系住自己了。实在，他要担任这一件工作而不放弃以前的计划是不可能的，他永远在这矛盾中挣扎着。他努力令自己相信他可以同时进行于勒二世底陵墓与圣洛朗查教堂——即梅迭西斯家庙。他打算把大部分工作交给一个助手去做，自己只塑几个主要的像。但由着他的习惯，他慢慢地放弃这计划，他不肯和别人分享荣誉。更甚于此的是，他还担忧教皇会收回成命呢；他求雷翁十世把他系住在这新的锁链上。[2]

当然他不能继续于勒二世底纪念建筑了。但最可悲的是连圣洛朗查教堂也不能建立起来。拒绝和任何人合作犹以为未足，由着他的可怕的脾气，要一切由他自己动手的愿欲，他不留在翡冷翠做他的工作，反而跑到加拉尔地方去监督斫石工作。他遇着种种困难，梅迭西斯族人要用最近被翡冷翠收买的比德拉桑太石厂底出品。因为弥盖朗琪罗主张用加拉尔底白石，故他被教皇诬指为得贿；[3]为

---

[1] 勃拉芒德死于一五一四年。拉斐尔受命为重建圣比哀尔寺的总监。

[2] "我要把这个教堂底屋面，造成为全意大利底建筑与雕塑取法的镜子。教皇与大主教（于勒·特·梅迭西斯，即未来的教皇克莱芒七世）必须从速决定到底要不要我做，是或否。如果他们要我做，那么应当签订一张合同……Messer Domenico，关于他们的主意，请你给我一个切实的答复，这将是我的欢乐中最大的欢乐。"（一五一七年七月致 Domenico Buoninsegni）一五一八年正月十九日，教皇与他签了约，弥盖朗琪罗应允在八年中交出作品。

[3] 一五一八年二月二日，大主教于勒·特·梅迭西斯致书弥盖朗琪罗，有云："我们疑惑你莫非为了私人的利益袒护加拉尔石厂而不愿采用比德拉桑太底白石……我们告诉你，不必任何解释，圣下的旨意要完全采用比德拉桑太底石块，任何其他的都不要……如果你不这么做，将是故意违反圣下与我们底意愿，我们将极有理由地对你表示严重的愤怒……因此，把这种固执从你头脑里驱逐出去罢。"

要服从教皇底意志，弥盖朗琪罗又受加拉尔人底责难，他们和航海工人联络起来；以至他找不到一条船肯替他在日纳与比士（比萨）中间运输白石。[1] 他逼得在连亘的山中和荒确难行的平原上造起路来。当地的人又不肯拿出钱来帮助筑路费。工人一些也不会工作，这石厂是新的，工人亦是新的。弥盖朗琪罗呻吟着：

"我在要开掘山道把艺术带到此地的时候，简直在干和令死者复活同样为难的工作。"[2]

然而他挣扎着：

"我所应允的，我将冒着一切患难而实践；我将做一番全意大利从未做过的事业，如果神助我。"

多少的力，多少的热情，多少的天才枉费了！一五一八年九月杪，他在萨拉伐柴地方，因为劳作过度，烦虑太甚而病了。他知道在这苦工生活中健康衰退了，梦想枯竭了。他日夜为了热望终有一日可以开始工作而焦虑，又因为不能实现而悲痛。他受着他所不能令人满意的工作压榨。[3]

"我不耐烦得要死，因为我的恶运不能使我为所欲为……我痛苦得要死，我做了骗子般的勾当，虽然不是由于我自己的过失……"[4]

回到翡冷翠，在等待白石运到的时期中，他万分自苦；但阿诺河干涸着，满载石块的船只不能进口。

---

[1] "我一直跑到日纳地方去寻觅船只……加拉尔人买通了所有的船主人……我不得不往比士去。……"（见一五一八年四月二日弥盖朗琪罗致于尔白诺书）——"我在比士租的船永远没有来。我想人家又把我作弄了：这是我一切事情上的命运！喔，我离开加拉尔的那一天那一时刻真该诅咒啊！这是我的失败底原因……"（一五一八年四月十八日书）

[2] 一五一八年四月十八日书。——几个月之后："山坡十分峭险，而工人们都是蠢极的；得忍耐着！应得要克服高山，教育人民……"（一五一八年九月致斐里加耶书）

[3] 指米纳佛基督像与于勒二世底陵墓。

[4] 一五一八年十二月二十一日致阿昂大主教书。——四个仅仅动工的巨像，预备安放在于勒二世墓上的《奴隶像》似乎是这一期底作品。

终于石块来了：这一次，他开始了么？——不。他回到石厂去。他固执着在没有把所有的白石堆聚起来成一座山头——如以前于勒二世的陵墓那次一般——之前他不动工。他把开始的日期一直捱延着；也许他怕开始。他不是在应允的时候太夸口了么？在这巨大的建筑工程中，他不太冒险么？这绝非他的内行；他将到哪里去学呢？此刻，他是进既不能，退亦不可了。

费了那么多的心思，还不能保障运输白石底安全。在运往翡冷翠的六支巨柱式的白石中，四支在路上裂断了，一支即在翡冷翠当地。他受了他的工人们底欺骗。

末了，教皇与梅迭西斯大主教眼见多少宝贵的光阴白白费掉在石厂与泥泞的路上，感着不耐烦起来。一五二○年三月十日，教皇一道敕谕把一五一八年命弥盖朗琪罗建造圣洛朗查教堂底契约取销了。弥盖朗琪罗只在派来代替他的许多工人到达比德拉桑太地方的时候才知道消息。他深深地受了一个残酷的打击。

"我不和大主教计算我在此费掉的三年光阴，"他说，"我不和他计算我为了这圣洛朗查作品而破产。我不和他计算人家对我的侮辱：一下子委任我做，一下子又不要我做这件工作，我不懂为什么缘故！我不和他计算我所损失的开支的一切……而现在，这件事情可以结束如下：教皇雷翁把已经斫好石块的山头收回去，我手中是他给我的五百金币，还有是人家还我的自由！"[1]

但弥盖朗琪罗所应指摘的不是他的保护人们而是他自己，他很明白这个。最大的痛苦即是为此。他和自己争斗。自

---

[1] 一五二○年书信。

一五一五至一五二〇年中间，在他的力量底丰满时期，洋溢着天才的顶点，他做了些甚么？——黯然无色的米纳佛基督像，——一件没有弥盖朗琪罗底成分的弥盖朗琪罗底作品！——而且他还没有把它完成。[1]

自一五一五至一五二〇年中间，在这伟大的文艺复兴底最后几年中，在一切灾祸尚未摧毁意大利底美丽的青春之时，拉斐尔画了 Loges 室、火室以及各式各种的杰作，建造 Madame 别墅，主持圣比哀尔寺底建筑事宜，领导着古物发掘的工作，筹备庆祝节会，建立纪念物，统治艺术界，创办了一所极发达的学校；而后他在胜利的勋功伟业中逝世了。[2]

[1] 弥盖朗琪罗把完成这座基督像的工作交付给他蠢笨的学生于尔白诺，他把它弄坏了。（见一五二一年九月六日 Sébastien del Piombo 致弥盖朗琪罗书）罗马底雕塑家 Frizzi 胡乱把它修葺了。这一切忧患并没阻止弥盖朗琪罗在已往把他磨折不堪的工作上更加上新的工作。一五一九年十月二十日，他为翡冷翠学院签具公函致雷翁十世，要求把留在拉伐纳的但丁遗物运回翡冷翠，他自己提议"为神圣的诗人建造一个纪念像"。

[2] 一五二〇年四月六日。

他的幻灭的悲苦，枉费时日底绝望，意志底破裂，在他后来的作品中完全反映着：如梅迭西斯底坟墓，与于勒二世纪念物上的新雕像。[3]

[3] 指《胜利像》。

自由的弥盖朗琪罗，终生只在从一个羁绊转换到另一个羁绊，从一个主人换到另一个主人中，消磨过去。大主教于勒·特·梅迭西斯，不久成为教皇克莱芒七世，自一五二〇至一五三四年间主宰着他。

人们对于克莱芒七世曾表示严厉的态度。当然，和所有的教皇一样，他要把艺术和艺术家作为夸扬他的宗族的工具。但弥盖朗琪罗不应该对他如何怨望。没有一个教皇曾这样爱他。没有一个教皇曾对他的工作保有这么持久的热情。[1] 没有一个教皇曾比他更了解他的意志底薄弱,和他那样时时鼓励他振作,阻止他枉费精力。即在翡冷翠革命与弥盖朗琪罗反叛之后,克莱芒对他的态度也并没改变。[2] 但要医治侵蚀这颗伟大的心的烦躁,狂乱,悲观,与致命般的哀愁,却并非是他权力范围以内的事。一个主人慈祥有何用处?他毕竟是主人啊!……

"我服侍教皇,"弥盖朗琪罗说,"但这是不得已的。"[3]

少许的荣名和一二件美丽的作品又算得甚么?这和他所梦想的境界距离得那么远!……而衰老来了。在他周围,一切阴沉下来。文艺复兴快要死灭了。罗马将被野蛮民族来侵略蹂躏。一个悲哀的神底阴影慢慢地压住了意大利底思想。弥盖朗琪罗感到悲剧的时间底将临;他被悲怆的苦痛闷塞着。

把弥盖朗琪罗从他焦头烂额的艰难中拯拔出来之后,克莱芒七世决意把他的天才导入另一条路上去,为他自己所可以就近监督的。他委托他主持梅迪西斯家庙与坟墓底建筑。[4] 他要他专心服务。他甚至劝他加入教派,[5] 致送他一笔教会俸金。弥盖朗琪罗拒绝了;但克莱芒七世仍是按月致送他薪给,比他所要求的多出三倍,又赠与他一所邻近圣洛朗的屋子。

[1] 一五二六年,弥盖朗琪罗必得每星期写信给他。
[2] Sébastien del Piombo 在致弥盖朗琪罗的信中写道:"他崇拜你所做的一切;他把他所有的爱来爱你的作品。他讲起你时那么慈祥恺恻,一个父亲也不会对他的儿子有如此的好感。"(一五三一年四月二十九日)——"如果你愿到罗马来,你要做什么便可做什么,大公或王……你在这教皇治下有你的名分,你可以作主人,你可以随心所欲。"(一五三一年十二月五日)
[3] 见弥盖朗琪罗致侄儿 Lionardo 书(一五四八)。

[4] 工程在一五二一年三月便开始了,但到于勒·特·梅迪西斯大主教登极为教皇时起才积极进行。这是一五二三年十一月十九日的事,从此是教皇克莱芒七世(Clément VII)了。最初的计划包含四座坟墓:Laurent le Magnifique 底,他的兄弟于里安底,他的儿子底和他的孙子底。一五二四年,克莱芒七世又决定加入雷翁十世底棺椁和他自己底。
同时,弥氏被任主持圣洛朗图书馆底建筑事宜。
[5] 这里是指法朗梭阿教派。(见一五二四年正月二日 Fattucci 以教皇名义给弥盖朗琪罗书)

一切似乎很顺利，教堂底工程也积极进行，忽然弥盖朗琪罗放弃了他的住所，拒绝克莱芒致送他的月俸。[1]他又灰心了。于勒二世底承继人对他放弃已经承应的作品这件事不肯原谅；他们恐吓他要控告他，他们提出他的人格问题。诉讼底念头把弥盖朗琪罗吓倒了；他的良心承认他的敌人们有理，责备他自己爽约：他觉得在尚未偿还他所化去的于勒二世的钱之前，他决不能接受克莱芒七世底金钱。

"我不复工作了，我不再生活了。"他写着。[2]他恳求教皇替他向于勒二世底承继人们疏通，帮助他偿还他们的钱：

"我将卖掉一切，我将尽我一切的力量来偿还他们。"

或者，他求教皇允许他完全去干于勒二世底纪念建筑：

"我要解脱这义务的企望比之求生的企望更切。"

[1] 一五二四年三月。
[2] 一五二五年四月十九日，弥盖朗琪罗致教皇管事 Giovanni Spina 书。
[3] 一五二五年十月二十四日，弥氏致 Fattucci 书。
[4] 一五二四年三月二十二日 Fattucci 致弥氏书。

一想起如果克莱芒七世崩逝，而他要被他的敌人控告时，他简直如一个孩子一般，他绝望地哭了：

"如果教皇让我处在这个地位，我将不复能生存在这世界上……我不知我写些甚么，我完全昏迷了……"[3]

克莱芒七世并不把这位艺术家底绝望如何认真，他坚持着不准他中止梅迭西斯家庙底工作。他的朋友们一些也不懂他这种烦虑，劝他不要闹笑话拒绝俸给。有的认为他是不假思索的胡闹，大大地警告他，嘱咐他将来不要再如此使性。[4]有的写信给他：

"人家告诉我，说你拒绝了你的俸给，放弃了你的住处，停止了工作；我觉得这纯粹是疯癫的行为。我的朋友，你不菅和你自己为敌……你不要去管于勒二世底陵墓，接受俸给罢；因为他们是以好心给你的。"[1]

弥盖朗琪罗固执着。——教皇宫底司库和他戏弄，把他的话作准了：他撤销了他的俸给。可怜的人，失望了，几个月之后，他不得不重行请求他所拒绝的钱。最初他很胆怯地，含着羞耻：

"我亲爱的乔伐尼，既然笔杆较口舌更大胆，我把我近日来屡次要和你说而不敢说的话写信给你了：我还能获得月俸么？……如果我知道我决不能再受到俸给，我也不会改变我的态度；我仍将尽力为教皇工作；但我将算清我的账。"[2]

以后，为生活所迫，他再写信：

"仔细考虑一番之后，我看到教皇多么重视这件圣洛朗查底作品；既然是圣下自己答应给我的月俸，为的要我加紧工作；那么我不收受他无异是延宕工作了。因此，我的意见改变了；迄今为止我不请求这月俸，此刻为了一言难尽的理由我请求了。……你愿不愿把从答应我的那天算起把这笔月俸给我？……何时我能拿到？请你告诉我。"[3]

人家要给他一顿教训：只装作不听见。两个月之后，他还甚么都没拿到。他不得不再三声请。

他在烦恼中工作；他怨叹这些烦虑把他的想象力窒塞了：

"……烦恼使我受着极大的影响……人们不能用两只手做一件事，而头脑想着另一件事，尤其是雕塑。人家说这是要刺激我；但我说这是坏刺激，会令人后退的。我一年多没有收到月

[1] 一五二四年三月二十四日 Lionardo Sellajo 致弥氏书。
[2] 一五二四年弥氏致教皇管事 Giovanni Spina 书。
[3] 一五二五年八月二十九日弥氏致前人书。

俸，我和穷困挣扎：我在我的忧患中是十分孤独；而且我的忧患是那么多，比艺术使我操心得更厉害！我无法获得一个服侍我的人。"[1]

克莱芒七世有时为他的痛苦所感动了。他托人向他致意，表示他深切的同情。他担保"在他生存的时候将永远优遇他"。[2]但梅迪西斯族人们底无可救治的轻佻性又来纠缠着弥盖朗琪罗，他们非惟不把他的重负减轻一些，反又令他担任其他的工作：其中有一个无聊的巨柱，顶上放一座钟楼。[3]弥盖朗琪罗为这件作品又费了若干时间的心思。——此外他时时被他的工人、泥水匠、车夫们麻烦，因为他们受着一般八小时工作制的先驱的宣传家底诱惑。[4]

同时，他日常生活底烦恼有增无减。他的父亲年纪愈大，脾气愈坏；一天，他从翡冷翠底家中逃走了，说是他的儿子把他赶走的。弥盖朗琪罗写了一封美丽动人的信给他[5]：

"至爱的父亲，昨天回家没有看见你，我非常惊异；现在我知道你在怨我说我把你逐出的，我更惊异了。从我生下来到今日，我敢说从没有做任何足以使你不快的事——无论大小——的用意；我所受的一切痛苦，我是为爱你而受的……我一向保护你。……没有几天之前，我还和你说，只要我活着，我将竭我全力为你效命；我此刻再和你说一次，再答应你一次。你这么快的忘掉了这一切，真使我惊骇。三十年来，你知道我永远

[1] 一五二五年十月二十四日弥氏致Fattucci书。
[2] 一五二五年十二月二十三日Pier Paolo Marzi以克莱芒七世名义致弥氏书。
[3] 一五二五年十月至十二月间书信。
[4] 一五二六年六月十七日弥氏致Fattucci书。
[5] 此信有人认为是一五二一年左右的，有人认为是一五一六年左右的。

对你很好,尽我所能,在思想上在行动上。你怎么能到处去说我赶走你呢?你不知道这是为我出了怎样的名声吗?此刻,我烦恼得尽够了,再也用不到增添;而这一切烦恼我是为你而受的!你报答我真好!……可是万物都听天由命罢:我愿使我自己确信我从未使你蒙受耻辱与损害;而我现在求你宽恕,就好似我真的做了对你不起的事一般。原宥我罢,好似原宥一个素来过着放浪生活作尽世上所有的恶事的儿子一样。我再求你一次,求你宽恕我这悲惨的人儿;只不要给我这逐出你的名声;因为我的名誉对于我的重要是你所意想不到的:无论如何,我终是你的儿子!"

如此的热爱,如此的卑顺,只能使这老人底易怒性平息一忽。若干时以后,他说他的儿子偷了他的钱。弥盖朗琪罗被逼到极端了,写信给他[1]:

> [1] 一五二三年六月书信。

"我不复明白你要我怎样。如果我活着使你讨厌,你已找到了摆脱我的好方法,你不久可以拿到你认为我掌握着的财宝的钥匙。而这个你将做得很对;因为在翡冷翠大家知道你是一个巨富,我永远在偷你的钱,我应当被罚:你将大大地被人称颂!……你要说我什么就尽你说尽你喊罢,但不要再写信给我;因为你使我不能再工作下去。你逼得我向你索还二十五年来我所给你的一切。我不愿如此说;但我终于被逼得不得不说!……仔细留神……一个人只死一次的,他再不能回来补救他所作的错事。你是要等到死底前日才肯忏悔。神佑你!"

这是他在家族方面所得的援助。

"忍耐啊!"他在给一个朋友的信中叹息着说,"只求神不要把并不使他不快的事情使我不快。"[1]

在这些悲哀苦难中,工作不进步。当一五二七年全意大利发生大政变的时候,梅迭西斯家庙中的塑像一个也没有造好。[2] 这样,这个一五二〇至一五二七年间的新时代只在他前一时代底幻灭与疲劳上加上了新的幻灭与疲劳,对于弥盖朗琪罗十年以来,没有完成一件作品,实现一桩计划的欢乐。

[1] 一五二六年六月十七日弥氏致 Fattucci 书。
[2] 同一封信内,说一座像已开始了,还有其他棺龛旁边的四座象征的人像与圣母像亦已动工。

三 绝望

对于一切事物和对于他自己的憎厌,把他卷入一五二七年在翡冷翠爆发的革命漩涡中。

弥盖朗琪罗在政治方面的思想,素来亦是同样的犹疑不决,他的一生,他的艺术老是受这种精神状态底磨难。他永远不能使他个人的情操和他所受的梅迭西斯底恩德相妥协。而且这个强项的天才在行动上一向是胆怯的;他不敢冒险和人世底权威者在政治的与宗教的立场上斗争。他的书信即显出他老是为了自己与为了家族在担忧,怕会干犯甚么,万一他对于任何专制的行为说出了甚么冒昧的批评,[3] 他立刻加以否认。他时时刻刻写信给他的家族,嘱咐他们留神,一遇警变马上要逃:

[3] 一五一二年九月书信中说及他批评梅迭西斯底联盟者,帝国军队劫掠伯拉多事件。

"要像疫疠盛行的时代那样,在最先逃的一群中逃……生命较财产更值价……安分守己,不要树立敌人,除了上帝以外不要相信任何人,并且对于无论何人不要说好也不要说坏,因为事情底结局是不可知的;只顾经营你的事业……甚么事也不要参加。"[1]

他的弟兄和朋友都嘲笑他的不安,把他当作疯子看待。[2]

"你不要嘲笑我,"弥盖朗琪罗悲哀地答道,"一个人不应该嘲笑任何人。"[3]

实在,他永远的心惊胆战并无可笑之处。我们应该可怜他的病态的神经,它们老是使他成为恐怖底玩具;他虽然一直在和恐怖战斗,但他从不能征服它。危险临到时,他的第一个动作是逃避,但经过一番磨难之后,他反而更要强制他的肉体与精神去忍受危险。况他比别人更有理由可以恐惧,因为他更聪明,而他的悲观成分亦只使他对于意大利底厄运预料得更明白。——但要他那种天性怯弱的人去参与翡冷翠底革命运动,真需要一种绝望底激动,揭穿他的灵魂底底蕴的狂乱才会可能呢。

这颗灵魂虽然那么富于反省,深自藏纳,却是充满着热烈的共和思想。这种境地,他在热情激动或信托友人的时候,会在激烈的言辞中流露出来,——特别是他以后和朋友 Luigi del Riccio, Antonio Petreo 和 Donato Giannotti 诸人的谈话,为 Giannotti 在他的《关于但丁神曲的对语》中所引述的。[4] 朋友们觉得奇怪,为何但丁把 Brutus 与 Cassius 放在地狱中最后的一层,而把 César

---

[1] 一五一二年九月弥氏致弟 Buonarroto 书。
[2] 一五一五年九月弥氏致弟 Buonarroto 书:"我并非是一个疯子,像你们所相信的那般。……"
[3] 一五一二年九月十日弥氏致弟 Buonarroto 书。
[4] 一五四五年间事。弥盖朗琪罗底 Brutus 胸像便是为 Donato Giannotti 作的。一五三六年,在那部《关于但丁神曲的对语》前数年,亚历山大·特·梅迭西斯被洛朗齐诺刺死,洛朗齐诺被人当作 Brutus 般的加以称颂。

倒放在他们之上（意即受罪更重）。当友人问起弥盖朗琪罗时，他替刺杀暴君的武士辩护道[1]：

"如果你们仔细去读首段的诗篇，你们将看到但丁十分明白暴君底性质，他也知道暴君所犯的罪恶是神人共殛的罪恶。他把暴君们归入'凌虐同胞'的一类，罚入第七层地狱，沉入鼎沸的腥血之中。……既然但丁承认这点，那么说他不承认 César 是他母国底暴君而 Brutus 与 Cassius 是正常地诛戮自是不可能了；因为杀掉一个暴君不是杀了一个人而是杀了一头人面的野兽。一切暴君丧失了人所共有的同类之爱，他们已丧失了人性；故他们已非人类而是兽类了。他们的没有同类之爱是昭然若揭的；否则，他们决不至掠人所有以为己有，决不至蹂躏人民而为暴君。……因此，诛戮一暴君的人不是乱臣贼子亦是明显的事，既然他并不杀人，乃是杀了一头野兽。由是，杀掉 César 的 Brutus 与 Cassius 并不犯罪。第一，因为他们杀掉一个为一切罗马人所欲依照法律而杀掉的人。第二，因为他们并不是杀了一个人，而是杀了一头野兽。"[2]

因此，罗马被西班牙王 Charles-Quint 攻陷[3]与梅迭西斯宗室被逐[4]的消息，传到翡冷翠，激醒了当地人民底国家意识与共和观念以至揭竿起义的时候，弥盖朗琪罗便是翡冷翠革命党底前锋之一。即是那个平时教他的家族避免政治如避免疫疠一般的人，兴奋狂热到甚么也不怕的程度。他便留在那革命与疫

[1] 朋友们所讨论的主题是要知道但丁在地狱中过多少日子：是从星期五晚到星期六晚呢，抑是星期四晚到星期日早晨？他们去请教弥盖朗琪罗，他比任何人更了解但丁底作品。

[2] 弥盖朗琪罗并辩明暴君与世袭君王或与立宪诸侯之不同："在此我不是指那些握有数百年权威的诸侯或是为民众底意志所拥戴的君王而言，他们的统治城邑，与民众底精神完全和洽……"
[3] 一五二七年五月六日。
[4] 一五二七年五月十七日梅迭西斯宗室中的伊巴里德与亚历山大被逐。

疬底中心区翡冷翠。他的兄弟 Buonarroto 染疫而亡,死在他的臂抱中。[1] 一五二八年十月,他参加守城会议。一五二九年正月十日,他被任为防守工程的督造者。四月六日,他被任(任期一年)为翡冷翠卫成总督。六月,他到比士,亚莱查,列何纳等处视察城堡。七八两月中,他被派到法拉尔地方去考察那著名的防御,并和防御工程专家,当地的大公讨论一切。

[1] 一五二八年七月二日。

弥盖朗琪罗认为翡冷翠防御工程中最重要的是 San Miniato 山岗;他决定在上面建筑炮垒。但——不知何故——他和翡冷翠长官 Capponi 发生冲突,以至后者要使弥盖朗琪罗离开翡冷翠。[2] 弥盖朗琪罗疑惑 Capponi 与梅迭西斯党人有意要把他撵走使他不能守城,他便住在 San Miniato 不动弹了。可是他的病态的猜疑更煽动了这被围之城中底流言,而这一次的流言却并非是没有根据的。站在嫌疑地位的 Capponi 被撤职了,由 Francesco Carducci 继任长官;同时又任命不稳的 Malatesta Baglioni 为翡冷翠守军统领(以后把翡冷翠城向教皇乞降的便是他)。弥盖朗琪罗预感到灾祸将临;把他的惶虑告诉了执政官,"而长官 Carducci 非但不感谢他,反而辱骂了他一顿,责备他永远猜疑,胆怯"[3]。Malatesta 呈请把弥盖朗琪罗解职:具有这种性格的他,为要摆脱一个危险的敌人起见,是甚么都不顾虑的;而且他那时是翡冷翠的大元帅,在当地自是声势赫赫的了。弥盖朗琪罗以为自己处在危险中了;他写道:

[2] 据弥盖朗琪罗底秘密的诉白,那人是 Busini。
[3] Condivi 又言:"实在,他应该接受这好意的忠告,因为当梅迭西斯重入翡冷翠时,他被处死了。"

"可是我早已准备毫不畏惧地等待战争底结局。但九月二十一日星期二清晨,一个人到我炮垒里来附着耳朵告诉我,说我如果要逃生，那么我不能再留在翡冷翠。他和我一同到了我的家里，和我一起用餐，他替我张罗马匹，直到目送我出了翡冷翠城他才离开我。"[1]

[1] 一五二九年九月二十五日弥氏致 Battista della Palla 书。

Varchi 更补充这一段故事说："弥盖朗琪罗在三件衬衣中缝了一两千金币在内，而他逃出翡冷翠时并非没有困难，他和 Rinaldo Corsini 和他的学生 Antonio Mini 从防卫最松的正义门中逃出。"

数日后，弥盖朗琪罗说：

"究竟是神在指使我抑是魔鬼在作弄我，我不明白。"

他惯有的恐怖毕竟是虚妄的。可是他在路过 Castel nuovo 时，对前长官 Capponi 说了一番惊心动魄的话，把他的遭遇和预测叙述得那么骇人，以至这老人竟于数日之后惊悸致死。[2] 可见他那时正处在如何可怕的境界。

[2] 据 Segni 记载。

九月二十三日，弥盖朗琪罗到法拉尔地方。在狂乱中，他拒绝了当地大公底邀请，不愿住到他的宫堡中去，他继续逃。九月二十五日，他到佛尼市。当地底诸侯得悉之下，立刻派了两个使者去见他，招待他；但又是惭愧又是犷野，他拒绝了，远避在 Giudecca。他还自以为躲避得不够远。他要逃亡到法国去。他到佛尼市底当天，就写了一封急切的信，给代法王法朗梭阿一世在意大利代办艺术品的朋友 Battista della Palla：

"Battista，至亲爱的朋友，我离开了翡冷翠要到法国去；到了佛尼市，我询问路径：人家说必得要经过德国底境界，这于我是危险而艰难的路。你还有意到法国去么？……请你告诉我，请你告诉我你要我在何处等你，我们可以同走……我请求你，收到此信后给我一个答复，愈快愈好；因为我去法之念甚急，万一你已无意去，那末也请告知，以便我以任何代价单独前往……"[1]

[1] 一五二九年九月二十五日致 Battista della Palla 书。

驻佛尼市法国大使急急写信给法朗梭阿一世和蒙莫朗西元帅，促他们乘机把弥盖朗琪罗邀到法国宫廷中去留住他。法王立刻向弥盖朗琪罗致意，愿致送他一笔年俸一座房屋。但信札往还自然要费去若干时日，当法朗梭阿一世底复信到时，弥盖朗琪罗已经回到翡冷翠去了。

疯狂底热度退尽了，在 Guidecca 静寂的居留中，他尽有闲暇为他的恐怖暗自惭愧。他的逃亡，在翡冷翠喧传一时，九月三十日，翡冷翠执政官下令一切逃亡的人如于十月七日前不回来，将处以叛逆罪。在固定的那天，一切逃亡者果被宣布为叛逆，财产亦概行籍没。然而弥盖朗琪罗底名字还没有列入那张表；执政官给他一个最后的期限，驻法拉尔底翡冷翠大使 Galeotto Giugni 通知翡冷翠共和邦，说弥盖朗琪罗得悉命令的时候太晚了，如果人家能够宽赦他，他准备回来。执政官答应原宥弥盖朗琪罗；他又托矸石匠 Bastiano di Francesco 把一张居留许可证带到佛尼市交给弥盖朗琪罗，同时转交给他十封朋友的信，都是要求他回去的。[2] 在这些信中，宽宏的 Battista della Palla 尤其表示出爱国的热忱：

[2] 一五二九年十月二十二日。

"你一切的朋友，不分派别地，毫无犹豫地，异口同声地渴望你回来，为保留你的生命，你的母国，你的朋友，你的财产与你的荣誉，为享受这一个你曾热烈地希望的新时代。"

他相信翡冷翠重新临到了黄金时代，他满以为光明的前途得胜了。——实际上，这可怜人在梅迭西斯宗族重新上台之后却是反动势力底第一批牺牲者中的一个。

他的一番说话把弥盖朗琪罗底意念决定了。幸他回来了，——很慢地；因为到 Lucques 地方去迎接他的 Battista della Palla 等了他好久，以至开始绝望了。[1] 十一月二十日，弥盖朗琪罗终于回到了翡冷翠。[2] 二十三日，他的判罪状由执政官撤销了；但予以三年不得出席大会议的处分。[3]

从此，弥盖朗琪罗勇敢地尽他的职守，直至终局。他重新去就 San Miniato 底原职，在那里敌人们已轰炸了一个月了；他把山岗重行筑固，发明新的武器，把棉花与被褥覆蔽着钟楼，这样，那著名的建筑物才得免于难。[4] 人们所得到的他在围城中的最后的活动，是一五三〇年二月二十二日底消息，说他爬在大寺底圆顶上，窥测敌人底行动和视察穹窿底情状。

[1] 他又致书弥盖朗琪罗，敦促他回去。
[2] 数日前，他的俸给被执政官下令取销了。
[3] 据弥氏致 Sébastien del Piombo 书中言，他亦判处缴纳一千五百金币底罚金充公。
[4] 弥氏在致 François de Hollande 书中述道："当教皇克莱芒与西班牙军队联合围攻翡冷翠时，这般敌军被我安置在钟楼上的机器挡住了长久。一夜，我在墙底外部覆盖了羊毛袋；又一夜，我令人掘就陷坑，安埋火药，以炸死嘉斯蒂人；我把他们的断腿残臂一直轰到半空。……瞧啊！这是绘画底用处！它用作战争器械与工具；它用来轰炸与手铳得有适当的形式；它用来建造桥梁制作云梯；它尤其用来构成要塞、炮垒壕沟，陷坑与对坑底配置图……"（见 François de Hollande 著：《论罗马城中的绘画》第三编，一五四九年。）

可是预料的灾祸毕竟临到了。一五三〇年八月二日，Malatesta Baglioni 反叛了。十二日，翡冷翠投降了，城市交给了教皇底使者 Baccio Valori。于是杀戮开始了。最初几天，甚么也阻不了战胜者底报复行为；弥盖朗琪罗底最好的友人们——Battista della Palla——最先被杀。据说，弥盖朗琪罗藏在 San Niccolò-oltr'-Arno 钟楼里。他确有恐惧底理由：谣言说他曾欲毁掉梅迭西斯宫邸。但克莱芒七世一些没有丧失对于他的感情。据 Sébastien del Piombo 说，教皇知道了弥盖朗琪罗在围城时的情形后，表示非常不快；但他只耸耸肩说："弥盖朗琪罗不该如此；我从没伤害过他。"[1] 当最初的怒气消降的时候，克莱芒立刻写信到翡冷翠；他命人寻访弥盖朗琪罗，并言如他仍愿继续为梅迪西斯墓工作，他将受到他应受的待遇。[2]

弥盖朗琪罗从隐避中出来，重新为他所抗拒的人们底光荣而工作。可怜的人所做的事情还不止此呢：他为 Baccio Valori，那个为教皇做坏事的工具，和杀掉弥氏底好友 Battista della Palla 那凶手，雕塑《抽箭的阿波罗像》，[3] 不久，他更进一步，竟至否认那些流戍者，曾经是他的朋友。[4] 一个伟大的人物底可哀的弱点，逼得他卑怯地在物质的暴力前面低首，为的要使他的艺术梦得以保全。他的所以把他的暮年整个地献在为使徒比哀尔建造一座超人的纪念物上面实非无故；因他和比哀尔一样，曾多少次听到鸡鸣而痛哭。

被逼着说谎，不得不去谄媚一个 Valori，颂赞洛朗查和于尔朋大公，他的痛苦与羞愧同时迸发。他全身投入工作中，他把一切虚无底狂乱发泄在工作中。[5] 他全非在雕塑梅迪西斯宗室像，而是在雕塑他的绝望底像。当人家和他提及他的洛朗与于里安底肖像并不肖似时，他美妙地答道："千年后谁还能看出肖似不肖似？"一个，他雕作"行动"；另一个，雕作"思想"；台座上的许

---

[1] 一五三一年四月二十九日 Sébastien del Piombo 致弥氏书。
[2] Condivi 记载——一五三〇年十二月十一日起，教皇把弥盖朗琪罗底月俸恢复了。
[3] 一五三〇年秋。——此像现存翡冷翠国家美术馆。
[4] 一五四四年。
[5] 即在他一生最惨淡的几年中，弥盖朗琪罗底粗野的天性对于一向压制着他的基督教底悲观主义突起反抗，他制作大胆的异教色彩极浓厚的作品，如《被鹅狎戏着的丽达》（一五二九至一五三〇年间），本是为法拉尔大公画的，后来弥氏赠给了他的学生 Antonio Mini，他把它携到法国，据说是在一六四三年被 Sublet des Noyers 嫌其放浪而毁掉的。稍后，弥盖朗琪罗又为人绘《被爱神抚摩着的维纳斯》图稿。尚有二幅极猥亵的素描，大概亦是同时代的。

多像仿佛是两座主像底注释，——《日》与《夜》，《晨》与《暮》，——说出一切生之苦恼与憎厌。这些人类痛苦底不朽的象征在一五三一年完成了。[1]无上的讥讽啊！可没有一个人懂得。Giovanni Strozzi 看到这可惊的《夜》时，写了下列一首诗：

[1]《夜》大概是于一五三〇年秋雕塑，于一五三一年春完成的；《晨》完成于一五三一年九月，《日》与《暮》又稍后。

"夜，为你所看到妩媚地睡着的夜，却是由一个天使在这块岩石中雕成的；她睡着，故她生存着。如你不信，使她醒来罢，她将与你说话。"

弥盖朗琪罗答道：

"睡眠是甜蜜的。成为顽石更是幸福，只要世上还有罪恶与耻辱的时候。不见不闻，无知无觉，于我是最大的欢乐。因此，不要惊醒我，啊！讲得轻些罢！"[2]

在另一首诗中他又说："人们只能在天上睡眠，既然多少人底幸福只有一个人能体会到！"而屈服的翡冷翠来呼应他的呻吟了[3]：

[2] 诗集卷一百零九，第十六，十七两首。——弗莱推定二诗是作于一五四五年。
[3] 弥盖朗琪罗在此假想着翡冷翠和翡冷翠底流亡者中间的对白。
[4] 诗集卷一百零九，第四十八首。

"在你圣洁的思想中不要惶惑。相信把我从你那里剥夺了的人不会长久享受他的罪恶的，因为他中心惴惴，不能无惧。些须的欢乐，对于爱人们是一种丰满的享乐，会把他们的欲念熄灭，不若苦难会因了希望而使欲愿增长。"[4]

在此，我们应得想一想当罗马被掠与翡冷翠陷落时的心灵状态：理智底破产与崩溃。许多人底精神从此便堕入哀苦的深渊中，一蹶不振。

Sébastien del Piombo 变成一个享乐的怀疑主义者：

"我到了这个地步：宇宙可以崩裂，我可以不注意，我笑一切……我觉得已非罗马被掠前的我，我不复能回复我的本来了。"[1]

弥盖朗琪罗想自杀：

"如果可以自杀，那么，对于一个满怀信仰而过着奴隶般的悲惨生活的人，最应该给他这种权利了。"[2]

他的精神正在动乱。一五三一年六月他病了。克莱芒七世竭力抚慰他，可是徒然。他令他的秘书和 Sébastien del Piombo 转劝他不要劳作过度，勉力节制，不时出去散步，不要把自己压制得如罪人一般。[3] 一五三一年秋，人们担忧他的生命危险。他的一个友人写信给 Valori 道："弥盖朗琪罗衰弱瘦瘠了。我最近和 Bugiardini 与 Antonio Mini 谈过：我们一致认为如果人家不认真看护他，他将活不了多久。他工作太过，吃得太少太坏，睡得更少。一年以来，他老是为头痛与心病侵蚀着。"[4]——克莱芒七世认真地不安起来：一五三一年十一月二十一日，他下令禁止弥盖朗琪罗在于勒二世陵墓与梅迭西斯墓之外更做其他的工作，否则将驱逐出教，他以为如此方能调养他的身体，"使他活得更长久，以发扬罗马，他的宗族与他自己的光荣"。

他保护他，不使他受 Valori 和一般乞求艺术品的富丐们底

---

[1] 一五三一年二月二十四日 Sébastien del Piombo 致弥氏书，这是罗马被掠后第一次写给他的信："神知道我真是多么快乐，当经过了多少灾患，多少困苦和危险之后，强有力的主宰以他的恻隐之心，使我们仍得苟延残喘：我一想起这，不禁要说这是一件灵迹了……此刻，我的同胞，既然出人于水火之中，经受到意想不到的事情，我们且来感谢神罢，而这虎口余生至少也要竭力使它在宁静中度过了罢。只要幸运是那么可恶那么痛苦，我们便不应该依赖它。"那时他们的信札要受检查，故他嘱咐弥盖朗琪罗假造一个签名式。

[2] 诗集卷三十八。

[3] 一五三一年六月二十日 Pier Paolo Marzi 致弥氏书，一五三一年六月十六日 Sébastien del Piombo 致弥氏书。

[4] 一五三一年九月二十九日 Giovanni Battista di Paolo Mini 致 Valori 书。

纠缠，因为他们老是要求弥盖朗琪罗替他们做新的工作。他和他说："人家向你要求一张画时，你应当把你的笔系在脚下，在地上划四条痕迹，说：'画完成了。'"[1] 当于勒二世底承继人对于弥盖朗琪罗实施恫吓时，他又出面调解。[2] 一五三二年，弥盖朗琪罗和他们签了第四张关于于勒陵墓的契约：弥盖朗琪罗承应重新作一个极小的陵墓，[3] 于三年中完成，费用全归他个人负担，还须付出两千金币以偿还他以前收受于勒二世及其后人底钱。Sébastien del Piombo 写信给弥盖朗琪罗说："只要在作品中令人闻到你的一些气息就够。"[4]——悲哀的条件，既然他所签的约是证实他的大计划底破产，而他还须出这一笔钱！可是年复一年，弥盖朗琪罗在他每件绝望的作品中所证实的，确是他的生命底破产，整个"人生"底破产。

在于勒二世底陵墓计划破产之后，梅迭西斯墓底计划亦接着解体了，一五三四年九月二十五日，克莱芒七世驾崩。那时，弥盖朗琪罗由于极大的幸运，竟不在翡冷翠城内。长久以来，他在翡冷翠度着惶虑不安的生活；因为亚历山大·特·梅迭西斯大公恨他。不是因为他对于教皇的尊敬，[5] 他早已遭人杀害他了。自从弥盖朗琪罗拒绝为翡冷翠建造一座威临全城的

---

[1] 一五三一年十一月二十六日 Benvenuto della Volpaja 致弥氏书。
[2] 一五三二年三月十五日 Sébastien 致书弥氏有言："如你没有教皇为你作后盾，他们会如毒蛇一般跳起来噬你了。"
[3] 在此，只有以后立在 San Pietro in Vincoli 寺前的六座像了，这六座像是开始了没有完成（《摩西像》,《胜利像》，两座《奴隶像》和《Boboli 石窟像》）。
[4] 一五三二年四月六日 Sébastien del Piombo 致弥氏书。
[5] 屡次，克莱芒七世不得不在他的侄子，亚历山大·特·梅迭西斯前回护弥盖朗琪罗。Sébastien del Piombo 讲给弥氏听，说"教皇和他侄儿的说话充满了激烈的忿怒，可怖的狂乱，语气是那么严厉，难于引述"。（一五三三年八月十六日）

要塞之后，大公对他的怨恨更深了：——可是对于弥盖朗琪罗这么胆怯的人，这举动确是一桩勇敢的举动，表示他对于母国底伟大的热爱；因为建造一座威临全城的要塞这件事，是证实翡冷翠对于梅迭西斯底屈服啊！——自那时起，弥盖朗琪罗已准备听受大公方面底任何处置，而在克莱芒七世薨后，他的生命亦只是靠偶然的福，那时他竟住在翡冷翠城外。[1]从此他不复再回到翡冷翠去了。他永远和它诀别了。——梅迭西斯底家庙算是完了，它永没完成。我们今日所谓的梅迭西斯墓，和弥盖朗琪罗所幻想的，只有若干细微的关系而已。它仅仅遗下壁上装饰底轮廓。不独弥盖朗琪罗没有完成预算中的雕像[2]和绘画[3]底半数；且当他的学生们以后要重行觅得他的思想底痕迹而加以补充的时候，他连自己也不能说出它们当初的情况了[4]：是这样地放弃了他一切的计划，他一切都遗忘了。

一五三四年九月二十三日弥盖朗琪罗重到罗马，在那里一直逗留到死。[5]他离开罗马已二十一年了。在这二十一年中，他做了于勒二世墓上底三座未完成的雕像，梅迭西斯墓上底七座未完成的雕像，洛朗查堂底未完成的穿堂，圣·玛丽·特拉·米纳佛寺底未完成的《基督像》，为Baccio Valori 作的未完成的《阿波罗像》。他在他的艺术与故国中丧失了他的健康，他

---

[1] Condivi 记载。
[2] 弥盖朗琪罗部分地雕了七座像（Laurent d'Urbin 与 Julien de Nemours 底两座坟墓，《圣母像》）。他预定的"江河四座像"没有开始；而 Laurent le Magnifique 与他的兄弟 Julien 底墓像，他放弃给别人做了。
[3] 一五六三年三月十七日，伐萨利问弥盖朗琪罗，他当初想如何布置壁画。
[4] 人们甚至不知道把已塑的像放在何处，而空的壁龛中又当放入何像。受高斯莫一世之命去完成这件弥氏未完之作的 Vasari 与 Ammanati 写信问他，可是他竟想不起来。一五五七年八月弥盖朗琪罗写道："记忆与思想已跪在我的前面，在另一世界中等我去了。"
[5] 一五四六年三月二十日，弥盖朗琪罗享有罗马士绅阶级底名位。

的精力和他的信心。他失掉了他最爱的一个兄弟。[1] 他失掉了他极孝的父亲。[2] 他写了两首纪念两人的诗，和他其余的一样亦是未完之作，可是充满了痛苦与死的憧憬底热情：

"……上天把你从我们的苦难中拯救出去了。可怜我罢，我这如死一般生存着的人！……你是死在死中，你变为神明了；你不复惧怕生存与欲愿底变化：（我写到此怎能不艳羡呢？……）运命与时间原只能赐予我们不可靠的欢乐与切实的忧患，但它们不敢跨入你们的国土。没有一些云翳会使你们的光明阴暗；以后的时间不再对你们有何强暴的行为了，'必须'与'偶然'不再役使你们了。黑夜不会熄灭你们的光华；白日不论它如何强烈也绝不会使光华增强……我亲爱的父亲，由于你的死，我学习了死……死，并不如人家所信的那般坏，因为这是人生底末日，亦是到另一世界去皈依神明的第一日，永恒的第一日。在那里，我希望，我相信我能靠了神底恩宠而重行见到你，如果我的理智把我冰冷的心从尘土底纠葛中解放出来，如果像一切德性般，我的理智能在天上增长父子间的至高的爱话。"[3]

[1] 指一五二八年在大疫中死亡的 Buonarroto。
[2] 一五三四年六月。
[3] 诗集卷五十八。

人世间更无足以羁留他的东西了：艺术，雄心，温情，任何种的希冀都不能使他依恋了。他六十岁，他的生命似乎已经完了。他孤独着，他不复相信他的作品了；他对于"死"患着相思病，他热望终于能逃避"生存与欲念底变化"，"时间底暴行"和"必须与偶然的专制"。

"可怜！可怜！我被已经消逝的我的日子欺罔了……我等待太久了……时间飞逝而我老了。我不复能在死者身旁忏悔与反省

弥盖朗琪罗传 | 291

了……我哭泣也徒然……没有一件不幸可与失掉的时间相比的了……

"可怜！可怜！当我回顾我的已往时，我找不到一天是属于我的！虚妄的希冀与欲念，——我此刻是认识了，——把我羁绊着，使我哭，爱，激动，叹息——（因为没有一件致命的情感为我所不识得）——远离了真理……

"可怜！可怜！我去，而不知去何处；我害怕……如我没有错误的话，——（啊！请神使我错误了罢！）——我看到，主啊，我看到，认识善而竟作了恶的我，是犯了如何永恒的罪啊！而我只知希望……"[1]

[1] 诗集卷四十九。

下　编
舍　弃

一　爱　情

在这颗残破的心中，当一切生机全被剥夺之后，一种新生命开始了，春天重又开出鲜艳的花朵，爱情底火焰燃烧得更鲜明。但这爱情几乎全没有自私与肉感的成分。这是对于加伐丽丽底美貌底神秘的崇拜。这是对于维多利亚·高龙那底虔敬的友谊，——两颗灵魂在神明的境域中的沟通。这是对于他的无父底侄儿们底慈爱，和对于孤苦茕独的人们底怜悯。

弥盖朗琪罗对于加伐丽丽（Tommaso dei Cavalieri）底爱情确是为一般普通的思想——不论是质直的或无耻的——所不能了解的。即在文艺复兴末期底意大利，它亦引起种种难堪的传说；讽刺家拉莱汀（l'Arétin，一四九二～一五五七）甚至把这件事作种种污辱的讽喻。[1]但是拉莱汀般底诽谤——（这是永远有的）——决不能加诸弥盖朗琪罗。"那

[1] 弥盖朗琪罗底侄孙于一六二三年第一次刊行弥氏底诗集时，不敢把他致加伐丽丽的诗照原文刊入。他要令人相信这些诗是给一个女子的。即在近人底研究中，尚有人以为加伐丽丽是维多利亚·高龙那底假名。

些人把他们自己污浊的心地来造成一个他们的弥盖朗琪罗。"[1]

[1] 一五四二年十月弥盖朗琪罗书（收信人不详）。

没有一颗灵魂比弥盖朗琪罗底更纯洁。没有一个人对于爱情底观念有那么虔敬。

Condivi 曾说：

"我时常听见弥盖朗琪罗谈起爱情；在场的人都说他的言论全然是柏拉图式的。为我，我不知道柏拉图底主张；但在我和他那么长久那么亲密的交谊中，我在他口中只听到最可尊敬的言语，可以抑灭青年人底强烈的欲火的言语。"

可是这柏拉图式的理想并无文学意味也无冷酷的气象：弥盖朗琪罗对于一切美的事物，总是狂热地耽溺的，他之于柏拉图式的爱的理想亦是如此。他自己知道这点，故他有一天在谢绝他的友人 Giannotti 底邀请时说：

"当我看见一个具有若干才能或思想的人，或一个为人所不为言人所不言的人时，我不禁要热恋他，我可以全身付托给他，以至我不再是属于我的了。……你们大家都是那么富有天禀，如果我接受你们的邀请，我将失掉我的自由；你们中每个人都将分割我的一部分。即是跳舞与弹琴的人，如果他们擅长他们的艺术，我亦可听凭他们把我摆布！你们的作伴，不特不能使我休息，振作，镇静，反将使我的灵魂随风飘零；以至几天之后，我可以不知道死在哪个世界上。"[2]

[2] 见 Donato Giannotti 著 *Dialogi*（一五四五）。

思想言语声音底美既然如此诱惑他，肉体底美丽将更如何使他依恋呢！

"美貌底力量于我是怎样的刺激啊！

"世间更无同等的欢乐了！"[1]

[1] 诗集卷一百四十一。

对于这个美妙的外形底大创造家，——同时又是有信仰的人——一个美的躯体是神明般的，是蒙着肉底外衣的神底显示。好似摩西之于"热烈的丛树"一般（译者按《旧约》记摩西于热烈的丛树中见到神底显灵），他只颤抖着走近它。他所崇拜的对象于他真是一个偶像，如他自己所说的。他在他的足前匍匐膜拜；而一个伟人自愿的屈伏即是高贵的加伐丽丽也受不了，更何况美貌底偶像往往具有极庸俗的灵魂，如波琪沃（Febo di Poggio）呢！但弥盖朗琪罗甚么也看不见……他真正甚么也看不见么？——他是甚么也不愿见；他要在他的心中把已经勾就轮廓的偶像雕塑完成。

他最早的理想的爱人，他最早的生动的美梦，是一五二二年时代底贝里尼（Gherardo Perini）；[2]一五三三年他又恋着波琪沃，一五四四年，恋着勃拉琪（Cecchino dei Bracci）。[3]因此，他对于加伐丽丽的友谊并非是专一的；但确是持久而达到狂热的境界的，不独这位朋友底美姿值得他那么颠倒，即是他的德性底高尚也值得他如此尊重。

伐萨利曾言："他爱加伐丽丽甚于一切别的朋友。这是一个生在罗马的中产者，年纪很轻，热爱艺术；弥盖

[2] 贝里尼尤其被拉莱汀攻击的厉害。Frey 曾发表他的若干封一五二二年时代底颇为温柔的信："……当我读到你的信时，我觉得和你在一起：这是我唯一的愿望啊！"他自称为"你的如儿子一般的……"——弥盖朗琪罗底一首抒写离别与遗忘之苦的诗似乎是致献给他的："即在这里，我的爱使我的心与生命为之欢欣。这里，他的美眼应允助我，不久，目光却移到别处去了。这里，他和我关连着；这里他却和我分离了。这里，我无穷哀痛地哭，我看见他走了，不复顾我了。"

[3] 弥盖朗琪罗认识加伐丽丽年余之后才恋爱波琪沃，一五三三年十二月他写给他狂乱的信与诗，而这坏小子波琪沃却在复信中问他讨钱。——至于勃拉琪，他是 Luigi del Riceio 底朋友，弥盖朗琪罗认识了加伐丽丽十余年后才认识他的。他是翡冷翠底一个流戍者底儿子，一五四四年时在罗马夭折了。弥盖朗琪罗为他写了四十八首悼诗，可说是弥盖朗琪罗诗集中最悲怆之作。

朗琪罗为他作过一个肖像,——是弥氏一生唯一的画像;因为他痛恨描画生人,除非这人是美丽无比的时候。"

伐尔琪(Varchi)又说:"我在罗马遇到加伐丽丽先生时,他不独是具有无与伦比的美貌,而且举止谈吐亦是温文尔雅,思想出众,行动高尚,的确值得人家底爱慕,尤其是当人们认识他更透澈的时候。"[1]

[1] 见 Benedetto Varchi 著 Due Lezzioni(一五四九)。

弥盖朗琪罗于一五三二年秋在罗马遇见他。他写给他的第一封信,充满了热情的诉白,加伐丽丽底复信亦是十分尊严:

"我收到你的来信,使我十分快慰,尤其因为它是出我意外的缘故;我说:出我意外,因为我不相信值得像你这样的人写信给我。至于你称赞我的话,和你对于我的工作表示极为钦佩的话,我可回答你:我的为人与工作,决不能令一个举世无双的天才如你一般的人——我说举世无双,因为我不信你之外更有第二个——对一个启蒙时代的青年说出那样的话。可是我亦不相信你对我说谎。我相信,是的,我确信你对于我的感情,确是像你那样一个艺术的化身者,对于一切献身艺术爱艺术的人们所必然地感到的。我是这些人中底一个,而在爱艺术这一点上,我确是不让任何人。我回报你的盛情,我应允你;我从未如爱你一般的爱过别人,我从没有如希冀你的友谊一般希冀别人……我请你在我可以为你效劳的时候驱使我,我永远为你驰驱。

你的忠诚的 Thomao Cavalieri"[2]

[2] 一五三三年六月一日加伐丽丽致弥盖朗琪罗书。

加伐丽丽似乎永远保持着这感动的但是谨慎的语气。他直到弥盖朗琪罗临终的时候一直对他是忠诚的,他并且在场送终。弥盖朗琪罗也永远信任他；他是被认为唯一的影响弥盖朗琪罗的人，他亦利用了这信心与影响为弥氏底幸福与伟大服役。是他使弥盖朗琪罗决定完成圣比哀尔大寺穹窿底木雕模型。是他为我们保留下弥盖朗琪罗为穹窿构造所装的图样，是他努力把它实现。而且亦是他，在弥盖朗琪罗死后，依着他亡友底意志监督工程底实施。

但弥盖朗琪罗对他的友谊无异是爱情底疯狂。他写给他无数的激动的信。他是俯伏在泥尘里向偶像申诉。[1] 他称他"一个有力的天才，……一件灵迹，……时代底光明"；他哀求他"不要轻蔑他，因为他不能和他相比，没有人可和他对等"。他把他的现在与未来一齐赠给他；他更说：

"这于我是一件无穷的痛苦：我不能把我的已往也赠与你以使我能服侍你更长久，因为未来是短促的：我太老了……[2] 我相信没有东西可以毁坏我们的友谊，虽然我出言僭越；因为我远在你之下。[3]……我可以忘记你的名字如忘记我借以生存的食粮一般；是的，我比较更能忘记毫无乐趣地支持我肉体的食粮，而不能忘记支持我灵魂与肉体的你的名字，……它使我感到那样甘美甜蜜，以至我在想起你的时间内，我不感到痛苦，也不畏惧死。[4]——我的灵魂完全处在我把它给予的人底手中……[5] 如我必得要停止思念他，我信我立刻会死。"[6]

他赠给加伐丽丽最精美的礼物：

[1] 加伐丽丽底第一封信，弥盖朗琪罗在当天即答复他（即一五三三年六月一日）。这封信一共留下三份草稿。在其中一份草稿底补白中，弥盖朗琪罗写着："在此的确可以用为一个人献给另一个人的事物底名词；但为了礼制，这封信里可不能用。"——在此显然是指"爱情"这名词了。
[2] 一五三三年六月一日弥氏致加伐丽丽书。
[3] 一五三三年七月二十八日弥氏致前人书底草稿。
[4] 一五三三年七月二十八日弥氏致前人书。
[5] 弥氏致 Bartolommeo Angiolini 书。
[6] 弥氏致 Sébastien del Piombo 书。

"可惊的素描,以红黑铅笔画的头像,他在教他学习素描的用意中绘成的。其次,他送给他一座'被宙斯底翅翼举起的 Ganymède',一座'Tityos',和其他不少最完美的作品。"[1]

他也寄赠他十四行诗,有时是极美的,往往是暗晦的,其中的一部分,不久便在文学团体中有人背诵了,全个意大利都吟咏着。[2] 人家说下面一首是"十六世纪意大利最美的抒情诗"[3]:

"由你的慧眼,我看到为我的盲目不能看到的光明。你的足助我担荷重负,为我疲痿的足所不能支撑的。由你的精神,我感到往天上飞升。我的意志全包括在你的意志中。我的思想在你的心中形成,我的言语在你喘息中吐露。孤独的时候,我如月亮一般,只有在太阳照射它时才能见到。"[4]

另外一首更著名的十四行诗,是颂赞完美的友谊的最美的歌辞:

"如果两个爱人中间存在着贞洁的爱情,高超的虔敬,同等的运命,如果残酷的命运打击一个时也同时打击别个,如果一种精神一种意志统制着两颗心,如果两个肉体上的一颗灵魂成为永恒,把两个以同一翅翼挟带上天,如果爱神在一支箭上同时射中了两个人底心,如果大家相爱,如果大家不自爱,如果两人希冀他们的快乐与幸福得有同样的终局,如果千万的爱情不能及到他们的爱情底百分之一,那么一个怨恨的动作会不会永远割裂了他

---

[1] 伐萨利记载。
[2] Varchi 把两首公开了,以后他又在 *Due Lezzioni* 中刊出。——弥盖朗琪罗并不把他的爱情保守秘密,他告诉 Bartolommeo Angiolini, Sébastien del Piombo。这样的友谊一些也不令人惊奇。当勃拉琪逝世时,Riccio 向着所有的朋友发出他的爱与绝望底呼声:"哟!我的朋友 Donato!我们的勃拉琪死了。全个罗马在哭他。弥盖朗琪罗为我计划他的纪念物。请你为我写一篇祭文,写一封安慰的信给我:我的悲苦使我失掉了理智。耐心啊!每小时内,整千的人死了。喔神!命运怎样的改换了它的面目啊!"(一五四四年正月致 Donato Giannotti 书)
[3] Scheffler 言。
[4] 诗集卷一百零九,第十九首。

们的关连?"[1]

这自己底遗忘,这把自己底全生命融入爱人底全生命的热情,并不永远清明宁静的。忧郁重又变成主宰;而被爱情控制着的灵魂,在呻吟着挣扎:

"我哭,我燃烧,我磨难自己,我的心痛苦死了……"[2]

他又和加伐丽丽说:"你把我生底欢乐带走了。"[3]

对于这些过于热烈的诗,"温和的被爱的主"[4],加伐丽丽却报以冷静的安定的感情。[5]这种友谊底夸张使他暗中难堪。弥盖朗琪罗求他宽恕:

[1] 诗集卷四十四。
[2] 诗集卷五十二。
[3] 诗集卷一百零九,第十八首。
[4] 诗集卷一百。
[5] 诗集卷一百零九,第十八首。
[6] 诗集卷五十。
[7] 在一首十四行诗中,弥盖朗琪罗要把他的皮蒙在他的爱人身上。他要成为他的鞋子,把他的脚载着去踏雪。

"我亲爱的主,你不要为我的爱情愤怒,这爱情完全是奉献给你最好的德性的;因为一个人底精神应当爱慕别人底精神。我所愿欲的,我在你美丽的姿容上所获得的,决非常人所能了解的。谁要懂得它应当先认识死。"[6]

当然,这爱美的热情只有诚实的份儿。可是这热烈的惶乱[7]而贞洁的爱情底对象,全不露出癫狂与不安的情态。

在这些心力交瘁的年月之后,——绝望地努力要否定他的生命底虚无而重创出他渴求的爱,——幸而有一个女人底淡泊的感情来抚慰他,她了解这孤独地迷失在世界上的老孩子,在这苦闷欲死的心魂中,她重新灌注入若干平和,信心,理智,和凄凉地接受生与死的准备。

一五三三与一五三四年间,[8]弥

[8] 尤其在一五三三年六月至十月,当弥盖朗琪罗回到翡冷翠,与加伐丽丽离开的时节。

盖朗琪罗对于加伐丽丽的友谊达到了顶点。一五三五年，他开始认识维多利亚·高龙那。

她生于一四九二年。她的父亲叫做法勃里查·高龙那，是巴里阿诺地方底诸侯，太里阿哥查亲王。她的母亲，阿严斯·特·蒙德番尔脱洛，便是于皮诺亲王底女儿。她的门第是意大利最高贵的门第中之一，亦是受着文艺复兴精神底熏沐最深切的一族。十七岁时，她嫁给贝斯加拉侯爵，大将军法朗昔斯各·特·阿伐罗。她爱他；他却不爱她。她是不美的。[1] 人们在小型浮雕像上所看到的她的面貌是男性的，意志坚强的，严峻的：额角很高，鼻子很长很直，上唇较短，下唇微向前突，嘴巴紧闭。认识她而为她作传的 Filonico Alicarnasseo 虽然措辞婉约，但口气中也露出她是丑陋的："当她嫁给贝斯加拉侯爵的时候，她正努力在发展她的思想；因为她没有美貌，她修养文学，以获得这不朽的美，不像会消逝的其他的美一样。"——她是对于灵智的事物抱有热情的女子。在一首十四行诗中，她说"粗俗的感官，不能形成一种和谐以产生高贵心灵底纯洁的爱，他们决不能引起她的快乐与痛苦……鲜明的火焰，把我的心升华到那么崇高以至卑下的思想会使它难堪"。——实在她在任何方面也不配受那豪放而纵欲的贝斯加拉底爱的；然而，爱底盲目竟要她爱他，为他痛苦。

她的丈夫在他自己的家里就欺骗她，闹得全个拿波利都知道，她为此感到残酷的痛苦。可是，当他在一五二五年死去时，她亦并不觉得安慰。她遁入宗教，赋诗自遣。她度着修道院生

---

[1] 人家把许多肖像假定为弥盖朗琪罗替维多利亚作的，其实都没有根据。

活,先在罗马,继在拿波利,[1]但她早先并没完全脱离社会的意思:她的寻求孤独只是要完全沉浸入她的爱底回忆中,为她在诗中歌咏的。她和意大利底一切大作家 Sadolet, Bembo, Castiglione 等都有来往,Castiglione 把他的著作 *Cortegiano* 付托给她,Arioste 在他的 *Orlando* 中称颂她。一五三○年,她的十四行诗流传于整个意大利,在当时女作家中获得一个唯一的光荣的地位。隐在 Ischia 荒岛上,她在和谐的海中不绝地歌唱她的蜕变的爱情。

但自一五三四年起,宗教把她完全征服了。基督旧教底改革问题,在避免教派分裂的范围内加以澄清的运动把她鼓动了。我们不知她曾否在拿波利认识 Juan de Valdès[2];但她确被西阿纳(Bernardino Ochino)[3]底宣道所激动;她是 Pietro Carnesecchi[4], Giberti, Sadolet, Reginald Pole 和改革派中最伟大的 Gaspare Contarini[5]主教们底朋友;这 Contarini 主教曾想和新教徒们建立一种适当的妥协,曾经写出这些强有力的句子[6]:

"基督底法律是自由底法律……凡以一个人底意志为准绳的政府不能称之为政府;因为它在原质上便倾向

---

[1] 那时代她的精神上的导师是凡龙纳地方底主教 Matteo Giberti,他是有意改革宗教的第一人。他的秘书便是 Francesco Berni。

[2] Juan de Valdès 是西班牙王 Charles-Quint 底亲信秘书底儿子,自一五三四年起住在拿波利,为宗教改革运动底领袖。许多有名的贵妇都聚集在他周围。他死于一五四一年,据说在拿波利,他的信徒共有三千数人之众。

[3] Bernardino Ochino,有名的宣道者,加波生教派底副司教,一五三九年成为 Valdès 底朋友,梵氏受他的影响很多。虽然被人控告,他在拿波利,罗马,佛尼市仍继续他的大胆的宣道,群众拥护他不使他受到教会的限止。一五四二年,他正要被人以路德派党徒治罪时,自翡冷翠逃往法拉尔,又转往日内瓦,在日内瓦他改入了新教。他是维多利亚·高龙那底知友;在离去意大利时,他在一封亲密的信里把他的决心告诉了她。

[4] Pietro Carnesecchi 是克莱芒七世底秘书官,亦是 Valdès 底朋友与信徒,一五四六年,第一次被列入异教判罪人名单,一五六七年在罗马被焚死。他和维多利亚·高龙那来往甚密。

[5] Gaspare Contarini 是佛尼市底世家子,初任佛尼市,荷兰,英国,西班牙及教皇等的大使。一五三五年,教皇保尔三世任为大主教。一五四一年被派出席北欧国际会议。他和新教徒们不洽,一方面又被旧教徒猜疑。失望归来,一五四二年八月死于鲍洛逆。

[6] Henry Thode 所述。

于恶而且受着无数情欲底拨弄。不!一切主宰是理智底主宰。他的目的在以正当的途径引领一切服从他的人到达他们正当的目的:幸福。教皇底权威也是一种理智底权威。一个教皇应该知道他的权威是施用于自由人的。他不应该依了他的意念而指挥,或禁止,或豁免,但应该只依了理智底规律,神明的命令,爱底原则而行事。"

维多利亚,是联合着全意大利最精纯的意识的这一组理想主义者中的一员。她和 Renée de Ferrare 与 Marguerite de Navarre 们通信;以后变成新教徒的 Pier Paolo Vergerio 称她为"一道真理底光"。——但当残忍的 Caraffa[1] 所主持的反改革运动开始时,她堕入可怕的怀疑中去了。她是,如弥盖朗琪罗一样,一颗热烈而又怯弱的灵魂;她需要信仰,她不能抗拒教会底权威。"她持斋,绝食,苦修,以至她筋骨之外只包裹着一层皮。"[2] 她的朋友波尔(Pole)主教[3] 教她抑制她的智慧底骄傲,因了神而忘掉她自己底存在:这样,她才稍稍重行觅得平和。她用了牺牲的精神做这一切……然而她还不止牺牲她自己! 她还牺牲和她一起的朋友,她牺牲 Ochino,把他的文字送到罗马底裁判异教徒机关中去;如弥盖朗琪罗一般,这伟大的心灵为恐惧所震破了。她把她良心底责备掩藏在一种绝望的神秘主义中:

---

[1] Giampietro Caraffa 是 Chieti 底主教,于一五二四年创造 Théatin 教派;一五二八年,在佛尼市组织反宗教改革运动团体。他初时以大主教资格,继而在一五五五年起以教皇资格严厉执行新教徒底判罪事宜。

[2] 一五六六年,Carnesecchi 在异教徒裁判法庭供述语。

[3] Reginald Pole 自英国逃出,因为他与英王亨利八世冲突之故;一五三二年他经过佛尼市,成为 Contarini 底契友,以后被教皇保尔三世任为大主教。为人和蔼柔婉,他终于屈服在反改革运动之下,把 Contarini 派底自由思想者重行引入旧教。自一五四一至一五四四年间,维多利亚·高龙那完全听从他的指导,——一五五四年,他又重回英国,于一五五八年死。

"你看到我处在愚昧底混沌中,迷失在错误底陷阵里,肉体永远劳动着要寻觅休息,灵魂永远骚乱着找求平和。神要我知道我是一个毫无价值的人,要我知道一切只在基督身上。"[1]

[1] 一五四三年十二月二十二日维多利亚·高龙那致 Morone 主教书。

她要求死,如要求一种解放。——一五四七年二月二十五日她死了。

在她受着 Valdès 与 Ochino 底神秘主义熏染最深的时代,她认识弥盖朗琪罗。这女子,悲哀的,烦闷的,永远需要有人作她的依傍,同时也永远需要一个比她更弱更不幸的人,使她可以在他身上发泄她心中洋溢着的母爱。她在弥盖朗琪罗前面掩藏着她的惶乱。外表很宁静,拘谨,她把自己所要求之于他人的平和,传递给弥盖朗琪罗。他们的友谊,始于一五三五年,到了一五三八年,渐趋亲密,可完全建筑在神底领域内。维多利亚四十六岁;他六十三岁。她住在罗马圣·西凡斯德罗修院中,在冰几屋山岗之下。弥盖朗琪罗住在加伐罗岗附近。每逢星期日,他们在加伐罗岗底圣·西凡斯德罗教堂中聚会。修士巴里蒂(Ambrogio Caterino Politi)诵读《圣保尔福音》,他们共同讨论着。葡萄牙画家 François de Hollande,在他的四部绘画随录中,曾把这些情景留下真切的回忆。在他的记载中,严肃而又温柔的友谊描写得非常动人。

François de Hollande 第一次到圣·西凡斯德罗教堂中去时,他看见贝斯加拉侯爵夫人和几个朋友在那里谛听诵读圣书。弥盖朗琪罗并不在场。当圣书读毕之后,可爱的夫人微笑着向外国画家说道：

——François de Hollande 一定更爱听弥盖朗琪罗底谈话。

François 被这句话中伤了，答道：

——怎么，夫人，你以为我只有绘画方面底感觉吗？

——不要这样多心，法朗昔斯各先生，——多洛曼（Lattanzio Tolomei）说，——侯爵夫人底意思正是深信画家对于一切都感觉灵敏。我们意大利人多么敬重绘画！但她说这句话也许是要使你听弥盖朗琪罗谈话时格外觉得快乐。

François 道歉了。侯爵夫人和一个仆人说：

——到弥盖朗琪罗那边去，告诉他说我和多洛曼先生在宗教仪式完毕后留在这教堂里，非常凉快；如果他愿耗废若干时间，将使我们十分快慰……但，——她又说，因为她熟知弥盖朗琪罗底野性，——不要和他说西班牙人 François de Hollande 也在这里。

在等待仆人回来的时候，他们谈着用何种方法把弥盖朗琪罗于他不知不觉中引上绘画底谈话；因为如果他发觉了他们的用意，他会立刻拒绝继续谈话。

"那时静默了一会。有人叩门了。我们大家都恐怕大师不来，既然仆人回来得那么快。但弥盖朗琪罗那天正在望圣·西凡斯德罗的路上来，一面和他的学生于皮诺在谈哲学。我们的仆人在路上遇到了他把他引来了，这时候便是他站在门口。侯爵夫人站起来和他立谈了长久以后才请他坐在她和多洛曼之间。"

François de Hollande 坐在他旁边；但弥盖朗琪罗一些也不注意他，——这使他大为不快，François 愤愤地说：

"真是，要不使人看见的最可靠的方法，便是直站在这个人底面前。"

弥盖朗琪罗惊讶起来，望着他，立刻向他道歉，用着谦恭的态度：

"——宽恕我，法朗昔斯各先生，我没有注意到你，因为我一直望着侯爵夫人。"

侯爵夫人，稍稍停了一下，用一种美妙的艺术，开始和他谈着种种事情；谈话非常婉转幽密，一些也不涉及绘画。竟可说一个人围攻一座防守严固的城，围攻的时候颇为艰难，同时又是用了巧妙的艺术手腕；弥盖朗琪罗仿似一个被围的人，孔武有力，提防得很周密，到处设了守垒，吊桥，陷坑。但是侯爵夫人终于把他战败了。实在，没有人能够抵抗她。

"——那么，——"她说，"——应得承认当我们用同样的武器，即策略去攻袭弥盖朗琪罗时，我们永远是失败的。多洛曼先生，假若要他开不得口，而让我们来说最后一句话，那么，我们应当和他谈讼案，教皇底敕令，或者……绘画。"

这巧妙的转扭把谈锋转到艺术底领土中去了。维多利亚用很虔诚的态度去激动弥盖朗琪罗，他居然自告奋勇地开始讨论虔敬问题了。

"——我不大敢向你作这么大的要求，——"侯爵夫人答道，"——虽然我知道你在一切方面都听从抑强扶弱的救主底教导……因此，认识你的人尊重弥盖朗琪罗底为人更甚于他的作品，不比那般不认识你的人称颂你的最弱的部分，即你双手作出的作品。但我亦称誉你屡次置身场外，避免我们的无聊的谈话，你并不专画那些向你请求的王公卿相达官贵人，而几乎把你的一生全献给一件伟大的作品。"

弥盖朗琪罗对于这些恭维的话，谦虚地逊谢，乘机表示他厌恶那些多言的人与有闲的人，——诸侯或教皇——自以为可把他们的地位压倒一个艺术家，不知尽他的一生还不及完成他的功业。

接着，谈话又转到艺术底最崇高的题材方面去了，侯爵夫人以含有宗教严肃性底态度讨论着。为她，和为弥盖朗琪罗一样，一件艺术品无异是信心底表现。

"——好的画，——"弥盖朗琪罗说，"——迫近神而和神结合……它只是神底完美底钞本，神底画笔底阴影，神底音乐，神底旋律……因此，一个画家成为伟大与巧妙的大师还是不够。我想他的生活应当是纯洁的，圣的，使神明底精神得以统制他的思想……"[1]

这样，他们在圣·西凡斯德罗教堂里，在庄严宁静的会话中消磨日子，有时候，朋友们更爱到花园里去，如 François de Hollande 所描写的："坐在石凳上，旁边是喷泉，上面是桂树底荫蔽，墙上都是碧绿的蔓藤。"在那里他们凭眺罗马，全城展开在他们的脚下。[2]

可惜这些美妙的谈话并不能继续长久。贝斯加拉侯爵夫人所经受的宗教苦闷把这些谈话突然止了。一五四一年，她离开罗马，去幽闭在奥尔维多，继而是维丹勃地方底修院中去。

---

[1] 见《罗马城绘画录》第一卷。
[2] 见《罗马城绘画录》第三卷。——他们谈话底那天，教皇保尔三世底侄子 Octave Farnèse，娶 Alexandre de Mèdicis 底寡妇为妻。那次有盛大的仪仗，——十二驾古式车——在拿伏纳场上经过，全城的民众都去观光。弥盖朗琪罗和几个朋友躲在平和的圣·西凡斯德罗教堂中。

"但她时常离开维丹勃回到罗马来,只是为要访问弥盖朗琪罗。他为她的神明的心地所感动了,她使他的精神获得安慰。他收到她的许多信,都充满着一种圣洁的温柔的爱情,完全像这样一个高贵的心魂所能写的。[1]

"依了她的意念,他做了一个裸体的基督像,离开了十字架,如果没有两个天使扶掖会倒下地去的样子。圣母坐在十字架下面哭泣着;张开着手臂,举向着天。[2]——为了对于维多利亚的爱情,弥盖朗琪罗也画了一个十字架上底基督像,不是死的,但是活的,面向他的在天之父喊着'Eli!Eli!'肉体并不显得瘫痪的样子;它痉挛着在最后的痛苦中挣扎。"

[1] Condivi 记载。——实在说来,这些并不是我们所保留着的维多利亚底信,那些信当然是高贵的,但稍带冷淡。——应该要想到她的全部通信,我们只保留着五封:一封是从奥尔维多发出的,一封是从维丹勃发的,三封是从罗马发的(一五三九至一五四一年间)。
[2] 这幅画是弥盖朗琪罗以后所作的许多耶稣死像底第一幅像,也是感应这些作品底像:一五五〇至一五五五年间的翡冷翠死像,一五六三年 Rondanini 死像,一五五五至一五六〇年间的 Palestrina 死像。

现藏法国卢佛宫与英国不列颠博物馆的两张《复活像》,也许亦是受着维多利亚影响的作品。——在卢佛的那张,力士式的基督奋激地推开墓穴底石板;他的双腿还在泥土中,仰着首,举着臂,他在热情底激动中迫向着天,这情景令人回想起《奴隶像》。回到神座旁边去!离开这世界,这为他不屑一顾的惶乱的人群!终于,终于,摆脱了这无味的人生!……——不列颠博物馆中的那张素描比较更宁静,基督已经出了坟墓:他的坚实的躯干在天空翱翔;手臂交叉着,头望后仰着,眼睛紧闭如在出神,他如日光般的上升到光明中去。

这样地,维多利亚为弥盖朗琪罗在艺术上重行打开信仰底门户。更进一步,她鼓励起弥盖朗琪罗底天才,为对于加伐丽丽的爱情所激醒的。[1] 她不独使弥盖朗琪罗在他对于宗教的暗晦的感觉中获得不少指示;她尤其给他一个榜样,在诗歌中唱出宗教的热情。维多利亚底《灵智的十四行诗》便是他们初期友谊中的作品。她一面写,一面寄给她的朋友。

[1] 那时候,弥盖朗琪罗开始想发刊他的诗选。他的朋友 Luigi del Riccio 与 Donato Giannotti 给他这念头。至此为止,他一向不把他所写的东西当作重要。一五四五年起,Giannotti 为他的诗集付样;弥盖朗琪罗把他的诗加以选择;他的朋友们替他重钞。但一五四六年 Riccio 之死与一五四七年维多利亚之死使他又不关切这付印事,他似乎认为这是一种无聊的虚荣。因此,他的诗除了一小部分外,在他生时并没印行。当代底大作曲家把他的十四行诗谱成音乐。弥盖朗琪罗受着但丁底感应极深。他对于古拉丁诗人亦有深切的认识,但他的情操完全是柏拉图式底理想主义,这是他的朋友们所公认的。

他在这些诗中感到一种安慰,一种温柔,一种新生命。他给她唱和的一首十四行诗表示他对她的感激:

"幸福的精灵,以热烈的爱情,把我垂死的衰老的心保留着生命,而在你的财富与欢乐之中,在那么多的高贵的灵魂中,只抬举我一个,——以前你是那样地显现在我眼前,此刻你又这样地显现在我心底,为的要安慰我。……因此,受到了你慈悲的思念,你想起在忧患中挣扎的我,我为你写这几行来感谢你。如果说我给你的可怜的绘画已足为你赐与我的美丽与生动的创造底答报,那将是僭越与羞耻了。"[2]

[2] 一五五一年三月七日,弥盖朗琪罗写给 Fattucci 的信中有言:"十余年前,她送给我一本羊皮小册,其中包含着一百零三首十四行诗,她在维丹勃寄给我的四十首还不在内。我把它们一起装订成册……我也保有她的许多信,为她自奥尔维多与维丹勃两地写给我的。"

一五四四年夏,维多利亚重新回到罗马,居住在圣安娜修院中,一直到死。弥盖朗琪罗去看她。她热情地想念他,她想使他的生活变得舒服些有趣味些,她暗地里送他若干小礼物。但这猜疑的老人，"不愿收受任何人底礼物"[1]，甚至他最爱的人们亦不能使他破例，他拒绝了她的馈赠。

她死了，他看着她死了。他说下面的几句，足以表明他们贞洁的爱情保守拘谨到如何程度：

"我看着她死，而我没有吻她的额与脸如我吻她的手一样，言念及此，真是哀痛欲绝！"[2]

维多利亚之死，——据 Condivi 说，——使他痴呆了很久；他仿佛失去了一切知觉。

"她为我实在是一件极大的财宝，"以后他悲哀地说，"死夺去了我的一个好友。"

他为她底死写了两首十四行诗。一首是完全感染柏拉图式思想的，表示他的狂乱的理想主义，仿如一个给闪电照耀着的黑夜。弥盖朗琪罗把维多利亚比做一个神明的雕塑家底锤子，从物质上斫炼出崇高的思想：

"我的粗笨的锤子，把坚硬的岩石有时斫成一个形象，有时斫成另一个形象，这是由手执握着，指挥着的，锤子从手那里受到动作，它被一种不相干的力驱使着。但神明的锤子，却是以它惟一的力量，在天国中创造它自己的美和别的一切底美。没有一柄别的锤子能够不用锤子而自行创造的；只有这一柄使其他的一切赋有生气。因为锤子举得高，故锤击的力量愈强。所以，如果神明的锤手能够助我，他定能引我的作品到达美满的结果。迄今为止，在地上，只有她一个。"[3]

---

[1] 伐萨利记载。——有一时，他和他最好的一个朋友 Luigi del Riccio 龃龉，因为他送了他礼物之故。弥氏写信给他说："你的极端的好意，比你偷盗更使我难堪。朋友之中应该要平等，如果一个给得多些，一个给得少些，那末两人便要争执起来了。"
[2] Condivi 记载。
[3] 诗集卷一百零一。

别一首十四行诗更温柔，宣示爱情对于死的胜利：

"当那个曾使我屡屡愁叹的她离弃了世界，离弃了她自己，在我眼中消灭了的时候，'自然'觉得羞耻，而一切见过她的人哭泣。——但死啊，你今日且慢得意，以为你把太阳熄灭了！因为爱情是战胜了，爱情使她在地下，在天上，在圣者旁边再生了。可恶的死以为把她德性底回声掩蔽了，以为把她灵魂底美抑灭了。她的诗文的表示正是相反：它们把她照耀得更光明；死后，她竟征服了天国。"[1]

[1] 诗集卷一百。
[2] 弥盖朗琪罗对于维多利亚·高龙那底友谊并不是唯一的热情。这友谊还不能满足他的心灵。人家不大愿意说出这一点，恐怕要把弥盖朗琪罗理想化了。弥盖朗琪罗真是多么需要被理想化啊！——在一五三五至一五四六年间，正在弥盖朗琪罗与维多利亚友谊密切的时候，他爱了一个"美丽的与残忍的"女人，——他称之为"我的敌对的太太"。——他热烈地爱她，在她面前变得怯弱了，他几乎为了她牺牲他的永恒的幸福。他为这场爱情所苦，她玩弄他。她和别的男子卖弄风情，刺激他的嫉妒。他终于恨她了。他祈求运命把她变得丑陋而为了他颠倒，使他不爱她，以致她也为之痛苦。

在这严肃而宁静的友谊中，[2] 弥盖朗琪罗完成了他最后的绘画与雕塑底大作：《最后之审判》，巴里纳教堂壁画，与——"于勒二世陵墓"。

当弥盖朗琪罗于一五三四年离开翡冷翠住在罗马的时候，他想，因了克莱芒七世之死摆脱了一切工作，他终于能安安静静完成于勒二世底陵墓了，以后，他良心上的重负卸掉之后，可以安静地终了他的残生。但他才到罗马，又给他的新主人把他牵系住了。

保尔三世召唤他，要他供奉他。……弥盖朗琪罗拒绝了，说他不能这样做；因为他以契约的关系，受着于尔朋大公底拘束，除非他把于勒二世底陵墓完成之后。于是教皇怒道："三十年以来，我怀有这个愿望；而我现在成了教皇，反不能满足我的愿望么？我将撕掉那契约，无论如何，我要你侍奉我。"[1]

弥盖朗琪罗又想逃亡了。

"他想隐遁到日纳附近的一所修院中去，那里的阿莱里亚主教是他的朋友，也是于勒二世底朋友。他或能在那边方便地做完他的作品。他亦想起避到于尔朋地方，那是一个安静的居处，亦是于勒二世底故乡；他想当地的人或能因怀念于勒之故而善视他。他已派了一个人去，到那里买一所房子。"[2]

但，正当决定的时候，意志又没有了；他顾虑他的行动底后果，他以永远的幻梦，永远破灭的幻梦来欺骗自己：他妥协了。他重新被人牵系着，继续担负着繁重的工作，直到终局。

一五三五年九月一日，保尔三世底一道敕令，任命他为圣比哀尔底建筑绘画雕塑总监。自四月起，弥盖朗琪罗已接受《最后之审判》底工作。[3] 自一五三六年四月至一五四一年十一月止，即在维多利亚逗留罗马的时期内，他完全经营着这件事业。即在这件工作底过程中，在一五三九年，老人从台架上坠下，腿部受了重伤，"又是痛楚又是愤怒，他不愿给任何医生诊治"。[4] 他瞧不起医生，当他知道他的家族冒昧为他延医的时候，他在信札中表示一种可笑的惶虑。

[1] 伐萨利记载。
[2] Condivi 记载。
[3] 这幅巨大的壁画把西施庭教堂入口处的墙壁全部掩蔽了，在一五三三年时克莱芒七世已有这个思念。
[4] 伐萨利记载。

"幸而他坠下之后，他的朋友，翡冷翠底 Baccio Rontini 是一个极有头脑的医生，又是对于弥盖朗琪罗十分忠诚的，他哀怜他，有一天去叩他的屋门。没有人接应，他上楼，挨着房间去寻,一直寻到了弥盖朗琪罗睡着的那间。弥氏看见他来,大为失望。但 Baccio 再也不愿走了,直到把他医愈之后才离开他。"[1]

[1] 伐萨利记载。

像从前于勒二世一样,保尔三世来看他作画,参加意见。他的司礼长赛斯那伴随着他,教皇征询他对于作品的意见。据伐萨利说,这是一个非常迂执的人,宣称在这样庄严的一个场所,表现那么多的猥亵的裸体是大不敬;这是,他说,配装饰浴室或旅店的绘画。弥盖朗琪罗愤慨之余,待赛斯那走后,凭了记忆把他的肖像画在图中;他把他放在地狱中,画成判官 Minos 底形象,在恶魔群中给毒蛇缠住了腿。赛斯那到教皇前面去诉说。保尔三世和他开玩笑地说:"如果弥盖朗琪罗把你放在炼狱中,我还可设法救你出来;但他把你放在地狱里,那是我无能为力了;在地狱里是毫无挽救的了。"

可是对于弥盖朗琪罗底绘画认为猥亵的不止赛斯那一人。意大利正在提倡贞洁运动;且那时距梵罗纳士(委罗内塞)因为作了 Cène chez Simon 一画而被人向异教法庭控告的时节也不远了。[2] 不少人士大声疾呼说是有妨风化。叫嚣最厉害的要算是拉莱汀了。这个淫书作家想给贞洁的弥盖朗琪罗以一顿整饬端方的教训。[3] 他写给他一封无耻的信。他责备他"表现使一个娼家也要害羞的东

[2] 一五七三年六月间事。——梵罗纳士老老实实把《最后之审判》作为先例,辩护道:"我承认这是不好的;但我仍坚执我已经说过的话,为我,依照我的大师们给我的榜样是一件尽兴的责任。"——"那么你的大师们做过什么?也许是同样的东西吧?"——"弥盖朗琪罗在罗马,教皇御用的教堂内,把启主基督,他的母亲,圣约翰,圣比哀尔和天庭中的神明及一切人物都以裸体表现,看那圣母玛丽亚,不是在任何宗教所没有令人感应到的姿势中么?……"

[3] 这是一种报复的行为。拉莱汀曾屡次向他要索艺术品;甚至他腼颜为弥盖朗琪罗设计一张《最后之审判》底图稿。弥盖朗琪罗客客气气拒绝了这献计,而对于他要索礼物的请求装作不闻。因此,拉莱汀要显一些本领给弥盖朗琪罗看,让他知道瞧不起他的代价。

西",他又向异教法庭控告他大不敬的罪名:"因为,"他说,"破坏别人底信心较之自己底不信仰犯罪尤重"。他请求教皇毁灭这幅壁画。他在控诉状中说他是路德派的异教徒;[1]末了,更说他偷盗于勒二世底钱。这封信[2]把弥盖朗琪罗灵魂中最深刻的部分——他的虔敬,他的友谊,他的爱惜荣誉的情操——都污辱了,对于这一封信,弥盖朗琪罗读的时候不禁报以轻蔑的微笑,可也不禁愤懑地痛哭,他置之不答。无疑地他仿佛如想起某些敌人般的想:"他不值得去打击他们;因为对于他们的胜利是无足轻重的。"——而当拉莱汀与赛斯那两人对于《最后之审判》底见解渐渐占得地位时,他也毫不设法答复,也不设法阻止他们。他甚么也不说,当他的作品被视为"路德派的秽物"[3]的时候。他甚么也不说,当保尔四世要把他的壁画除下的时候。[4]他甚么也不说,当达尼哀·特·伏尔丹受了教皇之命来把他的英雄们穿上裤子的时候。[5]——人家询问他的意见。他怒气全无地回答,讥讽与怜悯的情绪交混着:"告诉教皇,说这是一件小事情,容易整顿的。只要圣下也愿意把世界整顿一下:整顿一幅画是不必费多大心力的。"——他知道他是在怎样一种热烈的信仰中完成这件作品的,在和维多利亚·高龙那底宗教谈话底感应,在这颗洁白无瑕的灵魂底掩护下。他会感到耻辱要去向那些污浊的猜度与下流的心灵辩白他在裸体人物上所寄托的英雄思想。

[1] 信中并侵及无辜的 Gherardo Perini 与 Tommaso dei Cavalieri 等(弥氏好友,见前)。
[2] 这封无耻的信,末了又加上一句含着恐吓的话,意思还是要挟他送他礼物。
[3] 一五四九年有一个翡冷翠人这么说。
[4] 一五五六年,克莱芒八世要把《最后之审判》涂掉。
[5] 一五五九年事。——达尼哀·特·伏尔丹把他的修改工作称做"穿裤子"。他是弥盖朗琪罗一个朋友。另一个朋友,雕塑家阿玛拿谛,批斥она裸体表现为猥亵。——因此,在这件事情上,弥氏底信徒们也没有拥护他。

当西施庭底壁画完成时,[1] 弥盖朗琪罗以为他终于能够完成于勒二世底纪念物了。但不知足的教皇还逼着七十岁的老人作巴里纳教堂底壁画。[2] 他还能动手做预定的于勒二世墓上的几个雕像已是侥幸的事了。他和于勒二世底承继人,签订第五张亦是最后一张的契约。根据了这张契约,他交付出已经完工的雕像,[3] 出资雇用两个雕塑家了结陵墓;这样,他永远卸掉了他的一切责任了。

他的苦难还没有完呢,于勒二世底后人不断地向他要求偿还他们以前他收受的钱。教皇令人告诉他不要去想这些事情,专心干那巴里纳教堂底壁画。他答道:

"但是,我们是用脑子不是用手作画的啊!不想到自身的人是不知荣辱的;所以只要我心上有何事故,我便作不出好东西……我一生被这陵墓连系着;我为了要在雷翁十世与克莱芒七世之前争得了结此事以至把我的青春葬送了;我的太认真的良心把我毁灭无余。我的命运要我如此!我看到不少的人每年进款达二三千金币之巨;而我,受尽了艰苦,终于是穷困。人家还要当我是窃贼!……在人前,——(我不说在神前,)——我自以为是一个诚实之士;我从未欺骗过他人……我不是一个窃贼,我是一个翡冷翠底士绅,出身高贵……当我必得要在那些混蛋面前自卫时,我变成疯了!……"[4]

---

[1] 《最后之审判》底开幕礼于一五四一年十二月二十五日举行。意大利,法国,德国,弗朗特各处都有人来参加。

[2] 这些壁画包括《圣保尔谈话》《圣比哀尔殉难》等。弥氏开始于一五四二年,在一五四四与一五四六年上因两场病症中止了若干时,到一五四九至一五五〇年间才勉强完成。伐萨利说:"这是他一生所作的最后的绘画,而且费了极大的精力;因为绘画,尤其是壁画,对于老人是不相宜的。"

[3] 最初是《摩西像》与两座《奴隶像》;但后来弥盖朗琪罗认为《奴隶像》不再适合于这个减缩的建筑,故又塑了《行动生活》与《冥想生活》以代替。

[4] 弥氏一五四二年十月书(收信人不明)。

为应付他的敌人起见，他把《行动生活》与《冥想生活》二像亲手完工了。虽然契约上并不要他这么做。

一五四五年正月，于勒二世底陵墓终于在 San Pietro in Vincoli 寺落成了。原定的美妙的计划在此存留了甚么？——《摩西像》原定只是一座陪衬的像，在此却成为中心的雕像。一个伟大计划底速写！

至少，这是完了。弥盖朗琪罗在他一生的恶梦中解放了出来。

二　信　心

维多利亚死后，他想回到翡冷翠，把"他的疲劳的筋骨睡在他的老父旁边"[1]。当他一生侍奉了几代的教皇之后，他要把他的残年奉献给神。也许他是受着女友底鼓励，要完成他最后的意愿。一五四七年一月一日，维多利亚·高龙那逝世前一月，他奉到保尔三世底敕令，被任为圣比哀尔大寺底建筑师兼总监。他接受这委任并非毫无困难；且亦不是教皇底坚持才使他决心承允在七十余岁的高年去负担他一生从未负担过的重任。他认为这是神底使命，是他应尽的义务：

"许多人以为——而我亦相信——我是由神安放在这职位上的，"他写道，"不论我是如何衰老，我不愿放弃它；因为我是为了爱戴神而服务，我把一切希望都寄托在他身上。"[2]

[1] 一五五二年九月十九日弥盖朗琪罗致伐萨利书。

[2] 一五五七年七月七日弥氏致他的侄儿李沃那陶书。

对于这件神圣的事业，任何薪给他不愿收受。

在这桩事情上，他又遇到了不少敌人：第一是圣·迦罗（桑迦罗）一派[1]，如伐萨利所说的，此外还有一切办事员，供奉人，工程承造人，被他揭发出许多营私舞弊的劣迹，而圣·迦罗对于这些却假作痴聋不加闻问。"弥盖朗琪罗，"伐萨利说，"把圣比哀尔从贼与强盗底手中解放了出来。"

> [1] 这是 Antonio da San Gallo，一五三七至一五四六年他死时为止，一直是圣比哀尔底总建筑师。他一向是弥盖朗琪罗底敌人，因为弥氏对他不留余地。为了教皇宫区内的城堡问题，他们两人曾处于极反对的地位，终于弥氏把圣·迦罗底计划取销了。后来在建造法尔奈士宫邸时，圣·迦罗已造到二层楼，一五四九年弥氏在补成时又把他原来的图样完全改过。

反对他的人都联络起来。首领是无耻的建筑师拿尼·第·摆几沃·皮琪沃（Nanni di Baccio Bigio），为伐萨利认为盗窃弥盖朗琪罗而此刻又想排挤他的。人们散布流言，说弥盖朗琪罗对于建筑是全然不懂的，只是浪费金钱，弄坏前人底作品。圣比哀尔大寺底行政委员会也加入攻击建筑师，于一五五一年发起组织一个庄严的调查委员会，即由教皇主席；监察人员与工人都来控告弥盖朗琪罗，萨尔维阿蒂与赛维尼[2]两个主教又袒护着那些控诉者。弥盖朗琪罗简直不愿申辩：他拒绝和他们辩论。——他和赛维尼主教说："我并没有把我所要做的计划通知你，或其他任何人的义务。你的事情是监察经费底支出。其他的事情与你无干。"[3]——他的不改性的骄傲从来不答应把他的计划告诉任何人。他回答那些怨望的工人道："你们的事情是泥水工，斫工，木工，做你们的事，执行我的命令。至于要知道我思想些甚么，你们永不会知道；因为这是有损我的尊严的。"[4]

> [2] 赛维尼主教即未来的教皇马赛二世（Marcel Ⅱ）。
> [3] 据伐萨利记载。
> [4] 据鲍太利（Bottari）记载。

他这种办法自然引起许多仇恨，而他如果没有教皇们底维护,[1]他将一刻也抵挡不住那些怨毒的攻击。因此,当于勒三世崩后,[2]赛维尼主教登极承继皇位的时候,他差不多要离开罗马了。但新任教皇马赛二世登位不久即崩;保尔四世承继了他。最高的保护重新确定之后,弥盖朗琪罗继续奋斗下去。他以为如果放弃了作品,他的名誉会破产,他的灵魂也堕落。他说:

"我是不由自主地被任作这件事情的。八年以来,在烦恼与疲劳中间,我徒然挣扎。此刻,建筑工程已有相当的进展,可以开始造穹窿的时候,若我离开罗马,定将使作品功亏一篑:这将是我的大耻辱,亦将是我灵魂底大罪孽。"[3]

他的敌人们丝毫不退让;而这种斗争,有时竟是悲剧的。一五六三年,在圣比哀尔工程中对于弥盖朗琪罗最忠诚的一个助手,迦太(Pier Luigi Gaeta)被抓去下狱,诬告他窃盗;他的工程总管赛沙尔(Cesare da Casteldurante)又被人刺死了。弥盖朗琪罗为报复起见,便任命迦太代替了赛沙尔底职位。行政委员会把迦太赶走,任命了弥盖朗琪罗底敌人拿尼·第·摆几沃·皮琪沃。弥盖朗琪罗大怒,不到圣比哀尔视事了。于是人家散放流言,说他辞职了;而委员会迅又委任拿尼去代替他,拿尼亦居然立刻做起主人来。他想以种种方法使这八十八岁的病危

---

[1] 一五五一年调查委员会末次会议中,弥盖朗琪罗转向着委员会主席于勒三世说:"圣父,你看,我挣得了甚么!如果我所受的烦恼无裨我的灵魂,我便白费了我的时间与痛苦。"——爱他的教皇,举手放在他的肩上,说道:"灵魂与肉体你都挣得了。不要害怕!"(据伐萨利记载)

[2] 教皇保尔三世死于一五四九年十一月十日;和他一样爱弥盖朗琪罗的于勒三世在位的时间是一五五○年二月八日至一五五五年三月二十三日。一五五五年四月九日,赛维尼大主教被选为教皇,名号为马赛二世。他登极只有几天;一五五五年五月二十三日保尔四世承继了他的皇位。

[3] 一五五五年五月十一日弥氏致他的侄儿李沃那陶书。一五六○年,受着他的朋友们底批评,他要求"人们答应卸掉他十七年来以教皇之命而且义务地担任的重负"。——但他的辞职未被允准,教皇保尔四世下令重新授予他一切权宜。——那时他才决心答应加伐丽丽底要求,把穹窿底木型开始动工。至此为止,他一直把全部计划隐瞒着,不令任何人知道。

的老人灰心。可是他不识得他的敌人。弥盖朗琪罗立刻去见教皇；他威吓说如果不替他主张公道他将离开罗马。他坚持要作一个新的侦查，证明拿尼底无能与谎言，把他驱逐。[1] 这是一五六三年九月，他逝世前四个月底事情。——这样，直到他一生底最后阶段，他还须和嫉妒与怨恨争斗。

[1] 弥盖朗琪罗逝死后翌日，拿尼马上去请求高斯莫大公，要他任命他继任弥氏底职位。

可是我们不必为他抱憾。他知道自卫；即在临死的时光，他还能够，如他往昔和他的兄弟所说的，独个子"把这些兽类裂成齑粉"。

在圣比哀尔那件大作之外，还有别的建筑工程占据了他的暮年，如：京都大寺（Capitole）[2]，Santa Maria degli Angeli 教堂[3]，翡冷翠底圣洛朗查教堂[4]，毕阿门，尤其是 San Giovanni dei Fiorentini 教堂，如其他作品一样是流产的。

[2] 弥盖朗琪罗没有看见屋前盘梯底完成。京都大寺底建筑在十七世纪时才完工的。
[3] 关于弥盖朗琪罗底教堂，今日毫无遗迹可寻。它们在十八世纪都重建过了。
[4] 人们把教堂用白石建造，而并非如弥盖朗琪罗原定的用木材建造。
[5] 一五五九至一五六○年间。

翡冷翠人曾请求他在罗马建造一座本邦底教堂；即是高斯莫大公自己亦为此事写了一封很恭维的信给他；而弥盖朗琪罗受着爱乡情操底激励，也以青年般的热情去从事这件工作。[5] 他和他的同乡们说："如果他们把他的图样实现，那么即是罗马人、希腊人也将黯然无色了。"——据伐萨利说，这是他以前没有说过以后亦从未说过的言语；因为他是极谦虚的。翡冷翠人接受了图样，丝毫不加改动。弥盖朗琪罗底一个友人，Tiberio Calcagni，在他的指导之下，作了一个教堂底木型：——"这是一件稀世之珍的艺术品，人们从未见过同样的教堂，无论在美，在富丽，在多变方面。人们开始建筑，化了五千金币。以后，钱没有了，便那么中止了，弥盖朗琪罗感着极度强烈的悲痛。"[1]教堂永远没有造成，即是那木型也遗失了。

[1] 伐萨利记载。

这是弥盖朗琪罗在艺术方面的最后的失望。他垂死之时怎么能有这种幻想，说刚刚开始的圣比哀尔寺会有一天实现，而他的作品中居然会有一件永垂千古？他自己，如果是可能的话，他就要把它们毁灭。他的最后一件雕塑，翡冷翠大寺底十字架像，表示他对于艺术已到了那么无关心的地步。他的所以继续雕塑，已不是为了艺术底信心，而是为了基督底信心，而是因为"他的力与精神不能不创造"[2]。但当他完成了他的作品时，他把它毁坏了。[3] "他将完全把它毁坏，假若他的仆人安多诺不请求赐给他的话。"[4]

这是弥盖朗琪罗在垂死之年对于艺术的淡漠的表示。

[2] 伐萨利记载。一五五三年，他开始这件作品，他的一切作品中最动人的；因为它是最亲切的；人们感到他在其中只谈到他自己，他痛苦着，把自己整个地沉入痛苦之中。此外，似乎那个扶持基督的老人，脸容痛苦的老人即是他自己的肖像。
[3] 一五五五年事。
[4] Tiberio Calcagni 从安多诺那里转买了去，又请求弥盖朗琪罗把它加以修补。弥盖朗琪罗答应了，但他没有修好便死了。
[5] 诗集卷八十一（约于一五五〇年左右）。他暮年时代底几首诗，似乎表现火焰并不如他自己所信般的完全熄灭，而他自称的"燃过的老木"有时仍有火焰显现。

自维多利亚死后，再没有任何壮阔的热情烛照他的生命了。爱情已经远去：

"爱底火焰没有遗留在我的心头。最重的病（衰老）永远压倒最轻微的：我把灵魂底翅翼折断了。"[5]

他丧失了他的兄弟和他的最好的朋友。Luigi del Riccio 死于一五四六年，Sébastien del Piombo 死于一五四七年；他的兄弟 Giovan Simone 死于一五四八年。他和他的最小的兄弟

Gismondo 一向没有甚么来往，亦于一五五五年死了。他把他的家庭之爱和暴烈的情绪一齐发泄在他的侄子——孤儿——们身上，他的最爱的兄弟 Buonarroto 底孩子们身上。他们是一男一女，男的即李沃那陶，女的叫赛加。弥盖朗琪罗把赛加送入修道院，供给她衣食及一切费用，他亦去看她；而当她出嫁时，[1]他给了她一部分财产作为奁资。[2]——他亲自关切李沃那陶底教育，他的父亲逝世时他只有九岁。冗长的通信，令人想起贝多芬与其侄儿底通信，表示他如何严肃地尽了他父辈底责任。[3]这也并非没有时时发生的暴怒。李沃那陶常常试练他的伯父底耐性；而这耐性是极易消耗的。青年底恶劣的字迹已足使弥盖朗琪罗暴跳。他认为这是对他的失敬：

"收到你的信时，从没有在开读之前不使我愤怒的。我不知你在哪里学得的书法！毫无恭敬的情操！……我相信你如果要写信给世界上最大的一头驴子，你必将写得更小心些……我把你最近的来信丢在火里了，因为我无法阅读：所以我亦不能答复你。我已和你说过而且再和你说一遍，每次我收到你的信在没有能够诵读它之前，我总是要发怒的。将来你永远不要写信给我了。如果你有什么事情告诉我，你去找一个会写字的人代你写罢；因为我的脑力需要去思虑别的事情，不能耗费精力来猜详你的涂鸦般的字迹。"[4]

天性是猜疑的，又加和兄弟们的纠葛使他更为多心，故他对于他的侄儿底阿谀与卑恭的情感并无甚么幻想：他觉得这种情感完全是小孩子底乖巧，因为他知道将来是他的遗产承继人。弥盖

---

[1] 她于一五三八年嫁给 Michele di Niccolo Guicciardini。
[2] 是他在 Pozzolatico 地方底产业。
[3] 这通信始于一五四〇年。
[4] 见一五三六至一五四八年间底书信。

朗琪罗老实和他说了出来。有一次,弥盖朗琪罗病危,将要死去的时候,他知道李沃那陶到了罗马,做了几件不当做的事情;他怒极了,写信给他:

"李沃那陶!我病时,你跑到法朗昔斯各先生那里去探听我留下些甚么。你在翡冷翠所化的我的钱还不够么?你不能向你的家族说谎,你也不能不肖似你的父亲——他把我从翡冷翠家里赶走!须知我已做好了一个遗嘱,那遗嘱上已没有你的名分。去罢,和神一起去罢,不要再到我前面来,永远不要再写信给我!"[1]

这些愤怒并不使李沃那陶有何感触,因为在发怒的信后往往是继以温言善语的信和礼物。[2]一年之后,他重新赶到罗马,被赠与三千金币的诺言吸引着。弥盖朗琪罗为他这种急促的情态激怒了,写信给他道:

"你那么急匆匆地到罗马来。我不知道,如果当我在忧患中,没有面包的时候,你会不会同样迅速地赶到。……你说你来是为了爱我;是你的责任。——是啊,这是蛀虫之爱[3]!如果你真的爱我,你将写信给我说:'弥盖朗琪罗,留着三千金币,你自己用罢:因为你已给了那么多钱,很够了;你的生命对于我们比财产更宝贵……'——但四十年来,你们靠着我活命;而我从没有获得你们一句好话……"[4]

李沃那陶底婚姻又是一件严重的问题。它占据了叔侄俩六年底时间。[5]李沃

---

[1] 一五四四年七月十一日信。
[2] 一五四九年,弥盖朗琪罗在病中第一个通知他的侄儿,说已把他写入遗嘱。——遗嘱大体是这样写的:"我把我所有的一切,遗留给 Gismondo 和你;要使我的弟弟 Gismondo 和你,我的侄儿,享有均等的权利,两个人中任何一个如不得另一个底同意,不得处分我的财产。"
[3] 原文是"L'amore del tarlo!",指他的侄儿只是觊觎遗产而爱他。
[4] 一五四六年二月六日书。他又附加着:"不错,去年,因为我屡次责备你,你寄了一小桶德莱皮诺酒给我。啊!这已使你破费得够了!"
[5] 自一五四七至一五五三年。

那陶,温良地,觊觎着遗产;他接受一切劝告,让他的叔父挑选,讨论,拒绝一切可能的机会:他似乎毫不在意。反之,弥盖朗琪罗却十分关切,仿佛是他自己要结婚一样。他把婚姻看作一件严重的事情,爱情倒是不关重要的条件;财产也不在计算之中:所认为重要的,是健康与清白。他发表他的严格的意见,毫无诗意的,极端的,肯定的:

"这是一件大事情:你要牢记在男人与女人中间必须有十岁底差别;注意你将选择的女子不独要温良,而且要健康……人家和我谈起好几个:有的我觉得合意,有的不。假若你考虑之后,在这几个中合意哪个,你当来信通知我,我再表示我的意见……你尽有选择这一个或那一个的自由,只要她是出身高贵,家教很好;而且与其有奁产,宁可没有为妙,——这是为使你们可以安静地生活……[1]一位翡冷翠人告诉我,说有人和你提起奚诺利家底女郎,你亦合意。我却不愿你娶一个女子,因为假如有钱能备奁资,他的父亲不会把她嫁给你的。我愿选那种为了中意你的人(而非中意你的资产)而把女儿嫁给你的人……你所得唯一地考虑的只是肉体与精神底健康,血统与习气底品质,此外,还须知道她的父母是何种人物:因为这极关重要。……去找一个在必要时不怕洗涤碗盏,管理家务的妻子。……至于美貌,既然你并非翡冷翠最美的男子,那么你可不必着急,只要她不是残废的或丑得不堪的就好。……"[2]

[1] 另外他又写道:"你不必追求金钱,只要好的德性与好的声名,……你需要一个和你留在一起的妻子,为你可以支使的,不讨厌的,不是每天去出席宴会的女人;因为在那里人们可以诱惑她使她堕落。"(一五四九年二月一日书)
[2] 一五四七至一五五二年间书信。

搜寻了好久之后,似乎终于觅得了稀世之珍。但,到了最后一刻，又发现了足以借为解约理由的缺点：

"我得悉她是近视眼，我认为这不是甚么小毛病。因此我还甚么也没有应允。既然你也毫未应允，那么我劝你还是作为罢论，如果你所得的消息是确切的话。"[1]

李沃那陶灰心了。他反而觉得他的叔叔坚持要他结婚为可怪了：

"这是真的，"弥盖朗琪罗答道，"我愿你结婚：我们的一家不应当就此中断。我很知道即使我们的一族断绝了，世界也不会受何影响；但每种动物都要绵延种族。因此我愿你成家。"[2]

[1] 一五五一年十二月十九日书。
[2] 可是他又说："但如果你自己觉得不十分健康，那么还是克制自己，不要在世界上多造出其他的不幸者为妙。"
[3] 一五五三年五月十六日。

终于弥盖朗琪罗自己也厌倦了；他开始觉得老是由他去关切李沃那陶底婚姻，而他本人反似淡漠是可笑的事情。他宣称他不复顾问了：

"六十年来，我关切着你们的事情；现在，我老了，我应得想着我自己的了。"

这时候，他得悉他的侄儿和嘉桑特拉·丽杜菲订婚了。他很高兴，他祝贺他，答应送给他一千五百金币。李沃那陶结婚了。[3] 弥盖朗琪罗写信去道贺新夫妇，许赠一条珠项链给嘉桑特拉。可是欢乐也不能阻止他不通知他的侄儿，说"虽然他不大明白这些事情，但他觉得李沃那陶似乎应在伴他的女人到他家里去之前，把金钱问题准确地弄好了：因为在这些问题中时常潜伏着决裂底种子"。信末，他又附上这段不利的劝告：

"啊！……现在，努力生活罢：仔细想一想，因为寡妇底数目永远超过鳏夫底数目。"[4]

[4] 一五五三年五月二十日书。

两个月之后，他寄给嘉桑特拉的，不复是许诺的珠项链，而是两只戒指，———只是镶有金刚钻的，一只是镶有红宝玉的。嘉桑特拉深深地谢了他，同时寄给他八件内衣。弥盖朗琪罗写信去说：

"它们真好，尤其是布料我非常惬意。但你们为此耗费金钱，使我很不快；因为我甚么也不缺少。为我深深致谢嘉桑特拉，告诉她说我可以寄给她我在这里可以找到的一切东西，不论是罗马底出品或其他。这一次，我只寄了一件小东西；下一次，我寄一些更好的，使她高兴的物件罢。"[1]

不久，孩子诞生了。第一个名字题做 Buonarroto[2]，这是依着弥氏底意思；——第二个名字题做弥盖朗琪罗[3]，但这个生下不久便夭亡了。而那个老叔，于一五五六年邀请年轻夫妇到罗马去，他一直参与着家庭中底欢乐与忧苦，但从不答应他的家族去顾问他的事情，也不许他们关切他的健康。

在他和家庭的关系之外，弥盖朗琪罗亦不少著名的，高贵的朋友。[4]虽然他性情很粗野，但要把

---

[1] 一五五三年八月五日书。
[2] 生于一五五四年。
[3] 生于一五五五年。
[4] 我们应当把他的一生分作几个时期。在这长久的一生中，我们看到他孤独与荒漠的时期，但也有若干充满着友谊的时期。一五一五年左右，在罗马，有一群翡冷翠人，自由的，生气蓬勃的人：——Domenico Buoninsegni, Lionardo Sellajo, Giovanni Spetiale, Bartolommeo Verazzano, Giovanni Gellesi, Canigiani 等。——这是他第一期底朋友。以后，在克莱芒七世治下，有 Francesco Berni 与 Fra Sebastiano del Piombo 一群有思想的人物。del Piombo 是一个忠诚的但亦是危险的朋友，是他把一切关于弥盖朗琪罗的流言报告给他听，亦是他罗织成他对于拉斐尔派的仇恨——更后，在维多利亚·高龙那底时代，尤其是 Luigi del Riccio 底一般人，他是翡冷翠底一个商人，在银钱的事情上时常作他的顾问，是他最亲密的一个朋友。在他那里，弥氏遇见 Donato Giannotti，音乐家 Archadelt 与美丽的 Cecchino。他们都一样爱好吟咏，爱好音乐，爱尝异味。也是为了 Riccio 因 Cecchino 死后的悲伤，弥氏写四十八首悼诗；而 Riccio 收到每一首悼诗时，寄给弥氏许多鲇鱼，香菌，甜瓜，雉鸠等。——在他死后（一五四六），弥盖朗琪罗差不多没有朋友，只有信徒了：Vasari, Condivi, Daniel de Volterre, Bronzino, Leone Leoni, Benvenuto Cellini 等。他感应他们一种热烈的求知欲；他表示对他们的动人的情感。

他认作一个如贝多芬般的粗犷的乡人却是完全错误的。他是意大利底一个贵族，学问渊博，阀阅世家。从他青年时在圣玛各花园中和洛朗·梅迭西斯等厮混在一起的时节起，他和意大利可以算作最高贵的诸侯，亲王，主教[1]，文人[2]，艺术家[3]都有交往。他和诗人法朗昔斯各·裴尔尼（Francesco Berni）在思想上齐名；[4]他和伐尔几（Benedetto Varchi）通信；和 Luigi del Riccio 与 Donato Giannotti 们唱和。人们搜罗他关于艺术的谈话和深刻的见解，还有没有人能和他相比的关于但丁的认识。一个罗马贵妇[5]于文字中说，在他愿意的时候，"他是一个温文尔雅，婉转动人的君子，在欧洲罕见的人品"。在 Giannotti 与 François de Hollande 底笔记中，可以看出他的周到的礼貌与交际的习惯。在他若干致亲王们的信[6]中，更可证明他很易做成一个纯粹的宫臣。社会从未逃避他；却是他常常躲避社会；要度一种胜利的生活完全在他自己。他之于意大利，无异是整个民族天才底化身。在他生涯底终局，已是文艺复兴期遗下的最后的巨星，他是文艺复兴底代表，整个世纪底光荣都是属于他的。不独是艺术家们认他是一

---

[1] 由于他在教皇宫内底职位，和他的宗教思想底伟大，弥氏和教会中的高级人物有特别的交谊。

[2] 他亦认识当时有名的史家兼爱国主义者 Machiavel。

[3] 在艺术界中，他的朋友当然是最少了。但他暮年却有不少信徒崇奉他，环绕着他。——对于大半的艺术家他都没有好感。他和文西、班吕更，法朗西亚，西虐勒利，拉斐尔，勃拉芒德，圣·迦792们皆有深切的怨恨。一五一七年六月三十日 Jacopo Sansovino 写信给他说："你从没有说过任何人底好话。"——但一五二四年时，弥氏却为他尽了很大的力；他也为别人帮了不少忙；但他的天才太热烈了，他不能在他的理想之外，更爱别一个理想；而且他亦太真诚了，他不能对于他全然不爱的东西假装爱。——但当一五四五年蒂相（提香，Titien）来罗马访他时，他却十分客气。——然而，虽然那时底艺术界非常令人艳羡，他宁愿和文人与实际行动者交往。

[4] 他们两人唱和甚多，充满着友情与戏谑的诗，裴尔尼极称颂弥盖朗琪罗，称之为"柏拉图第二"；他和别的诗人们说："静着罢，你们这般和谐的工具！你们说的是文辞，唯有他是言之有物。"

[5] Dona Argentina Malaspina，一五一六年间事。

[6] 尤其是一五四六年四月二十六日他给法朗梭阿一世的那封信。

个超自然的人,[1] 即是王公大臣亦在他的威望之前低首。法朗梭阿一世与加德丽纳·特·梅迭西斯向他致敬。[2] 高斯莫·特·梅迭西斯要任命他为贵族院议员;[3] 而当他到罗马的时候,[4] 又以贵族的礼款待他,请他坐在他旁边,和他亲密地谈话。高斯莫底儿子,法朗昔斯各·特·梅迭西斯,帽子握在手中,"向这一个旷世的伟人表示无限的敬意"[5]。人家对于"他的崇高的道德"和对他的天才一般尊敬。[6] 他的老年所受的光荣和歌德与嚣俄(雨果)相仿。但他是另一种人物。他既没有歌德般成为妇孺皆知的渴望,亦没有嚣俄般对于已成法统底尊重。他蔑视光荣,蔑视社会;他的侍奉教皇,只是"被迫的"。而且他还公然说即是教皇,在谈话时,有时也使他厌恶,"虽然他们命令他,他不高兴时也不大会去"[7]。

"当一个人这样地由天性与教育变得憎恨礼仪,蔑视矫伪时,更无适合他的生活方式了。如果他不向你要求任何事物,不追求你的集团,为何要去追求他的呢?为何要把这些无聊的事情去和他的远离世界底性格纠缠不清呢?不想满足自己的天才而只求取悦于俗物的人,决不是一个高卓之士。"[8]

因此他和社会只有必不可免的交接,或是灵智的关系。他

---

[1] Condivi 在他的弥盖朗琪罗传中,开始便说:"自从神赐我恩宠,不独认我配拜见弥盖朗琪罗,唯一的雕塑家与画家,——这是我所不敢大胆希冀的,——而且许我恭聆他的谈吐,领受他的真情与信心的时候起,——为表示我对于这件恩德底感激起见,我试着把他生命中值得颂赞的材料收集起来,使别人对于这样一个伟大的人物有所景仰,作为榜样。"

[2] 一五四六年,法朗梭阿一世写信给他,一五五九年,加德丽纳·特·梅迭西斯写信给他。她信中说:"和全世界的人一起知道他在这个世纪中比任何人都卓越,所以要请他雕一个亨利二世骑在马上的像,或至少作一幅素描。"

[3] 一五五二年间事。弥盖朗琪罗置之不答;——使高斯莫大公大为不悦。

[4] 一五六〇年十一月间事。

[5] 一五六一年十月。

[6] 伐萨利记载。

[7] 见 François de Hollande 著:《罗马城绘画录》。

[8] 同上。

不使人家参透他的亲切生活；那些教皇，权贵，文人，艺术家，在他的生活中占据极小的地位。但和他们之中的一小部分却具有真实的好感，只是他的友谊难得持久。他爱他的朋友，对他们很宽宏；但他的强项，他的傲慢，他的猜忌时常把他最忠诚的朋友变做最凶狠的仇敌。他有一天写了这一封美丽而悲痛的信：

"可怜的负心人在天性上是这样的：如果你在他患难中救助他，他说你给予他的他早已先行给予你了。假若你给他工作表示你对他的关心，他说你不得不委托他做这件工作，因为你自己不会做。他所受到的恩德，他说是施恩的人不得不如此。而如果他所受到的恩惠是那么明显为他无法否认时，他将一直等到那个施恩者做了一件显然的错事；那时，负心人找到了借口可以说他坏话，而且把他一切感恩的义务卸掉了。——人家对他老是如此；可是没有一个艺术家来要求我而我不给他若干好处的，并且出于我的真心。以后，他们把我古怪的脾气或是癫狂作为借口，说我是疯了，是错了；于是他们诬蔑我，毁谤我；——这是一切善人所得的酬报。"[1]

[1] 一五二四年正月二十六日致 Piero Gondi 书。

在他自己家里，他有相当忠诚的助手，但大半是庸碌的。人家猜疑他故意选择庸碌的，为只要他们成为柔顺的工具，而不是合作的艺术家，——这并也是合理的。但据 Condivi 说："许多人说他不愿教练他的助手们，这是不确的，相反，他正极愿教导他们。不幸他的助手不是低能的便是无恒的，后者在经过了几个月底训练之后，往往夜郎自大，以为是大师了。"

无疑的，他所要求于助手们底第一种品性是绝对的服从。对于一般桀骜不驯的人，他是毫不顾惜的；对于那些谦恭忠实的信徒，他却表示十二分的宽容与大量。懒惰的于朋诺，"不愿工作的"[1]，——而且他的不愿工作正有充分的理由；因为，当他工作的时候，往往是笨拙得把作品弄坏，以至无可挽救的地步，如米纳佛寺底基督像，——在一场疾病中，曾受弥盖朗琪罗底仁慈的照拂看护，[2] 他称弥盖朗琪罗为："亲爱的如最好的父亲。"——Piero di Giannoto 被"他如爱儿子一般的爱"。——Silvio di Giovanni Cepparello 从他那里出去转到 André Doria 那里去服务时，悲哀地要求他重新收留他。——Antonio Mini 底动人底历史，可算是弥盖朗琪罗对待助手们宽容大度底一个例子。据伐萨利说，Mini 在他的学徒中是有坚强的意志但不大聪明的一个。他爱着翡冷翠一个穷寡妇底女儿。弥盖朗琪罗依了他的家长之意要他离开翡冷翠。Antonio 愿到法国去。[3] 弥盖朗琪罗送了他大批的作品："一切素描，一切稿图，《丽达》画[4]。"他带了这些财富，动身了。[5] 但打击弥盖朗琪罗底恶运对于他的卑微的朋友打击得更厉害。他到巴黎去，想把《丽达》画送呈法王。法朗梭阿一世不在京中；Antonio 把《丽达》寄存在他的一个朋友，意大利人 Giuliano Buonaccorsi 那里，他回到里昂住下了。数月之后，他回到巴黎，《丽达》不见了，

---

[1] 伐萨利描写弥盖朗琪罗底助手："Pietro Urbano de Pistoie 是聪明的，但从不肯用功。Antonio Mini 很努力，但不聪明。Ascanio della Ripa Transone 也肯用功，但他从无成就。"
[2] 弥盖朗琪罗对他最轻微的痛楚也要担心。有一次他看见他手指割破了，他监视他要他去作宗教的忏悔。
[3] 一五二九年翡冷翠陷落之后，弥盖朗琪罗曾想和 Antonio Mini 同往法国去。
[4] 《丽达》画是他在翡冷翠被围时替法拉尔大公作的，但他没有给他，因为法拉尔底大使对他失敬。
[5] 一五三一年。

Buonaccorsi 把它卖给法朗梭阿一世，钱给他拿去了。Antonio 又是气愤又是惶急，经济底来源断绝了，流落在这巨大的首都中，于一五三三年终忧愤死了。

但在一切助手中，弥盖朗琪罗最爱而且由了他的爱成为不朽的却是 Francesco d'Amadore，诨名于皮诺。他是从一五三○年起入弥盖朗琪罗底工作室服务的，在他指导之下，他作于勒二世底陵墓。弥盖朗琪罗关心他的前程。

"他和他说：'如我死了，你怎么办？'

"于皮诺答道：'我将服侍另外一个。'

"'——喔可怜虫！'弥盖朗琪罗说，'我要挽救你的灾难。'

"于是他一下子给了他二千金币：这种馈赠即是教皇与帝皇也没有如此慷慨。"[1]

然而倒是于皮诺比他先死。[2] 他死后翌日，弥盖朗琪罗写信给他的侄儿：

[1] 伐萨利记载。
[2] 一五五五年十二月三日，在弥盖朗琪罗最后一个兄弟 Gismondo 死后没有几天。

"于皮诺死了，昨日下午四时。他使我那么悲伤，那么惶乱，如果我和他同死了，倒反舒适；这是因为我深切地爱他之故；而他确也值得我爱；这是一个尊严的，光明的，忠实的人。他的死令我感得仿佛我已不复生存了，我也不能重新觅得我的宁静。"

他的痛苦真是那么深切，以至三个月之后在写给伐萨利信中还是非常难堪：

"乔琪沃先生，我亲爱的朋友，我心绪恶劣不能作书，但为答复你的来信，我胡乱写几句罢。你知道于皮诺是死了，——这为我是残酷的痛苦，可也是神赐给我的极大的恩宠。这是说他活着的时候，他鼓励我亦生存着，死了，他教我懂得死，并非不快地而是乐意地愿死。他在我身旁二十六年，我永远觉得他是可靠的，忠实的。我为他挣了些财产；而现在我想把他作为老年底依傍，他却去了；除了在天国中重见他之外我更无别的希望，在那里神既赐了他甘美的死底幸福，一定亦使他留在他身旁。对于他，比着死更苦恼的却是留我生存在这骗人的世界上，在这无穷的烦恼中。我的最精纯的部分和他一起去了，只留着无尽的灾难。"[1]

在极度的悲痛中，他请他的侄儿到罗马来看他。李沃那陶与嘉桑特拉，担忧着，来了，看见他非常衰弱。于皮诺托孤给他的责任使他鼓励起新的精力，于皮诺儿子中底一个是他的义子，题着他的名字。[2]

[1] 一五五六年二月二十三日。
[2] 他写信给为皮诺底寡妇，高纳丽阿，充满着热情，答应她把小弥盖朗琪罗收受去由他教养，"要向他表示甚至比对他的侄儿更亲切的爱，把于皮诺要他学的一切都教授他"。（一五五七年三月二十八日书）——高纳丽阿于一五五九年再嫁了，弥盖朗琪罗永远不原谅她。
[3] 见伐萨利记载。

他还有别的奇特的朋友。因了强硬的天性对于社会底约束底反抗，他爱和一般头脑简单不拘形式的人厮混。——一个加拉尔地方底斫石匠，Topolino，"自以为是出众的雕塑家，每次开往罗马去的运石的船上，必寄有他作的几个小小的人像，使弥盖朗琪罗为之捧腹大笑的"[3]；——一个伐达尔诺地方底画家，Menighella，不时到弥盖朗琪罗那里去要求他画一个圣洛克像或圣安东纳像，随后他着了颜色卖给乡人。而弥盖朗琪罗，为帝王们所难于获得他的作品的，却尽肯依着Menighella底指示，作那些素描；——一个理发匠，亦有绘画底嗜好，弥盖朗琪罗，为他作了一幅圣法朗梭阿底图稿；——一个罗马工人，为于勒二世底陵墓工作的，自以为在不知不觉中成为一个大雕塑家，因为柔顺地依从了弥盖朗琪罗底指导，他居然在白石中雕出一座美丽的巨像，把他自己也呆住了；——一个滑稽的镂金匠，Piloto，外号Lasca；——一个懒惰的奇怪的画家Indaco，"他爱谈天的程度正和他厌恶作画的程度相等"，他常说："永远工作，不寻娱乐，是不配做基督徒的。"[1]——尤其是那个可笑而无邪的于里阿诺（Giuliano Bugiardini），弥盖朗琪罗对他有特别的好感。

[1] 见伐萨利记载。

于里阿诺有一种天然的温良之德，一种质朴的生活方式，无恶念亦无欲念，这使弥盖朗琪罗非常惬意。他唯一的缺点即太爱他自己的作品。但弥盖朗琪罗往往认为这足以使他幸福；因为弥氏明白他自己不能完全有何满足是极苦恼的……有一次，沃太维诺·特·梅迭西斯要求于里阿诺为他绘一幅弥盖朗琪罗底肖像。于氏着手工作了；他教弥盖朗琪罗一句不响地坐了两小时之后，他喊道："弥盖朗琪罗，来瞧，起来罢：面上底主要部分，我已抓住了。"弥盖朗琪罗站起；一见肖像便笑问于里阿诺道："你在捣什么鬼？你把我的一只眼睛陷入太阳穴里去了：瞧瞧仔细罢。"于里阿诺听了这几句话，弄得莫名其妙了。他把肖像与人轮流看了好几遍；大胆地答道："我不觉得这样；但你仍旧去坐着罢，如果是这样，我将修改。"弥盖朗琪罗知道他坠入何种情景，微笑着坐在于里阿诺底对面，于里阿诺对他，对着肖像再三的看，于是站起来说："你的眼睛正如我所画的那样，是自然显得如此。"——"那么，"弥盖朗琪罗笑道，"这是自然底过失。

继续下去罢。"[1]

这种宽容,为弥盖朗琪罗对待别人所没有的习惯,却能施之于那些渺小的,微贱的人。这亦是他对于这些自信为大艺术家底可怜虫底怜悯,也许那些疯子们底情景引起他对于自己的疯狂底回想。在此,的确有一种悲哀的滑稽的幽默。[2]

[1] 见伐萨利记载。
[2] 如一切阴沉的心魂一般,弥盖朗琪罗有时颇有滑稽的情趣;他写过不少诙谐的诗,但他的滑稽总是严肃的,近于悲剧的。如对于他老年底速写等等。(见诗集卷八十一)

三 孤 独

这样地,他只和那些卑微的朋友们生活着:——他的助手和他的疯痴的朋友,——还有是更微贱的伴侣:他的家畜,他的母鸡与他的猫。[3]

实在,他是孤独的,而且他愈来愈孤独了。"我永远是孤独的,"他于一五四八年写信给他的侄儿说,"我不和任何人谈话。"他不独渐渐地和社会分离,且对于人类底利害,需求,快乐,思想也都淡漠了。

[3] 一五五三年 Angiolini 在他离家时写信给他道:"公鸡与母鸡很高兴;——但那些猫因为不看见你而非常忧愁,虽然它们并不缺少粮食。"

把他和当代的人群连系着的最后的热情,——共和思想——亦冷熄了。当他在一五四四与一五四六年两次大病中受着他的朋友 Riccio 在 Strozzi 家中看护的时候,他算是发泄了最后一道阵雨底闪光,弥盖朗琪罗病愈时,请求亡命在里昂的 Robert Strozzi 向法王要求履行他的诺言:他说假若法朗梭阿一世愿恢复翡冷翠底自由,他将以自己的钱为他在翡冷翠诸侯府场上建造一座古铜的骑马像。[1]——一五四六年，为表示他感激 Strozzi 底东道之谊，他把两座《奴隶像》赠与了他，他又把它们转献给法朗梭阿一世。

[1] 一五四四年七月二十一日 Riccio 致 Ruberto di Filippo Strozzi 书。

但这只是一种政治热底爆发——最后的爆发。在他一五四五年和 Giannotti 的谈话中，好几处他表白类乎托尔斯泰底斗争无用论与不抵抗主义底思想：

"敢杀掉某一个人是一种极大的僭妄，因为我们不能确知死是否能产生若干善，而生是否能阻止若干善。因此我不能容忍那些人，说如果不是从恶——即杀戮——开始决不能有善底效果。时代变了，新的事故在产生，欲念亦转换了，人类疲倦了……而末了，永远会有出乎预料的事情。"

同一个弥盖朗琪罗，当初是激烈地攻击专制君主的，此刻也反对那些理想着以一种行为去改变世界的革命家了，他很明白他曾经是革命家之一；他悲苦地责备的即是他自己。如哈姆雷德一样，他此刻怀疑一切，怀疑他的思想，他的怨恨，他所信的一切。他向行动告别了。他写道：

"一个人答复人家说：'我不是一个政治家，我是一个诚实之士，一个以好意观照一切的人。'他是说的真话。只要我在罗马底工作能给我和政治同样轻微的顾虑便好！"[2]

[2] 一五四七年致他的侄儿李沃那陶书。

实际上，他不复怨恨了。他不能恨。因为已经太晚：

"不幸的我，为了等待太久而疲倦了，不幸的我，达到我的愿望已是太晚了！而现在，你不知道么？一颗宽宏的，高傲的，善良的心,懂得宽恕,而向一切侮辱他的人以德报怨!"[1]

他住在 Macel de' Corvi,在德拉扬古市场底高处。他在此有一座房子,一所小花园。他和一个男仆[2],一个女佣,许多家畜占据着这住宅。他和他的仆役们并不感到舒服。因为据伐萨利说:"他们老是大意的,不洁的。"他时常更调仆役,悲苦地怨叹。[3]他和仆人们底纠葛,与贝多芬底差不多。一五六〇年他赶走了一个女佣之后喊道:"宁愿她永没来过此地!"

他的卧室幽暗如一座坟墓。[4]"蜘蛛在内做它们种种工作,尽量纺绩。"[5]——在楼梯底中段,他画着背负着一口棺材的"死"像。[6]

他和穷人一般生活,吃得极少,[7]"夜间不能成寐,他起来执着巨剪工作。他自己做了一顶纸帽,中间可以插上蜡烛,使他在工作时双手可以完全自由,不必费心光亮的问题"。[8]

他愈老,愈变得孤独。当罗马一切睡着的时候,他隐避在夜晚的工作中:这于他已是一种必需。静寂于他是一件好处,黑夜

---

[1] 诗集卷一百零九,第六十四首。在此,弥氏假想一个诗人和一个翡冷翠底流戍者底谈话——很可能是在一五三六年亚历山大·特·梅迭西斯被洛朗齐诺刺死后写的。
[2] 在他的仆役之中,有过一个法国人叫做李查的。
[3] 一五五〇年八月十六日,他写信给李沃那陶说:"我要一个善良的清洁的女仆;但很困难:她们全是脏的,不守妇道的。我的生活很穷困,但我雇用仆役的价钱出得很贵。"
[4] 诗集卷八十一。
[5] 同上。
[6] 棺材上写着下面一首诗:"我告诉你们,告诉给世界以灵魂肉体与精神的你们;在这具黑暗的箱中你们可以抓握一切。"
[7] 伐萨利记载:"他吃得很少。年轻时,他只吃一些面包和酒,为要把全部时间都放在工作上。年老,自从他作《最后之审判》那时起,他习惯喝一些酒,但只是在晚上,在一天底工作完了的时候,而且极有节制地。虽然他富有,他和穷人一般过活。从没有(或极少)一个朋友和他同食;他亦不愿收受别人底礼物;因为这样他自以为永远受了赠与人底恩德要报答。他的俭约的生活使他变得极为警醒,需要极少的睡眠。"
[8] 伐萨利留意到他不用蜡而用羊油芯作烛台,故送了他四十斤蜡。仆人拿去了,但弥盖朗琪罗不肯收纳。仆人说:"主人,我拿得手臂要断下来了,我不愿拿回去了。如果你不要,我将把它们一齐插在门前泥穴里尽行燃起。"于是弥盖朗琪罗说:"那么放在这里罢;因为我不愿你在我门前做那傻事。"(伐萨利记载)

是一位朋友：

"噢夜，噢温和的时间，虽然是黝暗，一切努力在此都能达到平和，称颂你的人仍能见到而且懂得；赞美你的人确有完美的判别力。你斩断一切疲乏的思念，为潮润的阴影与甘美的休息所深切地透入的；从尘世，你时常把我拥到天上，为我希冀去的地方。噢死底影子，由了它，灵魂与心底敌害——灾难——都被挡住了，悲伤的人底至高无上的救药啊，你使我们病的肉体重新获得健康，你揩干我们的泪水，你卸掉我们的疲劳，你把好人洗掉他们的仇恨与厌恶。"[1]

[1] 诗集卷七十八。

有一夜，伐萨利去访问这独个子在荒凉的屋里，面对着他的悲怆的《耶稣死难像》的老人：

"伐萨利叩门，弥盖朗琪罗站起身来，执着烛台去接应。伐萨利要观赏雕像；但弥盖朗琪罗故意把蜡烛坠在地下熄灭了，使他无法看见。而当于皮诺去找另一支蜡烛时，他转向伐萨利，说道：'我是如此衰老，死时常在曳我的裤脚，要我和它同去。一天，我的躯体会崩坠，如这支火炬一般，也像它一样，我的生命底光明会熄灭。'"

死底意念包围着他，一天一天地更阴沉起来。他对伐萨利说：

[2] 一五五五年六月二十二日书。

"没有一个思念不在我的心中引起死底感触。"[2]

死，于他似乎是生命中唯一的幸福：

"当我的过去在我眼前重现的时候——这是我时时刻刻遇到的，——喔虚伪的世界，我才辨认出人类底谬妄与过错。相信你的诡谲，相信你的虚幻的幸福的人，便是在替他的灵魂准备痛苦与悲哀。经验过的人，很明白你时常许诺你所没有，你永远没有的平和与福利。因此最不幸的人是在尘世羁留最久的人；生命愈短，愈容易回归天国……"[1]

[1] 诗集卷一百零九，第三十二首。
[2] 诗集卷一百零九，第三十四首。

"由长久的岁月才引到我生命底终点，喔世界，我认识你的欢乐很晚了。你许诺你所没有的平和，你许诺在诞生之前早已死灭的休息……我是由经验知道的，以经验来说话：死紧随着生的人才是唯一为天国所优宠的幸运者。"[2]

他的侄儿李沃那陶庆祝他的孩子底诞生，弥盖朗琪罗严厉地责备他：

[3] 一五五四年四月致伐萨利书，上面写着"一五五四年四月我不知何日"。

"这种铺张使我不悦。当全世界在哭泣的时候是不应当嬉笑的。为了一个人底诞生而举行庆祝是缺乏知觉的人底行为。应当保留你的欢乐，在一个充分地生活了的人死去的时候发泄。"[3]

翌年，他的侄儿底第二个孩子生下不久便夭殇了，他写信去向他道贺。

大自然，为他的热情与灵智的天才所一向轻忽的，[4]在他晚年成为他的一个安慰者了。一五五六年九月，当罗马被西班牙阿勃大公底军队威胁时他逃出京城，道经斯波莱德，在那里住了五星期。他在橡树与橄榄树林中，沉醉在秋日底高爽清朗的气色中。十月杪他被召回罗马，离开时表示非常抱憾。——他写信给伐萨利道：

[4] 虽然他在乡间度过不少岁月，但他一向忽视自然。风景在他的作品中占有极少的地位；它只有若干简略的指示，如在西施庭底壁画中。在这方面，弥氏和同时代的人——拉斐尔，蒂相，班吕勤·法朗西阿，文西——完全异趣。他瞧不起弗拉芒艺人底风景画，那时正是非常时髦的。

"大半的我已留在那里；因为唯有在林中方能觅得真正的平和。"

回到罗马，这八十二岁的老人作了一首歌咏田园，颂赞自然生活的美丽的诗，在其中他并指责城市底谎骗：这是他最后的诗，而它充满了青春底朝气。

但在自然中，如在艺术与爱情中一样，他寻求的是神，他一天一天更迫近它。他永远是有信仰的。虽然他丝毫不受教士，僧侣，男女信徒们底欺骗，且有时还挖苦他们，[1] 但他似乎在信仰中从未有过怀疑。在他的父亲与兄弟们患病或临终时，他第一件思虑老是要他们受圣餐。[2] 他对于祈祷的信心是无穷的："他相信祈祷甚于一切药石"[3]；他把他所遭受的一切幸运和他没有临到的一切灾祸尽归之于祈祷底功效。在孤独中，他曾有神秘的崇拜底狂热。"偶然"为我们保留着其中的一件事迹：同时代底记载描写他如西施庭中的英雄般底热狂的脸相，独个子，深夜，在罗马底他的花园中祈祷，痛苦的眼睛瞩视着布满星云的天空。[4]

[1] 一五四八年，李沃那陶想加入 Lorette 底朝山队伍，弥盖朗琪罗阻止他，劝他还是把这笔钱做了施舍的好。"因为，把钱送给教士们，上帝知道他们怎么使用！"（一五四八年四月七日）Sébastien del Piombo 在 San Pietro in Montorio 寺中要画一个僧侣像，弥盖朗琪罗认为这个僧侣要把一切都弄坏了："僧侣们已经失掉了那么广大的世界；故他们失掉这么一个小教堂亦不足为奇。"在弥盖朗琪罗要为他的侄儿完姻时，一个女信徒去见他，对他宣道，劝他为李沃那陶娶一个虔敬的女子。弥氏在信中写道："我回答她，说她还是去织布或纺纱的好，不要在人前鼓弄簧舌，把圣洁的事情当作买卖做。"（一五四九年七月十九日）
[2] 一五一六年十一月二十三日为了父亲底病致 Buonarroto 书，与一五四八年正月为了兄弟 Giovan Simone 之死致李沃那陶书都提及此事。
[3] 一五四九年四月二十五日致李沃那陶书。
[4] Fra Benedetto 记载此事甚详。

有人说他的信仰对于圣母与使徒底礼拜是淡漠的，这是不确的。他在最后二十年中全心对付着建造使徒圣比哀尔大寺底事情，而他的最后之作（因为他的死而没有完成的），又是一座圣比哀尔像，要说他是一个新教徒不啻是开玩笑的说法了。我们也不能忘记他屡次要去朝山进香：一五四五年他想去朝拜 Saint-Jacques de Compostelle，一五五六年他要朝拜 Lorette。——但也得说和一切伟大的基督徒一样，他的生和死，永远和基督在一起。一五一二年他在致父亲书中说："我和基督一同过着清贫的生活"；临终时，他请求人们使他念及基督底苦难。自从他和维多利亚结交之后，——尤其当她死后，——这信仰愈为坚固强烈。从此，他把艺术几乎完全奉献于颂赞基督底热情与光荣，[1] 同时，他的诗也沉浸入一种神秘主义底情调中。他否认了艺术，投入十字架上殉道者底臂抱中去：

[1] 后期底雕塑，如《十字架》，如《殉难》，如《死像》等都是。

"我的生命，在波涛险恶的海上，由一叶残破的小舟渡到了彼岸，在那里大家都将对于虔敬的与冒渎的作品下一个判断。由是，我把艺术当作偶像，当作君主般的热烈的幻想，今日我承认它含有多少错误，而我显然看到一切的人都在为着他的苦难而欲求。爱情的思想，虚妄的快乐的思想，当我此刻已迫近两者之死的时光，它们究竟是甚么呢？爱，我是肯定了，其他只是一种威胁。既非绘画，亦非雕塑能抚慰我的灵魂。它已转向着神明的爱，爱却在十字架上张开着臂抱等待我们！"[2]

但在这颗老耄的心中，由信仰与痛苦所激发的最精纯的花朵，尤其是神明般的恻隐之心。这个为仇敌称为贪婪的人，[3] 一生从没停止过施惠于

[2] 诗集卷一百四十七。
[3] 这些流言是拉莱汀与彭地纳利散布的。这种谎话底来源有时因为弥盖朗琪罗在金钱的事情上很认真的缘故。其实，他是非常随便的；他并不记账；他不知道他的全部财产究有若干，而他一大把一大把地把钱施舍。他的家族一直用着他的钱。他对于朋友们，仆役们往往赠送如唯有帝王所能赏赐一般的珍贵的礼物。他的作品，大半是赠送的而非卖掉的；他为圣比哀尔底工作是完全尽义务的。再没有人比他更严厉地指斥爱财的癖好了。他写信给他的兄弟说："贪财是一件大罪恶。"伐萨利为弥氏辩护，把他一生赠与朋友或信徒的作品一齐背出来，说："我不懂人们如何能把这个每件各值几千金币的作品随意赠送的人当作一个贪婪的人。"

不幸的穷人，不论是认识的或不认识的。他不独对他的老仆与他父亲底仆人，——对一个名叫 Mona Margherita 的老仆，为他在兄弟死后所收留，而她的死使他非常悲伤，"仿佛死掉了他自己的姊妹那样"[1]，——对一个为西施庭教堂造台架的木匠，他帮助他的女儿嫁费[2]……——表露他的动人的真挚之情；而且他时时在布施穷人，尤其是怕羞的穷人。他爱令他侄子与侄女参与他的施舍，使他们为之感动，他亦令他们代他去做，但不把他说出来：因为他要他的慈惠保守秘密。[3] "他爱实地去行善，而非貌为行善。"[4] ——由于一种极细腻的情感，他尤其念及贫苦的女郎：他设法暗中赠与她们少数的奁资，使她们能够结婚或进入修院。他写信给他的侄儿说：

[1] 一五三三年致兄弟 Giovan Simone 信，——一五四〇年十一月致李沃那陶信。
[2] 伐萨利记载。
[3] 一五四七年致李沃那陶书："我觉得你太不注意施舍了。"一五四七年八月："你写信来说给了这个女人四个金币，为了爱上帝的缘故：这使我很快乐。"一五四九年三月二十九日："注意，你所给的人，应当是真有急需的人，且不要为了友谊而要为了爱上帝之故。不要说出钱底来源。"
[4] Condivi 记载。

"设法去认识一个有何急需的人，有女儿要出嫁或送入修院的。（我说的是那些没有钱而无颜向人启齿的人。）把我寄给你的钱给他，但要秘密地；而且你不要被人欺骗……"[5]

此外，他又写：

"告诉我，你还认识有别的高贵的人而经济拮据的么？尤其是家中有年长底女儿的人家。我很高兴为他们尽力，为着我的灵魂得救。"[6]

[5] 一五四七年八月致李沃那陶书。
[6] 同上（一五五〇年十二月二十日）。

尾　声

死

"多么想望而来得多么迟缓的死——"[1] 终于来了。

他的僧侣般的生活虽然支持了他坚实的身体，可没有蠲免病魔底侵蚀。自一五四四与一五四六年底两场恶性发热后，他的健康从未恢复；膀胱结石[2]，痛风症[3]，以及各种的疾苦把他磨蚀完了。在他暮年底一首悲惨的滑稽诗中，他描写他的残废的身体：

"我孤独着悲惨地生活着，好似包裹在树皮中的核心……我的声音仿佛是幽闭在臭皮囊中的胡蜂……我的牙齿动摇了，有如乐器上底键盘……我的脸不啻是吓退鸟类的丑面具……我的耳朵不息地嗡嗡作响：一只耳朵中，蜘蛛在结网；另一只中，蟋蟀终夜的叫个不停……我的感冒使我不能睡眠……予我光荣的艺术引

[1] "因为，对于不幸的人，死是懒惰的……"（诗集卷七十三，第三十首）
[2] 一五四九年三月，人家劝他饮维丹勃泉水，他觉得好些。——但在一五五九年七月他还感着结石底痛苦。
[3] 一五五五年七月。

我到这种结局。可怜的老朽，如果死不快快来救我，我将绝灭了……疲劳把我支离了，分解了，唯一的栖宿便是死……"[1]

一五五五年六月，他写信给伐萨利说道：

"亲爱的乔琪沃先生，在我的字迹上你可以认出我已到了第二十四小时了……"[2]

一五六〇年春，伐萨利去看他，见他极端疲弱。他几乎不出门，晚上几乎不睡觉；一切令人感到他不久人世。愈衰老，他愈温柔，很易哭泣。

"我去看弥盖朗琪罗，"伐萨利写道，"他不想到我会去，因此在见我时仿佛如一个父亲找到了他失掉的儿子般的欢喜。他把手臂围着我的颈项，再三的亲吻我，快活得哭起来。"[3]

可是他毫未丧失他清明的神志与精力。即在这次会晤中，他和伐萨利长谈，关于艺术问题，关于指点伐萨利底工作，随后他骑马陪他到圣比哀尔。[4]

一五六一年八月，他患着感冒。他赤足工作了三小时，于是他突然倒地，全身拘挛着。他的仆人 Antonio 发见他昏晕了。加伐丽丽，彭第尼，加尔加尼立刻跑来。那时，弥盖朗琪罗已经醒转。几天之后，他又开始乘马外出，继续作毕阿门底图稿。

古怪的老人，无论如何也不答应别人照拂他。他的朋友们费尽心思才得悉他又患着一场感冒，只有大意的仆人们伴着他。

[1] 诗集卷八十一。
[2] 一五五五年六月二十二日致伐萨利书。一五四九年他在写给伐尔几信中已说："我不独是老了，我已把自己计算在死人中间。"
[3] 一五六〇年四月八日伐萨利致高斯莫·特·梅迭西斯书。
[4] 那时他是八十五岁。

他的承继人李沃那陶，从前为了到罗马来受过他一顿严厉的训责，此刻即是为他叔父底健康问题也不敢贸然奔来了。一五六三年七月，他托但尼哀·特·伏尔丹问弥盖朗琪罗，愿不愿他来看他；而且，为了预料到弥氏要猜疑他的来有何作用，故又附带声明，说他的商业颇有起色，他很富有，甚么也不需求。狡黠的老人令人回答他说，既然如此，他很高兴，他将把他存留的少数款子分赠穷人。

一个月之后，李沃那陶对于那种答复感着不满，重复托人告诉他，说他很担心他的健康和他的仆役。这一次，弥盖朗琪罗回了他一封怒气勃勃的信，表显这八十八岁——离开他底死只有六个月——底老人还有那么强项的生命力：

"由你的来信，我看出你听信了那些不能偷盗我，亦不能将我随意摆布的坏蛋底谎言。这是些无赖之徒，而你居然傻得会相信他们。请他们走路罢：这些人只会给你烦恼，只知道妒羡别人，而自己度着浪人般的生活。你信中说你为我的仆役担忧；而我，我告诉你关于仆役，他们都很忠实地服侍我，尊敬我。至于你信中隐隐说起的偷盗问题，那么我和你说，在我家里的人都能使我放怀，我可完全信任他们。所以，你只须关切你自己；我在必要时是懂得自卫的，我不是一个孩子。善自珍摄罢！"[1]

关切遗产的人不止李沃那陶一个呢。整个意大利是弥盖朗琪罗底遗产承继人，——尤其是多斯加大公与教皇，他们操心着不令关于圣洛朗查与圣比哀尔底建筑图稿及素描有何遗失。一五六三年六月，听从了伐萨利底劝告，高斯莫大公责令他的驻

[1] 一五六三年八月二十一日致李沃那陶书。

罗马大使 Averardo Serristori 秘密地禀奏教皇，为了弥盖朗琪罗日渐衰老之故，要暗中监护他的起居与一切在他家里出入的人。在突然逝世的情景中，应当立刻把他所有的财产登记入册；素描，版稿，文件，金钱，等等，并当监视着使人不致乘死后底紊乱中偷盗什么东西。当然，这些是完全不令弥盖朗琪罗本人知道的。[1]

[1] 伐萨利记载。

这些预防并非是无益的。时间已到临到。

弥盖朗琪罗底最后一信是一五六三年十二月二十八日底那封。一年以来，他差不多自己不动笔了；他读出来，他只签名；但尼哀·特·伏尔丹为他主持着信件往还底事情。

他老是工作。一五六四年二月十二日，他站了一整天，做《耶稣死难像》[2]。十四日，他发热。加尔加尼得悉了，立刻跑来，但在他家里找不到他。虽然下雨，他到近郊散步去了。他回来时，加尔加尼说他在这种天气中出外是不应该的。

[2] 这座像未曾完工。

——"你要我怎样？"——弥盖朗琪罗答道。——"我病了，无论哪里我不得休息。"

他的言语底不确切，他的目光，他的脸色，使加尔加尼大为不安。他马上写信给李沃那陶说："终局虽未必即在目前，但亦不远了。"[3]

同日，弥盖朗琪罗请但尼哀·特·伏尔丹来留在他旁边。但尼哀请了医生来；二月十五日，他依着弥盖朗琪罗底吩咐，写信给李沃那陶，说他可以来看他，"但要十分小心，因为道路不靖"[4]。但尼哀附

[3] 一五六四年二月十四日加尔加尼致李沃那陶书。
[4] 一五六四年三月十七日，但尼哀·特·伏尔丹致伐萨利书。

加着下列数行：

"八点过一些，我离开他，那时他神志清明，颇为安静，但被麻痹所苦。他为此感到不适，以至在今日下午三时至四时间他想乘马外出，好似他每逢晴天必须履行的习惯。但天气底寒冷与他头脑及腿底疲弱把他阻止了：他回来坐在炉架旁边的安乐椅中，这是他比卧床更欢喜的坐处。"

他身边还有忠实的加伐丽丽。

直到他逝世底大前日，他才答应卧在床上，他在朋友与仆人环绕之中读出他的遗嘱，神志非常清楚。他把"他的灵魂赠与上帝，他的肉体遗给尘土"。他要求"至少死后要回到"他的亲爱的翡冷翠。——接着，他：

"从骇怕的暴风雨中转入甘美平和的静寂。"[1]

这是二月中底一个星期五，下午五时。[2] 正是日落时分……"他生命底末日，和平的天国底首日！……"[3]

终于他休息了。他达到了他愿望的目标：他从时间中超脱了。"幸福的灵魂，对于他，时间不复流逝了！"[4]

---

[1] 诗集卷一百五十二。
[2] 一五六四年二月十八日，星期五。——送终他的，有加伐丽丽，但尼哀·特·伏尔丹，李沃尼，两个医生，仆人安东尼沃。李沃那陶在三天之后才到罗马。
[3] 诗集卷一百零九，第四十一首。
[4] 诗集卷五十九。

这便是神圣的痛苦的生涯

在这悲剧的历史底终了,我感到为一项思虑所苦。我自问,在想给予一般痛苦的人以若干支撑他们的痛苦的同伴时,我会不会只把这些人底痛苦加给那些人。因此,我是否应当,如多少别人所做的那样,只显露英雄底英雄成分,而把他们的悲苦的深渊蒙上一层帷幕?

——然而不!这是真理啊!我并不许诺我的朋友们以谎骗换得的幸福,以一切代价去挣得的幸福。我许诺他们的是真理,——不管它须以幸福去换来,——是雕成永恒的灵魂的壮美的真理。它的气息是苦涩的,可是纯洁的:把我们贫血的心在其中熏沐一会罢。

伟大的心魂有如崇山峻岭,风雨吹荡它,云翳包围它;但人们在那里呼吸时,比别处更自由更有力。纯洁的大气可以洗涤心灵底秽浊;而当云翳破散的时候,他威临着人类了。

是这样地这座崇高的山峰,矗立在文艺复兴期底意大利,从远处我们望见他的峻岭的侧影,在无垠的青天中消失。

我不说普通的人类都能在高峰上生存。但一年一度他们应上去顶礼。在那里，他们可以变换一下肺中底呼吸，与脉管中的血流。在那里，他们将感到更迫近永恒。以后，他们再回到人生底广原，心中充满了日常战斗底勇气。

罗曼·罗兰

罗曼·罗兰

托尔斯泰传

目　录

代序　罗曼·罗兰致译者书　351
第十一版序　354

"最近消失的光明"　355
《我的童年》《高加索纪事》《哥萨克》　369
《塞白斯多堡纪事》《三个死者》　376
《夫妇间的幸福》　390
《战争与和平》《安娜小史》　393
《忏悔录》与宗教狂乱　408
社会的烦虑：《我们应当做什么？》　417
《艺术论》　426
《民间故事与童话》《黑暗底力量》　438
《伊凡·伊列区之死》《克莱采朔拿大》　445
《复活》　453
托尔斯泰之社会思想　458
"他的面目确定了"　470
"战斗告终了"　482

托尔斯泰遗著论　　490
亚洲对托尔斯泰底回响　　498
托尔斯泰逝世前二月致甘地书　　513
托尔斯泰著作年表　　517

代序　罗曼·罗兰致译者书

——论无抵抗主义

三月三日赐书，收到甚迟。足下迻译拙著《贝多芬》、《弥盖朗琪罗》、《托尔斯泰》三传，并有意以汉译付刊，闻之不胜欣慰。

当今之世，英雄主义之光威复炽，英雄崇拜亦复与之俱盛。惟此光威有时能酿巨灾；故最要莫如将"英雄"二字下一确切之界说。

夫吾人所处之时代乃一切民众遭受磨炼与战斗之时代也；为骄傲为荣誉而成为伟大，未足也；必当为公众服务而成为伟大。最伟大之领袖必为一民族乃至全人类之忠仆。昔之孙逸仙、列宁，今之甘地，皆是也。至凡天才不表于行动而发为思想与艺术者，则贝多芬、托尔斯泰是已。吾人在艺术与行动上所应唤醒者，盖亦此崇高之社会意义与深刻之人道观念耳。

至"无抵抗主义"之问题，所涉太广太繁，非短简可尽。愚尝于论甘地之文字中有所论列，散见于拙著《甘地传》，《青年印度》及《甘地自传》之法文版引言。

余将首先声明，余实不喜此"无抵抗"之名，以其暗示屈服之观念，绝不能表白英雄的与剧烈的行动性，如甘地运动所已实现者。唯一适合之名辞，当为"非武力的拒绝"。

其次，吾人必须晓喻大众，此种态度非有极痛苦之牺牲不为功，且为牺牲自己及其所亲的整个的牺牲；盖吾人对于国家或党派施行强暴时之残忍，决不能作何幸想。吾人不能依恃彼等之怜悯，亦不能幸图彼等攻击一无抵抗之敌人时或有内疚。半世纪来，在革命与战乱之中，人类早已养成一副铁石心肠矣。即令"非武力的拒绝"或有战胜之日，亦尚须数代人民之牺牲以换取之，此牺牲乃胜利之必须代价也。

由是可见，若非赖有强毅不拔之信心与宗教的性格（即超乎一切个人的与普动的利害观念之性格），决不能具有担受此等牺牲之能力。对于人类，务当怀有信念。无此信念，则于此等功业，宁勿轻于尝试！否则即不殒灭，亦将因恐惧而有中途背叛之日。度德量力，实为首要。

今请在政治运动之观点上言，则使此等计划得以成功者，果为何种情势乎？此情势自必首推印度。彼国人民之濡染无抵抗主义也既已数千年，今又得一甘地为其独一无二之领袖；此其组织天才，平衡实利与信心之精神明澈，及其对于国内大多数民众之权威有以致之。彼所收获者将为确切不易之经验，不独于印度为然，即于全世界亦皆如此。是经验不啻为一心灵之英雄及其民族在强暴时代所筑之最坚固之堤岸。万一堤岸崩溃，则恐若干时内，强暴将掩有天下。而行动人物中之最智者亦只能竭力指挥强暴而莫之能御矣。当斯时也，洁身自好之士惟有隐遁于深邃之思想境域中耳。

然亦惟有忍耐已耳！狂风暴雨之时代终有消逝之日……不论其是否使用武力，人类必向统一之途迈进！

罗曼·罗兰
瑞士，一九三四年六月三十日

第十一版序

这第十一版的印行适逢托尔斯泰百年诞辰的时节,因此,本书的内容稍有修改。其中增入自一九一〇年起刊布的托氏通信。作者又加入整整的一章,述及托尔斯泰和亚洲各国:中国,日本,印度,回教国底思想家的关系;他和甘地的关系,尤为重要。我们又录入托尔斯泰在逝死前一个月所写的一信的全文,他在其中发表无抵抗斗争的整个计划,为甘地在以后获得一种强有力的作用的。

罗曼·罗兰
一九二八年八月

"最近消失的光明"

俄罗斯底伟大的心魂,百年前在大地上发着光焰的,对于我的一代,曾经是照耀我们青春时代的最精纯的光彩。在十九世纪终了时阴霾重重的黄昏,他是一颗抚慰人间的巨星,他的目光足以吸引并慰抚我们青年底心魂。在法兰西,多少人认为托尔斯泰不止是一个受人爱戴的艺术家,而是一个朋友,最好的朋友,在全部欧罗巴艺术中唯一的真正的友人。既然我亦是其中的一员,我愿对于这神圣的回忆,表示我的感激与敬爱。

我懂得认识托尔斯泰底日子,在我的精神上将永不会磨灭。这是一八八六年,在幽密中胚胎萌蘖了若干年之后,俄罗斯艺术底美妙的花朵突然于法兰西土地上出现了。托尔斯泰与杜思退益夫斯基(陀思妥耶夫斯基)底译本在一切书店中同时发刊,而且是争先恐后般的速度与狂热。一八八五至一八八七年间,在巴黎印行了《战争与和平》,《安娜小史》(《安娜·卡列尼娜》),《童年与少年》,《波里哥加》(《波利库什卡》),《伊凡·伊列区之死》(《伊凡·伊里奇之死》),高加索短篇小说和通俗短篇小说。在几个月中，几星期中，我们眼前发现了含有整个的伟大的人生底作品，反映着一个民族，一个簇新的世界底作品。

那时我初入高师。我和我的同伴们，在意见上是极不相同的。在我们的小团体中，有讥讽的与现实主义思想者，如哲学家乔治·杜马（Georges Dumas），有热烈地追怀意大利文艺复兴的诗人，如舒亚莱（Suarès），有古典传统底忠实信徒，有斯当达派与华格耐派，有无神论者与神秘主义者，掀起多少辩论，发生多少龃龉；但在几个月之中，爱慕托尔斯泰的情操使我们完全一致了。各人以各不相同的理由爱他：因为各人在其中找到自己；而对于我们全体又是人生底一个启示，开向广大的宇宙底一扇门。在我们周围，在我们的家庭中，在我们的外省，从欧罗巴边陲传来的巨声，唤起同样的同情，有时是意想不到的。有一次，在我故乡尼佛纳（Nivernais），我听见一个素来不注意艺术，对于甚么也不关心的中产者，居然非常感动地谈着《伊凡·伊列区之死》。

我们的著名批评家曾有一种论见，说托尔斯泰思想中的精华都是汲取于我们的浪漫派作家：乔治·桑，维克多·嚣俄（雨果）。不必说乔治·桑对于托尔斯泰的影响说之不伦，托尔斯泰是决不能忍受乔治·桑底思想的，也不必否认卢梭与斯当达（司汤达，Stendhal）对于托尔斯泰的实在的影响，总之不把他的伟大与魅力认为是由于他的思想而加以怀疑，是不应当的。艺术所赖以活跃的思想圈只是最狭隘的。他的力强并不在于思想本身，而是在于他所给予思想的表情，在于个人的调子，在于艺术家底特征，在于他的生命底气息。

不论托尔斯泰底思想是否受过影响——这我们在以后可以看到——欧罗巴可从没听到像他那种声音。除了这种说法之外,我们又怎么能解释听到这心魂底音乐时所感到的情绪底激动呢?——而这声音我们已企待得那么长久,我们的需要已那么急切。流行的风尚在我们的情操上并无什么作用。我们之中,大半都像我一样,只在读过了托尔斯泰底作品之后才认识特·伏葛(de Vogüé)著的《俄国小说论》;他的赞美比起我们的钦佩来已经逊色多了。因为特·伏葛特别以文学家底态度批判。但为我们,单是赞赏作品是不够的:我们生活在作品中间,他的作品已成为我们的作品了。我们的,由于他热烈的生命,由于他的心底青春。我们的,由于他苦笑的幻灭,由于他毫无怜惜的明察,由于他与死底纠缠。我们的,由于他对于博爱与和平底梦想。我们的,由于他对于文明底谎骗,加以剧烈的攻击。且也由于他的现实主义,由于他的神秘主义。由于他具有大自然底气息,由于他对于无形的力底感觉,由于他对于无穷底眩惑。

这些作品之于今日,不啻《少年维特之烦恼》之于当时:是我们的力强、弱点、希望与恐怖底明镜。我们毫未顾及要把这一切矛盾加以调和,把这颗反映着全宇宙的复杂的心魂纳入狭隘的宗教的与政治的范畴;我们不愿效法人们,学着蒲尔越(Paul Bourget)于托尔斯泰逝世之后,以各人的党派观念去批评他。仿佛我们的朋党一旦竟能成为天才底度衡那样!……托尔斯泰是否和我同一党派,于我又有何干?在呼吸他们的气息与沐浴他们的光华之时,我会顾忌到但丁与莎士比亚是属于何党何派的么?

我们绝对不像今日底批评家般说:"有两个托尔斯泰,一是转变以前的,一是转变以后的;一是好的,一是不好的。"对于我们,只有一个托尔斯泰,我们爱他整个。因为我们本能地感到在这样的心魂中,一切都有立场,一切都有关连。

我们往昔不加解释而由本能来感到的,今日当由我们的理智来证实了。现在,当这长久的生命达到了终点,展露在大家眼前,没有隐蔽,在思想底国土中成为光明的太阳之时,我们能够这样做了。第一使我们惊异的,是这长久的生命自始至终没有变更,虽然人家曾想着用藩篱把它随处分隔,——虽然托尔斯泰自己因为富于热情之故,往往在他相信,在他爱的时候,以为是他第一次相信,第一次爱,而认为这才是他的生命底开始。开始。重新开始。同样的转变,同样的争斗,曾在他心中发生过多少次!他的思想底统一性是无从讨论的,——他的思想从来不统一的——但可注意到他种种不同的因素,在他思想上具有时而妥协时而敌对底永续性。在一个如托尔斯泰那样的人底心灵与思想上,统一性是绝对不存在的,它只存在于他的热情底斗争中,存在于他的艺术与他的生命底悲剧中。

艺术与生命是一致的。作品与生命从没比托尔斯泰底联络得更密切了:他的作品差不多时常带着自传性;自二十五岁起,它使我们一步一步紧随着他的冒险生涯底矛盾的经历。自二十岁前开始直到他逝世为止[1]的他的日记,和他供给皮吕高夫(Birukov)的记录[2],更补充我们对于他的认识,使我们

---

[1] 除了若干时期曾经中断过,——尤其有一次最长的,自一八六五至一八七八年止。
[2] 他供给这些记录因为皮吕高夫为托尔斯泰作了不少传记,如《生活与作品》,《回忆录》,《回想录》,《书信》,《日记选录》,《传记资料汇集》等;这些作品都曾经过托尔斯泰亲自校阅,是关于托氏生涯与著作底最重要之作,亦是我参考最多的书。

不独能一天一天地明了他的意识底演化,而且能把他的天才所胚胎,他的心灵所借以滋养的世界再现出来。

丰富的遗产。双重的世家(托尔斯泰族与伏公斯基族),高贵的,古旧的,世裔一直可推到吕李克,家谱上有随侍亚历山大大帝的人物,有七年战争中的将军,有拿破仑诸役中的英雄,有十二月党人,有政治犯。家庭底回忆中,好几个为托尔斯泰采作他的《战争与和平》中的最特殊的典型人物:如他的外祖父,老亲王鲍尔公斯基(Bolkonski),嘉德琳二世(叶卡捷琳娜二世)时代底服尔德式的专制的贵族代表;他的母亲底堂兄弟,尼古拉·葛莱高莱维区·鲍尔公斯基亲王(Nicolas Grégorévitch Bolkonski),在奥斯丹列兹一役中受伤而在战场上救回来的;他的父亲,有些像尼古拉·洛斯多夫(Nicolas Rostov)的;他的母亲,玛丽公主,这温婉的丑妇人,生着美丽的眼睛,丑的脸相,她的仁慈底光辉,照耀着《战争与和平》。

对于他的父母,他是不大熟知的。大家知道《童年时代》与《少年时代》中的可爱的叙述极少真实性。他的母亲逝世时,他还未满二岁。故他只在小尼古拉·伊丹尼夫(Nicolas Irténiev)底含泪的诉述中稍能回想到可爱的脸庞,老是显着光辉四射的微笑,使她的周围充满了欢乐……

"啊!如果我能在艰苦的时间窥见这微笑,我将不知悲愁为何物了……"[1]

[1]《童年时代》第二章。

但她的完满的坦率,她的对于舆论的不顾忌,和她讲述她自己造出来的故事的美妙的天才,一定是传给他了。

他至少还能保有若干关于父亲的回忆。这是一个和蔼的诙谐的人，眼睛显得忧郁，在他的食邑中度着独立不羁，毫无野心的生活。托尔斯泰失怙的时候正是九岁。这死使他"第一次懂得悲苦的现实，心魂中充满了绝望"[1]。——这是儿童和恐怖的幽灵底第一次相遇，他的一生，一部分是要战败它，一部分是在把它变形之后而赞扬它。……这种悲痛底痕迹，在《童年时代》底最后几章中有深刻的表露，在那里，回忆已变成追写他的母亲底死与下葬的叙述了。

[1]《童年时代》第二十七章。
[2] Iasnaïa Poliana，意思是"栅栏"，是莫斯科南 Toula 城十余里外的一个小村，它所属的省份是俄罗斯色彩最重的一个省份。

在伊阿斯拿耶·波里阿那[2]底古老的宅邸中，他们一共是五个孩子。雷翁·尼古拉伊哀维区（列夫·尼古拉耶维奇，Léon Nikolaievitch）即于一八二八年八月二十八日诞生于这所屋里，直到八十二年之后逝世的时光才离开。五个孩子中最幼的一个是女，名字叫玛丽，后来做了女修士（托尔斯泰在临死时逃出了他自己的家，离别了家人，便是避到她那里去。）——四个儿子：塞尔越（Serge），自私的，可爱的一个，"他的真诚底程度为我从未见过的"；——特米德利（Dmitri），热情的，深藏的，在大学生时代，热烈奉行宗教，甚么也不顾，持斋减食，寻访穷人，救济残废，后来突然变成放浪不羁，和他的虔诚一样暴烈，以后充满着悔恨，在娼家为一个妓女脱了籍和她同居，二十九岁时患肺痨死了；[3]——长子尼古拉（Nicolas）是弟兄中最被钟爱的一个，从他母亲那里承受了讲述故事的幻想，[4]幽默的，胆怯的，细腻的性情，以后在高加索当军官，

[3] 托尔斯泰在《安娜小史》中描写他，那个人物是莱维纳（Lévine）底兄弟。
[4] 他曾写过一部《猎人日记》。

养成了喝酒的习惯，充满着基督徒底温情。他亦把他所有的财产尽行分赠穷人。屠克涅夫（屠格涅夫）说他"在人生中实行卑谦，不似他的兄弟雷翁徒在理论上探讨便自满了"。

在那些孩儿周围，有两个具有仁慈的心地的妇人：太蒂阿娜（Tatiana）姑母[1]，托尔斯泰说："她有两项德性：镇静与爱。"她的一生只是爱。她永远为他人舍身，……

"她使我认识爱底精神上的快乐……"

[1] 实际上她已是一个远戚。她曾爱过托尔斯泰底父亲，他亦爱她，但如《战争与和平》中的Sonia一般，她退让了。

另外一个是亚历山大（Alexandra）姑母，她永远服侍他人而避免为他人服侍，她不用仆役，唯一的嗜好是读《圣徒行传》，和朝山的人与无邪的人谈话。好几个无邪的男女在他们家中寄食。其中有一个朝山进香的老妇，会背诵赞美诗的，是托尔斯泰妹妹底寄母。另外一个叫做葛里夏（Gricha）的，只知道祈祷与哭泣……

"噢伟大的基督徒葛里夏！你的信仰是那么坚强，以至你感到和神迫近，你的爱是那么热烈，以至你的言语从口中流露出来，为你的理智无法驾驭。你颂赞神底庄严，而当你找不到言辞的时候，你泪流满面着匍匐在地下！……"[2]

[2]《童年时代》第七章。

这一切卑微的心灵对于托尔斯泰底长成上的影响当然是昭然若揭的事。暮年底托尔斯泰似乎已在这些灵魂上萌蘖，试练了。他们的祈祷与爱，在儿童底精神上散播了信仰底种子，到老年时便看到这种子底收获。

除了无邪的葛里夏之外，托尔斯泰在他的《童年时代》中，并没提及助长他心魂底发展的这些卑微人物。但在另一方面，书中却透露着这颗儿童底灵魂，"这颗精纯的，慈爱的灵魂，如一道鲜明的光华，永远懂得发现别人底最优的品性"，和这种极端的温柔！幸福的他，只想念着他所知道的不幸者，他哭泣，他愿对他表现他的忠诚。他亲吻一匹老马，他请求原谅他使它受苦。他在爱的时候便感到幸福，即是他不被人爱亦无妨。人们已经窥到他未来的天才底萌芽：使他痛哭身世的幻想；他的工作不息的头脑，——永远努力要想着一般人所想的问题；他的早熟的观察与回忆的官能；[1] 他的锐利的目光，——懂得在人家的脸容上，探寻他的苦恼与哀愁。他自言在五岁时，第一次感到，"人生不是一种享乐，而是一桩十分沉重的工作"[2]。

[1] 在他一八七八年时代的自传式笔记中，他说他还能记忆襁褓与婴儿时洗澡的感觉。瑞士大诗人史比德莱（Carl Spitteler）亦具有同样的记忆力，对于他初入世界时的形象记得很清晰，他曾为此写了一整部的书。
[2]《初期回忆》。

幸而，他忘记了这种思念。这时节，他在通俗的故事，俄罗斯底 Bylines 神话与传说，《圣经》的史略中组织他的幻梦来，尤其是《圣经》中约瑟底历史，——在他暮年时还把他当作艺术底模范，——和《天方夜谭》，为他在祖母家里每晚听一个盲目的讲故事人坐在窗口上讲述的。

他在嘉尚（Kazan）地方读书。[3] 成绩平庸。人家说这兄弟三人[4]："塞尔越欲而能。特米德利欲而不能。雷翁不欲亦不能。"

[3] 一八四二至一八四七年。
[4] 长兄尼古拉，比雷翁长五岁，他在一八四四年时已修了他的学业。

他所经过的时期，真如他所说的"荒漠的青年时期"。荒凉的沙漠，给一阵阵狂热的疾风扫荡着。关于这个时期，《少年》，尤其是《青年》底叙述中，含有极丰富的亲切的忏悔材料。他是孤独的。他的头脑处于永远的狂热境界中。在一年内，他重行觅得并试练种种与他适当的学说。[1] 斯多噶主义者，他从事于磨折他的肉体。伊壁鸠鲁主义者，他又纵欲无度。以后，他复相信轮回之说。终于他堕入一种错乱的虚无主义中：他似乎觉得如果他迅速地转变，他将发见虚无即在他的面前。他把自己分析，分析……

"我只想着一样，我想我想着一样……"[2]

这永无休止的自己分析，这推理的机能，自然容易陷于空虚，而且对于他成为一种危险的习惯，"在生活中时常妨害他"，据他自己说，但同时却是他的艺术底最珍贵的泉源。[3]

[1] 他爱作关于形而上的谈话；他说："尤其因为这种谈话是那么抽象，那么暗晦，令人相信他说的话确是他所想的，其实是完全说了别种事情。"（《少年时代》第二十七章）
[2] 《少年时代》第十九章。
[3] 尤其在他的初期作品中，如《塞白斯多堡纪事》《《塞瓦斯托波尔纪事》）。
[4] 这是他读服尔德底作品极感乐趣底时期。（《忏悔录》第一章）

在这精神活动中，他失了一切信念：至少，他是这样想。十六岁，他停止祈祷，不到教堂去了。[4] 但信仰并未死灭，它只是潜匿着：

"可是我究竟相信某种东西。甚么？我不能说。我还相信神，或至少我没有否认他。但何种神？我不知道。我也不否认基督和他的教义；但建立这教义的立场，我却不能说。"[5]

有时，他沉迷于慈悲底幻梦中。他曾想卖掉他的坐车，把卖得的钱分给穷人，也想把他的十分之一的家财为他们牺牲，他自己可以不用仆役……"因为他们是和我一样的人"[6]。在某次病中，[7]他写了一部《人生底规则》。他在其中天真地指出人生底责任，"须研究一切，一切都要加以深刻的探讨：法律，医学，语言，农学，历

[5] 《忏悔录》第一章。
[6] 《青年时代》第三章。
[7] 一八四七年三月至四月间。

史，地理，数学，在音乐与绘画中达到最高的顶点"……他"相信人类底使命在于他的自强不息的追求完美"。

然而不知不觉地，他为少年底热情，强烈的性感与夸大的自尊心[1]所驱使，以至这种追求完美底信念丧失了无功利观念的性质，变成了实用的与物质的了。他的所以要求他的意志，肉体与精神达到完美，无非是因为要征服世界，获得全人类的爱戴。[2]他要取悦于人。

这却不是一件容易的事。他如猿子一般的丑陋粗犷的脸，又是长又是笨重，短发覆在前额，小小的眼睛深藏在阴沉的眼眶里，瞩视时非常严峻，宽大的鼻子，望前突出的大唇，宽阔的耳朵。[3]因为无法改变这丑相，在童时他已屡次感到绝望底痛苦，[4]他自命要实现成为"一个体面人"[5]。这种理想，为要做得像别个"体面人"一样，引导他去赌博，借债，彻底的放荡。[6]

一件东西永远救了他：他的绝对的真诚。

——你知道我为何爱你甚于他人？奈克吕杜夫（Nekhludov）和他说。你具有一种可惊的少有的品性，坦白。

——是的，我老是说出我自己也要害羞的事情。[7]

---

[1] 奈克吕杜夫在他的《少年时代》中说："人所做的一切，完全是为了他的自尊心。"一八五三年，托尔斯泰在他日记中写道："骄傲是我的大缺点。一种夸大的自尊心，毫无理智的：我的野心那么强烈，如果我必得在光荣与德性（我爱好的）中选择其一，我确信我将选择前者。"
[2] "我愿大家认识我，爱我。我愿一听到我的名字，大家便赞叹我，感谢我。"（《青年时代》第三章）
[3] 根据一八四八年，他二十岁时底一幅肖像。
[4] "我自己想，像我这样一个鼻子那么宽，口唇那么大，眼睛那么小的人，世界上是没有他的快乐的。"（《童年时代》第十七章）此外，他悲哀地说起"这副没有表情的脸相，这些软弱的，不定的，不高贵的线条，只令人想起那些乡人，还有这双太大的手与足"。（《童年时代》第一章）
[5] "我把人类分做三类：体面的人，唯一值得尊敬的人；不体面的人，该受轻蔑与憎恨的人；贱民，现在是没有了。"（《青年时代》第三十一章）
[6] 尤其当他逗留圣彼得堡底时代（一五四七至一五四八年）。
[7] 《少年时代》第二十七章。

在他最放荡的时候，他亦以犀利的明察的目光批判。

"我完全如畜类一般地生活，"他在《日记》中写道，"我是堕落了。"

用着分析法，他仔仔细细记出他的错误底原因：

"一、犹疑不定或缺乏魄力；——二、自欺；——三、操切；——四、无谓的羞惭；——五、心绪恶劣；——六、迷惘；——七、模仿性；——八、浮躁；——九、不加考虑。"

即是这种独立不羁的判断，在大学生时代，他已应用于批评社会法统与智识的迷信。他瞧不起大学教育，不愿作正当的历史研究，为了思想底狂妄被学校处罚。这时代，他发现了卢梭，《忏悔录》，《爱弥儿》。对于他，这是一个晴天霹雳。

"我向他顶礼。我把他的肖像悬在颈下如圣像一般。"[1]

他最初几篇的哲学论文便是关于卢梭的诠释（一八四六至一八四七年）。

然而，对于大学和"体面人"都厌倦了，他重新回来住在他的田园中，在伊阿斯拿耶·波里阿那故乡（一八四七至一八五一）；他和民众重新有了接触；他借口要帮助他们。成为他们的慈善家和教育家。他在这时期的经验在他最初几部中便有叙述，如《一个绅士底早晨》（一八五二），一篇优异的小说，其中的主人翁便是他最爱用的托名：奈克吕杜夫亲王。[2]

奈克吕杜夫二十岁。他放弃了大学去为农民服务。一年以

[1] 和保尔·鲍阿伊哀（Paul Boyer）底谈话，见一九〇一年八月二十八日巴黎《时报》。
[2] 在《少年时代》与《青年时代》（一八五四）中，在《支队中的相遇》（一八五六）中，在《吕赛纳》（《琉森》）（一八五七）中，在《复活》（一八九九）中，都有奈克吕杜夫这个人物。——但当注意这个名字是代表各种不同的人物。托尔斯泰也并不使他保留着同样的生理上的容貌，奈克吕杜夫在《射击手日记》底终了是自杀的。这是托尔斯泰底各种化身，有时是最好的，有时是最坏的。

来他干着为农民谋福利的工作;某次,去访问一个乡村,他遭受了似嘲似讽的淡漠,牢不可破的猜疑,因袭,浑噩,下流,无良……等等。他一切的努力都是枉费。回去时他心灰意懒,他想起他一年以前的幻梦,想起他的宽宏的热情,想起他当年底理想"爱与善是幸福,亦是真理,世界上唯一可能的幸福与真理"。他觉得自己是战败了。他羞愧而且厌倦了。

"坐在钢琴前面,他的手无意识地按着键盘。奏出一个和音,接着第二个,第三个……他开始弹奏。和音并不完全是正则的;往往它们平凡到庸俗的程度,丝毫表现不出音乐天才;但他在其中感到一种不能确定的,悲哀的乐趣。每当和音变化时,他的心跳动着,等待着新的音符来临,他以幻想来补足一切缺陷。他听到合唱,听到乐队……而他的主要乐趣便是由于幻想底被迫的活动,这些活动显示给他最多变的关于过去与未来的形象与情景,无关连的,但是十分明晰……"

他重复看到刚才和他谈话的农人,下流的,猜疑的,说谎的,懒惰的,顽固的;但此刻他所看到的他们,只是他们的好的地方而不是坏处了;他以爱底直觉透入他们的心;在此,他窥到他们对于压迫他们的命运所取的忍耐与退让的态度,他们对于一切褊枉底宽恕,他们对于家庭底热情,和他们对于过去所以具有因袭的与虔敬的忠诚之原因。他唤引起他们劳作的日子,疲乏的,可是健全的……

"这真美,"他喃喃地说……"我为何不成为他们中的一员呢?"[1]

整个的托尔斯泰已包藏在第一篇短篇小说[2]底主人翁中:在

---

[1] 《一个绅士底早晨》第二卷。
[2] 这篇小说与《童年时代》同时。

他的明确而持久的视觉中,他用一种毫无缺陷的现实主义来观察人物;但他闭上眼睛时,他重又沉入他的幻梦,沉入他对于人类底爱情中去了。

但一八五〇年左右底托尔斯泰并没如奈克吕杜夫那般忍耐。伊阿斯拿耶令他失望;他对于民众亦如对于优秀阶级一样地厌倦了;他的职分使他觉得沉重,他不复能维持下去。此外,他的债权人紧逼着他。一八五一年,他避往高加索,遁入军队中,在已经当了军官的他的哥哥尼古拉那里。

他一到群山环绕的清明的境域,他立刻恢复了,他重新觅得了上帝:

"昨夜[1],我差不多没有睡觉……我向神祈祷。我无法描写在祈祷时所感到的情操底甘美。我先背诵惯例的祷文,以后我又祈祷了长久。我愿欲甚么十分伟大的,十分美丽的东西……甚么?我不能说。我欲把我和'神'融和为一,我请求他原谅我的过失……可是不,我不请求这个,我感到,既然他赐予我这最幸福的时间,他必已原谅我了。我请求,而同时我觉得我无所请求,亦不能且不知请求。我感谢了他,不是用言语,亦不是在思想上……仅仅一小时之后,我又听到罪恶底声音。我在梦着光荣与女人底时候睡着了:这比我更强力。不打紧!我感谢神使我有这一刻看到我的渺小与伟大底时间。我欲祈祷,但我不知祈祷;我欲彻悟,但我不敢。我完全奉献给你的意志!"[2]

[1] 一八五一年六月十一日,在高加索 Stari-Iourt 底营地。

[2]《日记》。

肉情并未战败(它从没有被战败);情欲与神底争斗秘密地在心中进展。在《日记》中,托尔斯泰记述三个侵蚀他的魔鬼:

一、赌博欲 可能战胜的。
二、肉欲 极难战胜的。
三、虚荣欲 一切中最可怕的。

在他梦想着要献给别人而牺牲自己的时候,肉欲或轻浮的思想同时占据着他:某个高加索妇人的形象使他迷恋,或是"他的左面的胡须比右面的竖得高时会使他悲哀"[1]。——"不妨!"神在这里,他再也不离开他了。即是斗争底骚乱也含有繁荣之机,一切的生命力都受着激励了。

"我想我当初要到高加索旅行的轻佻的思念,实在是至高的主宰给我的感印。神灵底手指点着我,我不息地感谢他。我觉得在此我变得好了一些,而我确信我一切可能的遭遇对于我只会是福利,既然是神自己底意志要如此……"[2]

这是大地向春天唱它感谢神恩的歌。它布满了花朵。一切都好,一切都美。一八五二年,托尔斯泰底天才吐出它初期的花苞:《童年时代》,《一个绅士底早晨》,《侵略》,《少年时代》;他感谢使他繁荣的上帝。[3]

---

[1] 《日记》(一八五一年七月二日)。
[2] 一八五二年致他的太蒂阿娜姑母书。
[3] 一幅一八五一年时代底肖像,已表现出他在心魂上酝酿成熟的转变。头举起着,脸色稍微变得清朗些,眼眶没有以前那么阴沉,目光仍保有他的严厉的凝注,微张的口,刚在生长的胡须,显得没有神采,永远含着骄傲的与轻蔑的气概,但青年底蓬勃之气似乎占有更多的成分。

《我的童年》《高加索纪事》《哥萨克》

《我的童年》底历史于一八五一年秋在蒂弗里斯（Tiflis）地方开始，一八五二年七月二日在高加索毕阿蒂高斯克（Piatigorsk）地方完成。这是很奇怪的：在使他陶醉的自然界中，在簇新的生活里，在战争底惊心动魄的危险中，在一意要发现为他所从未认识的热情的世界时，托尔斯泰居然会在这第一部作品中追寻他过去生活底回忆。但当他写《童年时代》时，他正病着，军队中的服务中止了；在长期休养的闲暇中，又是孤独又是痛苦，正有感伤的倾向，过去的回忆便在他温柔的眼前展现了。[1]最近几年底颓废生活，使他感到筋疲力尽般的紧张之后，去重温"无邪的，诗意的，快乐的，美妙的时期"底幼年生活，追寻"温良的，善感的，富于情爱的童心"，于他自另有一番甜蜜的滋味。而且充满了青春底热情，怀着无穷尽的计划，他的循环式的诗情与幻想，难得采用一个孤独的题材，他的长篇小说，实在不过是他从不能实现的巨大的历史底一小系罢

---

[1] 他那时代写给太蒂阿娜姑母的信是充满了热泪。他确如他所说的"Liova-riova"（善哭的雷翁）。（一八五二年正月六日书）

了;[1] 这时节,托尔斯泰把他的《童年时代》只当作《一生四部曲》底首章,它原应将他的高加索生活也包括在内,以由自然而获得神底启示一节为终结的。

以后,托尔斯泰对于这部助他成名的著作《童年时代》,表示十分严酷的态度。

——"这是糟透了,"他和皮吕高夫说,"这部书缺少文学的诚实! ……其中简直没有什么可取。"

但只有他一个人抱有这种见解。本书底原稿,不写作者的名字,寄给俄罗斯底有名的大杂志《当代》,立刻被发表了(一八五二年九月六日),而且获得普遍的成功,为欧罗巴全部的读者所一致确认的。然而,虽然其中含有魅人的诗意,细腻的笔致,精微的情感,我们很可懂得以后会使托尔斯泰憎厌。

它使他憎厌的理由正是使别人爱好的理由。我们的确应当说:除了若干地方人物底记载与极少数的篇幅中含有宗教情操,与感情的现实意味[2]足以动人之外,托尔斯泰底个性在此表露得极少。书中笼罩着一种温柔的感伤情调,为以后的托尔斯泰所表示反感,而在别的小说中所摒除的。这感伤情调,我们是熟识的,我们熟识这些幽默和热泪,它们是从狄根司(狄更斯)那里来的。在他八十一年底最爱的读物中,托尔斯泰在《日记》中说过是:"狄根司底 David Copperfield 巨大的影响。"他在高加索时还在重行浏览这部小说。

他自己所说的还有两种影响:史丹尔纳(Laurence Sterne——十八世纪英国作家)与多泼浮(Toeppfer)。"我那时,"他说,"受着他们的感印。"[3]

---

[1] 《一个绅士底早晨》是《一个俄国产业者小说》计划中的断片。《高加索人》是一部关于高加索的大小说之一部分。伟大的《战争与和平》在作者的思想中是一部时代史诗底开端,《十二月党人》应当是小说底中心。

[2] 朝山者葛里夏,或母亲的死。

[3] 在致皮吕高夫的信中。

谁会想到《日内瓦短篇》竟是《战争与和平》底作者底第一个模型呢？可是一经知道，便不难在《童年时代》中找到它们热情而狡猾的纯朴，移植在一个更为贵族的天性中底痕迹。

因此，托尔斯泰在初期，对于群众已是一个曾经相识的面目。但他的个性不久便开始肯定了。不及《童年时代》那么纯粹那么完美的《少年时代》（一八五三），指示出一种更特殊的心理，对于自然底强烈的情操，一颗为狄根司与多泼浮所没有的苦闷的心魂。《一个绅士底早晨》（一八五二年十月）[1] 中，托尔斯泰底性格，观察底大胆的真诚，对于爱底信心，都显得明白地形成了。这短篇小说中，他所描绘的若干农人底出色的肖像已是《民间故事》中最美的描写底发端；例如他的"养蜂老人"[2] 在此已可窥见它的轮廓：在桦树底下的矮小的老人，张开着手，眼睛望着上面，光秃的头在太阳中发光，成群的蜜蜂在他周围飞舞，不刺他而在他头顶上环成一座冠冕……

[1]《一个绅士底早晨》在一八五五至一八五六年间才完成。
[2]《两个老人》（一八八五）。

但这时期底代表作却是直接灌注着他当时的情感之作，如：《高加索纪事》。其中第一篇《侵略》（完成于一八五二年十二月二十四日），其中壮丽的景色，尤足动人：在一条河流旁边，在万山丛中底日出；以强烈生动的笔致写出阴影与声音底夜景；而晚上，当积雪的山峰在紫色的雾氛中消失的时候，士兵底美丽的歌声在透明的空气中飘荡。《战争与和平》中的好几个典型人物在此已在尝试着生活了：如克洛泡夫大尉（Capitaine Khlopov）那个真正的英雄，他的打仗，绝非为了他个人的高兴而因为这是他的责任。他是"那些朴实的，镇静的，令人欢喜用眼睛直望着他的俄罗斯人物"中之一员。阴郁的，笨拙的，有些可笑的，从不理会他的周围的一切,在战事中,当大家都改变时,他一个人却不改变;"他,完全如人家一直所见的那样:同样镇静的动作,同样平稳的声调,在天真而阴郁的脸上亦是同样质朴的表情"。在他旁边,一个中尉,扮演着莱蒙多夫(Lermontov)底主人翁,他的本性是善良的,却装做似乎粗野蛮横。还有那可怜的少尉,在第一仗上高兴得了不得,可爱又可笑的,准备抱着每个人底颈项亲吻的小家伙,愚蠢地死于非命,如贝蒂阿·洛斯多夫(Pétia Rostov)。在这些景色中,显露出托尔斯泰底面目,冷静地观察着而不参与他的同伴们底思想;他已经发出非难战争的呼声:

"在这如此美丽的世界上,在这广大无垠,星辰密布的天空之下,人们难道不能安适地生活么?在此他们怎能保留着恶毒,仇恨,和毁灭同类底情操?人类心中一切恶的成分,一经和自然接触便应消灭,因为自然是美与善底最直接的表现。"[1]

在这时期观察所得的别的高加索纪事,到了一八五四至一八五五年间才写成,例如《伐木》[2],一种准确的写实手法,稍嫌冷峻,但充满了关于俄罗斯军人心理底奇特的记载——这是预示未来的记录;一八五六年又写成《在别动队中和一个莫斯科底熟人底相遇》[3],描写一个失意的上流人物,变成一个放浪的下级军官,懦怯,酗酒,说谎,他甚至不能如他所轻视的士兵一般,具有被杀的意念,他们中最渺小的也要胜过他百倍。

在这一切作品之上,矗立着这第一期山脉底最高峰,托尔斯泰底最美的抒情小说之一,是他青春底歌曲,亦是高加索底颂诗:《哥萨克》[4]。白雪连绵的群山,在光亮的天空映射着它们巍

---

[1] 《侵略》(全集卷三)。
[2] 全集卷三。
[3] 全集卷四。
[4] 虽然这些作品在一八六〇年时才完成(发刊的时期是一八六三年),但这部著作中底大部分却在此时写成的。

峨的线条，它们的诗意充满了全书。在天才底开展上，这部小说是独一无二之作，正如托尔斯泰所说的："青春底强有力的神威，永远不能复得的天才底飞跃。"春泉底狂流！爱情底洋溢！

"我爱，我那么爱！……勇士们！善人们！他反复地说，他要哭泣。为什么？谁是勇士？他爱谁？他不大知道。"[1]

这种心灵底陶醉，无限制地流溢着。书中的主人翁，奥莱宁（Olénine）和托尔斯泰一样，到高加索来寻求奇险的生活；他迷恋了一个高加索少女，沉浸入种种矛盾的希望中。有时他想："幸福，是为别人生活，牺牲自己。"有时他想："牺牲自己只是一种愚蠢。"于是他简直和高加索底一个老人爱洛加（Erochka）同样地想："一切都是值得的。神造出一切都是为了人类底欢乐。没有一件是犯罪。和一个美丽的女子玩不是一桩罪恶而是灵魂得救。"可是又何用思想呢？只要生存便是。生存是整个的善，整个的幸福，至强的，万有的生命："生"即是神。一种狂热的自然主义煽惑而且吞噬他的灵魂。迷失在森林中，"周围尽是野生的草木，无数的虫鸟，结队的蚊蚋，黝暗的绿翳，温暖而芬芳的空气，在草叶下面到处潜流着浊水"，离开敌人底陷阱极近的地方，奥莱宁"突然感到无名的幸福，依了他童时底习惯，他划着十字，感谢着什么人"。如一个印度底托钵僧一般，他满足地说，他独自迷失在吸引着他的人生底漩涡中，到处潜伏着的无数看不见的生物窥伺着他的死，成千成万的虫类在他周围嗡嗡地互相喊着：

——"这里来，这里来，同伴们！瞧那我们可以刺一下的人！"

"显然他在此不复是一个俄国士绅，莫斯科底社会中人，某人某人底朋友或亲戚，但只是一个生物，如蚊蚋，如雉鸟，如麋

[1]《高加索人》（全集卷三）

鹿，如在他周围生存着徘徊着一切生物一样。"

——"他将如它们一般生活，一般死亡。青草在我上面生长。……"

而他的心是欢悦的。

在青春底这一个时间，托尔斯泰生活在对于力，对于人生之爱恋底狂热中。他抓扼自然而和自然融化。是对着自然他发泄他的悲愁，他的欢乐和他的爱情。[1] 但这种浪漫底克的陶醉，从不能淆乱他的清晰的目光。更无别的足以和这首热烈的诗相比，更无别的能有本书中若干篇幅底强有力的描写，和真切的典型人物底刻画。自然与人间底对峙，是本书底中心思想，亦是托尔斯泰一生最爱用的主题之一，他的信条之一，而这种对峙已使他找到《克莱采朔拿大》(《克勒策奏鸣曲》)[2] 底若干严酷的语调，以指责人间的喜剧。但对于一切他所爱的人，他亦同样的真实；自然界底生物，美丽的高加索女子和他朋友们都受着他明辨的目光烛照，他们的自私，贪婪，狡狯恶习，一一描画无遗。

高加索，尤其使托尔斯泰唤引起他自己生命中所蓄藏的深刻的宗教性。人们对于这真理精神底初次昭示往往不加相当的阐发。他自己亦是以保守秘密为条件才告诉他青春时代底心腹，他的年轻的亚历山大·安特留娜(Alexandra Andrejewna Tolstoï)姑母。在一八五九年五月三日底一封信中，他向她"发表他的信仰"[3]：

"儿时，"他说，"我不加思想，只以热情与感伤而信仰。十四岁时，我开始思虑着人生问题；而因为宗教不能和我的理论调和，我把

---

[1] 奥莱宁说："也许在爱高加索女郎时，我在她身上爱及自然……在爱她时，我感到自己和自然分离开不。"他时常把他所爱的人与自然作比较。"她和自然一样是平等的，镇静的，沉默的。"此外，他又把远山底景致与"这端丽的女子"相比。
[2] 奥莱宁在致他的俄罗斯友人们底信中便有此等情调。
[3] 原文即法文。

毁灭宗教当作一件值得赞美的事……于是我一切是明白的,论理的,一部一部分析得很好的;而宗教,却并没安插它的地位……以后,到了一个时期,人生于我已毫无秘密,但在那时起,人生亦开始丧失了它的意义。那时候——这是在高加索——我是孤独的,苦恼的。我竭尽我所有的精神力量,如一个人一生只能这样地作一次的那样。……这是殉道的与幸福的时期。从来(不论在此时之前或后)我没有在思想上达到那样崇高的地位,我不曾有如这两年中的深刻的观察,而那时我所找到的一切便成为我的信念……在这两年底持久的灵智工作中,我发现一条简单的,古老的,但为我是现在才知道而一般人尚未知道的真理;我发见人类有一点不朽性,有一种爱情,为要永久幸福起见,人应当为了别人而生活,这些发见使我非常惊讶,因为它和基督教相似;于是我不复向前探寻而到《圣经》中去求索了。但我找不到什么东西。我既找不到神,亦找不到救主,更找不到圣典,甚么都没有……但我竭尽我灵魂底力量寻找,我哭泣,我痛苦,我只是欲求真理……这样,我和我的宗教成为孤独了。"

在信末,他又说:

"明白了解我啊!……我认为,没有宗教,人是既不能善,亦不能幸福;我愿占有它较占有世界上任何东西都更牢固;我觉得没有它我的心会枯萎……但我不信仰。为我,是人生创造了宗教,而非宗教创造人生,……我此时感到心中那么枯索,需要一种宗教。神将助我。这将会实现……自然对于我是一个引路人,它能导引我们皈依宗教,每人有他不同而不认识的道路;这条路,只有在每人底深刻处才能找到它。……"

《塞白斯多堡纪事》《三个死者》

一八五三年十一月,俄罗斯向土耳其宣战。托尔斯泰初时在罗马尼亚军队中服务,以后又转入克里米军队,一八五四年十一月七日,他到塞白斯多堡(Sébastopol)。他胸中燃烧着热情与爱国心。他勇于尽责,常常处于危险之境,尤其在一八五五年四月至五月间,他三天中轮到一天在第四棱堡底炮台中服务。

成年累月地生活于一种无穷尽的紧张与战栗中,和死正对着,他的宗教的神秘主义又复活了。他和神交谈着。一八五五年四月,他在《日记》中记有一段祷文,感谢神在危险中保护他并请求他继续予以默佑,"以便达到我尚未认识的,生命底永恒的与光荣的目的……"他的这个生命底目的,并非是艺术,而已是宗教。一八五五年三月五日,他写道:

"我已归结到一个伟大的思想,在实现这思想上,我感到可以把我整个的生涯奉献给它。这思想,是创立一种新宗教,基督底宗教,但其教义与神秘意味是经过澄清的……用极明白的意识来行动，以便把宗教来结合人类。"[1]

这将是他暮年时底问题。

可是，为了要忘掉眼前的情景起见，他重新开始写作。在枪林弹雨之下，他怎么能有必不可少的精神上的自由来写他的回忆录底第三部《青年时代》？那部书是极混沌的：它的紊乱，及其抽象分析底枯索，如斯当达（Stendhal）式的层层推进的解剖，[2] 大抵是本书诞生时底环境造成的。但一个青年底头脑中所展演的模糊的幻梦与思想，他竟有镇静深刻的探索，亦未始不令人惊叹。作品显得对于自己非常坦率。而在春日底城市写景，忏悔的故事，为了已经遗忘的罪恶而奔往修道院去底叙述中，又有多少清新的诗意！一种热烈的泛神论调，使他书中若干部分含有一种抒情的美，其语调令人回想起《高加索纪事》。例如这幅夏夜底写景：

"新月发出它沉静的光芒。池塘在闪耀。老桦树底茂密的枝叶，一面在月光下显出银白色，另一面，它的黑影掩蔽着棘丛与大路。鹌鹑在塘后鸣噪。两棵老树互相轻触底声息，不可闻辨。蚊蝇嗡嗡，一只苹果坠在枯萎的落叶上，青蛙一直跳上阶石，绿色的背在月下发光……月渐渐上升；悬在天空，普照宇宙；池塘底光彩显得更明亮；阴影变得更黝黑，光亦愈透明……而我，微贱的虫蛆，已经沾染着一切人间的热情，但因了爱情底巨力，这时候，自然，月，和我，似乎完全融成一片。"[3]

---

[1] 《日记》。
[2] 在同时代完成的《伐木》一书中，亦有此等方式。例如："爱有三种：一、美学的爱；二、忠诚的爱；三、活跃的爱；等等。"（《青年时代》）——或如："兵有三种：一、服从的；二、横暴的；三、伪善的，——他们更可分为：A．冷静的服从者；B．逢迎的服从者；C．酗酒的服从者，等等。"见《伐木》。
[3] 《青年时代》第三十二章（全集卷二）。

但当前的现实，在他心中较之过去的梦景更有力量；它迫使他注意。《青年时代》，因此没有完成；而这位伯爵雷翁·托尔斯泰中队副大尉，在棱堡底障蔽下，在隆隆的炮声中，在他的同伴间，观察着生人与垂死者，在他的不可磨灭的《塞白斯多堡纪事》中写出他们的和他自己的凄怆。

这三部纪事——《一八五四年十二月之塞白斯多堡》，《一八五五年五月之塞白斯多堡》，《一八五五年八月之塞白斯多堡》，——往常是被人笼统地加以同一的来批判的。但它们实在是十分歧异的。尤其是第二部，在情操上，在艺术上，与其他二部不同。第一第三两部被爱国主义统制着；第二部则含有确切不移的真理。

[1] 寄给 Sovrémennik 杂志，立刻被发表了。

据说俄后读了第一部纪事[1]之后，不禁为之下泪，以致俄皇在惊讶叹赏之中下令把原著译成法文，并令把作者移调，离开危险区域，这是我们很能了解的。在此只有鼓吹爱国与战争的成分。托尔斯泰入伍不久；他的热情没有动摇；他沉溺在英雄主义中。他在卫护塞白斯多堡的人中还未看出野心与自负心，还未窥见任何卑鄙的情操。对于他，这是崇高的史诗，其中的英雄"堪与希腊底媲美"。此外，在这些纪事中，毫无经过想象方面的努力底痕迹，毫无客观表现底试练；作者只是在城中闲步；他以清明的目光观看，但他讲述的方式，却太拘谨："你看……你进入……你注意……"这是巨帙的新闻记录加入对于自然底美丽的印象作为穿插。

第二幕情景是全然不同的：《一八五五年五月之塞白斯多堡》篇首，我们即读到：

"千万的人类自尊心在这里互相冲撞，或在死亡中寂灭……"

后面又说：

"……因为人是那么多，故虚荣亦是那么多……虚荣，虚荣，到处是虚荣，即是在墓门前面！这是我们这世纪底特殊病……为何荷马与莎士比亚时之辈谈着爱，光荣与痛苦，而我们这世纪底文学只是虚荣者和趋崇时尚之徒底无穷尽的故事呢？"

纪事不复是作者底简单的叙述，而是直接使人类与情欲角逐，暴露英雄主义底背面。托尔斯泰犀利的目光在他同伴们底心底探索；在他们心中如在他自己心中一样，他看到骄傲，恐惧，死在临头尚在不断地演变的世间的喜剧。尤其是恐惧被他确切认明了，被他揭除了面幕，赤裸裸地发露了。这无穷的危惧，[1] 这畏死的情操，被他毫无顾忌，毫无怜惜地剖解了，他的真诚竟至可怕的地步。在塞白斯多堡，托尔斯泰底一切的感伤情调尽行丧失了，他轻蔑地指为"这种浮泛的，女性的，只知流泪的同情"。他的分析天才，在他少年时期已经觉醒，有时竟含有病态，[2] 但这项天才，从没有比描写泼拉斯古几纳（Praskhoukhine）之死达到更尖锐，更富幻想的强烈程度。当炸弹堕下而尚未爆烈的一秒钟内，不幸者底灵魂内所经过的情景，有整整两页底描写，——另外一页是描写当炸弹爆烈之后，"都受着轰击马上死了"[3]，这一刹那间底胸中的思念。

[1] 许多年以后，托尔斯泰重复提及这时代底恐惧。他和他的朋友 Ténéromo 述及他有一夜睡在壕沟掘成的卧室中恐怖到极点的情景。
[2] 稍后，Droujinine 友谊地叮嘱他当心这危险："你倾向于一种极度缜密的分析精神；它可以变成一个大缺点。有时，你竟会说出：某人底足踝指出他有往印度旅行底欲愿……你应当抑制这倾向，但不要无缘无故地把它完全阻塞了。"（一八五六年书）
[3] 全集卷四，第八二～八五页。

仿如演剧时休息期间底乐队一般，战场底景色中展开了鲜明的大自然，阴云远去，豁然开朗，而在成千成万的人呻吟转侧的庄严的沙场上，发出白日底交响乐，于是基督徒托尔斯泰，忘记了他第一部叙述中的爱国情调，诅咒那违叛神道的战争：

"而这些人，这些基督徒，——在世上宣扬伟大的爱与牺牲底律令的人，看到了他们所做的事，在赐予每个人底心魂以畏死的本能与爱善爱美的情操底神前，竟不跪下忏悔！他们竟不流着欢乐与幸福的眼泪而互相拥抱，如同胞一般！"

在结束这一短篇时，——其中的惨痛的语调，为他任何别的作品所尚未表现过的，——托尔斯泰怀疑起来。也许他不应该说话的？

"一种可怕的怀疑把我压抑着。也许不应当说这一切。我所说的，或即是恶毒的真理之一，无意识地潜伏在每个人底心魂中，而不应当明言以致它成为有害，如不当搅动酒糟以免弄坏了酒一样。哪里是应当避免去表白的罪恶？哪里是应当模仿的，美底表白？谁是恶人谁是英雄？一切都是善的，一切亦都是恶的……"

但他高傲地镇定了：

"我这短篇小说中的英雄，为我全个心魂所爱的，为我努力表现他全部的美的，他不论在过去，现在或将来，永远是美的，这即是真理本身。"

读了这几页[1]，Sovrémennik 杂志底主编纳克拉查夫（Nekrassov）写信给托尔斯泰说：

"这正是今日俄国社会所需要的：真理，真理自高果尔（果戈理）死后俄国文学上所留存极少的……你在我们的艺术中所提出的真理对于我们完全是新的东西。我只怕一件：我怕时间，人生底懦怯，环绕我们的一切昏聩痴聋会把你收拾了，如收拾我们中大半的人一样，——换言之，我怕它们

---

[1] 这几页是被检查处禁止刊载的。

会消灭你的精力。"[1]

可是不用怕这些。时间会消磨常人底精力，对于托尔斯泰，却更加增他的精力。但即在那时，严重的国难，塞白斯多堡底失陷，使他在痛苦的虔敬的情操中悔恨他的过于严正的坦白。他在第三部叙述——《一八五五年八月之塞白斯多堡》——中，讲着两个以赌博而争吵的军官时，他突然中止了叙述，说：

[1] 一八五五年九月二日书。

"但在这幅景象之前赶快把幕放下罢。明日，也许今天，这些人们将快乐地去就义。在每个人底灵魂中，潜伏着高贵的火焰，有一天会使他成为一个英雄。"

这种顾虑固然没有丝毫减弱故事底写实色彩，但人物底选择已可相当地表现作者底同情了。玛拉谷夫（Malakoff）底英雄的事迹和它的悲壮的失陷，便象征在两个动人的高傲的人物中：这是弟兄俩，哥哥名叫高蔡尔查夫（Kozeltzov）大佐，和托尔斯泰颇有相似之处，[2]另外一个是伏洛第阿（Volodia）旗手，胆怯的，热情的，狂乱的独白，种种的幻梦，温柔的眼泪，无缘无故会淌出来的眼泪，怯弱的眼泪，初入棱堡时底恐怖（可怜的小人儿还怕黑暗，睡眠时把头藏在帽子里），为了孤独和别人对他的冷淡而感到苦闷，以后，当时间来到，他却在危险中感到快乐。这一个是属于一组富有诗意的面貌底少年群的（如《战争与和平》中的贝蒂阿和《侵略》中的少尉），心中充满了爱，他们高兴地笑着去打仗，突然莫名其妙地在死神前折丧了。弟兄俩同日——守城底最后一天——

[2] "他的自尊心和他的生命融和在一起了；他看不见还有别的路可以选择：不是富有自尊心便是把自己毁灭……他爱在他举以和自己相比的人中成为具有自尊心的人物。"

[1] 一八八九年，托尔斯泰为 A.-J. Erchov 底《一个炮队军官底塞白斯多堡回忆录》作序时重新在思想上追怀到这些情景。一切带有英雄色彩的往事都消失了。他只想起七日七夜底恐怖，——双重的恐怖：怕死又是怕羞——可怕的精神苦痛。一切守城底功勋，为他是："曾经做过炮铳上的皮肉。"

受创死了。那篇小说便以怒吼着爱国主义底呼声的句子结束了：

"军队离开了城。每个士兵，望着失守的塞白斯多堡，心中怀着一种不可辨别的悲苦，叹着气把拳头向敌人遥指着。"[1]

从这地狱中出来，——在一年中他触到了情欲，虚荣与人类痛苦底底蕴——一八五五年十一月，托尔斯泰周旋于圣彼得堡底文人中间，他对于他们感着一种憎恶与轻蔑。他们的一切于他都显得是卑劣的，谎骗的。从远处看，这些人似乎是在艺术底光威中的人物——即如屠克涅夫，他所佩服而最近把他的《伐木》题赠给他的，——近看却使他悲苦地失望了。一八五六年时代底一幅肖像，正是他处于这个团体中时的留影：屠克涅夫（Tourgueniev），龚却洛夫（Gontcharov），奥斯脱洛夫斯基（Ostrovsky），葛利高洛维区（Grigorovitch），特罗奚宁（Droujinine）。在别人那种一任自然的态度旁边，他的禁欲的，严峻的神情，骨骼嶙露的头，深凹的面颊，僵直地交叉着的手臂，显得非常触目。穿着军服，立在这些文学家后面，正如舒亚莱所写的："他不似参与这集团，更像是看守这些人物：竟可说他准备着把他们押送到监狱中去的样子。"[2]

[2] 舒亚莱著：《托尔斯泰》（一八九九年出版）。

可是大家都恭维这初来的年轻的同道，他是拥有双重的光荣：作家兼塞白斯多堡底英雄。屠克涅夫在读着塞白斯多堡各幕时哭着喊 Hourra 的，此时亲密地向他伸着手，但两人不能谅解。他们固然具有同样清晰的目光，他们在视觉中却灌注入两个敌对的灵魂底色彩:一个是幽默的,颤动的,多情的,幻灭的,迷恋美的;另一个是强项的,骄傲的,为着道德思想而苦闷的,孕育着一个尚在隐蔽之中的神道的。

托尔斯泰所尤其不能原谅这些文学家的,是他们自信为一种优秀阶级,自命为人类底首领。在对于他们的反感中,他仿佛如一个贵族,一个军官对于放浪的中产阶级与文人那般骄傲。[1] 还有一项亦是他的天性底特征,——他自己亦承认,——便是"本能地反对大家所承认的一切判断"[2]。对于人群表示猜疑,对于人类理性,含藏着幽密的轻蔑这种性情使他到处发觉自己与他人的欺罔及谎骗。

"他永远不相信别人底真诚。一切道德的跃动于他显得是虚伪的。他对于一个为他觉得没有说出实话的人,惯用他非常深入的目光逼视着他……"[3]

"他怎样的听着!他用深陷在眼眶里的灰色的眼睛怎样的直视着他的对手!他的口唇抿紧着,用着何等的讥讽的神气!"[4]

"屠克涅夫说,他从没有感得比他这副尖锐的目光,加上二三个会令人暴跳起来的恶毒的辞句,更难堪的了。"[5]

托尔斯泰与屠克涅夫第一次会见时即发生了剧烈的冲突。[6] 远离之后,

---

[1] 在某次谈话中,屠克涅夫埋怨"托尔斯泰对于贵族出身的无聊的骄傲与自大"。
[2] "我的一种性格,不论是好是坏,但为我永远具有的,是:我不由自主地老是反对外界的带有传染性的影响;我对于一般的潮流感着厌恶。"(致皮吕高夫书)
[3] 屠克涅夫语。
[4] 葛利高洛维区语。
[5] 于也纳·迦尔希纳著:《关于屠克涅夫底回忆》(一八八三)。参看皮吕高夫著:《托尔斯泰——生活与作品》。
[6] 一八六一年,两人发生最剧烈的冲突,以致终生不和。屠克涅夫表示他的泛爱人间的思想,谈着他的女儿所干的慈善事业。可是对于托尔斯泰,再没有比世俗的浮华的慈悲使他更愤怒的了:——"我想,"他说,"一个穿装得很考究的女郎,在膝上拿着些腌臜的破衣服,不啻是扮演缺少真诚性的喜剧。"争辩于以发生。屠克涅夫大怒,威吓托尔斯泰要批他的颊。托尔斯泰勒令当时便用手枪决斗以赔偿名誉。屠克涅夫就后悔他的卤莽,写信向他道歉。但托尔斯泰绝不原谅。却在二十年之后,在一八七八年,还是托尔斯泰忏悔着他过去的一切。在神前捐弃他的骄傲,请求屠克涅夫宽恕他。

他们都镇静下来努力要互相表示公道。但时间只使托尔斯泰和他的文学团体分隔得更远。他不能宽恕这些艺术家一方面过着堕落的生活,一方面又宣扬什么道德。

"我相信差不多所有的人,都是不道德的,恶的,没有品性的,比我在军队流浪生活中所遇到的人要低下多多。而他们竟对自己很肯定,快活,好似完全健全的人一样。他们使我憎厌。"[1]

他和他们分离了。但他在若干时期内还保存着如他们一样的对于艺术的功利观念。[2] 他的骄傲在其中获得了满足。这是一种酬报丰富的宗教;它能为你挣得"女人,金钱,荣誉……"

"我曾是这个宗教中的要人之一。我享有舒服而极有利益的地位……"

为要完全献身给它,他辞去了军队中的职务(一八五六年十一月)。

但像他那种性格的人不能长久闭上眼睛的。他相信,愿相信进步。他觉得"这个名辞有些意义"。到外国旅行了一次——一八五七年正月二十九日起至七月三十日止,法国,瑞士,德国——这个信念亦为之动摇了。[3] 一八五七年四月六日,在巴黎看到执行死刑的一幕,指示出他"对于进步底迷信亦是空虚的……"

"当我看到头从人身上分离了滚到篮中去的时候,在我生命底全力上,我懂得现有的维持公共治安的理论,没有一条足以证明这种行为底合理。如果全世界的人,依据着若干理论,认为这

---

[1] 《忏悔录》,全集卷十九。
[2] "在我们和疯人院间,"他说,"绝无分别。即在那时,我已模糊地猜度过;但和一切疯人一样,我把每个人都认为是疯子,除了我。"(同上)
[3] 参看这时期,他给他年轻的亚历山大·托尔斯泰姑母底信,那么可爱,充满着青年底蓬勃之气。

是必需的，我，我总认为这是不应该的，因为可以决定善或恶的，不是一般人所说的和所做的，而是我的心。"[1]

一八五七年七月七日，在吕赛纳（Lucerne）看见寓居Schweizerhof的英国富翁不愿对一个流浪的歌者施舍，这幕情景使他在《奈克吕杜夫亲王底日记》[2]上写出他对于一切自由主义者底幻想，和那些"在善与恶底领域中唱着幻想的高调的人"底轻蔑。

"为他们，文明是善；野蛮是恶；自由是善；奴隶是恶。这些幻想的认识却毁灭了本能的，原始的最好的需要。而谁将和我确言何谓自由，何谓奴隶，何谓文明，何谓野蛮？哪里善与恶才不互存并立呢？我们只有一个可靠的指引者，便是鼓励我们互相亲近的普在的神灵。"

回到俄罗斯，到他的本乡伊阿斯拿耶，他重新留意农人运动。[3] 这并非是他对于民众已没有什么幻想。他写道：

"民众底宣道者徒然那么说，民众或许确是一般好人底集团；然而他们，只在庸俗，可鄙的方面，互相团结，只表示出人类天性中的弱点与残忍。"[4]

因此他所要启示的对象并非是群众，而是每人底个人意识，而是民众底每个儿童底意识。因为这里才是光明之所在。他创办学校，可不知道教授什么。为学习起

[1] 《忏悔录》。
[2] 《奈克吕杜夫亲王底日记》（写于吕赛纳地方），全集卷五。
[3] 从瑞士直接回到俄罗斯时，他发见"在俄国的生活是一桩永久的痛苦！……""在艺术，诗歌与友谊底世界内有一个托庇之所是好的。在此，没有一个人感着惶乱……我孤独着，风在吹啸；外面天气严寒，一切都是脏的，我可怜地奏着贝多芬底一曲Andante；用我冻僵的手指，我感动地流泪；或者我读着《伊里亚特》，或者我幻想着男人，女人，我和他们一起生活；我在纸上乱涂，或如现在这样，我想着亲爱的人……"（致亚历山大·托尔斯泰伯爵夫人书——一八五七年八月十八日）
[4] 《奈克吕杜夫亲王底日记》。

见，自一八六〇年七月三日至一八六一年四月二十三日第二次旅行欧洲。[1]

他研究各种不同的教育论。不必说他把这些学说一齐摒斥了。在马赛的两次逗留使他明白真正的民众教育是在学校以外完成的，——学校于他显得是可笑的——如报纸，博物院，图书馆，街道，生活，一切为他称为"无意识的"或"自然的"学校。强迫的学校是他认为不祥的，愚蠢的；故当他回到伊阿斯拿耶·波里阿那时，他要创立而试验的即是自然的学校。[2] 自由是他的原则。他不答应一般特殊阶级，"享有特权的自由社会"，把他的学问和错误，强使他所全不了解的民众学习。他没有这种权利。这种强迫教育底方法，在大学里，从来不能产生"人类所需要的人，而产生了堕落社会所需要的人：官吏，官吏式的教授，官吏式的文学家，还有若干毫无目地从旧环境中驱逐出来的人——少年时代已经骄纵惯了，此刻在社会上亦找不到他的地位，只能变成病态的，骄纵的自由主义者"[3]。应当由民众来说出他们的需要！如果他们不在乎"一般智识分子强令他们学习的读与写底艺术"，他们也自有他们的理由：他有较此更迫切更合理的精神的需要。试着去了解他们，帮助他们满足这些需求！

这是一个革命主义者的保守家底理论，托尔斯泰试着要在伊阿斯拿耶作一番实验，他在那里不像是他的学生们底老师而更似他们的同学。[4] 同时，他努力在农业垦殖中引入更为人间的精神。一八六一年被任为 Krapivna 区域底地方仲裁人，他在田主

---

[1] 这次旅行中他结识了 d'Auerbach（在德国 Dresde），他是第一个感印他去作民众教育的人；在 Kissingen 结识 Froebel；在伦敦结识 Herzen；在比京结识 Proudhon，似乎给他许多感印。
[2] 尤其在一八六一至一八六二年间。
[3]《教育与修养》——参看《托尔斯泰——生活与作品》卷二。
[4] 托尔斯泰于伊阿斯拿耶·波里阿那杂志中发表他的理论（一八六二），全集卷十三。

与政府滥施威权之下成为民众保护人。

但不应当相信这社会活动已使他满足而占据了他整个的身心。他继续受着种种敌对的情欲支配。虽然他竭力接近民众,他仍爱,永远爱社交,他有这种需求。有时,享乐底欲望侵扰他;有时,一种好动底性情刺激他。他不惜冒了生命之险去猎熊。他以大宗的金钱去赌博。甚至他会受他瞧不起的圣彼得堡文坛底影响。从这些歧途中出来,他为了厌恶,陷于精神狂乱。这时期底作品便不幸地具有艺术上与精神上的犹疑不定的痕迹。《两个轻骑兵》(一八五六)[1]倾向于典雅,夸大,浮华的表现,在托尔斯泰底全体作品中不相称的。一八五七年在法国第雄写的《亚尔培》[2],是疲弱的,古怪的,缺少他所惯有的深刻与确切。《记数人日记》(一八五六)[3]更动人,更早熟,似乎表白托尔斯泰对于自己底憎恶。他的化身,奈克吕杜夫亲王,在一个下流的区处自杀了:

[1] 全集卷四。
[2] 全集卷五。
[3] 同上。

"他有一切:财富,声望,思想,高超的感印;他没有犯过什么罪,但他做了更糟的事情:他毒害了他的心,他的青春;他迷失了,可并非为了什么剧烈的情欲,只是为了缺乏意志。"

死已临头也不能使他改变:

"同样奇特的矛盾,同样的犹豫,同样的思想上底轻佻……"

死……这时代,它开始缠绕着托尔斯泰底心魂。在《三个死者》(一八五八〜一八五九)[4]中,已可预见《伊凡·伊列区之死》一书中对于死底阴沉的分析,死者底孤独,对于生人底怨恨,他的绝望的问句:"为什么?"《三个死者》——富妇,痨病的老御者,斫断的桦树——确有他们的伟大;肖像刻划得颇为逼真,形象也相当动人,虽然这作品底结构很松懈,

[4] 全集卷六。

而桦树之死亦缺少加增托尔斯泰写景底美点的确切的诗意。在大体上，我们不知他究竟是致力于为艺术的艺术抑是具有道德用意的艺术。

托尔斯泰自己亦不知道。一八五九年二月十四日，在莫斯科底俄罗斯文学鉴赏人协会底招待席上，他的演辞是主张为艺术而艺术；[1] 倒是该会会长戈米阿谷夫（Khomiakov），在向"这个纯艺术的文学底代表"致敬之后，提出社会的与道德的艺术和他抗辩。[2]

一年之后，一八六〇年九月十九日，他亲爱的哥哥，尼古拉，在伊哀尔（Hyères）地方患肺病死了，[3] 这噩耗使托尔斯泰大为震惊，以至"摇动了他在善与一切方面的信念"，使他，唾弃艺术：

"真理是惨酷的……无疑的，只要存在着要知道真理而说出真理的欲愿，人们便努力要知道而说出。这是我道德概念中所留存的唯一的东西。这是我将实行的唯一的事物，可不是用你的艺术。艺术，是谎言，而我不能爱美丽的谎言。"[4]

然而，不到六个月之后，他在《波里哥加》（Polikouchka）[5] 一书当中重复回到"美丽的谎言"，这或竟是，除了他

---

[1] 演辞底题目是：《论文学中艺术成分优于一切暂时的思潮》。
[2] 他提出托尔斯泰自己底作品《三个死者》作为抗辩底根据。
[3] 托尔斯泰底另一个兄弟 Dmitri 已于一八五六年患肺病而死了。一八五六，一八六二，一八七一诸年，托尔斯泰自以为亦染着了。他是，如他于一八五二年十月二十八日所写的"气质强而体质弱"的人，他老是患着牙痛，喉痛，眼痛，骨节痛。一八五二年在高加索时，他"至少每星期两天必须留在室内"。一八五四年，疾病使他在从 Silistrie 到 Sébastopol 的途中耽搁了几次。一八五六年，他在故乡患肺病甚重。一八六二年，为了恐怕肺痨之故，他赴萨玛拉地方疗养。自一八七〇年后，他几乎每年要去一次。他和法德（Fet）底通信中充满了这些关于疾病底事情。这种健康时时受损的情景，令人懂得他对于死底憧憬。以后，他讲起他的病，好似他的最好的友人一般："当一个人病时，似乎在一个平坦的山坡上望下走，在某处，障着一层极轻微的布幕：在幕底一面，是生，那一面是死。在精神的价值上，病的状态比健全的状态是优越得多了，不要和我谈起那些从没患过病的人们！他们是可怕的，尤其是女子！一个身体强壮的女子，这是一头真正犷野的兽类！"（与鲍阿哀尔底谈话，见一九〇一年八月二十七日巴黎《时报》）
[4] 一八六〇年十月十七日致法德书。
[5] 一八六一年写于比京白鲁塞尔（布鲁塞尔）。

对于金钱和金钱底万恶能力的诅咒外,道德用意最少的作品,纯粹为着艺术而写的作品;且亦是一部杰作,我们所能责备它的,只有它过于富丽的观察,足以写一部长篇小说的太丰盛的材料,和诙谐的开端与太严肃的转扭间的过于强烈,微嫌残酷的对照。[1]

---

[1] 同时代底另一篇短篇小说,一篇简单的游记,名字叫做《雪底苦闷》(一八五六),描写他个人底回忆,具有一种极美的诗的印象,简直是音乐般的。其中的背景,一部分又为托尔斯泰移用在《主与仆》(一八九五)一书中。

《夫妇间的幸福》

这个过渡时期内,托尔斯泰底天才在摸索,在怀疑自己,似乎在不耐烦起来,"没有强烈的情欲,没有主宰一切的意志",如《记数人日记》中的奈克吕杜夫亲王一般,可是在这时期中产生了他迄今为止从未有过的精纯的作品:《夫妇间的幸福》(一八五九)[1]。这是爱情底奇迹。

许多年来,他已经和裴尔斯(Bers)一家友善。他轮流地爱过她们母女四个。[2] 后来他终于确切地爱上了第二个女郎。但他不敢承认。苏菲·安特莱伊佛娜·裴尔斯(Sophie Andréievna Bers)还是一个孩子:她只十七岁;他已经三十余岁:自以为是一个老人,已没有权利把他衰惫的,污损的生活和一个无邪少女底生活结合了。他隐忍了三年。[3] 以后,他在《安娜小史》中讲述他怎样对苏菲·裴尔斯宣露他的爱情和她怎样回答他的经过,——两个人

---

[1] 全集卷五。
[2] 童时,在一次嫉妒的争执中,他把他的游戏的伴侣,——未来的裴尔斯夫人,那时只有九岁,从阳台上推下,以致她在长久的时期内成为跛足。
[3] 参看《夫妇间的幸福》中塞尔越(Serge)底倾诉:"假定一位先生A,一个相当地生活过了的老人,一个女子B,年轻的,既不认识男子亦不认识人生。由于种种家庭底环境,他如爱女儿一般地爱她,想不能用另一种方式去爱她……"

用一块铅粉，在一张桌子上描划他们所不敢说的言辞底第一个字母。如《安娜小史》中底莱维纳（Lévine）一般，他的极端的坦白，使他把《日记》给与他的未婚妻浏览，使她完全明了他过去的一切可羞的事；亦和《安娜小史》中底凯蒂（Kitty）一样，苏菲为之感到一种极端的痛苦。一八六二年九月二十三日，他们结婚了。

但以前的三年中，在写《夫妇间的幸福》时，这婚姻在诗人思想上已经完成了。[1] 在这三年内，他在生活中早已体验到：爱情尚在不知不觉间的那些不可磨灭的日子，爱情已经发露了的那些醉人的日子，期待中的神圣幽密的情语吐露的那时间，为了"一去不回的幸福"而流泪的时间，还有新婚时的得意，爱情的自私，"无尽的，无故的欢乐"；接着是厌倦，模模糊糊的不快，单调生活底烦闷，两颗结合着的灵魂慢慢地分解了，远离了，更有对于少妇含有危险性的世俗的迷醉，——如卖弄风情，嫉妒，无可挽救的误会——于是爱情掩幕了，丧失了；终于，心底秋天来了，温柔的，凄凉的景况，重现的爱情底面目变得苍白无色，衰老了，因了流泪，皱痕，各种经历底回忆；互相损伤底追悔，虚度的岁月而更凄恻动人；——以后便是晚间底宁静与清明，从爱情转到友谊，从热情的传奇生活转到慈祥的母爱底这个庄严的阶段……应当临到的一切，一切，托尔斯泰都已预先梦想到，体味到。而且为要把这一切生活得更透彻起见，他便在爱人身上实验。第一次——也许是托尔斯泰作品中唯一的一次，——小说底故事在一个妇人心中展演，而且由她口述。何等的微妙！笼罩着贞洁之网的心灵底美……这一次，托尔斯泰底分析放弃了他微嫌强

[1] 在这部作品中，也许他还加入若干回忆；一八五六年他在伊阿斯拿耶写过一部爱情小说没有完成，其中描写一个和他十分不同的少女，十分轻佻与浮华的，为他终于放弃了的，虽然他们互相真诚地爱恋。

烈的光彩,它不复热烈地固执着要暴露真理。内心生活底秘密不是倾吐出来而唯令人窥测得到。托尔斯泰底艺术与心变得柔和了。形式与思想获得和谐的均衡:《夫妇间的幸福》具有一部拉西纳(拉辛)式作品底完美。

婚姻,为托尔斯泰已深切地预感到它的甜蜜与骚乱的,确是他的救星。他是疲乏了,病了。厌弃自己,厌弃自己的努力。在最初诸作获得盛大的成功之后,继以批评界底沉默与群众底淡漠。[1] 高傲地,他表示颇为得意。

"我的声名丧失了不少的普遍性,这普遍性原使我不快。现在,我放心了,我知道我有话要说,而我有大声地说的力量。至于群众,随便他们怎样想罢!"[2]

但这只是他的自豪而已:他自己也不能把握他的艺术。无疑的,他能主宰他的文学工具;但他不知用以做什么。像他在谈及《波里哥加》时所说的:"这是一个会执笔的人抓着一个题目随便饶舌。"[3] 他的社会事业流产了,一八六二年,他辞去了地方仲裁人底职务。同年,警务当局到伊阿斯拿耶·波里阿那大事搜索,把学校封闭了。那时托尔斯泰正不在家,因为疲劳过度,他担心着肺病。

"仲裁事件底纠纷为我是那么难堪,学校底工作又是那么空泛,为了愿教育他人而要把我应该教授而为我不懂得的愚昧掩藏起来,所引起的怀疑,于我是那么痛苦,以至我病倒了。如果我不知道还有人生底另一方面可以使我得救的话——这人生底另一方面便是家庭生活。也许我早已陷于十五年后所陷入的绝望了。"[4]

[1] 自一八五七至一八六一年。
[2] 一八五七年十月《日记》。
[3] 一八六三年致法德书(《托尔斯泰——生活与作品》)。
[4] 《忏悔录》。

《战争与和平》《安娜小史》

最初，他尽量享受这家庭生活，他所用的热情恰似他在一切事情上所用的一般。[1]托尔斯泰伯爵夫人在他的艺术上发生非常可贵的影响，富有文学天才，[2]她是，如她自己所说的，"一个真正的作家夫人"，对于丈夫底作品那么关心。她和他一同工作，把他口述的笔录下来，誊清他的草稿。[3]她努力保卫他，不使他受着他宗教魔鬼底磨难，这可怕的精灵已经不时在唆使他置艺术于死地。她亦努力把他的社会乌托邦关上了门。[4]她温养着他的创造天才。她且更进一步：她的女性心灵使这天才获得新的富源，除了《童年时代》与《少年时代》中若干美丽的形象之外，托尔斯泰初期作品中几乎没有女人底地位，即或有之，亦只站在次要的后景。在苏菲·裴尔斯底爱情感印之下写成的《夫妇间的幸福》中，女人显现了。在以后的作品中，少女与妇人底典型增多了。具有丰

[1] "家庭底幸福把我整个地陶融了。"（一八六三年正月五日）——"我多么幸福，幸福！我那样爱她！"（一八六三年二月八日）——见《托尔斯泰——生活与作品》。
[2] 她曾写过几篇短篇小说。
[3] 据说她替托尔斯泰把《战争与和平》重誊过七次。
[4] 结婚之后，托尔斯泰立刻停止了他的教育学工作，学校，杂志全都停了。

富热烈的生活,甚至超过男子底。我们可以相信,托尔斯泰伯爵夫人,不独被她的丈夫采作《战争与和平》中娜太夏(Natacha)[1]与《安娜小史》中凯蒂底模型,而且由于她的心腹底倾诉,和她特殊的视觉,她亦成为他的可贵的幽密的合作者。《安娜小史》中有若干篇幅,[2]似乎完全出于一个女子底手笔。

由于这段婚姻底恩泽,在十年或十五年中,托尔斯泰居然体味到久已没有的和平与安全。[3]于是,在爱情底荫庇之下,他能在闲暇中梦想而且实现了他的思想底杰作,威临着十九世纪全部小说界底巨著:《战争与和平》和《安娜小史》(一八七三〜一八七七)。

《战争与和平》是我们的时代底最大的史诗,是近代的《伊里亚特》。整个世界底无数的人物与热情在其中跃动。在波涛汹涌的人间,矗立着一颗最崇高的灵魂,宁静地鼓动着并震慑着狂风暴雨。在对着这部作品冥想的时候,我屡次想起荷马与歌德,虽然精神与时代都不同,这样我的确发见在他工作的时代托尔

---

[1] 他的妹子太蒂亚娜(Tatiana),聪明的,具有艺术天才,托尔斯泰极赞赏她的思想与音乐天禀;在本书底女性人物中,托尔斯泰亦把她作为模型。托尔斯泰说过:"我把Tania(Tatiana)和Sonia(Sophie Bers——即托尔斯泰伯爵夫人)混合起来便成了娜太夏。"(据皮吕高夫所述)

[2] 例如陶丽(Dolly)在乡间别墅中的布置;——陶丽与她的孩子们;——许多化装上的精细的描写;——更不必说女性心灵底若干秘密,如果没有一个女子指点,一个天才的男子决不能参透。

[3] 这是托尔斯泰底天才获得解放的重要标识。他的日记,自一八六五年十一月一日专心写作《战争与和平》底时代起停止了十三年。艺术的自私使良心底独白缄默了。——这个创作底时代亦是生理上极强壮的时代。托尔斯泰发狂一般地爱狩猎。"在行猎时,我遗忘一切。"(一八六四年书信)——某一次乘马出猎时,他把手臂撞折了(一八六四年九月),即在这次病愈时,他读出《战争与和平》底最初几页令夫人为他写下。——"从昏晕中醒转,我自己说:我是一个艺术家。是的,只是一个孤独的艺术家。"(一八六五年正月二十三日致法德书)这时期中写给法德的一切信札,都充满着创造的欢乐,他说:"迄今为止我所发刊的,我认为只是一种试笔。"(见致前人书)。

斯泰底思想得力于荷马与歌德。[1]而且，在他规定种种不同的文学品类的一八六五年底记录中，他把《奥狄赛》，《伊里亚特》，《一八〇五》[2]等都归入一类。他的思想底自然的动作，使他从关于个人命运的小说，引入描写军队与民众，描写千万生灵底意志交融着的巨大的人群底小说。他在塞白斯多堡围城时所得的悲壮的经验，使他懂得俄罗斯底国魂和它古老的生命。巨大的《战争与和平》，在他计划中，原不过是一组史诗般的大壁画——自大彼得到十二月党人时代底俄罗斯史迹——中的一幅中心的画。[3]

为真切地感到这件作品底力量起见，应当注意它潜在的统一性。[4]大半的法国读者不免短视，只看见无数的枝节，为之眼花缭乱。他们在这人生的森林中迷失了。

[1] 托尔斯泰指出在他二十至三十五岁间对他有影响的作品："歌德：*Hermann et Dorothée*……颇为重大的影响。""荷马：《伊里亚特》与《奥狄赛》（俄译本）……颇为重大的影响。"一八六三年，他在《日记》中写道："我读歌德底著作，好几种思想在我心灵中产生了。"一八六五年春，托尔斯泰重读歌德，他称《浮士德》为"思想底诗，任何别的艺术所不能表白的诗"。以后，他为了他的神（意即他思想上的理想——译者）把歌德如莎士比亚一般牺牲了。但他对于荷马底钦仰仍未稍减。一八五七年八月，他以同样的热情读着《伊里亚特》与《圣经》。在他最后著作中之一，在攻击莎士比亚（一九〇三）时，他把荷马来作为真诚，中庸与真艺术底榜样。
[2] 《战争与和平》底最初两部发刊于一八六五至一八六六年间，那时题名《一八〇五》。
[3] 这部巨著托尔斯泰于一八六三年先从《十二月党人》开始，他写了三个断片（见全集卷六）。但他看到他的作品底基础不够稳固；往前追溯过去，他到了拿破仑战争底时代，于是他写了《战争与和平》。原著于一八六五年起在 Russki Viestnik 杂志上发表；第六册完成于一八六九年秋。那时，托尔斯泰又追溯历史底上流，他想写一部关于大彼得底小说，以后又想写另一部十八世纪皇后当政时代及其幸臣底作品。他在一八七〇至一八七三年间为这部作品工作，搜罗了不少材料，开始了好几幕写景；但他的写实主义的顾虑使他终于放弃了；他意识到他永远不能把这遥远的时期以相当真实的手法使其再现。——更后，一八七六年正月，他又想写一部关于尼古拉一世时代底小说，接着一八七七年他热烈地继续他的《十二月党人》，从当时身经事变的人那里采集了若干材料，自己又亲自去探访事变发生底所在地。一八七八年他写信给他的姑母说："这部作品于我是那么重要！重要的程度为你所意想不到；和信仰之于你同样重要。我的意思是要说比你的信仰更重要。"——但当他渐渐深入时，他反冷淡起来：他的思想已不在此了。一八七九年四月十七日他在致法德书中已经说："十二月党人？上帝知道他们在哪里！……"——在他生命底这一个时期内，宗教狂乱已经开始：他快要把他从前的偶像尽行销毁了。
[4] 《战争与和平》底第一部法译本是于一八七八年在圣彼得堡开始的。但第一部的法文版却于一八八五年在 Hachette 书店发刊，一共是三册。最近又有全部六本的译文问世。

应当使自己超临一切,目光瞩视着了无障蔽的天际和丛林原野底范围;这样我们才能窥见作品底荷马式的精神,永恒的法则底静寂,命运底气息底强有力的节奏。统率一切枝节的全体底情操,和统制作品的艺人底天才,如《创世记》中的上帝威临着茫无边际的海洋一般。

最初是一片静止的海洋。俄罗斯社会在战争前夜所享有的和平。首先的一百页,以极准确的手法与卓越的讥讽口吻,映现出浮华的心魂底虚无幻灭之境。到了第一百页,这些活死人中最坏的一个,巴西尔(Basile)亲王才发出一声生人底叫喊:

"我们犯罪,我们欺骗,而是为了什么?我年纪已过五十,我的朋友……死了,一切都完了……死,多么可怕!"

在这些黯淡的,欺妄的,有闲的,会堕落与犯罪的灵魂中,也显露着若干具有比较纯洁的天性的人;——在真诚的人中,例如天真朴讷的比哀尔·勃苏高夫(Pierre Besoukhov),具有独立不羁的性格与古俄罗斯情操的玛丽·特米德里夫娜(Marie Dmitrievna),饱含着青春之气的洛斯多夫(Rostov);——在善良与退忍的灵魂中,例如玛丽公主;——还有若干并不善良但很高傲,且被这不健全的生活所磨难的人,如安特莱(André)亲王。

可是波涛开始翻腾了,第一是《行动》。俄罗斯军队在奥国。无可幸免的宿命支配着战争,而宿命也更不能比这发泄着一切兽性的场合中更能主宰一切了。真正的领袖并不设法要指挥调度,而是如戈多查夫(Koutouzov)或巴葛拉兴(Bagration)般,"凡是在实际上只是环境促成的效果,由部下的意志所获得的成绩，或竟是偶然的现象，他们必得要令人相信他们自己的意志是完全和那些力量和谐一致的"。这是听凭运命摆布底好处！纯粹行动底幸福，正则健全的情状。惶乱的精神重复觅得了它们的均衡。安特莱亲王得以呼吸了，开始有了真正的生活……至于在他的本土，和这生命底气息与神圣的风波远离着的地方，正当两个最优越的心魂，比哀尔与玛丽公主受着时流的熏染，沉溺于爱河中时，安特莱在奥斯丹列兹受伤了，行动对于他突然失掉了陶醉性，一下子得到了无限清明的启示。仰身躺着，"他只看见在他的头上，极高远的地方，一片无垠的青天，几片灰色的薄云无力地飘浮着"。

"何等的宁静！何等的平和！"他对着自己说，"和我狂乱的奔驰相差多远！这美丽的天我怎么早就没有看见？终于窥见了，我何等的幸福！是的，一切是空虚，一切是欺罔，除了它……它之外，甚么也没有，……如此，颂赞上帝罢！"

然而，生活恢复了，波浪重新低落。灰心的，烦闷的人们，深自沮丧，在都市底颓废的诱惑的空气中，他们在黑夜中彷徨。有时，在浊世底毒雾中，融泄着大自然底醉人的气息，春天，爱情，盲目的力量，使魅人的娜太夏去接近安特莱亲王，而她不久以后，却投入第一个追逐她的男子怀中。尘世已经糟蹋了多少的诗意，温情，心地底纯洁！而"威临着恶浊的尘土的无垠的天"依然不变！但是人们却看不见它。即是安特莱也忘记了奥斯丹列兹底光明。为他，天只是"阴郁沉重的穹窿"，笼罩着虚无。

对于这些枯萎贫弱的心魂，极需要战争底骚乱重新来刺激他们。国家受着威胁了。一八一二年九月七日，鲍洛狄诺

(Borodino)村失陷。这庄严伟大的日子啊。仇恨都销灭了。陶洛高夫(Dologhov)亲抱他的敌人比哀尔。受伤的安特莱,为了他生平最憎恨的人,病车中的邻人,阿那托·戈拉琪宁(Anatole Kouraguine)遭受患难而痛哭,充满着温情与怜悯。由于热烈的为国牺牲和对于神明的律令底屈服,一切心灵都联合了。

"严肃地,郑重地,接受这不可避免的战争……最艰难的磨炼莫过于把人的自由在神明的律令前低首屈服了。在服从神底意志上才显出心底质朴。"

大将军戈多查夫(Koutouzov)便是俄国民族心魂和它服从运命底代表:

"这个老人,在热情方面,只有经验,——这是热情底结果——他没有用以组合事物搜寻结论的智慧,对于事故,他只用哲学的目光观照,他甚么也不发明,甚么也不干;但他谛听着,能够回忆一切,知道在适当的时间运用他的记忆,不埋没其中有用的成分,可亦不容忍其中一切有害的成分。在他的士兵底脸上,他会窥到这无可捉摸的,可称为战胜底意志,与未来的胜利底力。他承认比他的意志更强有力的东西,便是在他眼前展现的事物底必然的动向;他看到这些事物,紧随着它们,他亦知道蠲除他的个人意见。"

最后他还有俄罗斯的心。俄国民族底又是镇静又是悲壮的宿命观念,在那可怜的乡人,加拉太哀夫(Platon Karataiev)身上亦人格化了,他是质朴的,虔诚的,克制的,即在痛苦与死的时候也含着他那种慈和的微笑。经过了种种磨炼,国家多难,忧患遍尝,书中的两个英雄,比哀尔与安特莱,由于使他们看到活现的神底爱情与信仰，终于达到了精神的解脱和神秘的欢乐。

托尔斯泰并不就此终止。叙述一八二〇年时代底本书结尾，只是从拿破仑时代递嬗到十二月党人这个时代底过渡。他令人感到生命底赓续与更始。全非在骚乱中开端与结束，托尔斯泰如他开始时一样，停留在一波未平一波继起的阶段中。我们已可看到将临的英雄，与又在生人中复活过来的死者和他们的冲突。[1]

以上我试把这部小说分析出一个重要纲目：因为难得有人肯费这番功夫。但是书中包罗着成百的英雄，每个都有个性，都是描绘得如是真切，令人不能遗忘，兵士，农夫，贵族，俄国人，奥国人，法国人……但这些人物底可惊的生命力，我们如何能描写！在此丝毫没有临时构造之迹。对于这一批在欧罗巴文学中独一无偶的肖像，托尔斯泰曾作过无数的雏形，如他所说的，"以千万的计划组织成功的"，在图书馆中搜寻，应用他自己的家谱与史料，[2] 他以前的随笔，他个人的回忆。这种缜密的准备确定了作品底坚实性，可也并不因之而丧失它的自然性。托尔斯泰写作时的热情与欢乐亦令人为之真切地感到。而《战争与和平》底最大魅

---

[1] 娶娜太夏的比哀尔·勃苏高夫，将来是十二月党人。他组织了一个秘密团体，监护公众福利。娜太夏热烈地参与这个计划。特尼苏夫（Denissov）毫不懂得和平的革命；他只准备着武装暴动。尼古拉·洛斯多夫仍保持着他士兵底盲目的坦白态度。他在奥斯丹列兹一役之后说过："我们只有一件事情可做：尽我们的责任，上场杀敌永远不要思想。"此刻他反对比哀尔了，说："第一是我的宣誓！如果人家令我攻击你，我会那样做。"他的妻子，玛丽公主赞同他的意见。安特莱亲王底儿子，小尼古拉·鲍尔公斯基，只有十五岁，娇弱的，病态的，可爱的，金色的头发，大大的眼睛，热情地谛听他们的论辩；他全部的爱是为比哀尔与娜太夏；他不欢喜尼古拉与玛丽；他崇拜他的父亲，为他所不十分回想清楚的，他企望要肖似他，要长大，完成什么大事业……——甚么？他还不知……"虽然他们那么说，我一定会做到……是的，我将做到。他自己便会赞同我。"——作品即以这个孩子底幻梦终结。——如果《十二月党人》在那时写下去，这年轻的尼古拉·鲍尔公斯基定将是其中的一个英雄。

[2] 我说过《战争与和平》中的洛斯多夫与鲍尔公斯基两个大族，在许多情节上和托尔斯泰底父系母系两族极为相似。在《高加索纪事》与《塞白斯多堡纪事》中，我们亦已见到《战争与和平》中不少的兵士与军官底雏形。

力,尤其在于它年轻的心。托尔斯泰更无别的作品较本书更富于童心的了,每颗童心都如泉水一般明净,如莫扎尔德底旋律般婉转动人,例如年轻的尼古拉·洛斯多夫(Nicolas Rostov),索尼亚(Sonia),和可怜的小贝蒂阿(Pétia)。

最秀美的当推娜太夏。可爱的小女子神怪不测,娇态可掬,有易于爱恋的心,我们看她长大,明了她的一生,对她抱着对于姊妹般的贞洁的温情——谁不曾认识她呢?美妙的春夜,娜太夏在月光中,凭栏幻梦热情地说话,隔着一层楼,安特莱倾听着她……初舞底情绪,恋爱,爱底期待,无穷的欲念与美梦,黑夜,在映着神怪火光的积雪林中滑冰。大自然底迷人底温柔吸引着你。剧院之夜,奇特的艺术世界,理智陶醉了;心底狂乱沉浸在爱情中的肉体底狂乱;洗濯灵魂底痛苦,监护着垂死的爱人底神圣的怜悯……我们在唤引起这些可怜的回忆时,不禁要发生和在提及一个最爱的女友时同样的情绪。啊!这样的一种创造和现代的小说与戏剧相比时,便显出后者底女性人物底弱点来了!前者把生命都抓住了,而且转变的时候,那么富于弹性,那么流畅,似乎我们看到它在颤动嬗变。——面貌很丑而德性极美的玛丽公主亦是一幅同样完美的绘画;在看到深藏着一切心底秘密突然暴露时,这胆怯呆滞的女子脸红起来,如一切和她相类的女子一样。

在大体上,如我以前说过的,本书中女子底性格高出男子的性格多多,尤其是高出于托尔斯泰托寄他自己的思想底两个英雄:软弱的比哀尔·勃苏高夫(Pierre Besoukhov)与热烈而枯索的安特莱·鲍尔公斯基(André Bolkonski)。这是缺乏中心的灵魂，它们不是在演进，而是永远踌躇；它们在两端中间来回，从来不前进。无疑的，人们将说这正是俄国人底心灵。可是我注意到俄国人亦有同样的批评。是为了这个缘故屠克涅夫责备托尔斯泰底心理老是停滞的。"没有真正的发展，永远的迟疑，只是情操底颤动。"[1] 托尔斯泰自己亦承认他有时为了伟大的史画而稍稍牺牲了个人的性格。[2]

[1] 一八六八年二月二日书（据皮吕高夫所引）。
[2] 他说："特别是第一编中的安特莱亲王。"

的确，《战争与和平》一书底光荣，便在于整个历史时代底复活，民族移殖与国家争战底追怀。它的真正的英雄，是各个不同的民族；而在他们后面，如在荷马底英雄背后一样，有神明在指引他们；这些神明是不可见的力："是指挥着大众的无穷的渺小"，是"无穷"底气息。在这些巨人底争斗中，——一种隐伏着的运命支配着盲目的国家，——含有一种神秘的伟大。在《伊里亚特》之外，我们更想到印度底史诗。[3]

《安娜小史》（Anna Karénine）与《战争与和平》是这个成熟时期底登峰造极之作。[4] 这是一部更完美的作品，支配作品底思想具有更纯熟的艺术手腕，更丰富的经验，心灵于它已毫无秘密可言，但其中缺少《战争与和平》中底青春的火焰，热情的朝气，——伟大的气势。托尔斯泰已没有同样的欢乐来创造了。新婚时底暂时的平静消逝了。托尔斯泰伯爵夫人努力

[3] 可惜其中的诗意有时受了书中充满着的哲学的唠叨——尤其在最后几部中——底影响，为之减色不少。托尔斯泰原意要发表他的历史底定命论。不幸他不能的回到这议论而且反复再三地说。弗罗贝（福楼拜，Flaubert）在读最初二册时，"大为叹赏"，认为是"崇高精妙"的，满着"莎士比亚式的成分"，到了第三册却厌倦到把书丢了说：——"他可怜地往下堕落"。他重复不厌，他尽着作哲学的谈话。我们看到这位先生，是作者，是俄国人；而迄今为止，我们只看到《自然》与《人类》。（一八八〇年正月弗罗贝致屠克涅夫书）
[4] 《安娜小史》底第一部法译本于一八八六年由 Hachette 书店发刊，共二册。在法译全集中，增为四册。

在他周围建立起来的爱情与艺术周圈中，重新有精神烦闷渗入。

婚后一年，托尔斯泰写下《战争与和平》底最初几章；安特莱向比哀尔倾诉他关于婚姻问题底心腹语，表示一个男子觉得他所爱的女人不过是一个漠不相关的外人，是无心的仇敌，是他的精神发展底无意识的阻挠者时所感到的幻灭。一八六五年时代底书信，已预示他不久又要感染宗教的烦闷。这还只是些短期的威胁，为生活之幸福所很快地平复了的。但当一八六九年托尔斯泰完成《战争与和平》时，却发生了更严重的震撼：

几天之内，他离开了家人，到某处去参观。一夜，他已经睡了；早上两点钟刚打过：

"我已极度疲倦，我睡得很熟，觉得还好。突然，我感到一种悲苦，为我从未经受过的那么可怕。我将详细告诉你[1]：这实在是骇人。我从床上跳下，令人套马。正在人家为我套马时，我又睡着了，当人家把我喊醒时，我已完全恢复。昨天，同样的情景又发生了，但远没有前次那么厉害……"。[2]

托尔斯泰伯爵夫人辛辛苦苦以爱情建造成的幻想之宫崩圮了。《战争与和平》底完成使艺术家底精神上有了一个空隙，在这空隙时间，艺术家重又被教育学，哲学的[3]研究抓住了：他要写一部平民用的启蒙读本[4]；他埋首工作了四年，对于这部书，他甚至比《战争与和平》更为得意，他写成了一部（一八七二），又写第二部（一八七五）。接着，他狂热地研究希腊文，一天到晚的研习，

---

[1] 致其夫人书。
[2] 这可怕的一夜底回忆，在《一个疯人底日记》（一八八三）中亦有述及。
[3] 一八六九年夏，当他写完《战争与和平》的时候，他发现了叔本华，他立时醉心于他的学说："叔本华是人类中最有天才的人。"（一八六九年八月三十日致法德书）
[4] 这部启蒙读本共有七百至八百页，分为四编，除了教学法外，更含有许多短篇读物。这些短篇以后形成《四部读本》。第一部法译本出版于一九二八年，译者为 Charles Salomon。

把一切别的工作都放下了，他发现了"精微美妙的Xénophon"与荷马，真正的荷马而非翻译家转述出来的荷马，不复是那些姚高夫斯基（Joukhovski，一七八三～一八五二，俄国诗人）与伏斯（Voss，一七三一～一八二六，德国批评家兼翻译家）辈底庸俗萎靡底歌声，而是另一个旁若无人尽情歌唱底妖魔之妙音了。[1]

"不识希腊文，不能有学问！……我确信在人类语言中真正是美的，只有是单纯的美，这是我素所不知的。"[2]

[1] 他说在翻译者与荷马中间底差别，"有如沸水之于冷泉水，后者虽然令你牙齿发痛，有时且带着沙粒，但它受到阳光底洒射，更洁洁更新鲜"。（一八七〇年十二月致法德书）
[2] 见未曾发表的书信。

这是一种疯狂：他自己亦承认。他重又经营着学校的事情，那么狂热，以致病倒了。一八七一年他到萨玛拉（Samara）地方Bachkirs那里疗养。那时，除了希腊文，他对甚么都不满。一八七二年，在讼案完了后，他当真地谈起要把他在俄罗斯所有的财产尽行出售后住到英国去。托尔斯泰伯爵夫人不禁为之悲叹：

"如果你永远埋头于希腊文中，你将不会有痊愈之日。是它使你感着这些悲苦而忘掉目前的生活。人们称希腊文为死文字实在是不虚的：它令人陷入精神死灭的状态中。"[3]

放弃了不少略具雏形的计划之后，终于在一八七三年三月十九日，使伯爵夫人喜出望外地，托尔斯泰开始写《安娜小史》[4]。正在他为这部小书工作的时候，他的生活受着家庭中许多丧事底影响变得阴沉黯淡，[5]他的妻子亦病了。"家庭中没有完满的幸福……"[6]

作品上便稍稍留着这惨淡的经验与

[3] 托尔斯泰伯爵夫人底文件。
[4] 《安娜小史》完成于一八七七年。
[5] 三个孩子夭殇（一八七三年十一月十八日，一八七五年二月，一八七五年十一月终），太蒂阿娜姑母，他的义母（一八七四年六月二十日），贝拉伊姑母（一八七五年十二月二十二日）相继去世。
[6] 一八七六年三月一日致法德书。

幻灭的热情底痕迹。[1] 除了在讲起莱维纳（Lévine）订婚的几章底美丽的文字外，本书中所讲起的爱情，已远没有《战争与和平》中若干篇幅底年轻的诗意了，这些篇幅是足以和一切时代底美妙的抒情诗媲美的。反之，这里的爱情含有一种暴烈的，肉感的，专横的性格。统制这部小说底定命论，不复是如《战争与和平》中底一种神（Krichna），不复是一个运命底支配者，而是恋爱底疯狂，"整个的维纳斯（Vénus）"在舞会底美妙的景色中，当安娜与龙斯基（Wronski）不知不觉中互相热爱的时候，是这爱神在这无邪的，美丽的，富有思想的，穿着黑衣的安娜身上，加上"一种几乎是恶魔般的诱惑力"[2]。当龙斯基宣露爱情的时候，亦是这爱神使安娜脸上发出一种光辉，——"不是欢乐底光辉。而是在黑夜中爆发的火灾底骇人的光辉。"[3] 亦是这爱神使这光明磊落，理性很强的少女，在血管中，流溢着肉欲的力，而且爱神逗留在她的心头，直到把这颗心磨炼到破碎的时候才离开它。接近安娜的人，没有一个不感到这潜伏着的魔鬼底吸力与威胁。凯蒂（Kitty）第一个惊惶地发现它。当龙斯基去看安娜时，他的欢乐的感觉中也杂有神秘的恐惧。莱维纳，在她面前，失掉了他全部的意志。安娜自己亦知道她已不能自主。当故事渐渐演化的时候，无可镇慑的情欲，把这高傲人物底道德的壁垒，尽行毁掉了。她所有的最优越的部分，她的真诚而勇敢的灵魂瓦解了，堕落了：她已没有勇气牺牲世俗的虚荣；她的生命除了取悦她的爱人之外更无别的目标，她胆怯地，羞愧地不使自己怀孕；她受

---

[1] "女人是男子底事业底障碍石。爱一个女人同时又要做些好的事业是极难的；要不永远受着阻碍的唯一的方法便是结婚。"（《安娜小史》第一册——Hachette 法译本）

[2] 《安娜小史》法译本第一册。
[3] 同上。

着嫉妒底煎熬；完全把她征服了的性欲底力量，迫使她在举动中声音中眼睛中处处作伪；她堕入那种只要使无论何种男子都要为之回首一瞥的女人群中。她用吗啡来麻醉自己，直到不可容忍的苦恼，和为了自己精神的堕落而悲苦底情操迫使她投身于火车轮下。"而那胡须蓬乱的乡人"，——她和龙斯基时时在梦中遇见的幻象，——"站在火车底足踏板上俯视铁道"；据那含有预言性的梦境所示，"她俯身伏在一张口袋上，把什么东西隐藏在内，这是她往日底生命，痛苦，欺妄和烦恼……"

"我保留着报复之权"[1]，上帝说…… | [1] 书首底箴言。

这是被爱情所煎熬，被神底律令所压迫的灵魂底悲剧，——为托尔斯泰一鼓作气以极深刻的笔触描写的一幅画。在这悲剧周围，托尔斯泰如在《战争与和平》中一样，安插下好几个别的人物底小说。但这些平行的历史可惜衔接得太迅骤太造作，没有达到《战争与和平》中交响乐般的统一性。人们也觉得其中若干完全写实的场面，——如圣彼得堡底贵族阶级与他们有闲的谈话，——有时是枉费的。还有，比《战争与和平》更显明地，托尔斯泰把他的人格与他的哲学思想和人生底景色交错在一起。但作品并不因此而减少它的富丽。和《战争与和平》中同样众多的人物，同样可惊的准确。我觉得男子底肖像更为优越。托尔斯泰描绘的史丹巴纳·阿尔加第维区（Stopane Arcadievitch），那可爱的自私主义者，没有一个人见了他能不回答他的好意的微笑，还有加莱宁（Karénino），高级官员底典型，漂亮而平庸的政治家，永远借着讥讽以隐藏自己的情操：尊严与怯弱底混合品；虚伪世界底奇特的产物，这个虚伪世界，虽然他聪明慷慨，终于无法摆脱,——而且他的不信任自己的心也是不错的,因为当他任令自己的情操摆布时,他便要堕入一种神秘的虚无境界。

但这部小说底主要意义,除了安娜底悲剧和一八六〇年时代底俄国社会——沙龙,军官俱乐部,舞会,戏院,赛马,——底种种色相之外,尤其含有自传的性格。较之托尔斯泰所创造的许多其他的人物,莱维纳更加是他的化身。托尔斯泰不独赋予他自己的又是保守又是德谟克拉西的思想,和乡间贵族轻蔑智识阶级的反自由主义;[1] 而且他把自己的生命亦赋予了他。莱维纳与凯蒂底爱情和他们初婚后的数年,是他自己的回忆底变相,——即莱维纳底兄弟之死亦是托尔斯泰底兄弟特米德利之死底痛苦的表现。最后一编,在小说上是全部无用的,但使我们看出他那时候衷心惶乱底原因。《战争与和平》底结尾,固然是转入另一部拟议中的作品底艺术上的过渡,《安娜小史》底结尾却是两年以后在《忏悔录》中宣露的精神革命底过渡。在本书中,已屡次以一种讽刺的或剧烈的形式批评当时的俄国社会,这社会是为他在将来的著作中所不住地攻击的。攻击谎言,攻击一切谎言,对于道德的谎言,和对于罪恶的谎言同样看待,指斥自由论调,抨击世俗的虚浮的慈悲,沙龙中的宗教,和博爱主义!向整个社会宣战,因为它魅惑一切真实的情操,灭杀心灵底活力!在社会底陈腐的法统之上,死突然放射了一道光明。在垂危的安娜前面,矫伪的加莱宁也感动了。这没有生命,一切都是造作的心魂,居然亦透入一道爱底光明而具有基督徒底宽恕。一霎时,丈夫,妻子,情人,三个都改变了。一切变得质朴正直。但当安娜渐次回复时,三人都觉得

---

[1] 在本书底结尾中,还有明白攻击战争,国家主义,泛斯拉夫族主义底思想。

"在一种内在地支配他们底几乎是圣洁的力量之外，更有另一种力量，粗犷的，极强的，不由他们自主地支配着他们的生命，使他们不复再能享受平和"。而他们预先就知道他们在这场战斗中是无能的，"他们将被迫作恶，为社会所认为必须的"[1]。

莱维纳所以如化身的托尔斯泰般在书中底结尾中亦变得升华者，是因为死亦使他感动了之故。他素来是"不能信仰的，他亦不能彻底怀疑"[2]。自从他看见他的兄弟死后，他为了自己的愚昧觉得害怕。他的婚姻在一时期内曾抑住这些悲痛的情绪。但自从他的第一个孩子生下之后，它们重复显现了。他时而祈祷时而否定一切。他徒然浏览哲学书籍。在狂乱的时光，他甚至害怕自己要自杀。体力的工作使他镇静了：在此，毫无怀疑，一切都是显明的。莱维纳和农人们谈话；其中一个和他谈着那些"不是为了自己而是为了上帝生存的人"。这对于他不啻是一个启示。他发见理智与心底敌对性。理智教人为了生存必得要残忍地奋斗；爱护他人是全不合理的：

[1] "对于社会，罪恶是合理的。牺牲，爱，却是不健全。"《安娜小史》法译本第二册）
[2] 《安娜小史》法译本第二册。

"理智是什么也没有教我；我知道的一切都是由心启示给我的。"[3]

[3] 同上。
[4] 同上。

从此，平静重新来临。卑微的乡人——对于他，心是唯一的指导者——这个名辞把他重行领得上帝前面……什么上帝？他不想知道。这时候底莱维纳，如将来长久时期内底托尔斯泰一般，在教会前面是很谦恭的，对于教义亦毫无反抗底心。

"即是在天空底幻象与星球底外表的运动中，也有一项真理。"[4]

《忏悔录》与宗教狂乱

莱维纳瞒着凯蒂的这些悲痛与自杀底憧憬，亦即是托尔斯泰同时瞒着他的妻子的。但他还未达到他赋予书中主人翁的那般平静。实在说来，平静是无从传递给他人的。我们感到他只愿望平静却并未实现，故莱维纳不久又将堕入怀疑。托尔斯泰很明白这一层。他几乎没有完成本书底精力与勇气。《安娜小史》在没有完成之前，已使他厌倦了。[1] 他不复能工作了。他停留在那里，不能动弹，没有意志，厌弃自己，对着自己害怕。于是，在他生命底空隙中，发出一阵深渊中的狂风，即是死底眩惑。托尔斯泰逃出了这深渊以后，曾述及这些可怕的岁月。[2]

"那时我还没有五十岁，"他说[3]，"我爱，我亦被爱，我有好的孩子，大的土地，光荣，健康，体质的与精神的力强；我能如一个农人一般刈草；我连续工作十小时不觉疲倦。突然，我的生命停止了。我能

---

[1] "现在我重复被那部可厌而庸俗的《安娜小史》所羁绊住了，我唯一的希望便是能早早摆脱它，愈快愈好……"（一八七五年八月二十六日致法德书）"我应得要完成使我厌倦的小说……"（一八七六年致前人书）
[2] 见《忏悔录》（一八七九）。全集卷十九。
[3] 在此我把《忏悔录》中一部分作概括的引述，只保留着托尔斯泰底语气。

呼吸，吃，喝，睡眠。但这并非生活。我已没有愿欲了。我知道我无所愿欲。我连认识真理都不希望了。所谓真理是：人生是不合理的。我那时到了深渊前面，我显然看到在我之前除了死以外甚么也没有。我，身体强健而幸福的人，我感到再不能生活下去。一种无可抑制的力驱使我要摆脱生命。……我不说我那时要自杀。要把我推到生命以外去的力量比我更强；这是和我以前对于生命底憧憬有些相似，不过是相反的罢了。我不得不和我自己施用策略，使我不至让步得太快。我这幸福的人，竟要把绳子藏起以防止我在室内的几个衣橱之间自缢。我也不复挟着枪去打猎了，恐怕会使我起意。[1]我觉得我的生命好似什么人和我戏弄的一场恶作剧。四十年底工作，痛苦，进步，使我看到的却是一无所有！甚么都没有。将来，我只留下一副腐蚀的骸骨与无数的虫蛆……只在沉醉于人生的时候一个人才能生活；但醉意一经消灭，便只看见一切是欺诈，虚妄的欺诈……家庭与艺术已不能使我满足。家庭，这是些和我一样的可怜虫。艺术是人生底一面镜子。当人生变得无意义时，镜子底游戏也不会令人觉得好玩了。最坏的，是我还不能退忍。我仿佛是一个迷失在森林中的人，极端愤恨着，因为是迷失了，到处乱跑不能自止，虽然他明白多跑一分钟，便更加迷失得厉害……"

他的归宿毕竟在于民众身上。托尔斯泰对于他们老是具有

---

[1]《安娜小史》中有这样的一段："莱维纳，被爱着，很幸福，做了一家之主，他亲手把一切武器藏起来，仿佛他恐怕要受着自杀底诱惑一般。"这种精神状态并非是托尔斯泰及其书中人物所特有的。托尔斯泰看到欧罗巴，尤其是俄罗斯的小康阶级底自杀之多不胜诧异。他在这时代底作品中时常提及此事。我们可说在一八八〇年左右，欧洲盛行着精神萎靡症，感染的人不下数千。那时代正是青年的人，如我一般，都能记忆此种情况；故托尔斯泰对此人类的危机底表白实有历史的价值。他写了一个时代底悲剧。

"一种奇特的,纯粹是生理的感情"[1],他在社会上所得的重重的幻灭的经验从没有动摇他的信念。在最后几年中,他和莱维纳一样对于民众接近得多了。[2] 他开始想着,他那些自杀,自己麻醉的学者,富翁,和他差不多过着同样绝望的生活底有闲阶级底狭小集团之外,还有成千成万的生灵。他自问为何这些千万的生灵能避免这绝望,为何他们不自杀。他发觉他们的生活,不是靠了理智,而是——毫不顾虑理智——靠了信仰。这不知有理智底信仰究竟是什么呢?

"信仰是生命底力量。人没有信仰,不能生活。宗教思想在太初的人类思想中已经酝酿成熟了。信仰所给予人生之谜的答复含有人类底最深刻的智慧(Sagesse)。"

那么,认识了宗教书籍中所列举的这些智底公式便已足够了吗?——不,信仰不是一种学问,信仰是一种行为;它只在被实践的时候,才有意义。一般"思想圆到"之士与富人把宗教只当作一种"享乐人生的安慰",这使托尔斯泰颇为憎厌,使他决意和一般质朴的人混在一起,只有他们能使生命和信仰完全一致。

"他懂得:劳动民众底人生即是人生本体,而这种人生底意义方是真理。"

但怎样使自己成为民众而能享有他的信心呢?一个人只知道别人有理亦是徒然的事;要使我们成为和他们一样不是仗我们自己就可办到的。我们徒然祈求上帝;徒然张着渴望的臂抱倾向着他。上帝躲避我们,哪里抓住他呢?

---

[1]《忏悔录》。
[2] 这时代底他的肖像证明他的通俗性。Kramskoï 底一幅画像(一八七三)表现托尔斯泰穿着工衣,俯着头,如德国的基督像。——在另外一幅一八八一年底肖像中,他的神气宛如一个星期日穿扮齐整的工头:头发剪短了,胡须与鬓毛十分凌乱,面庞在下部显得比上面宽阔;眉毛蹙紧,目光无神,鼻孔如犬,耳朵极大。

一天，神底恩宠获得了。

"早春时的一天，我独自在林中，我听着林中的声音。我想着我最近三年来底惶惑，神底追求，从快乐跳到绝望底无穷尽的突变……突然，我看到我只在信仰神底时候我才生活着。只要思念到神，生命底欢乐的波浪便在我内心涌现了。在我周围，一切都生动了，一切获得一种意义。但等到我不信神时，生命突然中断了。我的内心发出一声呼喊：

"——那么，我还寻找甚么呢？便是'他'，这没有了便不能生活的'他'！认识神和生活，是一件事情。神便是生……

"从此，这光明不复离开我了。"[1]

他已得救了。神已在他面前显现。[2]

但他不是一个印度底神秘主义者，不能以冥想入定为满足；因为他的亚洲人底幻梦中又杂有西方人底重视理智与要求行动的性格，故他必得要把所得到的显示，表现成实地奉行的信仰，从这神明的生活中觅得日常生活底规律。毫无成见地，为了愿真诚地相信他的家族们所虔奉的信仰，他研究他所参与的罗马正教底教义。[3]且为更加迫近

[1]《忏悔录》。
[2]实在说来，这已非第一次。《高加索纪事》中的青年志愿兵，《塞白斯多堡》底军官，《战争与和平》中的安特莱亲王与比哀尔，都有过同样的视觉。但托尔斯泰是那么热情，每次他发现神，他必以为是第一次而以前只是黑夜与虚无。在他的过去，他只看见阴影与羞耻。我们由于他的《日记》，比他自己更认识他的心灵底变化史，我们知道他的心即在迷失惶惑时亦是含有深刻的宗教性的。而且，他亦承认，在《教义神学批判》底序文中，他写道："神！神！我在不应当寻找的地方寻找真理。我知道我是在彷徨。我明知我的性欲是不好的，我却谄媚它；但我永不会忘你！我永远感到你，即在我迷失的时候。"——一八七八至一八七九年间底狂乱只是一场比别次更剧烈的精神病，也许是因为连年所受的人口亡故的刺激与年龄增高的影响。这一次病变底唯一的特征，即神底显现并未在冥思出神的境界过去之后消散。托尔斯泰受着经验底教训，急急地"前进，只要他抓着光明的时候"，并在他的信心中归纳出整个的人生观。并非他从来不曾作过此种试验（我们记得他在大学生时代已有"人生底规律"这概念了），而是在五十岁的年纪，热情去诱惑他走入歧途的机会较少。
[3]关于这一般纪事底《忏悔录》，署有下列的小标题：《教义神学批判及基督教主义检讨导言》。

这教义起见,他在三年中参与一切宗教仪式,忏悔,圣餐,一切使他不快的事情,他不敢遽下判断,只自己发明种种解释去了解他觉得暗晦,或不可思议的事。为了信仰他和他所爱的人,不论是生人或死者,完全一致,老是希望到了一个相当的时间,"爱会替他打开真理底大门"。——但他的努力只是徒然:他的理智与心互相抗争起来。有些举动,如洗礼与圣餐,于他显得是无耻的。当人家强使他重复地说圣体是真的基督底肉和血时,"他仿如心中受了刀割"。在他和教会之间筑起一堵不可超越的墙壁的,并非是教义,而是实行问题。——尤其是各个教会中间底互相仇恨,[1]和不论是绝对的或默许的杀人权,——由此产生战争与死刑这两项。

于是,托尔斯泰决绝了;他的思想被压抑了三年之久,故他的决绝尤为剧烈。他甚么也不顾忌了。他轻蔑这为他在隔昨尚在笃信奉行的宗教。在他的《教义神学底批评》(一八七九〜一八八一)中,他不独把神学当作"无理的,且是有意识的,有作用的谎言"[2]。在他的《四福音书一致论》(一八八一〜一八八三)中,他便把福音书与神学对抗。终于,他在福音书中建立了他的信仰(《我的信仰底基础》,一八八三)。

这信仰便在下列几句话中:

"我相信基督底主义。我相信当一切人都实现了幸福的时候,尘世才能有幸福存在。"

信心底基础是摩西在山上底宣道,托尔斯泰把这些教训归纳

---

[1] "我,是把真理放在发情底单位中的我,觉得宗教把它所要产生的自己毁灭为可怪。"(见《忏悔录》)

[2] "我确信教会底训条,理论上是一种有害的谎言,实用上是许多粗俗与妖魔的迷信,在这种情形之下,基督教主义底意义完全消灭了。"(致神圣宗教会议答复,一九〇一年四月四日至十七日)参看《教会与国家》(一八八三)——托尔斯泰责备教会底最大的罪恶,是它和世间暂时的权力底联络。这是"强盗和谎骗者底联络"。

成五诫：

一、不发怒。

二、不犯奸。

三、不发誓。

四、不以怨报怨。

五、不为人敌。

这是教义底消极部分，其积极部分只包括在一条告诫中：

爱神和爱你的邻人如爱你自己。

基督说过谁对于这些诫命有何轻微的违背，将在天国中占据最小的地位。

托尔斯泰天真地补充道：

"不论这显得多么可异，我在一千八百年之后，发现这些规律如一件新颖的事迹。"

那么，托尔斯泰信不信基督是一个神？——全然不信。他把他当作何等人呢？当作是圣贤中最高的一个，释迦牟尼，婆罗门，老子，孔子，查洛斯德（琐罗亚斯德），依撒（以塞亚）——一切指示人以真正的幸福与达到幸福的必由之道的人。[1]托尔斯泰是这些伟大的宗教创造人，——这些印度，中国，希伯莱底半神与先知者底信徒。他竭力为他们辩护。攻击他所称为"伪善者"与"法学教官Scribes"的一流；攻击已成的教会，攻击傲慢的科学底代表者。[2]这并非说他欲借

---

[1] 他年事愈高，愈相信人类史上自有宗教的统一性，愈相信基督和其他的圣贤——自释迦牟尼至康德——底平行性。他写道："耶稣底主义，对于我只是上古最美的宗教思想，如埃及，犹太，印度，中国等各种思潮底一流。耶稣底两大原则：对于神底敬爱，即绝对的完满；对于同类底博爱，即一视同仁，毫无分别。这两项原则都曾为世界上古代的圣贤，释迦牟尼，老子，孔子，苏格拉底，柏拉图等，近代贤哲卢梭，柏斯格（帕斯卡），康德，爱默生等所共同宣扬的。"

[2] 托尔斯泰辩称他并不攻击真正的科学，因为它是虚心而认识界限的。

心灵底显示以推翻理智。自从他脱离了《忏悔录》上所说的烦闷时期之后,他尤其是理智底信奉者,可说是一个理智底神秘主义者。

"最初是 Verbe(三位一体中的第二位),"他和圣约翰一样的说法,"Verbe,意即'理智'。"

他的《生命论》一书(一八八七),在题辞中曾引用柏斯格(Pascal)的名句[1]:

> "人只是一枝芦苇,自然中最弱的东西,但这是一枝有思想的芦苇……我们全部的尊严包含在思想中……因此我们得好好地思想:这即是道德底要义。"

[1] 托尔斯泰在精神狂乱的时候,常常读柏斯格底《思想录》。他在致法德书中曾经提及。

全书只是对于理智底颂诗。

"理智"固然不是科学的理智,狭隘的理智,"把部分当作全体,把肉的生活当作全部生活的",而是统制着人底生命底最高律令,"有理性的生物,即人,所必然要依据了它生活的律令"。

"这是和统制着动物底生长与繁殖,草木底萌芽与滋荣,星辰与大地底运行底律令类似的律令。只在奉行这条律令,为了善而把我们的兽性服从理智底规条底行为中,才存有我们的生命……理智不能被确定,而我们也不必加以确定,因为不独我们都认识它,而且我们只认识它……人所知道的一切,是由理智——而非由信仰——而知道的[2]……只在理智有了表白的时候生命方才开始。唯一真实的生命是理智底生命。"

[2] 在一八九四年十一月二十六日致某男爵书中,托尔斯泰亦言:"人所直接受之于神的,只有认识自己和接触世界的一种工具。这工具,便是理智,理智是从神来的。它不独是人类崇高的品性,且是认识真理底唯一的工具。"

那么,有形的生命,我们个人的生命,又是什么?"它不是我们的生命,"托尔斯泰说，"因为它不是由我们自主的。"

"我们肉体的活动是在我们之外完成的……把生命当作个人的这种观念在今日的人类中已经消灭了。对于我们这时代一切赋有理智的人，个人的善行之不可能，已成为确切不移的真理。"[1]

还有许多前提，毋容我在此讨论，但表现托尔斯泰对于理智怀有多少的热情。实在，这是一种热情，和主宰着他前半生的热情同样的盲目与嫉忌。一朵火焰熄了，另一朵火焰燃起。或可说永远是同一朵火焰，只是它变换了养料而已。

[1] 见《托尔斯泰传》。

而使"个人的"热情和这"主智的"热情更形肖似的，是因为这些热情都不能以爱为满足，它们要活动，要实现。

"不应当说而应当做，基督说过。"

理智底活动现象是甚么？——爱。

"爱是人类唯一的有理性的活动，爱是最合理最光明的精神境界。它所需的，便是甚么也不掩蔽理智底光芒，因为唯有理智底光芒方能助长爱。……爱是真实的善，至高的善，能解决人生一切的矛盾，不独使死底恐怖会消灭，且能鼓舞人为别人牺牲：因为除了把生命给予所爱者之外，无所谓别的爱了；只有它是自己牺牲时，爱才配称为爱。因此，只当人懂得要获得个人的幸福之不可能时，真正的爱方能实现。那时候，他的生命底精髓才能为真正的爱底高贵的接枝，而这接枝为了生长起见，才向这粗野的本干，即肉的本体，去吸取元气……"[2]

[2] 见《托尔斯泰传》。

这样，托尔斯泰并不如一条水流枯竭的河迷失在沙土里，那般的达到信仰。他是把强有力的生命底力量集中起来灌注在信仰中间。——这我们在以后会看到。

这热烈的信心，把爱与理智密切地结合了，它在托尔斯泰致开除他教籍的神圣宗教会议复书中找到了完满的表白[1]：

[1] 这宗教思想必然是由好几个问题演化出来的，尤其是由于那涉及未来生活的概念。

"我相信神，神于我是灵，是爱，是一切底要素。我相信他在我心中存在，有如我在他心中存在一样。我相信神底意志从没有比在基督底教义中表现得更明白了；但我们不能把基督当作神而向他祈祷，这将冒犯最大的亵渎罪。我相信一个人底真正的幸福在于完成神底意志，我相信神底意志是要一切人爱他的同类，永远为了他们服务，如神要一切人类为了他而活动一般；这便是，据福音书所说，一切的律令和预言底要旨。我相信生命底意义，对于我们中每个人，只是助长人生底爱，我相信在这人生中，发展我们的爱底力量，不啻是一种与日俱增的幸福，而在别一个世界里，又是更完满的福乐；我相信这爱底生长，比任何其他的力量，更能助人在尘世建立起天国，换言之，是以一种含有协和，真理，博爱的新的系统来代替一种含有分离，谎骗与强暴的生活组织。我相信为在爱情中获得进步起见，我们只有一种方法：祈祷。不是在庙堂中的公共祈祷，为基督所坚决摈绝的。而是如基督以身作则般的祈祷，孤独的祈祷，使我们对于生命底意义具有更坚实的意识……我相信生命是永恒的，我相信人是依了他的行为而获得酬报，现世与来世，现在与将来，都是如此。我对于这一切相信得如是坚决，以至在我这行将就木的年纪，我必得要以很大的努力才能阻止我私心祝望肉体底死灭——换言之，即祝望新生命底诞生。"[2]

[2] 见一九〇一年五月一日巴黎《时报》所发表的关于托尔斯泰底论文。

社会的烦虑:《我们应当做什么?》

他想已经到了彼岸,获得了一个为他烦恼的心魂所能安息的荫庇。

其实,他只是处于一种新的活动底始端。

在莫斯科过了一冬(他对于家庭底义务迫使他随着他的家族),[1] 一八八二年正月他参加调查人口底工作,使他得有真切地看到大都市底惨状的机会。他所得的印象真是非常凄惨。第一次接触到这文明隐藏着的疮痍底那天晚上,他向一个朋友讲述他的所见时,"他叫喊,号哭,挥动着拳头"。

"人们不能这样地过活!"他嚎啕着说,"这决不能存在!这决不能存在!……"[2] 几个月之久,他又堕入悲痛的绝望中。一八八二年三月三日,伯爵夫人写信给他说:

"从前你说:'因为缺少信心,我愿自缢。'现在,你有了信心,为何你仍苦恼?"

因为他不能有伪君子般底信心,那种自得自满的信心,因为

[1] "迄今为止,我一向在都市之外过生活……"(见《我们应当做什么?》)
[2] 见上书。

他没有神秘思想家底自利主义,只顾自己的超升而不顾别人,[1]因为他怀有博爱,因为他此刻再不能忘记他所看到的惨状,而在他热烈的心底仁慈中他们的痛苦与堕落似乎是应由他负责的:他们是这个文明底牺牲品,而他便参与着这个牺牲了千万生灵以造成的优秀阶级,享有这个魔鬼阶级底特权。接受这种以罪恶换来的福利,无异是共谋犯。在没有自首之前,他的良心不得安息了。

> [1] 对于那些"为自己而不为别人的苦行者",托尔斯泰屡次表示反感。他把他们与骄傲而愚昧的革命家放在同一类型内,"他们自命要施善于人,可还不知道他们自己需要甚么……"托尔斯泰说:"我以同样的爱情爱这两种人,但我亦以同样的憎恨恨他们的主义。唯一的主义是激发一种有恒的活动,支配一种适应心魂企望底生活,而努力筹思实现他人底幸福。基督教主义便是这样的,它既无宗教的安息情调,亦无那般革命家般徒唱高调不知真正的幸福为何物底情境。"
> [2] 全集卷二十六。

《我们应当做什么?》(一八八四~一八八六)[2]便是这第二次错乱病底表白,这次病比第一次的更为悲剧化,故它的后果亦更重大。在人类底苦海中,实在的,并非一般有闲的人在烦恼中造作出来的苦海中,托尔斯泰个人的宗教苦闷究竟算得甚么呢?要不看见这种惨状是不可能的。看到之后而不设法以任何代价去销除它亦是不可能的。——可是,啊!销除它是可能的么?

一幅奇妙的肖像[3],我见了不能不感动的,说出托尔斯泰在这时代所感的痛苦。他是正面坐着,交叉着手臂,穿着农夫底衣服;他的神气颇为颓丧。他的头发还是黑的,他的胡髭已经花白。他的长须与鬓毛已经全白了。双重的皱痕在美丽宽广的额角上画成和谐的线条。这巨大的犬鼻,这副直望着你的又坦白又犀利又悲哀的眼睛,多少温和良善啊!它们看得你那么透彻。它们不啻在为你怨叹,为你可惜。眼眶下划着深刻的线条的

> [3] 一八八五年时代底照相,见全集版《我们应当做什么?》中插图。

面孔，留着痛苦的痕迹。他曾哭泣过。但他很强，准备战斗。

他有他英雄式的逻辑：

"我时常听到下面这种议论，觉得非常错异：'是的，在理论上的确不错；但在实际上又将如何？'仿佛理论只是会话上必需的美丽的辞句，可绝不是要把它适合实际的！……至于我，只要我懂得了我所思索的事情，我再不能不依了我所了解的情形而做。"[1]

他开始以照相一般准确的手法，把莫斯科底惨状照他在参观穷人区域与夜间栖留所里所见的情形描写下来。[2] 他确信，这不复是，如他最初所信的那样，可以用金钱来拯救这些不幸者的，因为他们多少受着都市底毒害。于是，他勇敢地寻求灾祸底由来。一层进一层，渐渐地发现了连锁似的负责者。最初是富人，与富人们该诅咒的奢侈的享受，使人眩惑，以至堕落。[3] 继之是普遍的不劳而获的生活欲。——其次是国家，为强项的人剥削其他部分的人类所造成的残忍的总体。——教会更从旁助纣为虐。科学与艺术又是共谋犯……这一切罪恶底武器，怎样能把它们打倒呢？第一要使自己不再成为造成罪恶的共犯。不参加剥削人类的工作。放弃金钱与田产[4]，不为国家服务。

但这还不够，更应当"不说谎"，不惧怕真理。应当"忏悔"，排斥与教育同时

[1] 见《我们应当做什么？》。
[2] 这第一部（前面的十五章）完全被俄国检查委员会删去。
[3] "造成悲惨底主因是财富逐渐积聚在不生产的人手中，集中于大都会里。富人们群集在都市中以便享乐与自卫。穷人们到城里来仰他们的鼻息，拾他们的唾余以苟延生命。奇怪的是这些穷人中竟有许多是工人，并不去做易于挣钱的事情，如经商，垄断，行乞，舞弊，甚至抢劫。"
[4] "罪恶底主因是产业。产业只是一项享受别人底工作底方法。"——托尔斯泰又言：产业不是属于我们而是属于他人的东西。"男人把他的妻，子，奴仆，物，称为他的产业；但现实证明他的错误；他应当放弃，否则唯有自己痛苦而令人受苦。"托尔斯泰已预感到俄国的革命，他说："三四年来，路人在谩骂我们，斥我们为懒虫。被压迫民众底愤恨与轻蔑天天在增长。"（见《我们应当做什么？》）

种根的骄傲。末了，应当"用自己的手劳作"。"以你额上流着的汗来换取你的面包"，这是第一条最主要的诫条。[1]托尔斯泰为预先答复特殊阶级底嘲笑起见，说肉体的劳作决不会摧残灵智的力量，反而助它发展，适应本性底正常的需要。健康只会因之更加增进，艺术也因之进步。而且，它更能促进人类底团结。

在他以后的作品中，托尔斯泰又把这些保持精神健康的方法加以补充。他殚精竭虑地筹思如何救治心魂，如何培养元气，同时又须排除麻醉意识底畸形的享乐[2]和灭绝良知底残酷的享乐[3]。他以身作则。一八八四年，他牺牲了他最根深蒂固的嗜好：行猎。[4]他实行持斋以锻炼意志；宛如一个运动家自己定下严厉的规条，迫使自己奋斗与战胜。

《我们应当做什么？》这是托尔斯泰离开了宗教默想底相当的平和，而卷入社会漩涡后所取的艰难的途径底第一程。这时候便开始了这二十载底苦斗，孤独的伊阿斯拿耶老人在一切党派之外（并指责他们），与文明底罪恶与谎言对抗着。

在他周围，托尔斯泰底精神革命并没博得多少同情；它使他的家庭非常难堪。

---

[1] 农民革命者篷大留（Bondarev）曾愿这条律令成为全世界的律令。因此，托尔斯泰是受了他和另一个农人苏太伊夫（Sutaiev）底影响："我一生，在道德上受了两个俄国思想家底影响，他们使我的思想更为充实，为我解释了我自己的宇宙观：这两个人是农民苏太伊夫与篷大留。"（见《我们应当做什么？》）在此书中，托尔斯泰描写苏太伊夫底相貌，记有与他的谈话录。
[2] 一八九五年发行的《烟草与酒精》，又名《畸形的享乐》，俄罗斯原文中又注着："为何人们会麻醉。"
[3] 《残忍的享乐》，印行于一八九五年，中分：肉食者，战争，行猎。
[4] 托尔斯泰克制他这件嗜好是费了不少苦心，因为行猎是他最心爱的一种消遣，这且是他的父亲遗传给他的。他不是感伤的人，他亦不见得对于兽类有何怜悯。他的眼睛简直不大注视这些畜类底——有时是那么富于表情的——眼睛。除了马，他具有一切贵族底癖好。实际上，他具有残忍的本能。他曾讲起他一棍打死了的狼时，他感有一种特殊的快感。他的后悔的情操，发现得很晚。

好久以来，托尔斯泰伯爵夫人不安地观察着她无法克服的病症底进展。自一八七四年起，她已因为她的丈夫为了学校白费了多少精神与时间，觉得十分懊恼。

"这启蒙读本，这初级算术，这文法，我对之极端轻视，我不能假装对之发生兴趣。"

但当教育学研究之后继以宗教研究的时候，情形便不同了。伯爵夫人对于托尔斯泰笃信宗教后的初期的诉述觉得非常可厌，以至托尔斯泰在提及上帝这名辞时不得不请求宽恕：

"当我说出上帝这名辞时，你不要生气，如你有时会因之生气那样；我不能避免，因为他是我思想底基础。"[1]

无疑的，伯爵夫人是被感动了；她努力想隐藏她的烦躁的心情；但她不了解；她只是不安地注意着她的丈夫：

"他的眼睛非常奇特，老是固定着。他几乎不开口了。他似乎不是这个世界上的人。"[2]

她想他是病了：

"据雷翁自己说他永远在工作。可怜！他只写着若干庸俗不足道的宗教论辩。他阅览书籍，他冥想不已，以至使自己头痛，而这一切不过是为要表明教会与福音书主义底不一致。这个问题在全俄罗斯至多不过有十余人会对之发生兴趣而已。但这是无法可想的。我只希望一点：这一切快快地过去，如一场疾病一般。"[3]

[1] 一八七八年夏。
[2] 一八七八年十一月十八日。
[3] 一八七九年十一月。

疾病并不减轻。夫妇间的局势愈来愈变得难堪了。他们相爱，他们有相互的敬意；但他们不能互相了解。他们勉力，作相互的让步，但这相互的让步惯会变成相互的痛苦。托尔斯泰勉强跟随着他的家族到莫斯科。他在《日记》中写道：

"生平最困苦的一月。侨居于莫斯科。大家都安置好了。可是他们什么时候开始生活呢？这一切，并非为生活，而是因为别人都是这样做！可怜的人！……"[1]

同时，伯爵夫人写道：

"莫斯科。我们来此，到明日已届一月了。最初两星期，我每天哭泣，因为雷翁不独是忧郁，而且十分颓丧。他睡不熟，饮食不进，有时甚至哭泣，我曾想我将发疯。"[2]

他们不得不分离若干时。他们为了互相感染的痛苦而互相道歉。他们是永远相爱着！……他写信给她道：

"你说：'我爱你，你却不需要我爱你。'不，这是我唯一的需要啊……你的爱情比世界上一切都更使我幸福。"[3]

但当他们一朝相遇的时候，龃龉又更进一层。伯爵夫人不能赞成托尔斯泰这种宗教热，以至使他和一个犹太教士学习希伯莱文。

"更无别的东西使他发生兴趣。他为了这些蠢事而浪费他的精力。我不能隐藏我的不快。"[4]

她写信给他道：

"看到以这样的灵智的力量去用在锯木，煮汤，缝靴的工作上，我只感到忧郁。"

而她更以好似一个母亲看着她的半疯癫的孩子玩耍般的动情与嘲弄的微笑，加上这几句话：

"可是我想到俄国的这句成语而安静了：尽管孩子怎样玩罢，只要他不哭。"[5]

[1] 一八八一年十月五日。
[2] 一八八一年十月十四日。
[3] 一八八二年三月。
[4] 一八八二年。
[5] 一八八四年十月二十三日。

但这封信并没寄出，因为她预想到她的丈夫读到这几行的时候，他的善良而天真的眼睛会因了这嘲弄的语气而发愁；她重新拆开她的信，在爱底狂热中写道：

"突然，你在我面前显现了，显现得那么明晰，以至我对你怀着多少温情！你具有那么乖，那么善，那么天真，那么有恒的性格，而这一切更被那广博的同情底光彩与那副直透入人类心魂的目光烛照着……这一切是你所独具的。"

这样，两个子互相爱怜，互相磨难，以后又为了不能自禁地互相给予的痛苦而懊丧烦恼。无法解决的局面，延宕了三十年之久，直到后来，这垂死的李尔王在精神迷乱的当儿突然逃往西伯利亚的时候才算终了。

人们尚未十分注意到《我们应当做什么？》底末了有一段对于妇女底热烈的宣言。——托尔斯泰对于现代的女权主义毫无好感。[1] 但对于他所称为"良母的女子"，对于一般认识人生真意义的女子，他却表示虔诚的崇拜；他称颂她们的痛苦与欢乐，怀孕与母性，可怕的苦痛，毫无休息的岁月，和不期待任何人报酬底无形的劳苦的工作，他亦称颂，在痛苦完了，尽了自然律底使命的时候，她们心魂上所洋溢着的完满的幸福。他描绘出一个勇敢的妻子底肖像，是对于丈夫成为一个助手而非阻碍的女子。她知道，"唯有没酬报的为别人的幽密的牺牲才是人类底天职"。

"这样的一个女子不独不鼓励她的丈夫去做虚伪欺妄的工作，享受别人底工作成绩；而且她以深恶痛绝的态度排斥这种活动，

---

[1] "只有在男子们不依照真正的工作律令底社会里，才能产生这种所谓女权运动。没有一个正当工人底妻子会要求参与矿中或田间的工作。实际上，她们只要求参与富人阶级底幻想工作。"

以防止她的儿女们受到诱惑。她将督促她的伴侣去担负真正的工作，需要精力不畏危险的工作……她知道孩子们，未来的一代，将令人类看到最圣洁的范型，而她的生命亦只是整个地奉献给这神圣的事业的。她将在她的孩子与丈夫底心灵中开发他们的牺牲精神……统制着男子，为他们的安慰者的当是此等女子。……啊良母的女子！人类底运命系在你们手掌之间！"[1]

这是一个在乞援在希冀的声音底呼唤……难道没有人听见么？……

几年之后，希望底最后一道微光也熄灭了：

"你也许不信；但你不能想象我是多么孤独，真正的我是被我周围的一切人士蔑视到如何程度。"[2]

最爱他的人，既如此不认识他精神改革底伟大性，我们自亦不能期待别人对他有何了解与尊敬了。屠克涅夫——是托尔斯泰为了基督徒式的谦卑精神——并非为了他对他的情操有何改变——而欲与之重归旧好的，[3]——曾幽默地说："我为托尔斯泰可惜，但法国人说得好，各人各有扑灭虱蚤的方式。"[4]

几年之后，在垂死的时候，屠克涅夫写给托尔斯泰那封有名的信，在其中他请求他的"朋友，俄罗斯底大作家"，"重新回到文学方面去"[5]。

全欧洲底艺术家都与垂死的屠克涅夫表示同样的关切，赞同他的请求。特·伏葛在一八八六年所写的《托尔斯泰研究》一书

---

[1] 这是《我们应当做什么？》底最后一行。时代是一八八六年二月十四日。
[2] 致友人书。
[3] 言归旧好的事情是在一八七八年。托尔斯泰致书屠克涅夫请其原谅。屠克涅夫于一八七八年八月到伊阿斯拿耶·波里阿那访他。一八八一年七月，托尔斯泰回拜他。大家对于他举动底改变，他的温和，他的谦虚都感着惊讶。他仿佛是再生了。
[4] 致卜龙基书（见皮吕高夫引述）。
[5] 一八八三年六月二十八日在Bougival地方所发的信。

末了，他借着托尔斯泰穿农人衣服底肖像，向他作婉转的讽劝：

"杰作底巨匠，你的工具不在这里！……我们的工具是笔；我们的园地是人类的心魂，它是亦应该受人照拂与抚育的。譬如莫斯科底第一个印刷工人，当被迫着去犁田的时候，他必将喊道：'我与散播麦种的事是无干的，我的职务只是在世界上散播灵智的种子。'"

这仿佛是认为托尔斯泰曾想放弃他散播精神食粮的使命！……"在我的信仰底寄托"[1]底终了，他写道：

"我相信我的生命，我的理智，我的光明，只是为烛照人类而秉有的。我相信我对于真理底认识，是用以达到这目标的才能，这才能是一种火，但它只有在燃烧的时候才是火。我相信我的生命底唯一的意义是生活在这在我内心的光明中，把它在人类面前擎得高高地使他们能够看到。"[2]

但这光明，这"只有在燃烧的时候才是火"的火，使大半的艺术家为之不安。其中最聪明的也预料到他们的艺术将有被这火焰最先焚毁的危险。他们为了相信全部艺术受到威胁而惶乱，而托尔斯泰，如普洛斯班洛①一样，把他创造幻象的魔棒永远折毁了。

但这些都是错误的见解；我将表明托尔斯泰非特没有毁灭艺术，反而把艺术中一向静止的力量激动起来，而他的宗教信仰也非特没有灭绝他的艺术天才，反而把它革新了。

---

[1] 俄文原版第十二章。
[2] 我们注意到在他责备托尔斯泰的文中，特·伏葛不知不觉间也采用了托尔斯泰底语气，他说："不论是有理无理，也许是为了责罚，我们才从上天受到这必需而美妙的缺点：思想……摈弃这十字架是一种亵渎的反叛。"（见《俄国小说论》，一八八六年）——可是托尔斯泰在一八八三年时写信给他的姑母说："各人都应当负起他的十字架……我的，是思想底工作，坏的，骄傲的，充满着诱惑。"

① 普洛斯班洛（Prospero）是莎士比亚《狂风暴雨》中的人物。

《艺术论》

奇怪的是人们讲起托尔斯泰关于科学与艺术的思想时,往常竟不注意他表露这些思想最重要的著作:《我们应当做什么?》(一八八四～一八八六)。在此,托尔斯泰第一次攻击科学与艺术;以后的战斗中更无一次是与这初次冲突时的猛烈相比拟。我们奇怪最近在法国的科学与知识阶级底虚荣心加以攻击之时,竟没有人想起重新浏览这些文字。它们包含着对于下列种种人物底最剧烈的抨击:"科学底宦官","艺术底僭越者",那些思想阶级,自从打倒了或效忠了古昔的统治阶级(教会,国家,军队)之后,居然占据了他们的地位,不愿或不能为人类尽些微的力,借口说人家崇拜他们,并盲目地为他们效劳,如主义一般宣扬着一种无耻的信仰,说甚么为科学的科学,为艺术的艺术,——这是一种谎骗的面具,借以遮掩他们个人的自私主义与他们的空虚。

"不要以为,"托尔斯泰又说,"我否定艺术与科学。我非特不否定它们,而是以它们的名义我要驱逐那些出卖殿堂的人。"

"科学与艺术和面包与水同样重要甚至更重要……真的科学

是对于天职的认识，因此是对于全人类底真正的福利的认识。真的艺术是认识天职底表白，是认识全人类底真福利底表白。"

他颂赞的人，是："自有人类以来，在竖琴或古琴上，在言语或形象上，表现他们对着欺罔的奋斗，表现他们在奋斗中所受的痛苦，表现他们的希望善获得胜利，表现他们为了恶底胜利而绝望和为了企待未来的热情。"

于是，他描画出一个真艺术家底形象，他的辞句中充满着痛苦的与神秘的热情：

"科学与艺术底活动只有在不僭越任何权利而只认识义务的时候才有善果。因为牺牲是这种活动底原素，故才能够为人类称颂。那些以精神的劳作为他人服务的人，永远为了要完成这事业而受苦：因为唯有在痛苦与烦闷中方能产生精神的境界。牺牲与痛苦，便是思想家与艺术家底运命：因为他的目的是大众底福利。人是不幸的，他们受苦，他们死亡，我们没有时间去闲逛与作乐。思想家或艺术家从不会，如一般人素所相信的那样，留在奥令配克山底高处，他永远处于惶惑与激动中。他应当决定并说出何者能给予人类的福利，何者能拯万民于水火；他不决定，他不说出，明天也许太晚了，他自己也将死亡了……并非是在一所造成艺术家与博学者的机关中教养出来的人（且实在说来，在那里，人们只能造成科学与艺术底破坏者），亦非获得一纸文凭或享有俸给的人会成为一个思想家或艺术家；这是一个自愿不思索不表白他的灵魂底蕴藉，但究竟不能不表白的人；因为他是被两种无形的力量所驱使着：这是他的内在的需要与他对于人类的爱情。决没有心广体胖，自得自满的艺术家。"[1]

[1] 见《我们应当做什么？》第三七八～三七九页。

这美妙的一页，在托尔斯泰底天才上不啻展开了悲剧的面目，它是在莫斯科惨状所给予他的痛苦底直接印象之下，和在认科学与艺术是造成现代一切社会的不平等与伪善的共同犯这信念中写成的。——这种信念他从此永远保持着。但他和世界底悲惨初次接触后的印象慢慢地减弱了；创痕也渐次平复了；[1]在他以后的著作中，我们一些也找不到像这部书中的痛苦的呻吟与报复式的忿怒。无论何处也找不到这个以自己的鲜血来创造艺术家底宣道，这种牺牲，与痛苦底激动，说这是"思想家底宿命"，这种对于歌德式的艺术至上主义底痛恶。在以后批评艺术的著作中，他是以文学的观点，而没有那么浓厚的神秘色彩来讨论了，在此，艺术问题是和这人类底悲惨底背景分离了，这惨状一向是使托尔斯泰想起了便要狂乱，如他看了夜间栖留所的那天晚上回到家里便绝望地哭泣叫喊一般。

这不是说他的带有教育意味的作品有时会变得冷酷的。冷酷，于他是不可能的。直到他逝世为止，他永远是写给法德信中的人物：

"如果人们不爱他的人群，即是最卑微的，也应当痛骂他们，痛骂到使上天也为之脸红耳赤，或嘲笑他们使他们肚子也为之气破。"[2]

在他关于艺术的著作中，他便实践他的主张。否定的部分——谩骂与讥讽——是那么激烈，以至艺术家们只看到他的谩骂与讥讽。他也过于猛烈地攻击他们的迷信与敏感，以至他们把

---

[1] 他甚至要辩明痛苦，——不独是个人的而且是别人的痛苦。"因为抚慰别人底创痛才是理性生活底要素。对于一个劳动者，他的工作的对象怎么会变为痛苦的对象？这仿佛如农夫说一块没有耕种的田于他是一桩痛苦一般。"

[2] 据一八六〇年二月二十三日通讯。——托尔斯泰所以不喜屠克涅夫底哀怨病态的艺术者以此。

他认做不独是他们的艺术之敌,而且是一切艺术之敌。但托尔斯泰底批评,是永远紧接着建设的。他从来不为破坏而破坏,而是为建设而破坏。且在他谦虚的性格中,他从不自命建立甚么新的东西;他只是防卫艺术,防卫它不使一般假的艺术家去利用它,损害它的荣誉。一八八七年,在他那著名的《艺术论》①问世以前十年,他写信给我道[1]:

"真的科学与真的艺术曾经存在,且将永远存在。这是不能且亦不用争议的。今日一切的罪恶是由于一般自命为文明人,——他们旁边还有学者与艺术家——实际上都是如僧侣一样的特权阶级之故。这个阶级却具有一切阶级底缺点。它把社会上的原则降低着来迁就它本身的组织。在我们的世界上所称为科学与艺术的只是一场大骗局,一种大迷信,为我们脱出了教会底古旧迷信后会堕入的新迷信。要认清我们所应趱奔的道路,必得从头开始,——必得把使我觉得温暖但遮掩我的视线的风帽推开。诱惑力是很大的。或是我们生下来便会受着诱惑的,或者我们一级一级爬上阶梯;于是我们处于享有特权的人群中,处于文明,或如德国人所说的文化底僧侣群中了。我们应当,好似对于婆罗门教或基督教教士一样,应当有极大的真诚与对于真理的热爱,才能把保障我们的特权底原则重新加以审核。但一个严正的人,在提出人生问题时,决不能犹豫。为具有明察秋毫的目光起见,他应当摆脱他的迷信,虽然这迷信于他的地位是有利

[1] 这封信底日期是一八八七年十月四日,曾于一九〇二年发表于巴黎《半月刊》上。《艺术论》于一八九七至一八九八年间印行,但托尔斯泰筹思此书已有十五年之久。

---

① 依原文直译是《何谓艺术?》,今据国内已有译名。

的。这是必不可少的条件……没有迷信。使自己处在一个儿童般的境地中，或如笛卡儿一样的尊重理智……"

这权利阶级所享受的现代艺术底迷信，这"大骗局"，被托尔斯泰在他的《艺术论》中揭发了。用严厉的辞句，他抉发它的可笑，贫弱，虚伪，根本的堕落。他排斥已成的一切。他对于这种破坏工作感有如儿童毁坏他的玩具，一般的喜悦。这批评全部充满着调笑的气分，但也含有许多褊狂的见解，这是战争。托尔斯泰使用种种武器随意乱击，并不稍加注意他所抨击的对象底真面目。往往，有如在一切战争中所发生的那样，他攻击他其实应该加以卫护的人物，如：易卜生或贝多芬。这是因为他过于激动了，在动作之前没有相当的时间去思索，也因为他的热情使他对于他的理由底弱点，完全盲目，且也——我们应当说——因为他的艺术修养不充分之故。

在他关于文学方面的浏览之外，他还能认识什么现代艺术？他看到些什么绘画，他能听到些什么欧罗巴音乐？这位乡绅，四分之三的生活都消磨在莫斯科近郊底乡村中，自一八六〇年后没有来过欧洲；——且除了唯一使他感到兴趣的学校之外，他还看到些甚么？——关于绘画，他完全摭拾些道听途说的话，毫无秩序的引述，他所认为颓废的，有毕维斯（夏凡纳，Puvis de Chavanne），玛奈（马奈，Manet），莫奈（Monet），鲍格泠（勃克林，Boecklin），史多克（施图克，Stuck），克林裘（克林格尔，Klinger），他为了他们所表现的善良的情操而佩服的，有于勒·勃勒东（布雷顿，Jules Breton），莱尔弥德（莱尔米特，Lhermitte），但他蔑视弥盖朗琪罗，且在描写心灵的画家中，亦从未提及项勃朗（伦勃朗，Rembrandt）。——关于音乐，他比较更能感觉，[1]但亦并不认识：只留在他童年底印象中，只知道在一八四〇年时代已经成了古典派的作家，此后的作家他一些不知道了（除了却各夫斯基［柴可夫斯基］，他的音乐使他哭泣）；他把勃拉姆斯（Brahms）与李查·史脱洛斯（理查·施特劳斯，Richard Strauss）同样加以排斥，他竟教训贝多芬，[2]而在批判华葛耐（瓦格纳）时，只听到一次《西葛弗烈特》（Siegfried）便自以为认识了他全部，且他去听《西葛弗烈特》，还是在上演开始后进场而在第二幕中间已经退出的。[3]——关于文学的知识，当然较为丰富。但不知由于何种奇特的错误，他竟避免去批判他认识最真切的俄国作家，而居然去向外国诗人宣道，他们的思想和他的原来相差极远，他们的作品也只被他藐视地随手翻过一遍！[4]

他的武断更随了年龄而增长。他甚至写了一整部的书以证明莎士比亚"不是一个艺术家"。

"他可以成为任何角色；但他不是一个艺术家。"[5]

这种肯定真堪佩服！托尔斯泰不怀疑。他不肯讨论。他握有真理。他会和你说：

"《第九交响乐》是一件分离人群的作品。"[6]

---

[1] 关于这点，我将在论及《克莱采朔拿大》时再行提及。

[2] 他的褊执自一八八六年更加厉害了。在《我们应当做什么？》一书中，他还不敢得罪贝多芬，也不敢得罪莎士比亚。他反而责备当代的艺术家敢指摘他们。"迦里莱（伽利略，Galilée），莎士比亚，贝多芬底活动和嚣俄，华葛耐们底绝无相似之处。正如圣徒们不承认与教皇有何共通性一般。"（见上述书）

[3] 那时他还想在第一幕未完前就走掉。"为我，问题是解决了，我更无疑惑。对于一个能想象出这些情景的作家没有什么可以期待。我们可以预言他所写的东西永远是坏的。"

[4] 大家知道，他为要在法国现代诗人作品中作一选择起见，曾发明这可惊的原则："在每一部书中，钞录在第二十八页上的诗。"

[5] 《莎士比亚论》（一九〇三）——写作这部书的动机是由于 Ernest Crosby 底一篇关于《莎士比亚与劳工阶级》底论文所引起的。

[6] 原文是："《第九交响乐》不能联合一切人，只能联合一小部分，为它把他们和其余的人分离着的。"

或：

"除了罢哈（Bach）底著名的小提琴调与晓邦（Chopin）底E调夜曲，及在罕顿（Haydn），莫扎尔德（Mozart），舒倍尔脱（Schubert），贝多芬，晓邦等底作品中选出的十几件作品，——且也不过这些作品中的一部分——之外，其他的一切都应该排斥与蔑视，如对付分离人群的艺术一般。"

或：

"我将证明莎士比亚简直不能称为一个第四流的作家。且在描写人性的一点上，他是完全无能的。"

不论世界上其他的人类都不赞同他的意见，可不能阻止他，正是相反！

"我的见解，"他高傲地写道，"是和欧洲一切对于莎士比亚底见解不同的。"

在他对于谎言底纠缠中，他到处感觉到有谎言；而一种愈是普遍地流行的思念，他愈要加以攻击；他不相信，他猜疑，如他说起莎士比亚底光荣的时候，说："这是人类永远会感受的一种传染病式的影响。中世纪底十字军，相信妖术，追求方士炼丹之术都是的。人类只有在摆脱之后才能看到他们感染影响时的疯狂。因了报纸底发达，这些传染病更为猖獗。"——他还把"特莱弗斯事件"（Affaire Dreyfus）作为这种传染病底最近的例子。他，这一切不公平底仇敌，一切被压迫者底防卫者，他讲起这大事件时竟带着一种轻蔑的淡漠之情。[1]

---

[1] "这是一件常有的事情，从未引起任何人注意的，我不说普世的人，但即是法国军界也从未加以注意。"以后他又说："大概要数年之后，人们才会从迷惘中醒悟，懂得他们全然不知特莱弗斯究竟是有罪无罪，而每个人都有比这特莱弗斯事件更重大更直接的事情须加注意。"（《莎士比亚论》）

这个显明的例子，可以证明，他矫枉过正的态度把他对于谎言的痛恨与指斥"精神传染病"的本能，一直推到何等极端的地步。他自己亦知道，可无法克制。人类道德底背面，不可思议的盲目，使这个洞察心魂的明眼人，这个热情的唤引者，把《李尔王》当作"拙劣的作品"。把高傲的高特丽亚（Cordelia）①当作"毫无个性的人物"[1]。

但也得承认他很明白地看到莎士比亚底若干缺点，为我们不能真诚地说出的；例如，诗句底雕琢，笼统地应用于一切人物的，热情底倾诉，英雄主义，单纯质朴。我完全懂得，托尔斯泰在一切作家中是最少文学家气质的人，故他对于文人中最有天才的人底艺术，自然没有多少好感。但他为何要耗费时间去讲人家所不能懂得的事物？而且批判对于你完全不相干的世界又有什么价值？

如果我们要在这些批判中去探寻那些外国文学底门径，那么这些批判是毫无价值的。如果我们要在其中探寻托尔斯泰底艺术宝钥，那么，它的价值是无可估计的。我们不能向一个创造的天才要求大公无私的批评。当华葛耐、托尔斯泰在谈起贝多芬与

[1] "《李尔王》是一出极坏，极潦草的戏剧，它只令人厌恶。"——《奥丹洛》(《奥赛罗》, Othello）比较博得托尔斯泰底好感，无疑是因为它和他那时代关于婚姻和嫉妒底见解相合之故。"它固然是莎士比亚最不恶劣的作品，但亦只是一组夸大的言语底联合罢了。"哈姆雷德这人物毫无性格可言；"这是作者底一架留声器，它机械地缕述作者底思想。"至于《狂风暴雨》（la Tempête）, Cymbeline, Troïlus 等，他只是为了它们的"拙劣"而提及。他认为莎士比亚底唯一的自然的人物，是 Falstaff，"正因为在此，莎士比亚底冷酷与讥讽的言语和剧中人底虚荣，矫伪，堕落的性格相合之故"。可是托尔斯泰并不永远这么思想。在一八六〇至一八七〇年间，他很高兴读莎士比亚底剧作，尤其在他想编一部关于彼得一世的史剧底时代。在一八六九年笔记中，我们可以看出他即把《哈姆雷德》作为他的模范与指导。他在提及他刚好完成的工作《战争与和平》之后，他说："《哈姆雷德》与我将来的工作，这是小说家底诗意用于描绘性格。"

---

① 李尔王底女儿，一个模范的孝女。

莎士比亚时，他们所谈的并非是贝多芬与莎士比亚，而是他们自身；他们在发表自己的理想。他们简直不试着骗我们。批判莎士比亚时，托尔斯泰并不使自己成为"客观"。他正责备莎士比亚底客观的艺术。《战争与和平》底作者，无人格性的艺术底大师，对于那些德国批评家，在歌德之后发见了莎士比亚，发见了"艺术应当是客观的，即是应当在一切道德价值之外去表现故事，——这是否定以宗教为目的底艺术"这种理论的人，似乎还轻蔑得不够。

因此托尔斯泰是站在信仰底高峰宣布他的艺术批判，在他的批评中，不必寻觅任何个人的成见。他并不把自己作为一种模范；他对于自己的作品和对于别人底作品同样毫无怜惜。[1]那么，他愿望什么，他所提议的宗教理想对于艺术又有什么价值？

这理想是美妙的。"宗教艺术"这名辞，在含义底广博上容易令人误会。其实，托尔斯泰并没限制艺术，而是把艺术扩大了。艺术，他说，到处皆是。

"艺术渗透我们全部的生活，我们所称为艺术的：戏剧，音乐会，书籍，展览会，只是极微小的部分而已。我们的生活充满了各色各种的艺术表白，自儿童底游戏直至宗教仪式。艺术与言语是人类进步底两大机能。一是沟通心灵的，一是交换思想的。如果其中有一个误入歧途，社会便要发生病态。今日底艺术即已走入了歧途。"

自文艺复兴以来，我们再不能谈起基督教诸国底一种艺术。各阶级是互相分离了。富人，享有特权者，僭越了艺术底专利权；他们依了自己的欢喜，立下艺术底水准。在远离穷人的时

---

[1] 他把他的幻想之作亦列入"坏的艺术"中。（见《艺术论》）——他在批斥现代艺术时，也不把他自己所作的戏剧作为例外，他批评道："缺少未来戏剧所应作为基础的宗教观念。"

候，艺术变得贫弱了。

"不靠工作而生活的人所感到的种种情操，较之工作的人所感到的情操要狭隘得多。现代社会底情操可以概括为三：骄傲，肉感，生活底困倦。这三种情操及其分枝，差不多造成了富人阶级底全部艺术题材。"

它使世界腐化，使民众颓废。助长淫欲，它成为实现人类福利底最大障碍。而且它也没有真正的美，不自然，不真诚，——是一种造作的，肉的艺术。

在这些美学者底谎言与富人底消遣品前面，我们来建立起活的，人间的，联合人类，联合阶级，团结国家的艺术。过去便有光荣的榜样。

"我们所认为最崇高的艺术：永远为大多数的人类懂得并爱好的，创世记底史诗，福音书底寓言，传说，童话，民间歌谣。"

最伟大的艺术是传达时代底宗教意识的作品。在此不要以为是一种教会底主义。"每个社会有一种对于人生底宗教观：这是整个社会都向往的一种幸福底理想。"大家都有一种情操，不论感觉得明显些或暗晦些；若干前锋的人便明白确切地表现出来。

[1] 或更确切地说："这是河流底方向。"

"永远有一种宗教意识。这是河床。"[1]

我们这时代底宗教意识，是对于由人类友爱造成的幸福的企望。只有为了这种结合而工作的才是真正的艺术。最崇高的艺术，是以爱底力量来直接完成这事业的艺术。但以愤激与轻蔑的手段攻击一切反博爱原则的事物，也是一种参加这事业的艺术。例如，狄根司底小说，杜思退益夫斯基底作品，嚣俄底《悲惨人物》，米勒底绘画。即是不达到这高峰的，一切以同情与真理来表现日常生活的艺术亦能促进人类底团结。例如《邓几枭脱》(*Don Quichotte*)，与莫利哀底戏剧。当然，这最后一种艺术往往因为他的过于琐碎的写实主义与题材底贫弱而犯有错误，"如果我们把它和古代的模范，如《约瑟行述》来相比的时候"。过于真切的枝节会妨害作品，使它不能成为普遍的。

"现代作品常为写实主义所累，我们更应当指斥这艺术上狭隘的情调。"

这样，托尔斯泰毫无犹豫地批判他自己的天才底要素。对于他，把他自己整个地为了未来而牺牲，使他自己甚么也不再存留，也是毫无关系的。

"未来的艺术定不会承继现在的艺术，它将建筑于别的基础之上。它将不复是一个阶级底所有物。艺术不是一种技艺，它是真实情操底表白。可是，艺术家唯有不孤独，唯有度着人类自然生活的时候，才能感到真实的情操。故凡受到人生底庇护的人，在创造上，是处于最坏的环境中。"

[1] 一八七三年，托尔斯泰写道："你可以任意思想，但你作品中每个字，必须为一个把书籍从印刷所运出的推车夫也能懂得。在一种完全明白与质朴的文字中决不会写出坏的东西。"

在将来，"将是一切有天职的人成为艺术家的"。由于初级学校中便有音乐与绘画底课程和文法同时教授儿童，使大家都有达到艺术活动的机会。而且，艺术更不用复杂的技巧，如现在这样，它将走上简洁，单纯，明白的路，这是古典的，健全的，荷马的艺术底要素。[1] 在这线条明净的艺术中表现这普遍的情操，将是何等的美妙！为了千万的人类去写一篇童话或一曲歌，画一幅像，比较写一部小说或交响乐重要而且难得多。[1]这是一片广大的,几乎还是未经开发的园地。由于这些作品,人类将懂得友爱的团结底幸福。

"艺术应当铲除强暴,而且唯有它才能做到。它的使命是要使天国,即爱,来统治一切。"[2]

我们之中谁又不赞同这些慷慨的言辞呢?且谁又不看到,含有多少理想与稚气的托尔斯泰底观念,是生动的与丰富的!是的,我们的艺术,全部只是一个阶级底表白,在这一个国家与别一个国家底界域上,又分化为若干敌对的领土。在欧洲没有一个艺术家底心魂能实现各种党派各个种族底团结。在我们的时代,最普遍的,即是托尔斯泰底心魂。在他的心灵上,我们相爱了,一切阶级一切民族中的人都联合一致了。他,如我们一样,体味过了这伟大的爱,再不能以欧洲狭小团体底艺术所给予我们的人类伟大心魂底残余为满足了。

---

[1] 托尔斯泰自己做出例子。他的《读本四种》为全俄罗斯所有的小学校,——不论是教内或教外的——采用。他的《通俗短篇》成为无数民众底读物。Stepae Anikine 于一九一〇年十二月七日在日内瓦大学演讲《纪念托尔斯泰》词中有言:"在下层民众中,托尔斯泰底名字和'书籍'底概念联在一起了。"我们可以听到一个俄国乡人在图书馆中向管理员说:"给我一个好书,一本托尔斯泰式的!"(他的意思是要一部厚厚的书。)

[2] 这人类间友爱的联合,对于托尔斯泰还不是人类活动底终极;他的不知足的心魂使他怀着超过爱他一种渺茫的理想,他说:"也许有一天科学将发现一种更高的艺术理想,由艺术来加以实现。"

《民间故事与童话》《黑暗底力量》

最美的理论只有在作品中表现出来时才有价值。对于托尔斯泰,理论与创作永远是相连的,有如信仰与行动一般。正当他构成他的艺术批评时,他同时拿出他所希求的新艺术底模型。这模型包括两种艺术形式,一是崇高的,一是通俗的,在最富人间性的意义上,都是"宗教的",——一是努力以爱情来团结人类,一是对爱情底仇敌宣战。他写成了下列几部杰作:《伊凡·伊列区之死》(一八八四〜一八八六),《民间故事与童话》(一八八一〜一八八六),《黑暗底力量》(一八八六),《克莱采朔拿大》(一八八九),和《主与仆》(一八九五)。[1] 这一个艺术时期仿如一座有两个塔尖的大寺,一个象征永恒的爱,一个象征世间底仇恨;在这个时间底终极与最高峰诞生了《复活》(一八九九)。

这一切作品,在新的艺术性格上,都和以前的大不相同。托尔斯泰不特对于艺术底目的,且对于艺术底形式也改变了见解。在《我们应当做什么?》或《莎士比亚论》中,我们读到他

---

[1] 同时代还有一部描写一匹马底美丽的小说,实际上是在他订婚至结婚后最初几年的幸福的光阴中写的。

所说的趣味与表现底原则觉得奇怪。它们大半都和他以前的大作抵触的。"清楚，质朴，含蓄"，我们在《我们应当做什么？》中读到这些标语。他蔑视一切物质的效果，批斥细磨细琢的写实主义。——在《莎士比亚论》中，他又发表关于完美与节度底纯古典派的理想。"没有节度观念，没有真正的艺术家。"——而在他的新作品中，即使这老人不能把他自己，把他的分析天才与天生的犷野完全抹煞（在若干方面，这些天禀反而更明显），但线条变得更明显更强烈，心魂蓄藏着更多的曲折，内心变化更为集中，宛如一头被囚的动物集中力量准备飞腾一般，[1] 更为普遍的感情从一种固有色彩的写实主义与短时间的枝节中解脱出来，末了，他的言语也更富形象，更有韵味，令人感到大地的气息：总之他的艺术是深深地改变了。

他对于民众底爱情，好久以来已使他体味通俗言语之美。童时，他受过行乞说书者所讲的故事底熏陶。成人而变了名作家之后，他在和乡人的谈话中感到一种艺术的乐趣。

"这些人，"以后他和保尔·鲍阿伊哀说[2]，"是创造的名手。当我从前和他们，或和这些背了粮袋在我们田野中乱跑的流浪者谈话时，我曾把为我是第一次听到的言辞，为我们现代文学语言所遗忘，但老是为若干古老的俄国乡间所铸造出来的言辞，详细记录下来……是啊，言语底天才存在于这等人身上……"

他对于这种语言底感觉更为敏锐，尤其因为他的思想没有被文学窒息。[3] 远离着城市，混

[1] 《克莱采朔拿大》，《黑暗底力量》。
[2] 见一九〇一年八月二十九日巴黎《时报》。
[3] 他的友人 Droujinine 于一八五六年时对他说："在文字底风格上，你是极不雕琢的，有时如一个革新者，有时如一个大诗人，有时好似一个军官写给他的同伴的信。你用了爱情所写的是美妙无比。只要你稍为变得淡漠，你的作风立刻模糊了，甚至可怕。"

在乡人中间过生活，久而久之，他思想的方式渐渐变得如农人一般。他和他们一样，具有冗长的辩证法，理解力进行极缓，有时混杂着令人不快的激动，老是重复说尽人皆知的事情，而且用了同样的语句。

但这些却是民间语言底缺陷而非长处。只是年深月久之后，他才领会到其中隐藏着的天才，如生动的形象，狂放的诗情，传说式的智慧。自《战争与和平》那时代始，他已在受着它的影响。一八七二年三月，他写信给史脱拉高夫（Strakov）说：

"我改变了我的语言与文体。民众底语言具有表现诗人所能说的一切的声音。它是诗歌上最好的调节器。即使人们要说甚么过分或夸大的话，这种语言也不能容受。不像我们的文学语言般没有骨干，可以随心所欲地受人支配，完全是舞文弄墨的事情。"[1]

他不独在风格上采取民众语言底模型；他的许多感印亦是受它之赐。一八七七年，一个流浪的说书者到伊阿斯拿耶·波里阿那来，托尔斯泰把他所讲的故事记录了好几桩。如几年之后托尔斯泰所发表的最美的《民间故事与童话》中《人靠了什么生活？》与《三老人》两篇即是渊源于此。[2]

[1] 见《生活与作品》。——一八七九年夏天，托尔斯泰与农人交往甚密，史脱拉高夫告诉我们，除了宗教之外，"他对于言语极感兴趣。他开始明白地感到平民言语底美，每天，他发现新字，每天，他更蔑视文言的言语。"

[2] 在他读书札记中（一八六〇～一八七〇），托尔斯泰记着："Bylines故事……极大的印象。"

近代艺术中独一无二之作。比艺术更崇高的作品：在读它的时候，谁还想起文学这东西？福音书底精神，同胞一般的人类底贞洁的爱，更杂着民间智慧（Sagesse Populaire）底微笑般的欢悦，单纯，质朴，明净，无可磨灭的心底慈悲，——和有时那么自然地照耀着作品的超自然的光彩！在一道金光中它笼罩着一个中心人物爱里赛老人[1]，或是鞋匠马丁，——那个从与地一样平的天窗中看见行人底脚和上帝装着穷人去访问他的人。[2]这些故事，除了福音书中的寓言之外，更杂有东方传说底香味，如他童时起便爱好的《天方夜谭》中的。[3]有时是一道神怪的光芒闪耀着，使故事具有骇人的伟大。有如《农奴巴各》[4]，拼命收买土地，收买在一天中所走到的全部土地。而他在走到的时候死了。

"在山岗上，Starschina 坐在地下，看他奔跑。巴各倒下了。

"——'啊！勇敢的人，壮士，你获得了许多土地。'

"Starschina 站起，把一把铲掷给巴各底仆人！

"——'哦，把他瘗埋罢。'

"仆人一个子，为巴各掘了一个墓穴，恰如他从头到脚的长度，——他把他瘗了。"

这些故事，在诗的气氛中，几都含有福音书中的道德教训，关于退让与宽恕的：

"不要报复得罪你的人。"[5]

"不要抵抗损害你的人。"[6]

"报复是属于我的。"上帝说。[7]

无论何处，结论永远是爱。愿建立一种为一切人类的艺术底托尔斯泰一下子获得了普遍性。在全世界，他的作品获得永无终止的成功；因为它从艺术底一切朽腐的原子中升化出来；在此只有永恒。

[1] 见《三老人》(一八八五)。
[2] 见《爱与上帝永远一致》(一八八五)。
[3] 见《人靠了什么生活？》(一八八一)，——《三老人》(一八八四)，——《义子》(一八八六)。
[4] 这篇故事又名《一个人需要许多土地吗？》(一八八六)。
[5] 见《熊熊之火不复熄》(一八八五)。
[6] 见《大蜡烛》(一八八五)；——《蠢货伊凡底故事》。
[7] 见《义子》。(上面这些短篇故事刊于《全集》第十九卷。)

《黑暗底力量》一书，并不建筑于心底严肃的单纯的基础上；它绝无这种口实：这是另外的一方面。一面是神明的博爱之梦。一面是残酷的现实。在读这部戏剧时，我们可以看到托尔斯泰是否果能把民众理想化而揭穿真理！

托尔斯泰在他大半的戏剧试作中是那么笨拙，[1] 在此却达到了指挥如意的境界。性格与行动布置得颇为自然：刚愎自用的尼基太（Nikita），亚尼茜亚（Anissia）底狂乱与纵欲的热情，老玛德莱娜（Matrena）底无耻的纯朴，养成她儿子底奸情，老阿金（Akim）底圣洁，——不啻是一个外似可笑而内是神明的人。——接着是尼基太底溃灭，并不凶恶的弱者，虽然自己努力要悬崖勒马，但终于被他的母与妻诱入堕落与犯罪之途。

"农奴是不值钱的。但她们这些野兽！甚么都不怕……你们，其他的姊妹们，你们是几千几万的俄国人，而你们竟如土龙一样盲目，你们甚么都不知道，甚么都不知道！……农奴他至少还能在酒店里，或者在牢狱里——谁知道？——军营里学习甚么东西，可是野兽……甚么？她甚么也不看见，不听得。她如何生长，便如何死去。完了……她们如一群盲目的小犬，东奔西窜，只把头望垃圾堆里乱撞。她们只知道她们愚蠢的歌曲：'呜——呜呜！——呜！'甚么！……呜——呜？她们不知道。"[2]

以后是谋害新生婴儿的可怕的一场。尼基太不愿杀。但亚尼茜亚，为

---

[1] 他对于戏剧发生兴趣已是相当迟晚的事。这是一八六九至一八七〇年间冬天底发现；依着他素来的脾气，他立刻有了戏剧性。"这个冬天，我完全用于研究戏剧，好似那些直到五十岁才突然发现一向忽略的题材的人们，在其中看到许多新事物……我读了莎士比亚，歌德，普希金，高果尔，莫利哀……我愿读莎福格尔（索福克勒斯，Sophocle）与于里比特（欧里庇得斯，Euripide）……我卧病甚久，那时候，戏剧中的人物在我心中一一映现。……"（见一八七〇年二月十七日至二十一日致法德书）
[2] 见第四幕。

了他而谋害了她的丈夫的女人,她的神经一直为了这件罪案而拗执着痛苦着,她变得如野兽一般,发疯了,威吓着要告发他;她喊道:

"至少,我不复是孤独的了。他也将是一个杀人犯。让他知道什么叫做凶犯!"

尼基太在两块木板中把孩子压死。在他犯罪的中间,他吓呆了,逃,他威吓着要杀亚尼茜亚与他的母亲,他嚎啕,他哀求:

"我的小母亲,我不能再支持下去了!"

他以为听见了被压死的孩子底叫喊。

"我逃到哪里去?"

这是莎士比亚式的场面。——没有上一场那样的犷野,但更惨痛的,是小女孩与老仆底对话。他们在夜里听到,猜到在外面展演的惨案。

末了是自愿的惩罚。尼基太,由他的父亲阿金陪着,赤着足,走入一个正在举行结婚礼的人群中。他跪着,他向全体请求宽恕,他自己供认他的罪状。老人阿金用痛苦的目光注视着他鼓励他:

"上帝!噢!他在这里,上帝!"

这部剧作所以具有一种特殊的艺术韵味者,更因为它采用乡人底语言。

"我搜遍我的笔记夹以写成《黑暗底力量》",这是托尔斯泰和保尔·鲍阿伊哀所说的话。

这些突兀的形象,完全是从俄国民众底讽刺与抒情的灵魂中涌现出来的,自有一种强烈鲜明的色彩,使一切文学的形象都为之黯然无色。我们感到作者在艺术家身份上,以记录这些表白与思想为乐,可笑之处也没有逃过他的手法;[1]而在热情的使徒身份上,却在为了灵魂底黑暗而痛惜。

---

[1] 一八八七年正月托尔斯泰致书丹奈洛摩(Ténéromo)有言:"我生活得很好,且很快乐。这一晌我为了我的剧本(《黑暗底力量》)而工作。它已完工了。"

《伊凡·伊列区之死》《克莱采朔拿大》

在观察着民众,从高处放一道光彩透破他们的黑夜的时候,托尔斯泰对于资产与中产阶级底更黑暗的长夜,又写了两部悲壮的小说。我们可以感到,在这时代,戏剧底形式统制着他的艺术思想。《伊凡·伊列区之死》与《克莱采朔拿大》两部小说都是紧凑的,集中的内心悲剧;在《克莱采朔拿大》中,又是悲剧底主人翁自己讲述的。

《伊凡·伊列区之死》(一八八四~一八八六)是激动法国民众最剧烈的俄国作品之一。本书之首,我曾说过我亲自见到法国外省的中产者,平日最不关心艺术的人对于这部作品也受着极大的感动。这是因为这部作品是以骇人的写实手腕,描写这些中等人物中的一个典型,尽职的公务员,没有宗教,没有理想,差不多也没有思想,埋没在他的职务中,在他的机械生活中,直到临死的时光方才憬然发觉自己虚度了一世。伊凡·伊列区(Ivan Iliitch)是一八八〇年时代底欧洲中产阶级底代表,他们读着左拉(Emile Zola)底作品,听着撒拉·裴娜(Sarah Bernhardt)

底演唱,毫无信仰,甚至也不是非宗教者:因为他们既不愿费心去信仰,也不愿费心去不信仰,——他们从来不想这些。

由于对人世尤其对婚姻底暴烈的攻击与挖苦,《伊凡·伊列区之死》是一组新作品底开始;它是《克莱采朔拿大》与《复活》底更为深刻与惨痛的描写底预告。它描写这种人生(这种人生何止千万)底可怜的空虚,无聊的野心,狭隘的自满,——"至多是每天晚上和他的妻子面对面坐着",——职业方面的烦恼,想象着真正的幸福,玩玩"非斯脱"纸牌。而这种可笑的人生为了一个更可笑的原因而丧失,当伊凡·伊列区有一天要在客厅底窗上悬挂一条窗帘而从扶梯上滑跌下来之后。人生底虚伪。疾病底虚伪。只顾自己的强健的医生底虚伪。为了疾病感到厌恶的家庭底虚伪。妻子底虚伪,她只筹划着丈夫死后她将如何生活。一切都是虚伪,只有富有同情的仆人,对于垂死的人并不隐瞒他的病状而友爱地看护着他。伊凡·伊列区"对自己感觉无穷的痛惜",为了自己的孤独与人类底自私而痛哭;他受着极惨酷的痛苦,直到他发觉他过去的生活只是一场骗局底那天,但这骗局,他还可补救。立刻,一切都变得清明了,——这是在他逝世的一小时之前。他不复想到他自己,他想着他的家族,他矜怜他们;他应当死,使他们摆脱他。

——痛苦,你在哪里?——啊,在这里……那么,你顽强执拗下去罢。——死,它在哪里?——他已找不到它了。没有死,只有光明。——"完了",有人说。——他听到这些话,把它们重复地说。——"死不复存在了",他自言自语说。

在《克莱采朔拿大》中,简直没有这种光明底显露。[1] 这是一部攻击社会的狞恶可怖的

---

[1] 这部作品底第一种法译本刊行于一九一二年。

作品，有如一头受创的野兽，要向他的伤害者报复。我们不要忘记，这是杀了人，为嫉妒底毒素侵蚀着的凶横的人类底忏悔录。托尔斯泰在他的人物后面隐避了。无疑的，我们在对于一般的伪善的攻击中可以找到他的思想，他的语气，他所深恶痛恨的是：女子教育，恋爱，婚姻，——"这日常的卖淫"——社会，科学，医生，——这些"罪恶底播种者"……等等底虚伪。但书中的主人翁驱使作者采用粗犷的表辞，强烈的肉感的描绘——画出一个淫逸的人底全部狂热，——而且因为反动之故，更表示极端的禁欲与对于情欲的又恨又惧，并如受着肉欲煎熬底中世纪僧侣般诅咒人生。写完了，托尔斯泰自己也为之惊愕：

"我绝对没有料到，"他在《克莱采朔拿大》底跋文中说，"一种严密的论理会把我在写作这部小说的时候，引我到我现在所到达的地步。我自己的结论最初使我非常惊骇，我愿不相信我的结论，但我不能……我不得不接受。"

他在凶犯波斯尼却夫（Posdnicheff）口中说出攻击爱情与婚姻底激烈的言论：

"一个人用肉感的眼光注视女人——尤其是他自己的妻子时，他已经对她犯了奸情。"

"当情欲绝灭的时候，人类将没有存在的理由，他已完成自然底律令；生灵底团结将可实现。"

他更依据了圣玛蒂安（Saint Mathieu）派的福音书论调，说："基督教的理想不是婚姻，无所谓基督教的婚姻，在基督教的观点上，婚姻不是一种进步，而是一种堕落，爱情与爱情前前后后所经历的程序是人类真正的理想底阻碍……"[1]

但在波斯尼却夫口中没有流露出这些议论之前,这些思想从没在托尔斯泰脑中显得这样明白确切。好似伟大的创造家一样,作品推进作家;艺术家走在思想家之前。——可是艺术并未在其中有何损失。在效果底力量上,在热情底集中上,在视觉底鲜明与犷野上,在形式底丰满与成熟上,没有一部托尔斯泰底作品可和《克莱采朔拿大》相比。

现在我得解释它的题目了。——实在说,它是不切的。它令人误会作品底内容。音乐在此只有一种副作用。取销了朔拿大;甚么也不会改变。托尔斯泰把他念念不忘的两个问题混在一起——他认为音乐与恋爱都具有使人堕落的力量——这是错误的。关于音乐底魔力,须由另一部专书讨论;托尔斯泰在此所给予它的地位,不是证实他所判断的危险。在涉及本问题时,我不得不有几句赘言:因为我不相信有人完全了解托尔斯泰对音乐底态度。

要说他不爱音乐是绝对不可能的。一个人只怕他所爱的事物。我们当能记忆音乐底回忆在《童年时代》中,尤其在《夫妇间的幸福》中所占的地位,本书中所描写的爱情底周圈,自春至秋,完全是在贝多芬底 Quasi una fantasia 朔拿大①底各个阶段中展演的。我们也能记忆奈克吕杜夫[2]与小贝蒂阿(Pétia)[3]在临终底前夜在内心听到的

---

[1] 注意托尔斯泰从未天真地相信独身与贞洁的理想,对于现在的人类是可以实现的。但依他的意思,一种理想在定义上是不能实现的,但它是唤引人类底英雄的力量底一种教训。
[2] 在《一个绅士底早晨》底终端。
[3] 见《战争与和平》——在此我且不说那《亚尔培》(一八五七)讲一个天才音乐家底故事。那短篇且是极弱的作品。

---

① 即俗称《月光曲》。

美妙的交响乐。[1] 托尔斯泰所学的音乐或许并不高妙，[2] 但音乐确把他感动至于下泪；且在他一生的某几个时代，他曾纵情于音乐。一八五八年，他在莫斯科组织一个音乐会，即是以后莫斯科音乐院底前身，他的内倩裴尔斯（S.-A.Bers）在《关于托尔斯泰底回忆》中写道：

"他酷好音乐。他能奏钢琴，极爱古典派大师。他往往在工作之前[3]弹一会琴。很可能他要在音乐中寻求灵感。他老是为他最小的妹妹伴奏，因为他喜欢她的歌喉。我留意到他被音乐所引动的感觉，脸色微微显得苍白，而且有一种难于辨出的怪相，似乎是表现他的恐怖。"

这的确是和这震撼他心灵深处的无名的力接触后的恐怖！在这音乐的世界中，似乎他的意志，理性，一切人生底现实都溶解了。我们只要读《战争与和平》中描写尼古拉·洛斯多夫赌输了钱，绝望着回家的那段。他听见他的妹妹娜太夏在歌唱。他忘记了一切：

"他不耐烦地等待着应该连续下去的一个音，一刹那间世界上只有那段三拍子的节奏：Oh！mio crudele affetto！"

——"我们的生活真是多么无聊，他想。灾祸，金钱，恨，荣誉，这一切都是空的……瞧，这才是真实的！……娜太夏，我的小鸽！我们且看她能否唱出 B 音？……她已唱出了，谢上帝！"

他，不知不觉地唱起来了，为增强这 B 音起见，他唱和着她的三度音程。

---

[1] 参看《青年时代》中述及他学钢琴底一段。"——坡霞娜于我是一种以感伤情调来迷醉小姐们的工具。"

[2] 一八七六至一八七七年事。

[3] 但他从未中止他对于音乐底爱好。他老年时的朋友，一个是音乐家 Goldenveiser，于一九一〇年时在伊阿斯拿耶避暑。在托尔斯泰最后一次病中，他几乎每天来为他弄音乐。

——"喔！吾主，这真是多么美！是我给予她的么？何等的幸福！"他想；而这三度音程底颤动，把他所有的精纯与善性一齐唤醒了。在这超人的感觉旁边，他赌输的钱与他允诺的言语又算得甚么！"……疯狂啊！一个人可以杀人，盗窃，而仍不失为幸福。"

事实上，尼古拉既不杀人，也不偷盗，音乐于他亦只是暂时的激动；但娜太夏已经到了完全迷失的顶点。这是在歌剧院某次夜会之后，"在这奇怪的，狂乱的艺术世界中，远离着现实，一切善与恶，诱惑与理性混和在一起的世界中"，她听到哥拉奇纳（Anatole Kouraguine）底倾诉而答应他把她带走的。

托尔斯泰年纪愈大，愈害怕音乐。[1] 一八六〇年时在特莱斯特（Dresde）见过他而对他有影响的人，奥哀罢克（Auerbach），一定更加增他对于音乐的防范。"他讲起音乐仿佛是一种颓废的享乐。据他的见解，音乐是倾向于堕落的涡流。"[2]

[1] 一八六一年四月二十一日书。
[2] 见 Camille Bellaigue 著：《托尔斯泰与音乐》。（一九一一年正月四日《高卢人》日报）

嘉米叶·裴莱葛（Camille Bellaigue）问：在那么多的令人颓废的音乐家中，为何要选择一个最纯粹最贞洁的贝多芬？——因为他是最强的缘故。托尔斯泰曾经爱他，他永远爱他。他的最辽远的童年回忆是和《悲怆朔拿大》有关联的；在《复活》底终局，当奈克吕杜夫听见奏着 *en ut mineur* 交响乐底 *andante* 时，他禁不住流下泪来；"他哀怜自己"。——可是，在《艺术论》中，托尔斯泰论及"聋子贝多芬底病态的作品"时，表现何等激烈的怨恨；一八七六年时，他已经努力要"摧毁贝多芬，使人怀疑他的天才"，使却各夫斯基（Tschaikovsky）大为不平，而他对于托尔斯泰的佩服之心也为之冷却了。《克莱采朔拿大》更使我们彻底看到这种热狂的不公平。托尔斯泰所责备贝多芬的是什么呢？[1]他的力强。他如歌德一样，听着en ut mineur交响乐，受着它的震撼，忿怒地对着这权威的大师表示反动。[2]

[1] 在此不独是指贝多芬后期的作品。即是他认为是"艺术的"若干早期的作品，托尔斯泰也指摘"它们的造作的形式"。——在一封给却各夫斯基的信中他亦以莫扎尔德与罕顿和"贝多芬，舒曼，裴辽士等底计较效果的造作的形式"对比。

[2] 据保尔·鲍阿伊哀所述："托尔斯泰请人为他奏晓邦。在第四Ballade之终，他的眼睛中饱和了泪水。"——"啊！畜生"，他喊道。他突然站起身来，走了。（一九〇二年十一月二日巴黎《时报》所载）

"这音乐，"托尔斯泰说，"把我立刻转移到和写作这音乐的人同样的精神境界内……音乐应该是国家底事业，如在中国一样。我们不能任令无论何人具有这魔术般的可怕的机能。……这些东西（《克莱采朔拿大》中的第一个presto），只能在若干重要的场合中许它奏演……"

但在这种反动之后，我们看到他为贝多芬底大力所屈服，而且他亦承认这力量是令人兴起高尚与纯洁之情！在听这曲子时，波斯尼却夫堕入一种不可确定的无从分析的境地内，这种境地底意识使他快乐；嫉妒匿迹了。女人也同样地被感化了。她在演奏的时候，"有一种庄严的表情"，接着浮现出"微弱的，动人怜爱的，幸福的笑容，当她演奏完了时"……在这一切之中，有何腐败堕落之处？——只有精神被拘囚了，受着声音底无名的力量底支配。精神简直可以被它毁灭，如果它愿意。

这是真的；但托尔斯泰忘记一点：听音乐或奏音乐的人，大半都是缺少生命或生命极庸俗的。音乐对于一般没有感觉的人是不会变得危险的。一般感觉麻木的群众，决不会受着歌剧院中所表现的"莎乐美"底病态的情感所鼓动。必得要生活富丽的人，如托尔斯泰般，方有为了这种情绪而受苦的可能。——实际是，虽然他对于贝多芬是那么不公平，托尔斯泰比今日大半崇拜贝多芬的人更深切地感到贝多芬底音乐。至少他是熟识充满在"老聋子"作品中的这些狂乱的热情，这种犷野的强暴，为今日底演奏家与乐队所茫然不解的。贝多芬对于他的恨意比着对于别人底爱戴或许更为满意呢。

《复活》

《复活》与《克莱采》相隔十年,[1] 十年之中,日益专心于道德宣传。《复活》与这渴慕永恒的生命所期望着的终极也是相隔十年。《复活》可说是托尔斯泰艺术上的一种遗嘱,它威临着他的暮年,仿如《战争与和平》威临着他的成熟时期。这是最后的一峰或者是最高的一峰,——如果不是最威严的,——不可见的峰巅[2]在雾氛中消失了。托尔斯泰正是七十岁。他注视着世界,他的生活,他的过去的错误,他的信仰,他的圣洁的忿怒。他从高处注视一切。这是如在以前的作品中同样的思想,同样对于虚伪的战争,但艺术家的精神,如在《战争与和平》中一样,统制着作品;在《克

[1] 《主与仆》(一八九五)是《复活》以前的黯淡的作品,与放射着慈祥的神光底《复活》中间的过渡之作。但我们觉得它更接近《伊凡·伊列区之死》与《民间故事》。本书大部分是叙述一个没有善心的主人与一个百事忍耐的仆役中间的故事,手法是非常写实的:他们两人在雪夜底西伯利亚草原中迷失了。主人,最初想放弃了他的同伴而逃走,又重新回来,发见他冻僵了,他全身覆着他,温暖他;这是本能地动作的,他自己亦不知为了什么,但他眼睛里充满着泪水:似乎他变成了他所救的人,尼基太(Nikita),他的生命也不在他自身而在尼基太了。——"尼基太生;因此我还是生存的,我。"——他,伐西利(Vassili),他差不多忘掉了他是谁。他想:"伐西利不知道他应当做什么……而我,我此刻却知道了!……"他听到他所企待的声音,那个刚才命令他睡在尼基太身上的人底声音。他快乐地喊:"主,我来了!"他感到他是自由了,甚么也羁留不了他了……他死了。
[2] 托尔斯泰预定要写第四部,实际是没有写。

莱采朔拿大》与《伊凡·伊列区之死》底骚动的精神与阴沉的讥讽之中,他又混入一种宗教式的静谧,这是在他内心反映着的世界中超脱出来的,我们可以说有时竟是基督徒式的歌德。

我们在最后一时期内的作品中所注意到的艺术性格,在此重复遇到,尤其是叙事底集中,在一部长篇小说中较之在短篇故事中更为明显。作品是一致的,在这一点上和《战争与和平》与《安娜小史》完全不同。几乎没有小故事底穿插。唯一的动作,在全部作品中十分紧凑地进展,而且各种枝节都搜罗净尽。如在《克莱采朔拿大》中一样,同样淋漓尽致的人物描绘。愈来愈明澈愈坚实,并且毫无顾忌的写实,使他在人性中看到兽性,——"人类底可怕的顽强的兽性,而当这兽性没有发见,掩藏在所谓诗意的外表下面时更加可怕。"[1] 这些沙龙中的谈话,只是以满足肉体的需要为目的:"在拨动口腔与舌头底筋肉时,可以帮助消化。"[2] 犀利的视觉,对于任何人都不稍假借,即是美丽的高却基尼(Korchaguine)女郎也不能免,"肱骨底前突,大拇指甲底宽阔",她裸裎袒裼的情态使奈克吕杜夫感到"羞耻与厌恶,厌恶与羞耻",——书中的女主人,玛斯洛凡(Maslova)也不能被视为例外,她的沦落底征象丝毫不加隐匿,她的早衰,她的猥亵卑下的谈吐,她的诱人的微笑,她的酒气熏人的气味,她的满是火焰的红红的脸。枝节的描写有如自然派作家底犷野:女人踞坐在垃圾箱上讲话。诗意的想象与青春的气韵完全消失了,只有初恋底回忆,还能在我们心中引起强烈的颤动,又如那复活节前的星期六晚上,白雾浓厚到"屋外五步之处,只看见一个黑块,其中隐现着一星灯火",午夜中的鸡鸣,冰冻的河在剥裂作响,好似玻璃杯在破碎,一个青年在玻

---

[1] 据法译本第三七九面。
[2] 原书第一二九面。

璃窗中偷窥一个看不见他的少女，坐在桌子旁边，在黝暗的灯光之下，这是嘉多霞（Katucha）在沉思，微笑，幻梦。

作者底抒情成分占着极少的地位。他的艺术面目变得更独立，更摆脱他自己的个人生活。托尔斯泰曾努力要革新他的观察领域。他在此所研究的犯罪与革命的领域，于他一向是不认识的；[1] 他只赖着自愿的同情透入这些世界中去；他甚至承认在没有仔细观察他们之前，革命者是为他所极端厌恶的。[2] 尤其令人惊佩的是他的真切的观察，不啻是一面光明无瑕的镜子。典型的人物多么丰富，枝节的描写多么确切！卑劣与德性，一切都以不宽不猛的态度，镇静的智慧与博爱的怜悯去观察。……妇女们在牢狱里，可哀的景象！她们毫无互相矜怜之意；但艺术家是一个温良的上帝：他在每个女人心中看到隐在卑贱以内的苦痛，在无耻的面具下看到涕泗纵横的脸。纯洁的，惨白的微光，在玛斯洛凡底下贱的心魂中渐渐地透露出来，终于变成一朵牺牲底火焰鲜明地照耀着它，这微光底动人的美，有如照在项勃朗微贱的画面上的几道阳光。毫无严厉的态度，即是对于刽子手们也不。"请宽恕他们，吾主，他们不知道他们所做的事情"，……最糟的是，他们明白自己所做的事，并且为之痛悔，但他们无法禁阻自己不做。书中特别表出一种无可支撑的宿命底情调，这宿命压迫着受苦的人与使人受苦的人——例如这典狱官，充满着天然的慈善，对于这狱吏生活，和对于他的羸弱失神的女儿一天到晚在钢琴上学习李兹（Liszt）底《匈牙利狂想曲》，同样的厌恶；——这西伯利亚城底聪明善良的

---

[1] 相反，他曾混入他在《战争与和平》、《安娜小史》、《高加索人》、《塞白斯多堡》中所描绘的各种社会：贵族沙龙，军队，街头生活，他只要回忆一下便是。
[2] 原书第二卷第二十面。

统治官，在所欲行的善与不得不作的恶之间发生了无可解决的争斗，于是，三十五年以来，他拼命喝酒，可是即在酒醉的时候，仍不失他的自主力，仍不失他的庄重，——更有这些人物对于在家庭满怀着温情，但他们的职业逼使他们对于别人毫无心肝。

在各种人物底性格中，缺少客观真实性的，唯有主人翁奈克吕杜夫底，其故由于托尔斯泰把自己的思想完全寄托在他身上。这已经是《战争与和平》与《安娜小史》中最著名的人物，如安特莱亲王，比哀尔·勃苏高夫，莱维纳等底缺点，——或可说是危险。但他们的缺点比较的不严重：因为那些人物，在地位与年龄上，与托尔斯泰底精神状态更为接近。不像在此，作者在主人翁三十五岁底身体中，纳入一个格格不入的七十老翁底灵魂。我不说奈克吕杜夫底精神错乱缺少真实性，也并非说这精神病不能发生得如此突兀。[1] 但在托尔斯泰所表现的那人物底性情禀赋上，在他过去的生活上，绝无预示或解释这精神病发生底原因：而当它一朝触发之后，便甚么也阻拦不住了，无疑的，对于奈克吕杜夫底不道德的混合与牺牲思想底交错，自怜自叹与以后在现实前面感到的惊惧憎厌，托尔斯泰曾深切地加以标明。但他的决心绝不屈服。只是以前那些虽然剧烈究属一时的精神错乱，和这一次的实在毫无关连。[2] 甚么也阻不住这优柔寡断的人了。这位亲王家里颇富有，自己也受人尊重，对于社会底舆论颇知顾虑，正在娶一位爱他而他亦并不讨厌的女子，突然决意放弃一切，财富，朋友，地位，而去娶一个娼妓，为的是要补赎他的旧怨；他的狂乱支持了几个月之久，无论受到何

[1] 托尔斯泰也许想起他的弟弟特米德利，他也是娶了一个玛斯洛凡般的女人。但特米德利底暴烈而失掉平衡的性格是和奈克吕杜夫底气质不同的。
[2] 见原书第一卷第一三八面。

种磨炼，甚至听到他所要娶的妻子的人继续她的放浪生活，也不能使他气馁。[1]——在此有一种圣洁，为杜思退益夫斯基底心理分析能在暗晦的意识深处，能在他的主人翁底机构中，发露出它的来源的。但奈克吕杜夫绝无杜思退益夫斯基式人物底气质。他是普通人物底典型，庸碌而健全的，这是托尔斯泰所惯于选择的人物。实际上，我们明白感到，一个十分现实主义的人[2]和属于另一个人底精神错乱并立着；——而这另一个人，即是托尔斯泰老翁。

本书末了，在严格写实的第三部分中更杂有不必要的福音书般的结论：在此又予人以双重原素对立着的印象——因为这个人信仰底行为显然不是这主人翁底生活底论理的结果。且托尔斯泰把他的宗教渗入他的写实主义亦非初次；但在以前的作品中，两种原素混和得较为完满。在此，它们同时存在，并不混合；而因为托尔斯泰底信心更离开实证，他的写实主义却逐渐鲜明而尖锐，故它们的对照愈显得强烈。这是年纪底——而非衰弱的——关系，故在连续的关节上缺少婉转自如。宗教的结论决非作品在结构上自然的结果。我确信在托尔斯泰底心灵深处，虽然他自己那么肯定，但他的艺术家底真理与他的信仰者底真理决没有完满的调和。

然而即使《复活》没有他早年作品底和谐的丰满，即使我个人更爱《战争与和平》，它仍不失为歌颂人类同情的最美的诗，——最真实的诗，也许，我在本书中比在他别的任何作品中更清楚地看到托尔斯泰底清明的目光，淡灰色的，深沉的，"深入人底灵魂的目光"[3]，它在每颗灵魂中都看到神底存在。

---

[1] 当奈克吕杜夫知道了玛斯洛凡仍和一个男护士犯奸，他更坚决地要"牺牲他的自由以补赎这个女人底罪恶"。

[2] 托尔斯泰描绘人物底手法从没如此有力，如此稳健。可参看奈克吕杜夫在第一次出席法院以前的各幕。

[3] 一八八四年托尔斯泰伯爵夫人信中语。

托尔斯泰之社会思想

托尔斯泰永远不委弃艺术。一个大艺术家,即使他愿欲,也不能舍弃他自己借以存在的理由。为了宗教的原由,他可以不发表;但他不能不写作。托尔斯泰从未中辍他的艺术创作。在伊阿斯拿耶·波里阿那地方,在最后几年中见到他的保尔·鲍阿伊哀氏说他埋首于宣道或笔战的工作与纯属幻想的事业;他把这几种工作作为调剂。当他完成了什么关于社会的论著,什么《告统治者书》或《告被统治者书》时,他便再来写一部他想象了好久的美丽的故事,——如他的 *Hadji-Mourad*(《哈吉·穆拉特》)那部军队的史诗,歌咏高加索战争与山民底抵抗的作品,便是在这种情形下产生的。[1]艺术不失为他的乐趣,他的宽弛。但他以为把艺术作为点缀未免是虚荣了。[2]他曾编了一部《每日必读文选》(一九〇四~一九〇五)[3],其中收集了许多作家对于人生与真理的思想,——可说

[1] 见一九〇二年十一月二日巴黎《时报》。

[2] 一九〇三年正月二十六日,他致书姑母,亚历山大·托尔斯泰伯爵夫人,有言:"请不要责备我在行将就木之年还在做那无聊的事情!这些无聊的事情填塞我空闲的时间,而且使我装满了严肃的思想的头脑可以获得休息。"

[3] 这部文选,托尔斯泰视为他的主要作品之一:"《每日必读文选》,是我作品中很经意的东西,我非常重视它……"(一九〇九年八月九日致 Jan Styka 书)

是一部真正的关于世界观的文选,从东方的圣书起到现代的艺术家无不包罗净尽,——但除了本书以外,他在一九〇〇年起所写的作品几乎全部是没有印行的手写稿。[1]

反之,他大胆地,热情地发表他关于社会论战的含有攻击性的与神秘的文字。在一九〇〇至一九一〇年间,他的最坚强的精力都消耗在社会问题底论战中。俄罗斯经历着空前的恐慌,帝国底基础显得动摇了,到了快要分崩离析的地步。日俄战争,战败以后的损失,革命的骚乱。海陆军队底叛变,屠杀,农村底暴动,似乎是"世纪末"底朕兆,——好似托尔斯泰底一部著作底题目所示的那般。——这大恐慌,在一九〇四与一九〇五年间达到了顶点。那时期,托尔斯泰印行了一组引起回响的作品:《战争与革命》[2],《大罪恶》,《世纪末》。[3]在这最后的十年间,他占据着唯一的地位,不独在俄罗斯,而且在全世界。唯有他,不加入任何党派,不染任何国家色彩,脱离了把他开除教籍的教会。[4]他的理智底逻辑,他的信仰底坚决,逼得他"在离开别人或离开真理的二途中择一而行"。他想起俄国的一句谚语:"一个老人说谎,无异一个富人窃盗";于是他和别人分离了,为的要说出真理。真理,他完全说给大

---

[1] 这些作品到托尔斯泰死后才陆续印行。那张目录是很长的,我们可举其中重要的几部如:《戈米区老人底遗著——日记》、《塞越老人》(《谢尔盖神父》)、《Hadji-Mourad》、《魔鬼》、《活尸》(十二场剧)、《伪票》、《一个疯人底日记》、《黑暗中的光明》(五幕剧)、《一切品性底来源》(通俗小剧),若干美丽的短篇:《舞会之后》、《梦中所见》、《Khodynka》等等。参看本书末托尔斯泰遗著书目。但主要作品还是托尔斯泰底《日记》。它包罗他一生中四十年的时间,从高加索参战时起直到他逝世时止;它是一个伟人所能写的最赤裸裸的忏悔录。
[2] 本书底俄文名是《唯一的必需品》。
[3] 大部分在他生前都被检查委员会删节不少,或竟完全禁止发行。直到大革命为止,在俄国流行的他的作品是以手钞本的形式藏在读者底大衣袋里的。即在今日,当一切都印行了的时候,共产党底检查并不较帝国时代底检查为宽大。
[4] 他的被除教籍,是一九〇一年二月二十二日的事。起因是《复活》中有一章讲起弥撒祭底事情。这一章,在法译本中可惜被译者删掉了。

家听了。这扑灭谎言的老人继续勇敢地抨击一切宗教的与社会的迷信,一切偶像。他不独对于古代的虐政,教会的横暴与皇室权贵为然;在这大家向他们掷石的时候,他对于他们的愤怒也许反而稍稍平静了。人家已经认识他们,他们便不会如何可怕!而且,他们做他的职务并不欺骗人。托尔斯泰致俄皇尼古拉二世书[1],在毫无对于帝皇应有的恭顺之中,却充满着对于人的温情,他称皇为"亲爱的兄弟",他请他"原谅他,如果他在无意中使他不快";他的署名是:"祝你有真正的幸福的你的兄弟。"

但托尔斯泰所最不能原谅的,所最刻毒地抨击的,是新的谎言,因为旧的谎言已经暴露了真面目。他痛恨的并非是奴隶主义,而是自由底幻象。但在新偶像底崇拜者中间,我们不知托尔斯泰更恨哪一种人:社会主义者或"自由党人"。

他对于自由党人底反感已经是年深月久的事。当他在塞白斯多堡一役中当军官,而处在圣彼得堡底文人团体中的时候,他已具有这反感。这曾经是他和屠克涅夫不和的主要原因之一。这骄傲的贵族,世家出身的人物,不能忍受这些智识分子和他们的幻梦,说是不论出于自愿与否,依了他们的理想,可使国家获得真正的幸福。俄罗斯人底本色很浓,且是渊源旧族,[2] 他对于自由党的新理论,这些从西方传来的立宪思想,素来抱着轻蔑的态度,而他的两次欧洲旅行也只加强了他的信念。在第一次旅行回来时,他写道:

"要避免自由主义底野心。"[3]

第二次旅行回来,他认为"特权社会"

---

[1] 关于土地国有问题,参看《大罪恶》(一九〇五年印行)。
[2] A.Leroy-Beaulieu 说他是"纯粹的莫斯科土著,斯拉夫血统的伟大的俄国人,芬兰底混血种,在体格上,他是更近于平民而较远于贵族"。(见一九一〇年十二月十五日法国《两球杂志》)
[3] 一八五七年。

绝无权利可用它的方式去教育它所不认识的民众。[1]……　　[1] 一八六二年。

在《安娜小史》中，他对于自由党人的蔑视，表现得淋漓尽致。莱维纳拒绝加入内地的民众教育与举办新政底事业。外省绅士底选举大会表出种种欺罔的组织，使一个地方从旧的保守的行政中脱换到新的自由的行政。甚么也没有变，只是多了一桩谎骗，这谎骗既不能加以原谅也不值得为之而耗费几个世纪。

"我们也许真是没有什么价值，旧制度底代表者说，但我们的存在已不下千余年了。"

而自由党人滥用"民众，民众底意志……"这些辞句，益增托尔斯泰底愤懑。唉！他们知道些关于民众的什么事情？民众是什么？

尤其在自由主义获得相当的成功，将促成第一次国会底召集的时候，托尔斯泰对于立宪思想表示剧烈的反对。

"晚近以来，基督教义底变形促成了一种新的欺诈底诞生，它使我们的民众更陷于奴仆的状态。用了一种繁复的议会选举制度，使我们的民众想象在直接选出他们的代表时，他们已参与了政权，而在服从他们的代表时，他们无异服从自己的意志，他们是自由的。这是一种欺罔。民众不能表白他们的意志，即是以普选的方法也是不可能：第一，因为在一个有数百万人口的国家中，集团意志是不存在的；第二，即是有这种意志底存在，大多数的选举票也不会是这种意志底表白。不必说被选举人底立法与行政不是为了公众的福利而是为了维护自己的政权，——也不必说民众底堕落往往是由于选举底压迫与违法，——这谎言尤其可以致人死命，因为服从这种制度的人会堕入一种沾沾自满的奴隶状态……

这些自由人不啻那些囚犯因为可以选举执掌狱中警政的狱吏而自以为享受了自由……专制国家底人民可以完全自由,即是在暴政苛敛之时。但立宪国家底人民永远是奴隶,因为他承认对他施行的强暴是合法的……瞧,人们竟欲驱使俄国人民和其他的欧洲民众同样入于奴隶状态!"[1]

在对于自由主义底离弃中,轻蔑统制着一切。对于社会主义,如果托尔斯泰不是禁止自己去憎恨一切,那他定会加以痛恨。他加倍地蔑视社会主义,因为它集两种谎言于一身:自由与科学。它的根据不是某种经济学,而它的绝对的定律握着世界进步的机捩的吗?

托尔斯泰对于科学是非常严厉的。对这现代的迷信,"这些无用的问题:种族起源论,七色研究,镭锭原质底探讨,数目底理论,化石动物,与其他一切无益的论辩,为今日的人们和中世纪人对于圣母怀胎与物体双重性同样重视的"。托尔斯泰写着连篇累牍的文字,充满着尖利的讽刺。——他嘲弄"这些科学底奴仆,和教会底奴仆一般,自信并令人信他们是人类底救主,相信他们的颠扑不破性,但他们中间永远不能一致,分成许多小派,和教会

---

[1] 见《世界之末日》(一九○五)。托尔斯泰在致美国某日报底电报中有言:"各个省议会底活动,其目的在于限制专制政府底威权,建立一个代议政府。不论他们成功与否,它必然的结果,将使社会真正的改进益为迟缓。政治的骚动,令人感到以外表的方法所做的改进工作是可怕的,把真正的进步反而停止了,这是我们可以根据一切立宪国家而断定的,如法国,英国,美国。"在答复一位请他加入平民教育推进委员会的妇人底信中,托尔斯泰对于自由党人尚有其他的指摘:他们永远做着欺诈的勾当;他们因为害怕而为独裁政制底共谋犯,他们的参政使政府获得道德上的权威,使他们习于妥协,被政府作为工具。亚历山大二世曾言一切自由党人是为了名誉而卖身,如果不是为了金钱。亚历山大二世曾经毫无危险地销毁他的父亲底自由主义的事业;自由主义者互相耳语说这使他们不快,但他们仍旧参预司法,为国家服务,为舆论效力;在舆论方面,他们对于一切可以隐喻的事物作种种隐喻;但对于禁止谈论的事情便谨守缄默,他们在报纸上发表人们命令他们发表的文字。在尼古拉二世治下,他们亦是如此。"当这青年的君主一无所知,甚么也不懂,无耻而冒昧地回答人民代表时,自由主义者会不会抗议?绝对不……从种种方面。人们向这年轻的帝皇表示卑鄙无耻的谄媚与恭维。"

一样，这些派别变成鄙俗不知道德底主因，且更使痛苦的人类不能早日解除痛苦，因为他们摒弃了唯一能团结人类的成分：宗教意识"[1]。

当他看到这新的热狂底危险的武器落在一般自命为促使人类再生的人手中时，他不安更甚，而愤怒之情亦更加剧了。他采用强暴手段时，他无异是一个革命的艺术家。然而革命的智识分子与理论家，是他痛恨的：这是害人的迂儒，骄傲而枯索的灵魂，不爱人类而只爱自己的思想底人。[2]

思想，且还是卑下的思想。

"社会主义底目的是要满足人类最低级的需求：他的物质的舒适。而即是这目的，还不能以它所拟的方法达到。"[3]

实际上，它是没有爱的。它只痛恨压迫者，并"艳羡富人们底安定而甜蜜的生活，它们有如簇拥在秽物周围的苍蝇"[4]。当社会主义获得胜利时，世界底面目将变得异样地可怕。欧罗巴的游民将以加倍的力量猛扑在弱小民众身上，他们将他们变成奴隶，使欧罗巴以前的无产者能够舒适地，幽闲地享乐，如罗马帝国时代底人一样。[5]

幸而，社会主义底最精华的力量，在烟雾中在演说中耗费了，——如姚莱斯（饶勒斯，Jean Jaurès）那般：

"多么可惊的雄辩家！在他的演辞中甚么都有，——而甚么也没有……

[1] 见《战争与革命》。
[2] 这类人物底典型，在《复活》中有 Novodvorow，那个革命煽动者，极度的虚荣与自私窒塞了他的智慧，绝无想象，毫无怀疑。在他后面，跟随着一个由工人转变成的革命家 Markel，他的要革命是为了受人压迫，心存报复，他崇拜科学，但他根本不知何谓科学，他盲目地反对教会。在《又是三个死者》或《神与人》中，还有若干个新革命青年底典型。
[3] 一九〇四年终，致日本人 Izo-Abe 书。——参看书末《亚洲对托尔斯泰底回响》。
[4] 见丹奈洛摩著：《托尔斯泰名言录》（"社会主义"章）
[5] 同上。

社会主义有些像俄国的正教:你尽管追究它,你以为抓住它了,而它突然转过来和你说:'然而不!我并非是如你所信的,我是别一样东西。'它把你玩于手掌之间……耐心啊!让时间来磨炼罢。社会主义的理论将如妇人底时装一般,会很快地从客厅里撤到下室中去的。"[1]

然而托尔斯泰这样地向自由党人与社会主义者宣战,究非为独裁政治张目;相反,这是为在队伍中消除了一切捣乱的与危险的分子之后,他的战斗方能在新旧两世界间竭尽伟大的气势。因为他亦是相信革命的。但他的革命较之一般革命家底另有一种理解:这是如中世纪神秘的信徒一般的,企待圣灵来统治未来:

"我相信在这确定的时候,大革命开始了,它在基督教的世界内已经酝酿了二千年,——这革命将代替已经残破的基督教义和从真正的基督教义衍出的统治制度,这革命将是人类底平等与真正的自由底基础,——平等与自由原是一切赋有理智的生灵所希冀的。"[2]

[1] 托尔斯泰与保尔·鲍阿伊哀谈话。(见一九〇二年十二月四日巴黎《时报》)
[2] 见《世界之末日》。

这预言家选择哪一个时间来宣告幸福与爱底新时代呢?是俄罗斯最阴沉的时间,破灭与耻辱底时间。啊!具有创造力的信心底美妙的机能啊!在它周围,一切都是光明,——甚至黑夜也是。托尔斯泰在死灭中窥见再生底先机,——在满洲战祸中,在俄国军队底瓦解中,在可怕的无政府状态与流血的阶级斗争中。他的美梦底逻辑使他在日本底胜利中获得这奇特的结论,说是俄罗斯应当弃绝一切战争;因为非基督徒的民众,在战争中往往较"曾经经历奴仆阶级的"基督徒民众占优。——这是不是教他的民族退让?——不,这是至高的骄傲。

俄罗斯应当放弃一切战争，因为他应当完成"大革命"。

瞧，这伊阿斯拿耶·波里阿那底宣道者，反对暴力的老人，于不知不觉中预言着共产主义革命了！[1]

"一九〇五年底革命，将把人类从强暴的压迫中解放出来的革命，应当在俄国开始。——它开始了。"

为什么俄罗斯要扮演这特选民族底角色？——因为新的革命首先要补救"大罪恶"，少数富人底独占土地，数百万人民底奴隶生活，[2]最残忍的奴隶生活。且因为没有一个民族对于这种褊枉的情况有俄罗斯民族所感的那般亲切明白。[3]

但尤其因为俄罗斯民族是一切民族中最感染真正的基督教义的民族，而那时爆发的革命应当以基督底名义，实现团结与博爱底律令。但这爱底律令决不能完成，如果它不是依据了无抵抗那条律令。[4]而无抵抗一向是俄罗斯民族底主要性格。

"俄罗斯民族对于当局，老是和欧洲别的国家抱着不同的态度。他从来不和当局争斗；也从来不参与

[1] 一八六五年始，托尔斯泰已有关于社会大混乱底预告的言语："产业便是窃盗，这真理，只要世界上有人类存在，将比英国宪法更为真确……俄国在历史上的使命是要使世界具有土地社会公有的概念。俄国的革命只能以此原则为根据。它将不是反对帝王反对专制政治，而是反对土地私有。"
[2] "最残忍的奴隶制度是令人没有土地。因为一个主人底奴隶是做一个人底奴隶；但没有土地权的人却是众人底奴隶。"（见《世界之末日》第七章）
[3] 那时代，俄罗斯的确处于一种特殊的环境中，即令托尔斯泰对俄国的特殊情形认为是欧洲全部的情形是一种错误的行为，我们不可能惊异他对于就近所见的痛苦具有特别的敏感——在《大罪恶》中，有一段他和乡人底谈话，描写那些人缺乏面包，因为他们没有土地，而他们心中都在期望能重行获得土地。俄罗斯底农民在全部人口中占有百分之八十的比例。托尔斯泰说在大地主制度之下，致千万的人都闹着饥荒。当人们和他们谈论补救这些惨状问题，言论自由问题，政教分离问题，甚至八小时工作制等等时，他便嘲笑他们："一切装做在到处探寻拯救大众疾苦底方法的人们令人想起舞台的情况，当全部观众看见一个演员隐藏着的时候，配角的演员也同样清楚地看到的同伴，却装作完全不看见，而努力想转移大家底注意。"除了把土地还给耕种的人以外更无别的挽救方法。为解决这土地问题起见，托尔斯泰赞成亨利·乔治（Henry George）底主张，实行征收地价税，而废除一切杂税。这是托氏底经济的圣经，他永远提及它，甚至在他的作品中，有时采用乔治整句的文字。
[4] "无抵抗主义是最重要的原则。徒有互助而不知无抵抗是永远没有结果的。"（见《世界之末日》）

政柄，因此他亦不能为政治沾污。他认为参政是应当避免的一桩罪恶。一个古代的传说，相传俄国人祈求 Variagues 来统治他们。大多数的俄国人素来宁愿忍受强暴的行为而不加报复。他们永远是屈服的……"

自愿的屈服与奴颜婢膝的服从是绝然不同的。[1]

"真正的基督徒能够屈服，而且他只能无抵抗地屈服于强暴，但他不能够服从，即不能承认强暴底合法。"[2]

当托尔斯泰写这几行的时候，他正因为目睹着一个民族底无抵抗主义底最悲壮的榜样而激动着，——这是一九〇五年一月二十二日圣彼得堡底流血的示威运动，一群手无寸铁的民众，由教士迦包纳（Gapone）领导着，任人枪决，没有一声仇恨的呼喊，没有一个自卫的姿势。

长久以来，俄国底老信徒，为人们称做"皈依者"的，不顾一切压迫，顽强地对于国家坚持着他们的和平抵抗，并不承认政府威权为合法。[3]在日俄战争这场祸变以后，这种思想更加迅速地传布到乡间底民众中去。拒绝军役的事情一天一天地增多；他们愈是受到残忍的被压迫，反抗的心情愈是增强。——此外，各行省，各民族，并不认识托尔斯泰的，也对于国家实行绝对的和平抵抗：一八九八年始的高加索底杜高鲍人（Doukhobors），一九〇五年左右的哥里（Gourie）底日瓦人（Georgiens），托尔斯

---

[1] 在一九〇〇年他致友人书中，他怨人家误会他的无抵抗主义。他说：人家把"勿以怨报怨"和"勿抵抗加在你身上的恶"相混。后者底意思是对于身受的恶处以无关心的态度……"实在是：抵抗罪恶是基督教义底唯一的目的，而不抵抗罪恶是对于罪恶最有力量的斗争。"关于这一点，人们很可以把它和甘地底主义相比，——这亦是为了爱为了牺牲而抵抗！这亦是心魂底勇武刚毅，和淡漠的无关心是完全相反的。只是甘地更增强了英雄的力量罢了。
[2] 见《世界之末日》。
[3] 托尔斯泰曾描绘了两个"盲从者"底典型：一个在《复活》底终端，另一个在《又是三个死者》中间。

泰对于这些运动的影响远没有这些运动对于他的影响底重大；而他的作品底意义，正和革命党底作家（如高尔基）[1]所说的相反，确是俄罗斯旧民族底呼声。

他对于冒着生命的危险去实行他所宣传的主张[2]的那般人，抱着很谦虚很严肃的态度。对于杜高鲍人日瓦人，与对于逃避军役的人一样，他全没有教训的神气。

"凡不能忍受任何试炼的人甚么也不能教导忍受试炼的人。"[3]

他向"一切为他的言论与文字所能导向痛苦的人"[4]请求宽恕。他从来不鼓励一个人拒绝军役。这是由各人自己决定的。如果他和一个正在犹豫的人有何交涉时，"他老是劝他接受军役，不要反抗，只要在道德上于他不是不可能的话"。因为，如果一个人犹豫，这是因为他还未成熟；"多一个军人究竟比多一个伪善者或变节者要好一些，这伪善与变节是做力不胜任的事底人们所容易陷入的境界"[5]。他怀疑那逃避军役的龚却朗各（Gontcharenko）底决心。他怕这青年受了自尊心与虚荣心底驱使，而不是为了爱慕上帝之故。[6]对于杜高鲍人，他写信给他们，教他们不要为了骄傲为了人

[1] 在托尔斯泰指摘各省议会底骚动以后，高尔基表示大不满意，写道："这个人变成他的思想的奴隶了。长久以来，他已离开了俄罗斯底实生活而不听见民众底呼声了。他所处的地位已超临俄罗斯太远。"
[2] 对于他，不受到官厅底虐待是一种剧烈的痛苦。他渴望殉道，但政府很乖，不肯使他满足。"在我周围，人们凌虐我的朋友，却不与我，虽然我是唯一可算作有害的人。显然是因为我还不值得加以凌虐，我真为此觉得羞耻。"（一八九二年五月十六日致Ténéromo书）"我处在自由的境地中真是难堪。"（一八九四年六月一日致前人书）

为何他做了那些事情还是那么太平无事？只有上帝知道！他侮辱皇帝，他攻击国家，斥为"这可恶的偶像，人们为了它牺牲了生命，自由和理智"（见《世界之末日》）——参看《战争与革命》中他节述的俄国史。这是魔鬼展览会："疯狂的魔王伊凡，酒鬼彼得一世，愚昧的厨役凯撒林一世，淫乱的伊丽莎白，堕落的保尔，弒亲的亚历山大一世（可是他是唯一博得托尔斯泰底幽密的好感的君主），残忍而愚昧的尼古拉一世，不聪明的亚历山大二世，恶的亚历山大三世，傻子，犷野而昏昧的尼古拉二世……"
[3] 一九〇五年一月十九日致逃兵龚却朗各书。
[4] 一八九七年致杜高鲍人书。
[5] 一九〇〇年致友人书。
[6] 一九〇五年二月十二日致龚却朗各书。

类的自尊心而坚持他们的抵抗,但是要"如果可能的话,把他们的孱弱的妻儿从痛苦中拯救出来。没有人会因此而责备他们"。他们只"应当在基督底精神降临在他们心中的时候坚持,因为这样,他们才会因了痛苦而感到幸福"[1]。在普通情形中,他总请求一切受着虐待的人,"无论如何不要断绝了他们和虐待他们的人中间的感情"[2]。即是对于最残忍的古代的哀洛特(希律王,Hérode),也要爱他,好似他在致一个友人书中所写的那般:

"你说:'人们不能爱哀洛特。'——我不懂,但我感到,你也感到,我们应当爱哀洛特。我知道,你也知道,如果我不爱他,我会受苦,我将没有生命。"[3]

神明的纯洁,爱底热烈,终于连福音书上底"爱你的邻人如你自己一般"那句名言也不能使他满足了,因为这还是自私底变相![4]

有些人认为这爱情是太广泛了,把人类自私的情绪摆脱得那么干净之后,爱不将变成空洞么?——可是,还有谁比托尔斯泰更厌恶"抽象的爱"?

"今日最大的罪过,是人类底抽象的爱,对于一个离得很远的人底爱……爱我们所不认识的所永远遇不到的人,是多么容易的事!我们用不到牺牲什么。而同时我们已很自满!良心已经受到揶揄。——不。应当要爱你的近邻,——爱和你一起生活而阻碍你的人。"[5]

大部分研究托尔斯泰底著作都说他的

---

[1] 一八九七年致杜高鲍人书。
[2] 一九〇五年一月十九日致龚却朗各书。
[3] 一九〇五年十一月致友人书。托尔斯泰底关于国家问题底最重要的著作,是《基督教精神与爱国主义》(一八九四)、《爱国主义与政府》(一九〇〇)、《军官底杂记簿》(一九〇二)、《日俄战争》(一九〇四)、《向逃避军役的人们致敬》(一九〇九)。
[4] 他以为原文有误,《十诫》中底第二条应当是"爱你的同胞如他一样(即如上帝一样)"。(见和Ténéromo谈话)
[5] 出处同上。

哲学与他的信仰并非是独创的。这是对的：这些思想底美是太永久了，决不能显得如一时代流行的风气那般……也有人说他的哲学与信仰是乌托邦式的。这亦不错：它们是乌托邦式的，如福音书一般。一个预言家是一个理想者；他的永恒的生活，在尘世即已开始。既然他在我们前面出现了，既然我们看到这预言家中底最后一个，在艺术家中唯一的额上戴有金光的人，——我觉得这个事实比世界上多一个宗教多一派哲学更为特殊更为重要。要是有人看不见这伟大的心魂底奇迹，看不见这疮痍满目的世界中底无边的博爱，真可说是盲人了！

"他的面目确定了"

他的面貌有了确定了的特点,由于这特点,他的面貌永远铭刻于人类记忆中:宽广的额上划着双重的皱痕,浓厚的雪白的眉毛,美丽的长须,令人想起第雄(Dijon)城中的摩西像。苍老的脸容变得温和了;它留着疾病,忧苦,与无边的慈爱底痕迹。从他二十岁时底粗暴犷野,塞白斯多堡从军时底呆板严肃起,他有了多少的变化!但清明的眼神仍保有它锐利逼人的光芒,表示无限的坦白,自己甚么也不掩藏,甚么也不能对他有何隐蔽。

在他逝世前九年,在致神圣宗教会议底答复(一九〇一年四月十七日)中,托尔斯泰说过:

"我的信心使我生活在和平与欢乐之中,使我能在和平与欢乐之中走向生命底终局。"

述到他这两句时,我不禁想起古代底谚语:"我们在一个人未死之前决不能称他为幸福的人。"

那时候,他所引以自豪的和平与欢乐,对他是否能永远忠实?

一九〇五年"大革命"底希望消散了。在已经拨开云雾的黑暗中，期待着的光明没有来到。革命的兴奋过去之后，接着是精力底耗竭。从前种种苛政暴行丝毫没有改变，只有人民陷于更悲惨的水深火热中。一九〇六年时，托尔斯泰对于俄国斯拉夫民族所负的历史的使命已经起了怀疑；他的坚强的信心远远地在搜寻别的足以负起这使命的民族。他想起"伟大的睿智的中国人"。他相信"西方的民族所无可挽救地丧失的自由，将由东方民族去重行觅得"。他相信，中国领导着亚洲，将从"道"底修养上完成人类底转变大业。[1]

但这是消失得很快的希望：老子与孔子底中国如日本一样，否定了它过去的智慧（Sagesse），为的要模仿欧洲。[2]被凌虐的杜高鲍人移民到加拿大去了；在那里，他们立刻占有了土地，使托尔斯泰大为不满。[3]哥里人，刚才脱离了国家底羁绊，便开始袭击和他们意见不同的人；而俄国的军队，被召唤着去把一切都镇压平了。即是那些犹太人，——"他们的国家即是圣经，是人的理想中最美的国家"——亦不能不沾染着这虚伪的国家主义，"为现代欧罗巴主义底皮毛之皮毛，为它的畸形的产物"。

托尔斯泰很悲哀，可不失望。他信奉上帝，他相信未来[4]：

"这将是完满之至了，如果人们能够在一霎间设法长成一个森林。不幸，这是不可能的，应当要等待种子发芽，长成，生出绿叶，最后才由树干长成一棵树。"[5]

---

[1] 一九〇六年十月致一个中国人书。
[2] 在他一九〇六年底信中，托尔斯泰已经表示这种恐惧。
[3] "既然要容忍私有产业制度，那么，以前的拒绝军役与警役是无谓的举动了，因为私有产业制全赖军警制予以维持的。尽了军役警役而沾着私有产业之惠的人，比较拒绝军役警役而享受私有产业制的人还较胜一筹。"（一八九九年致旅居加拿大的杜高鲍人书）
[4] 以后的事实证明他是不差的，上帝对于他的恩惠完全报答了。在他逝世前数月，在亚菲利加底极端，甘地底救世的声音传到了。（参看书末《亚洲对托尔斯泰底回响》）
[5] 一九〇五年，《告政治家书》。

但要长成一个森林必须要许多树；而托尔斯泰只是一个人。光荣的，但是孤独的。全世界到处都有人写信给他：回教国，中国，日本，人们翻译他的《复活》，到处流传着他关于"授田于民"[1]底主义。美国的记者来访问他；法国人来征询他对于艺术或对于政教分离的意见。[2] 但他的信徒不到三百，他自己亦知道。且他也并不筹思去获得信徒。他拒绝朋友们组织"托尔斯泰派"底企图。

"不应当互相迎合，而应当全体去皈依上帝……你说：'团结了，将更易为力……'——什么？——为工作，刈割，是的。但是接近上帝，人们却只能孤独才能达到……我眼中的世界，仿如一座巨大的庙堂，光明从高处射到正中。为互相联合起见，大家都应当走向光明。那里，我们全体，从各方面来，我们和并未期待的许多人相遇：欢乐便在于此。"[3]

在穹窿中射下的光明之下，他们究竟有多少人聚集在一处呢？——没有关系，只要和上帝在一起有一个也够了。

"唯有在燃烧的物质方能燃着别的物质，同样，唯有一个人底真正的信仰与真正的生活方能感染他人而宣扬真理。"[4]

这也许是的；但这孤独的信仰究竟能为托尔斯泰底幸福保证到如何程度？——在他最后几年中，他真和歌德苦心孤诣所达到的清明宁静，相差得多少远！可说他是逃避清明宁静，他对于它满怀反感。

"能够对自己不满是应当感谢上帝的。希望永远能如此！生

---

[1] 在《大罪恶》底篇末，我们可以找到《忠告被统治者书》。
[2] 一九〇六年十一月七日致保尔·萨白蒂哀 (Paul Sabatier) 书。
[3] 一八九二年六月与一九〇一年十一月致一个朋友书。
[4] 《战争与革命》。

命和它的理想底不调和正是生底标识，是从小到伟大，从恶到善的向上的动作。而这不调和是成为善底必要条件。当一个人平安而自满的时候，便是一种恶了。"[1]

而他幻想着这小说底题材，这小说证明莱维纳或比哀尔·勃苏高夫底烦闷在心中还未熄灭：

"我时常想象着一个在革命团体中教养长大的人，最初是革命党，继而平民主义者，社会主义者，正教徒，阿多山上底僧侣，以后又成为无神论者，家庭中的好父亲，终于变成高加索底杜高鲍人。他什么都尝试，样样都放弃，人们嘲笑他，他甚么也没有做，在一座收留所中默默无闻地死了。在死的时候，他想他糟蹋了他的人生。可是，这是一个圣者啊。"[2]

那么，他，信心那么丰满的他，心中还有怀疑么？——谁知道？对于一个到老身体与精神依然壮健的人，生命是决不能停留在某一点思想底上的。生命还须前进。

"动，便是生。"[3]

[1] 致一个友人书。
[2] 也许这里是在涉及《一个杜高鲍人底故事》。
[3] "想象一切人类完全懂得真理而集台在一起住在岛上。这是不是生活？"（一九〇一年三月致一个友人书）

在他生命底最后几年中，他多少事情都改变了。他对于革命党人底意见转变了没有呢？谁又能说他对于无抵抗主义底信心丝毫没有动摇？——在《复活》中，奈克吕杜夫和政治犯们底交往证明他对于俄国革命党底意见已经变易了。

"至此为止，他所一向反对他们的，是他们的残忍，罪恶的隐蔽，行凶，自满，虚荣。但当他更迫近地看他们时，当他看到当局如何对待他们时，他懂得他们是不得不如此的。"

他佩服他们对于义务具有高卓的观念，整个的牺牲都包括在这观念中了。

但自一九〇〇年起,革命的潮流开始传布扩大了;从智识分子出发,它侵入民众阶级,它暗中震撼着整千整万的不幸者。他们军队中的前锋,在伊阿斯拿耶·波里阿那托尔斯泰住所窗下列队而过。Mercure de France 杂志所发表的三短篇,为托尔斯泰暮年最后的作品底一部分,令人窥见这种情景在他精神上引起多少痛苦多少凄惶。在多拉(Toula)田野,走过一队队质朴虔敬的巡礼者的时间,如今在哪里?此刻是无数的饥荒者在彷徨流浪。他们每天都有得来。托尔斯泰和他们谈过话,发见他们胸中的愤恨,为之骇然;他们不复如从前般把富人当为"以施舍作为修炼灵魂的人,而是视为强盗,喝着劳动民众底鲜血的暴徒"。其中不少是受过教育的,破产了,铤而走险地出此一途。

"将来在现代文明上做下如匈奴与梵达族在古代文明上所做的事底野蛮人,并非在沙漠与森林中而是在都会近旁的村落中与大路上养成的了。"

亨利·乔治曾经这样说过。托尔斯泰更加以补充,说:

"梵达人在俄罗斯已经准备好了,在那么富于宗教情绪的我们的民族中,他们将格外显得可怕,因为我们不知道限度,如在欧洲已经大为发达的舆论与法度等等。"

托尔斯泰时常收到这些反叛者底书信,抗议他的无抵抗主义,说对于一切政府与富人向民众所施的暴行只能报以"复仇!复仇!复仇!"之声。——托尔斯泰还指摘他们不是吗?我们不知道。但当他在几天之后,看见在他的村庄中,在对着无情的役吏哀哀啼哭的穷人家中，牛羊釜锅被抓去的时候，他亦不禁对着那些冷酷的官吏喊起复仇底口号来了，那些刽子手，"那些官僚与助手，只知道贩酒取利，教人屠杀，判罚流刑，下狱，苦役，或绞死，——这些家伙，一致认为在穷人家抓去的牛羊布匹，更宜于用来蒸馏毒害民众的酒精，制造杀人的军火，建造监狱，而尤其是和他们底助手们分赃化用"。

这真是悲苦的事：当一个人整整的一生都在期待爱底世界来临，而在这些可怕的景象之前又不得不闭着眼睛，满怀只是惶惑。——这将更为惨痛，当一个人具有托尔斯泰般真切的意识，而要承认自己的生活还不曾和他的主张一致。

在此，我们触及他最后几年，——当说他的最后三十年吧？——底最苦痛的一点，而这一点，我们只应当以虔诚的手轻轻地加以抚摩：因为这痛苦，托尔斯泰曾努力想保守秘密，而且这痛苦不只属于死者，而亦属于其他的生者，他所爱的，爱他的人们了。

他始终不能把他的信心感染给他最亲爱的人，他的夫人，他的儿女。我们已见到这忠实的伴侣，勇敢地分担他的生活与他的艺术工作，对于他的放弃艺术信仰而去换一个为她不了解的道德信仰，感有深切的苦痛。托尔斯泰看到自己不被他最好的女友懂得，痛苦亦不下于她。

"我全个心魂都感到，"他写信给丹奈洛摩说，"感到下列几句话底真切：丈夫与妻子不是两个分离着的生物，而是结合为一的：我热愿把我能有时借以超脱人生之苦恼的宗教意识，传递一部分给我的妻子。我希望这意识能够，当然不是由我，而是由上帝传递给她，虽然这意识是女人们所不大能达到的。"[1]

这个志愿似乎没有被接纳。托尔斯泰伯爵夫人爱"和她结合为一的"伟大的心魂底仁慈，爱他心地底纯洁，爱他坦白的英雄气；她窥见"他走在群众之前，指示人类应取的途径"[2]；当神圣宗教会议开除他的教籍时，她勇敢地为他辩护，声称她将分任她的丈夫所能遭逢的危险。但她对于她不相信的事情不能佯为相信；而托尔斯泰亦是那么真诚，不愿强令她佯为信从，——因为他恨虚伪的信仰与爱，更甚于完全的不信仰与不爱。[3]因此，他怎么能强迫不相信的她改变她的生活，牺牲她和她的儿女们底财产呢？

和他的儿女们，龃龉似乎更深。勒洛阿·蒲里安（A. Leroy-Beaulieu）氏曾在伊阿斯拿耶·波里阿那见过托尔斯泰，说"在食桌上，当父亲说话时，儿子们竟不大遮掩他们的烦恼与不信任"[4]。他的信仰只稍稍感染了他的三位女儿，其中一个，他最爱的，玛丽，那时已经死了。[5]他在家人中间，精神上是完全孤独的。懂得他的"仅有他的幼女和他的医生"[6]。

他为了这思想上的距离而苦恼，他为了不得不敷衍的世俗的交际而苦恼，世界上到处有人来访问他，那些美国人，那些趋尚时髦的轻浮之士使他非常厌倦；他亦为了他的家庭生活所强迫他享受的"奢侈"而苦恼。其实亦是最低限度的奢侈，如果我们相信在他家里见过他的人底叙述的话，严肃冷峻的家具，他的小卧室内，

---

[1] 一九一〇年十二月一日。
[2] 一八九二年五月十六日。托尔斯泰那时看见他的夫人为了一个男孩底死亡而痛苦着，他不知如何安慰她。
[3] 一八八三年一月书。
[4] "我从来不责备人没有宗教。最坏的是当人们说谎时，佯作信奉宗教。"此外又言："如果上帝假做爱我们，这是比恨我们更糟。"
[5] 见一九一〇年十二月十五日巴黎《两球杂志》。
[6] 保尔·皮吕高夫（Paul Birukoff）最近在德译本中发表一部托尔斯泰与他的女儿玛丽的通信。

放着一张铁床,四壁秃露无一物!但这种舒适已使他难堪:这是他永远的苦恼。在 Mercure de France 底第二短篇中,他悲苦地把周围的惨状和他自己家中的享用作对比。

一九〇三年时,他已写道:"我的活动,不论对于若干人士显得是如何有益,已经丧失了它大半的重要性,因为我的生活不能和我所宣传的主张完全一致。"[1]

他真是如何的不能实现这一致!他既不能强迫他的家族弃绝人世,也不能和他们与他们的生活分离,——使他得以摆脱他的敌人们底攻击,说他是伪善,说他言行不一致!

他曾有过这思念。长久以来,他已下了决心。人们已觅得并发表了他于一八九七年六月八日写给他的妻子的信。[2] 应当在此全部转录出来。再没有比这封信更能抉发他的热爱与苦痛的心魂的了[3]:

[1] 见一九一〇年十二月十五日巴黎《两球杂志》。
[2] 一九〇三年十二月十日致一个友人书。
[3] 见一九一〇年十二月二十七日《飞迦罗日报》(Figaro),这封信,在他死后,由他们的女婿 Obolensky 亲王交给托尔斯泰伯爵夫人。这是数年之前,托氏把这封信付托给女婿的。这封信之外更附有另一封信,涉及他们夫妇生活底私事。此信为托尔斯泰伯爵夫人阅后毁去。(见托尔斯泰底长女 Tatiana Soukhotine 夫人底叙述)

"长久以来,亲爱的苏菲,我为了我的生活与我的信仰底不一致而痛苦。我不能迫使你改变你的生活与习惯。迄今为止,我也不能离开你,因为我想我离开之后,我将失掉我能给予你的还很年轻的孩子们底小小的影响,而我将使你们大家非常难过。但我不能继续如过去的十六年般的生活,有时是对你们抗争使你们不快,有时我自己陷于我所习惯的周围的诱惑与影响中间不能振作。我此刻决心要实行我已想了好久的计划:走……如印度人一般,到了六十岁的时候到森林中去隐居,如一切信教的老人一般，愿将他的残年奉献给上帝，而非奉献给玩笑，说幽默话，胡闹，打网球，我亦是，在这七十岁左右的时节，我在全个心魂底力量上愿静穆，孤独，即非完满的一致，至少亦不要有在我一生与良心之间争斗的不一致。如果我公开地走，一定会引起你们的祈求，辩论，我将退让，或者就在我应当实行我的决心的时候就没有实行。因此我请你们宽恕我，如果我的行动使你们难过。尤其是你，苏菲，让我走罢，不要寻找我，不要恨我，不要责备我。我离开你这个事实并不证明我对你有何不慊……我知道你不能，你不能如我一样地思想与观察，故你不能改变你的生活，不能为了你所不承认的对象作何牺牲。因此，我一些也不埋怨你；相反，我满怀着爱与感激来回忆我们三十五年底冗长的共同生活，尤其是这时期底前半期，你用你天赋的母性中的勇敢与忠诚，来负起你所承认的你的使命。你对于我，对于世界，你所能给予的已经给予了。你富有母爱，尽了极大的牺牲……但在我们的生活底后半部，在这最近的十五年间，我们是分道扬镳了。我不能相信这是我的错误；我知道我改变了，可这既非为了享乐，亦非为了别人，而是为了我不得不如此之故。我不能责备你丝毫没有跟从我，我感谢你，且我将永远怀着真挚的爱想起你对于我的赐与。——别了，我亲爱的苏菲。我爱你。"

"我离开你这事实……"实在他并未离开她。——可怜的信！对于他，写了这信似乎已足够，似乎已经完成了他的决心……写完了，他的决断的力量已经用尽了。——"如果我公开地走，一定会引起你们的祈求，辩论，我将退让……"可是于他不须什么

"祈求","辩论",他只要一刻之后，看到他要离开的一切时，他便感到他不能，他不能离开他们了；他衣袋中的信，就此藏在一件家具内，外面注着：

"我死后，将此交给我的妻，苏菲·安特莱伊佛娜。"

他的出亡底计划至此为止。

这是他的力底表现么？他不能为了他的上帝而牺牲他的温情么？——当然，在基督教名人录中，不乏更坚决的圣者，会毫不踌躇地摈弃他们的与别人的感情……怎么办呢？他决非是这等人。他是弱者。他是人。为了这，我们才爱他。

十五年前，在极端怆痛的一页中，他自问：

——那么，雷翁·托尔斯泰，你是否依照你所宣扬的主义而生活？

他痛苦地答道：

"我羞愧欲死，我是罪人，我应当被人蔑视。……可是，请把我过去的生活和现在的比一比罢。你可以看到我在寻求依了上帝底律令而生活的方法。我没有做到我应做的千分之一，我为此而惶愧，但我的没有做到并非因为我不愿而是因为我不能……指斥我罢，可不要指斥我所遵循的道路。如果我认识引领到我家里去的道路而我如醉人一般跟跟跄跄地走着，这便可说是我所取的路是坏路吗？不是请你指点我另一条路，就是请支持我去遵循真理的路，而我已完全准备受你支持了。可不要冷落我，不要把我的破灭引为乐事，不要高兴地喊：'瞧啊！他说他要走到家里，而他堕入泥洼中去了！'不，不要幸灾乐祸，但请助我，支持我！……助我啊！我为了我们大家都彷徨失措而心碎；而当我竭尽全力想超脱地狱时，当我每次堕入歧途时，你们却不予我同情，反指着我说：'看罢，他亦和我们一起跌入泥洼了！'"[1]

离他的死更近的时候，他又重复着说：

"我不是一个圣者，我从来不自命为这样的人物。我是一个任人驱使的人，有时候不完全说出他所思想他所感觉着的东西；并非因为他不愿，而且因为他不能，因为他时常要夸大或彷徨。在我的行为中，这更糟了。我是一个完全怯弱的人，具有恶习，愿侍奉真理之神，但永远在颠蹶。如果人们把我当作一个不会有何错误的人，那么，我的每项错误皆将显得是谎言或虚伪。但若人们视我为一个弱者，那么，我的本来面目可以完全显露：这是一个可怜的生物，但是真诚的，他一直要而且诚心诚意地愿成为一个好人，上帝底一个忠仆。"

这样地，他为良心底责备所苦，为他的更坚毅的但缺少人间性的信徒们底无声的埋怨所抨击，[2] 为了他的怯弱，他的踟蹰不决而痛心，老是在家族之爱与上帝之爱间徘徊，——直到一天，一时间的绝望，或是他临死前的狂热的旋风，迫他离开了家，在路上，一面彷徨，一面奔逃，去叩一所修院底门，随后又重新启程，终于在途中病倒了，在一个无名的小城中一病不

---

[1] 这种痛苦的情况自一八八一年，即在莫斯科度的那个冬天起即已开始，那时候即托尔斯泰初次发见社会惨状。

[2] 在托尔斯泰底最后几年，尤其在最后几个月中，他似乎受着 Vladimir Grigoriitch Tchertkov 底影响。这是一个忠诚的朋友，久居英国，出资刊行并流通托尔斯泰底著作。他曾被托尔斯泰底一个儿子，名叫雷翁的攻击。但即是他的思想底固执不无可议之处，可没有人能够怀疑他的绝对的忠诚。有人说托尔斯泰在遗嘱中丝毫没有把他的著作权赠给他的妻子的，这种无情的举动，是受着这位朋友的感印；但究竟我们无从证实，所能确实知道的，是他对于托尔斯泰底荣名比着托氏本人更为关心。自一九一〇年六月二十三日起到托氏逝世间的六个月中的情况，托尔斯泰底最后一个秘书 Valentin Boulgakov 知道得最清楚，他的日记便是这时期托氏生活底最忠实的记录。

起。[1] 在他弥留的床上，他哭泣着，并非为了自己，而是为了不幸的人们；而在嚎啕的哭声中说：

"大地上千百万的生灵在受苦；你们为何大家都在这里只照顾一个雷翁·托尔斯泰？"

于是，"解脱"来了——这是一九一〇年十一月二十日，清晨六时余，——"解脱"，他所称为"死，该祝福的死……"来了。

---

[1] 一九一〇年十月二十八日清晨五时许，托尔斯泰突然离开了伊阿斯拿耶·波里阿那。他由玛各维兹基医生（D.Makovitski）陪随着；他的女儿亚历山大，为 Tchertkov 称为"他的亲切的合作者"的，知道他动身的秘密。当日晚六时，他到达奥铁那修院（Optina），俄国最著名的修院之一，他以前曾经到过好几次。他在此宿了一晚，翌晨，他写了一篇论死刑底长文。在十月二十九日晚上，他到他的姊妹玛丽出家的嘉摩第诺（Chamordino）修院。他和她一同晚餐，他告诉她他欲在奥铁那修院中度他的余年，"可以做任何低下的工作，唯一的条件是人家不强迫他到教堂里去"。他留宿在嘉摩第诺，翌日清晨，他在邻近的村落中散步了一回，他又想在那里租一个住处，下午要去看他的姊妹。五时，他的女儿亚历山大不凑巧地赶来了。无疑的，她是来通知他说他走后，人家已开始在寻访他了：他们在夜里立刻动身。托尔斯泰，亚历山大，玛各维兹基向着高塞尔斯克（Keselak）车站出发，也许是要从此走入南方各省，再到巴尔干，皮迦里，塞尔皮各地的斯拉夫民族底留地。途中，托尔斯泰在阿斯太波伏（Astapovo）站上病倒了，不得不在那里卧床休养。他便在那里去世了。关于他最后几天底情景，在 Tolstoys Flucht und Tod（柏林，一九二五年版）中可以找到最完全的记载，作者 René Fuelloep-Miller 与 Friedrich Eckstein 搜集托尔斯泰底夫人，女儿，医生，及在场的友人底记载，和政府秘密文件中的记载。这最后一部分，一九一七年时被苏维埃政府发见，暴露了当时不少的阴谋，政府与教会包围着垂死的老人，想逼他取销他以前对于教会底攻击而表示翻悔。政府，尤其是俄皇个人，极力威逼神圣宗教会议要他办到这件事。但结果是完全失败。这批文件亦证明了政府底烦虑。列下省总督，奥鲍朗斯基亲王，莫斯科宪兵总监洛夫将军间底警务通讯，对于在阿斯太波伏发生的事故每小时都有报告，下了最严重的命令守着车站。使护丧的人完全与外间隔绝。这是因为最高底当局深恐托氏之死会引起俄罗斯底政治大示威运动之故。托尔斯泰与世长辞底那所屋子周围，拥满了警察，间谍，新闻记者，与电影摄影师，窥伺着托尔斯泰伯爵夫人对于垂死者所表示的爱情，痛苦与忏悔。

"战斗告终了"

战斗告终了,以八十二年底生命作为战场的战斗告终了。悲剧的光荣的争战,一切生底力量,一切缺陷一切德性都参预着。——一切缺陷,除了一项,他不息地抨击的谎言。

最初是醉人的自由,在远远里电光闪闪的风雨之夜互相摸索冲撞的情欲,——爱情与幻梦底狂乱,永恒底幻象。高加索,塞白斯多堡,这骚乱烦闷的青春时代……接着,婚后最初几年中的恬静。爱情,艺术,自然底幸福,——《战争与和平》。天才底最高期,笼罩了整个人类的境界,还有在心魂上已经成为过去的,这些争斗底景象。他统制着这一切,他是主宰;而这,于他已不足够了。如安特莱亲王一样,他的目光转向奥斯丹列兹底无垠的青天。是这青天在吸引他:

"有的人具有强大的翅翼,为了对于世俗底恋念堕在人间,翅翼折断了:例如我。以后,他鼓着残破的翅翼奋力冲飞,又堕下了。翅翼将会痊愈变成完好的。我将飞翔到极高。上帝助我！"[1]

这是他在最惊心动魄的暴风雨时代所写的句子，《忏悔录》便是这时期底回忆与回声。托尔斯泰曾屡次堕在地下折断了翅翼。而他永远坚持着。他重新启程。他居然"翱翔于无垠与深沉的天空中了"，两张巨大的翅翼，一是理智一是信仰。但他在那里并未找到他所探求的静谧。天并不在我们之外而在我们之内。托尔斯泰在天上仍旧激起他热情底风波，在这一点上他和一切舍弃人世的使徒有别：他在他的舍弃中灌注着与他在人生中同样的热情。他所抓握着的永远是"生"，而且他抓握得如爱人般的强烈。他"为了生而疯狂"。他"为了生而陶醉"。没有这醉意，他不能生存。[2] 为了幸福，同时亦为了苦难而陶醉，醉心于死，亦醉心于永生。[3] 他对于个人生活底舍弃，只是他对于永恒生活的企慕底呼声而已。不，他所达到的平和，他所唤引的灵魂底平和，并非是死底平和。这是那些在无穷的空间中热烈地向前趱奔的人们底平和。在于他，愤怒是沉静的，[4] 而沉静却是沸热的。信心给予他

---

[1] 见一八七九年十月二十八日《日记》。那一页是最美丽的一页，我们把它转录于下：在这个世界上有没有翅翼的笨重的人。他们在下层，骚扰着。他们中间亦有极强的，如拿破仑。他们在人间留下可怕的痕迹，播下不和的种子。——有让他的翅翼推动的人，慢慢地向前，翱翔着，如僧侣。——有轻浮的人，极容易上升而下坠，如那些好心的理想家。——有具有强大的翅翼的人……——有天国的人，为了人间底爱，藏起翅翼而降到地上，教人飞翔。以后，当他们不再成为必要时，他们称为："基督。"

[2] "一个人只有在醉于生命的时候方能生活。"（见《忏悔录》，一八七九年）"我为了人生而癫狂……这是夏天，美妙的夏天。今年，我奋斗了长久；但自然底美把我征服了。我感着生底乐趣。"（一八八〇年七月致法德书）这几行正在他为了宗教而狂乱的时候写的。

[3] 一八六五年十月《日记》："死底念头……""我愿，我爱永生。""我对于愤怒感到陶醉，我爱它，当我感到时我且刺激它，因为它于我是一种镇静的方法，使我，至少在若干时内，具有非常的弹性，精力与火焰，使我在精神上肉体上都能有所作为。"（见《奈克吕杜夫亲王底日记》，一八五七年）

[4] 他为了一八九一年在伦敦举行的世界和平会议所写的关于《战争》底论文，是对于一般相信仲裁主义底和平主义者底一个尖锐的讽刺："这无异于把一粒谷放在鸟底尾巴上而捕获它的故事。要捕获它是那么容易的事。和人们谈着什么仲裁与国家容许的裁军实在是开玩笑。这一切真是些无谓的空谈！当然，各国政府会承认：那些好使徒！他们明明知道这决不能阻止他们在欢喜的时候驱使千百万的生灵去相杀。"（见《天国在我们内心》第六章）

新的武器,使他把从初期作品起便开始的对于现代社会底谎言的战斗,更愤激地继续下去。他不再限于几个小说中的人物,而向一切巨大的偶像施行攻击了:宗教,国家,科学,艺术,自由主义,社会主义,平民教育,慈善事业,和平运动[1]……他痛骂它们,把它们攻击得毫无余地。

世界上曾时常看见那些伟大的思想反叛者出现,他们如先驱者约翰般诅咒堕落的文明。其中的最后一个是卢梭。在他对于自然底爱慕,在他对于现代社会底痛恨,在他极端的独立性,在他对于圣书与基督教道德底崇拜,卢梭可说是预告了托尔斯泰底来临,托尔斯泰自己即承认,说:"他的文字中直有许多地方打动我的心坎,我想我自己便会写出这些句子。"[2]

但这两颗心魂毕竟有极大的差别,托尔斯泰底是更纯粹

---

[1] 自然一向是托尔斯泰底"最好的朋友",好似他自己所说的一样:

"一个朋友,这很好;但他将死,他要到什么地方去,我们不能跟随他,至于自然,我们和它的关系是那么密切,不啻是买来的,承继得来的,这当然更好。我的自然是冷酷的,累赘的;但这是一个终生的朋友;当一个人死了,他便进到自然中去。"(致法德书,——一八六一年五月十九)他参预自然底生命,他在春天再生;("三月四月是我工作最好的月份",——一八七七年三月二十三日致法德书)他到了暮秋开始沉闷。("这于我是死的一季,我不思想,不写,我舒服地感到自己蠢然。"——一八六九年十月二十一日致前人书)

[2] 见和保尔·鲍阿伊哀氏谈话(一九〇一年八月二十八日巴黎《时报》)。实在,人们时常会分不清楚。例如卢梭底丽(译者按: Julie 是卢梭著《新哀洛绮思》小说中的女主人)在临终时的说话:"凡我所不能相信的,我不能说我相信,我永远说我所相信的。属于我的,唯此而已。"和托尔斯泰《答圣西诺特书》中的:"我的信仰使人厌恶或阻碍别人,这是可能的。但要更改它却不在我能力范围以内,好似我不能更变我的肉体一样。我除了我所相信的以外不能相信别的,尤其在这个我将回到我所从来的神那边去的时候。"或卢梭底《答特蒲蒙书》似乎完全出之于托尔斯泰底手笔:"我是耶稣基督底信徒。我主告我凡是爱他的同胞的人已经完成了律令。"或如:"星期日底全部祷文又以归纳在下列几个字中:'愿你的意志实现!'"(卢梭《山中杂书》第三)与下面一段相比:"我把主祷文代替了一切祷文。我所能向上帝祈求的在下列一句中表现得最完满了:愿你的意志实现!"(一八五二至一八五三年间在高加索时代的日记)两人思想底似也不独在宗教方面为然,即在艺术方面亦是如此。卢梭有言:"现代艺术底第一条规则,是说得明明白白,准确地表出他的思想。"托尔斯泰说:"你爱怎么想便怎么想罢,只要你的每一个字都能为大家懂得。在完全通畅明白的文字中决不会写出不好的东西。"此外我亦说过,卢梭在《新哀洛绮思》中对于巴黎歌剧院的讽刺的描写,和托尔斯泰在《艺术论》中的批评极有关连。

的基督徒的灵魂！且举两个例子以见这位日内瓦人底《忏悔录》中含有多么傲慢，不逊，伪善的气氛：

"永恒的生灵！有人能和你说：只要他敢；我曾比此人更好！"

"我敢毫无顾忌地说：谁敢当我是不诚实的人，他自己便是该死。"

托尔斯泰却为了他过去生命中的罪恶而痛哭流涕：

"我感到地狱般的痛苦。我回想起我一切以往的卑怯，这些卑怯底回忆不离我，它们毒害了我的生命。人们通常抱憾死后不能保有回忆。这样将多少幸福啊！如果在这另一个生命中，我能回忆到我在此世所犯的一切罪恶，将是怎样的痛苦啊！……"[1]

他不会如卢梭一般写他的《忏悔录》，因为卢梭曾言："因为感到我的善胜过恶，故我认为有说出一切底利益。"[2] 托尔斯泰试着写他的《回忆录》，终于放弃了；笔在他手中堕下；他不愿人们将来读了之后说：

"人们认为那么崇高的人原来如此！他曾经是何等卑怯！至于我们，却是上帝自己令我们成为卑怯的。"[3]

[1] 见一九〇三年一月六日《日记》。
[2] 见卢梭《一个孤独的散步者底幻想录》中《第四次散步》。
[3] 致皮吕高夫书。

基督教信仰中的美丽而道德的贞洁，和使托尔斯泰具有悫直之风的谦虚，卢梭都从未认识。隐在卢梭之后，——在鹭鸶岛底铜像周围，——我们看到一个日内瓦底圣比哀尔，罗马底加尔文。在托尔斯泰身上，我们却看到那些巡礼者，无邪的教徒，曾以天真的忏悔与流泪感动过他的童年的。

对于世界底奋战，是他和卢梭共同的争斗，此外尚另有一种更甚于此的争斗充塞着托尔斯泰最后三十年底生命，这是他心魂中两种最高的力量底肉搏：真理与爱。

真理，——"这直透入心魂的目光"，——透入你内心的灰色的眼珠中的深刻的光明……它是他的最早的信仰，是他的艺术之后。

"成为我作品中的女英雄的，为我以整个心魂底力量所爱的，在过去，现在，将来，永远是美的，这便是真理。"[1]

真理，是在他兄弟死后一切都毁灭了的时候所仅存的东西。[2]真理，是他生命底中枢，是大海中的岩石。……

但不久之后，"惨酷的真理"[3]于他已不够了。爱占夺了它的地位。这是他童年时代底活泼的泉源，"他的心魂底自然的境界"[4]。一八八〇年发生精神错乱时，他绝未舍弃真理，他把它导向爱底境界。[5]

爱是"力底基础"[6]。爱是"生存底意义"，唯一的意义，当然，美亦是的。[7]爱是由生活磨练成熟后的托尔斯泰底精髓，是《战争与和平》、《答神圣宗教会议书》底作者底生命底精髓。[8]

爱深入于真理这一点，成为他在中年所写的杰作底独有的价值，他的写实主义所以和弗罗贝（Flaubert）式的写

---

[1] 《一八五五年五月之塞白斯多堡》。
[2] "真理，……在我道德观念中唯一存留的东西，我将崇奉的唯一的对象。"（一八六〇年十月十七日）
[3] 参上注。
[4] "纯粹的爱人类之情是心灵底天然状态，而我们竟没有注意到。"（当他在 Kazan 当学生时代的《日记》）
[5] "真理会导向爱情……"（《忏悔录》，一八七九至一八八一年）

"我把真理放在爱底一个单位上……"（同上）
[6] "你永远在提及力量？但力底基础是爱。"（见《安娜小史》第二卷安娜底话）
[7] "美与爱，生存底两大意义。"（《战争与和平》第二卷）
[8] "我信上帝，上帝于我即是'爱'。"（一九〇一年《答圣西诺特书》）"——是的，爱！……不是自私的爱，但是我生平第一次感到的爱，当我看到，在我身旁的垂死的敌人，我爱他……这是灵魂底原素。爱他的邻人，爱他的敌人，爱大家，爱每个，这是在各方面去爱上帝！……爱一个我们亲爱的人，这是人的爱，但爱他的敌人简直是神明的爱！……"（这是《战争与和平》中安特莱临终时所说的话）

实主义有别者亦为此。弗罗贝竭力要不爱他书中的人物。故无论这种态度是如何伟大，它总缺少光明底存在！太阳底光明全然不够，必须要有心底光明。托尔斯泰底写实主义现身在每个生灵底内部，且用他们的目光去观察他们时，在最下贱的人中，他亦会找到爱他的理由，使我们感到这恶人与我们中间亦有兄弟般的情谊联系着。[1] 由了爱，他参透生命底根源。

[1] "艺术家对于他的作品的爱是艺术底心灵。没有爱，没有艺术品。"（一八八九年九月书）

但这种博爱的联系是难于维持的。有时候，人生底现象与痛苦是那么悲惨，对于我们的爱显得是一种打击，那时，为了拯救这爱，拯救这信念，我们不得不把它超临人世之上，以至它有和人世脱离一切关系的危险。而那禀有看到真理，且绝对不能不看到真理的这美妙而又可畏的天赋的人，将怎么办呢？托尔斯泰最后数年中，锐利的慧眼看到现实底惨酷，热烈的心永远期待着锻炼着爱，他为了心与目底不断的矛盾所感到的痛苦，谁又能说出来呢？

我们大家都体验过这悲剧的争斗。我们屡次陷入或不忍睹，或痛恨的轮回中！一个艺术家，——一个名副其实的艺术家，一个认识文字底美妙而又可怕的力量的作家，——在写出某项某项真理的时候，感得为惨痛的情绪所拗苦：此种情形何可胜数！[2] 在现代的谎言中，在文明底谎言中，这健全而严重的真理，有如我们赖以呼吸的空气一般需要……而我们发现这空气，为多少肺所不能忍受，多少为文明所磨成，或只为他们心地底慈悲而变成怯弱的人所不堪忍受！这使人骇而却走的真理，我们可毫不顾虑这些弱者而在他们眼前暴露么？有没

[2] "我写了这些书，所以我知道它们所能产生的罪过……"（一八九七年十一月二十一日，托尔斯泰致杜高鲍人底领袖P.V.Vériguine书）

有在高处如托尔斯泰所说的一般,一种"导向爱的"真理?——可是什么?我们能不能容忍以令人安慰的谎言去欺骗人,如 Peer Gynt 把他的童话来麻醉他的垂死的母亲?……社会永远处在这两条路底中间:真理,或爱。它通常的解决,往往是把真理与爱两者一齐牺牲了。

托尔斯泰从未欺妄过他两种信心中的任何一种。在他成熟期底作品中,爱是真理底火焰。在他晚年底作品中,这是一种从高处射下的光明,一道神恩普照底光彩烛照在人生上,可是不复与人生融和了。我们在《复活》中看到信仰统制着现实,但仍站在现实之外。托尔斯泰所描写的人物,每当他隔别观察他们的面目时,显得是弱的,无用的,但一等到他以抽象的方式,加以思索时,这些人物立刻具有神明般的圣洁了。[1]——在他日常生活中,和他的艺术同样有这种矛盾的表现,而且更为惨酷地。他虽然知道爱所支使他的任务,他的行动却总不一致;他不依了神而生活,他依了世俗而生活。即是爱,到哪里去抓握它呢?在它不同的面目与矛盾的系统中如何加以辨别?是他的家庭之爱,抑是全人类之爱?……直到最后一天,他还是在这两者中间彷徨。

如何解决?——他不知道。让那些骄傲的智识分子去轻蔑地批判他罢。当然,他们找到了解决方法,找到了真理,他们具有确信。在这些人看来,托尔斯泰是一个弱者,一个感伤的人,不足为训的。无疑的,他不是一个他们所能追随的榜样;他们没有

---

[1] 参看《一个绅士底早晨》,——或在《忏悔录》中理想的描写,那些人是多少质朴,多少善良,满足自己的命运,安分守己,懂得人生底意义,——或在《复活》第二编末,当奈克吕杜夫遇见放工回来的工人时,眼前显出"这人类,这新世界"。

相当的生命力。托尔斯泰不属于富有虚荣心的优秀阶级,他亦不属于任何教派,——他既非伪善者,亦非如他所称谓的犹太僧侣。他是自由基督徒中最高的一个典型,他的一生都在倾向于一个愈趋愈远的理想。[1]

托尔斯泰并不向那些思想上的特权者说话,他只说给普通人听。——他是我们的良知。他说出我们这些普通人所共有的思想,为我们不敢在自己心中加以正视的。而他之于我们,亦非一个骄傲的大师,如那些坐在他们的艺术与智慧底宝座上,威临着人类的高傲的天才一般。他是——如他在信中自称的,那个在一切名称中最美,最甜蜜的一个,——"我们的弟兄"。

一九一一年一月

---

[1] "一个基督徒在精神上决不会比别人高或低;但他能在完满的道上,活动得更快,这便使他成为更纯粹的基督徒。因此,那些伪善者底停滞不进的德行较之和基督同时钉死的强盗更少基督教意味,因为这些强盗底心魂,永远向着理想而活动,且他们在十字架上也已后悔了。"(见《残忍的乐趣》)

托尔斯泰遗著论

托尔斯泰死后，遗下不少未曾发表的作品。其中大部分在他死后已经陆续印行，在 J.-W. Bienstock 氏底法译本（纳尔逊书店丛书版）中合成三卷。[1] 这些作品分属于他一生底各个时代。有的还是一八八三年底作品（如《一个疯人底日记》）。有的是他在最后几年中写的。它的种类有短篇小说，长篇小说，剧本，独白。许多是未完之作。我敢把它们分成两类：一是托尔斯泰依了道德意志而写的，一是依了艺术的本能而写的。还有一小部分是这两种趋向融和得非常美满的。

所可惜的，是他对于文学的光荣底淡漠——或者是为了他的禁欲思想——使他不能把应该是作品中最美的一部分杰作继续下去。例如《戈米区老人底遗著——日记》，这是俄皇亚历山大一世底有名的传说，说他决心舍弃一切，托着假名出走，在西比利亚终老。我们感到托尔斯泰对此题材非常热情，他和他的英雄在思想上结合为一。但这部《日记》只存留了最初几章；即在这残

---

[1] 另一部更完全的版本，是一九二五年出版的 Georges d'Ostoya 与 Gustave Masson 的合译本（巴黎 Bossard 书店）。

缺的部分中，已可令人看得叙述底紧凑与清新，足和《复活》中最好的部分媲美。在此有多少令人不能遗忘的肖像（如老后凯撒林二世），尤其是这位神秘的暴烈的俄皇底描绘，他的倨傲的性格，在平静的老人心中还不时地激醒兴奋。

《塞越老人》(《谢尔盖神父》, Le Père Serge)（一八九一～一九〇四）亦是波澜壮阔的托尔斯泰式的作品之一；但故事底叙述被裁剪得太短了。一个老人在孤独与苦行中追求上帝，终于他在为了人群而生活时找到了神。有几处犷野的情调直可令人骇愕。书中的主人翁发现他所爱者底丑恶的那幕描写，——（他的未婚妻，为他崇拜如圣女一般的女人，竟是他所敬爱的俄皇底情妇）真是又质朴又悲壮。即是那个修士在精神狂乱之夜为要重觅和平而斫落自己的手指那幕，亦是动人心魂的描写。与这些犷野可怖的穿插对立着的，有书末描述与可怜的童年的女友那段凄恻的谈话，和最后几页底淡漠，清明急转直下的文字。

《母亲》亦是一部动人之作。一个慈爱的有理性的母亲，四十年中整个地为了她的家人服务，终于孤独着，不活动，亦没有活动底意义，虽然是自由思想者，她竟隐居于一个修院中去写她的日记。但本书只有首部还存留着。

另一组短篇故事，在艺术上是更完满的作品。

Alexis le Pot（《傻瓜阿列克谢》）可以归入美丽的通俗故事类，事情是讲一个质直朴讷的人，永远被牺牲，永远甜蜜地感得满足，以至于死。——《舞会之后》（一九〇三年八月二十日）是：一个老人讲他曾如何地爱一个青年女郎，如何地突然不爱她，因为他看见女子底父亲，一个当大佐的军官，鞭答他的兵士之故。这是完满之作,先是少年时代底回忆,美丽动人,接着是十分激动的真切的描写。——《梦中所见》(一九〇六年十一月十三日)是:一个亲王为了他所钟爱的女儿,任人诱惑,逃出家庭,而不能宽恕她。但他一看见她时,却是他立刻去请求她的宽恕。然而(在此可见托尔斯泰底温情与理想主义从来没有枯竭的时候),他无论如何不能克制自己见了女儿底私生子所生的厌恶之情。——Khodynka(《霍登卡》)是极短的短篇,叙述一八九三年时,一个年轻的俄国公主,想加入莫斯科底一个平民节庆,突然被人众拥挤得大为狼狈,被人在脚下践踏,人家以为她是死了,一个工人,亦是被人挤得不堪的人,救醒了她。一霎间,友爱的情操把两人联合了。以后他们分别了,从此不复相见。

局面伟大,开始便似一部史诗式的长篇小说的,有 Hadji-Mourad(一九〇二年十二月),叙述一八五一年高加索战争时底杂事。[1]在写本书的时候,托尔斯泰正在最能把握他的艺术能力底阶段。视觉(眼睛的与心灵的)是非常完满。但可怪的是人家对于故事并不真真感到兴趣。因为读者觉得托尔斯泰亦并不对此故事真有什么兴趣。在故事中显现的每个人物,正好获得他恰当的同情;而作者对于每个人物,即是在我们眼前显露一下并不有何长久的动作的,亦给他一个完满的肖像描写。但为了要爱全体,他终于没有什么偏爱。他写这作品,似乎并无内心的需要,而只是为了肉体的需求。如别人需要舒展他的肌肉一般,他需要使用他的智的机能。他需要创作,他便创作了。

---

[1] 托尔斯泰写道:"其中一部分是我亲历的。"

别的具有个人气质的作品，往往达到了悲怆的境界。自传式的作品即属此类，如《一个疯人底日记》（一八八三年十月二十日），追写一八六九年托尔斯泰精神困乱时最初几夜底恐怖。[1] 又如《魔鬼》（一八八九年十一月十九日），这部最后的最长的短篇小说，好几部分含有一切最优的特点，不幸它的结局极无聊。一个乡下的地主，和他的农人底一个女儿有了关系，却另外结了婚，和乡女离开了。（因为他是诚实的，他又爱他的年轻的妻子。）但这乡女"留在他的血液里"，他见了她不能不生占有她的思念。她追寻他。她终于重新和他结合；他感到自己不复能离开她：他自杀了。书中各个人物底肖像——如男子是一个善良的，懦弱的，壮实的，短视的，聪明的，真诚的，勤奋的，烦闷的人，——他的年轻的妻子是传奇式的，多情的，——美丽的健全的乡女，热烈而不知贞操的，——都是杰作。可惜托尔斯泰在他的小说底终局放入在实事中没有的道德思想：因为作者实在有过同类的艳史。

[1] 参看本书第四〇一～四〇七页。

五幕剧《黑暗中的光明》，确表现了艺术方面的弱点。但当我们知道了托尔斯泰暮年时的悲剧时，这部在别的人名下隐藏着托尔斯泰及其家人底作品将何等动人！Nicolas Ivanovitch Sarintzeff 和《我们应当做什么？》底作者到了具有同样信心的地步，他试着要把它实行。但这于他是绝端不可能。他的妻子底哭泣（真诚的呢还是假装的？）阻止他离开他的家族。他留在家中，如穷人般过活，作着木工。他的夫人与儿女继续着奢侈的享用与豪华的宴会。虽然他绝对没有参加，人家却指摘他是虚伪。然而，由于他的精神的影响，由于他的人格底光辉,他在周围造成了不少信徒——与不幸者。一个教堂司祭,信服了他的主义,放弃了他的职位。一个世家子弟为了他的主义而拒绝军役,以致被罚入纠正纪律的队伍中。而这可怜的托尔斯泰底化身,Sarintzeff 为怀疑所苦。他是不是犯了错误?他是否无谓地陷别人于痛苦或死地?末了,他对于他的悲苦底解决,唯有让那为他无意中置于绝路的青年底母亲杀死。

在另一短篇《无所谓罪人》(一九一〇年九月)中,我们还可找到托尔斯泰最后几年底生活,同样是一个因了无可自拔的境遇而受苦的人底忏悔录。在闲豫的富人之前,有被压迫的穷人;可是他们双方都不觉察这种社会状态底可怕与不合理。

两部剧本具有真实的价值:一是农村小剧,攻击酒精底为害的:《一切品性之所从来》(很可能是一九一〇年作)。人物底个性极强:他们的典型的体格,他们的言语底可笑,都是描绘逼真。那个在末了宽恕他的窃贼底乡人,在他无意识的伟大与天真的自尊心上,是又高尚又滑稽的。——第二部却另有一种重要,是十二景的剧本,名:《活尸》。它表露为社会荒谬的现象所压迫着的善良而懦弱之士。剧中的主人翁,弗狄亚(Fedia)为了自己的善性与道德情操而断送了一生,他的这些情操隐藏在放浪不羁的生活之下:他为了人类底卑下与对于自己底蔑视而痛苦到不堪忍受;但他无力反抗。他有一个妻子,爱他,秉性善良,安分守己,极有理性,但"缺少这使苹果汁发沫的一颗小小的葡萄",缺少这令人遗忘一切的"在生活中的跳跃"。而他正需要遗忘。

"我们都处于我们的环境中,"他说,"我们前面有三条途径,只有三条。做一个公务员,挣得钱来加增你生活底卑劣,这使我厌恶；也许是我不能这样做……第二条路，是和这卑下奋斗：这必得是一个英雄，我却不是。剩下第三条：忘记自己，喝酒，玩，唱歌：这是我所选择的路，你们看这条路已引我到什么地步……"[1]

在另一段中：

"我怎样会陷于绝境的呢？第一是酒。并非我感到喝酒底乐趣。但我永远怀着这种情操：在我周围的一切都不应当的，我为此羞耻……至于要成为贵族底领袖，或银行底行长，这是那么可耻，那么可耻！……喝过了酒，我们不复感到羞耻了……而且，音乐，不是歌剧或贝多芬，而是酒店中的音乐，在你的灵魂中灌注了多少生命，多少精力……还有美丽的黑眼睛，微笑……但这些东西愈是魅人，事后愈令人羞耻……"[2]

他离开了他的妻子，因为他觉得使她不幸而她亦不使他快乐。他把她留给一个友人，他爱她，她亦爱他，虽然没有明言，且友人与他亦有相似之处。他自己隐避在下层阶级中；这样，一切都好：他们两个是幸福了，他呢，——尽他所能的使自己幸福。但社会绝对不允许人家不征求它的同意而行事；它强迫弗狄亚自杀，如果他不愿他的两位朋友被判重婚罪。——这部奇特的作品，含有那么深刻的俄罗斯色彩，反映出一般优秀人士在革命所给予的巨大的希望消失以后，如何的失望与销沉，这是一部朴实无华的作品。其中的性格完全是真的，生动的，即是次要的角色亦是如此：年轻的妹子对于恋爱与婚姻问题底道德观念；勇敢的 Karenine 底面目，她的老母，保守派的贵族，在言语上非常强硬，在行为上非常迁就的人；甚至那些酒店中的舞女，律师，

[1] 《活尸》第五幕第一场。
[2] 第三幕第二场。

都是如实有的人物一般。

我所搁置不论的,是那些道德的与宗教的作用占了首位的作品,在此,作品底自由的生命被阻抑了,虽然这与托尔斯泰心理上的清明状态并无损害:

《伪票》:长篇的叙述,差不多是一部长篇小说,它要表现世界上一切行为——不论是善是恶——底连锁。两个中学生犯了一桩伪票罪,由此发见出许多的罪恶,愈来愈可怕,——直到由一个被害的可怜的女人底圣洁的退让,对于凶手发生了影响,更由这凶手一步一步追溯到造成罪恶的最初的人犯。题材是庄丽无比,简直近于史诗一般的题材,作品可以达到古代悲剧中那种定命的伟大。但本书底叙述太冗长了,太琐碎了,没有宏伟的气概;而且虽然每个人物都有特点,他们全体是类似的。

《儿童的智慧》是儿童之间底一组语录(共有二十一条对白),题材底范围极广,涉及宗教、艺术、科学、教育、国家等等。辞藻固然极为丰富;但那种方法令人厌倦,同样的意见已经重复说过多少次!

《年轻的俄皇》幻想着他不由自主地所给予人的痛苦,是集子中最弱的一篇作品。

末了,我只列举若干断片的东西:《两个巡礼者》、《祭司伐西利》,《谁为凶手?》等等。

在这些作品底大体上言,我们很感到托尔斯泰直到逝世为止,一直保有他的智的精力。[1]当他陈述他的社会思想的时候,他显得是徒托

---

[1] 这种精神上的健康,有他的朋友 Tchertkov 与他最后病倒时的医生底叙述为证。差不多直到最后,他每天继续写或读出他的日记令人笔录。

空言；但每当他在一件行为，一个生人之前，他的人道主义的幻想消失之时，便只有一副如鹰目般的目光，一下子便渗透你的衷心。他从没有丧失这清明境界。我认为他在艺术上唯一的贫弱，是在于热情方面。除了极短暂的时间以外，我们有一种印象，似乎艺术之于托尔斯泰不复是他生命底要素；它是一种必须的消遣，或者是行动底工具。但是他的真正的目的却是行动而非艺术。当他任令这热情的幻象把他激动时，他似乎感得羞惭；他斩钉截铁地结束了，或如《戈米区老人底遗著——日记》般，他完全放弃作品，因为它颇有把他重行和艺术结合的危险……正在创造力丰富的时候，他竟为了这创造力而痛苦，终于把它为了上帝而牺牲，这不能不算是一个大艺术家底独一无二的例子了。

一九一三年四月

亚洲对托尔斯泰底回响

在本书最初几版刊行的时候，我们还不能度量托尔斯泰底思想在世界上的回响。种子还埋在泥土中。应当等待夏天。

今日，秋收已毕。从托尔斯泰身上长出整个的支裔。他的言语见诸行动。在伊阿斯拿耶·波里阿那底先驱者圣·约翰之后，接踵而来的有印度底救主——圣雄甘地（Mahâtmâ Gandhi）。

人类史上毕竟不乏令人叹赏的事迹，伟大的思想努力虽然表面上是归于消灭了，但它的原素毫未丧失，而种种回响与反应底推移形成了一条长流不尽的潮流，灌溉土地使其肥沃。

一八四七年，年轻的托尔斯泰十九岁，卧病在嘉尚（Kazan）医院，邻近的病床上，有一个喇嘛僧，面部被强盗刺伤很重，托尔斯泰从他那里第一次获得无抵抗主义底启示，为他将来在一生最后的三十年中奉为圭臬，锲而不舍的。

六十二年之后，一九〇九年，年轻的印度人甘地，从垂死的托尔斯泰手中受到这圣洁的光明，为俄罗斯的老使徒把他的爱情与痛苦来培养成的；他把这光明放出鲜明的火焰，照射着印度：

它的万丈光芒更遍映于全球各部。

但在涉及甘地与托尔斯泰底关系以前，我们愿将托尔斯泰与亚洲底关系大体上说一个梗概：没有这篇论文，一部托尔斯泰传在今日将成为残缺之作。因为托尔斯泰对于亚洲底行动，也许在历史上将较对于欧洲的行动更为重要。他是第一个思想上的"大道"，自东至西，结合古老的大陆上的一切的分子。如今，东西两方底巡礼者，都在这"大道上"来来往往。

此刻我们已具有一切为认识本题所必需的方法：因为托尔斯泰底虔诚的信徒，保尔·皮吕高夫（Paul Birukoff）把所有的材料都搜集在《托尔斯泰与东方》[1]一书中。

东方永远吸引着他。极年轻的时候，在嘉尚当大学生，他便选了东方语言科中的亚剌伯·土耳其语言组。在高加索从军的几年中，他和回教文化有过长久的接触，使他获有深刻的印象。一八七〇年后，在他所编的《初级学校读本》中，发见不少亚剌伯与印度底童话。他患着宗教苦闷时，《圣经》已不能满足他；他开始参考东方底宗教。他对于此方面的书籍浏览极多。[2] 不久，他即有把他的读物介绍给欧洲底思念，《圣贤思想集》便是这个思想底结晶，其中包括着《圣经》，佛，老子，克利歇那（Krishna）底言论。他早就相信人类一切的宗教都建筑于同一个单位之上。

但他所寻求的，尤其是和亚洲人士底直接的关系。在他一生最后十年中，伊阿斯拿耶与东方各国间底通信是非常密切的。

在亚洲各国中，他感到在思想上与他最

---

[1] *Tolstoi und der Orient. Briefe und sonstige Zeugnisse über Tolstois Beziehungen zu den Vertretern orientalischer Religionen*, 一九二五年。
[2] 皮吕高夫在他的书末，把托尔斯泰浏览与参考的关于东方的书籍作了一张表。

接近的是中国。但中国思想却最少表白出来。一八八四年时，他已研究孔子与老子；后者尤为他在古代圣贤中所最爱戴。[1]但托尔斯泰一直要等到一九〇五年方能和老子底国人交换第一次通讯，而且似乎他的中国通信者只有两人。当然他们都是出众的人物。一个是学者 Tsien Huang-t'ung①；一个是大文豪辜鸿铭，他的名字在欧洲是很熟知的，[2]北京大学教授，革命后亡命日本。

在他与这两位中国的优秀之士底通信中，尤其在他致辜鸿铭底长信中，托尔斯泰表示他对于中国民族所感到的爱恋与钦佩。近年来中国人以高贵的温厚态度去忍受欧洲各国对他所施的暴行这事实尤其加强了托尔斯泰底情操。他鼓励中国坚持它的这种清明的忍耐，预言它必能获得最后的胜利。中国割让给俄国的旅顺这一个例子（这件事情使俄国在日俄战争中付了极大的代价），肯定了德国之于胶州湾，英国之于威海卫，必将归于同样的结局。那些盗贼终于要在他们中间互盗。——但当托尔斯泰知道不久以来，暴力与战争底思想，在中国人心中亦觉醒起来时，不禁表示惶虑，他坚求他们要抗拒这种思想。如果他们亦为这种传染病征服了，那末必将临着空前的大劫，不独是在"西方最犷野最愚昧的代表者德皇"所恐怖的黄祸这意义上，但尤在人类至高的福利这观点上。因为，古老的中国一旦消灭之后，它的真正的，大众的，和平的，勤勉的，实用的智慧（Sagesse），本应当

[1] 似乎一部分中国人也承认这类似性。往中国旅行的一个俄国人，于一九二二年时说中国的无政府主义充满了托氏底思想，而他们的共同的先驱者却是老子。
[2] 最近斯多克（Stock）书店出版了他的《中国民族底精神》底法译本（一九二七）。

---

① 此人不知何指。

从中国渐渐地展布到全人类底智慧，必将随之俱灭。托尔斯泰相信必有一日，人类生活将完全改变；而他深信在这递嬗中，中国将在东方各民族之首，居于最重要的地位。亚洲底任务在于向世界上其余的人类指示一条导向真正的自由的大路，这条路，托尔斯泰说，即是"道"。他尤其希望中国不要依了西方底方案与榜样而改革，——即不要把立宪制度代替它的君主政治，不要建设国家军队与大工业！它得把欧洲作为前车之鉴，那种地狱一般惨酷的现状，那些可怜的无产者，那种阶级斗争，无穷尽的军备竞争，他们的殖民地侵夺政策，——整个文明底破产，欧洲是一个先例，——是的！——是不应当做的事情底先例。固然中国不能长此保持它的现状，受各种暴行底侵犯，它只有一条路应当走：便是对于它的政府与一切政府底绝对的无抵抗。它只要无动于衷地继续耕它的田，只服从神底律令！欧洲将在这四万万人底英雄的清明的无抵抗前面降服。在田野中平和地工作，依了中国底三教行事：儒家，教人排脱暴力；道教，教人"己所不欲，勿施于人"；佛教，则是牺牲与爱。人生底智慧与幸福底秘密尽于此矣。

在托尔斯泰底忠告之后，我们试观今日中国所做的事；第一他的博学的通讯者，辜鸿铭，似乎并未如何领悟：因为他的传统主义是很狭隘的，他所提出的补救现代世界狂热底万能药，只是对于由过去造成的法统，加以绝对忠诚的拥护。[1]——但我们不应当以表面的波涛来判断无边的大海。虽然那些旋起旋灭的党争与革命，不能令人想到托尔斯泰底思想，与中国圣贤底数千年的传统如何一致，然而谁能说中国民族竟不是与托尔斯泰

[1] 在致辜鸿铭书中，托尔斯泰猛烈地批评中国底传统教训，服从君主这信念：他认为这和强力是神明的权利一语同样无根据。

底思想十分接近呢?

日本人,由于他的热狂的生命力,由于他对于世界上一切新事物底饥渴的好奇心,和中国人正相反,他是在全亚洲和托尔斯泰发生关系最早底民族(约于一八九〇年左右)。托尔斯泰对之却取着猜疑的态度,他提防他们的国家主义与好战天性底执着,尤其猜疑他们那么柔顺地容纳欧洲文明,而且立刻学全了这种文明底害处。我们不能说他的猜疑是全无根据:因为他和他们的相当密切的通讯使他遭了好几次暗算。如年轻的 Jokai, *Didaitschoo-lu* 日报主笔,自称为他的信徒,同时又自命为把他的主义与爱国情操联合一致的折衷派,在一九〇四年日俄战争爆发时,他竟公然指摘托尔斯泰。更令人失望的是那个青年田村,最初读了托尔斯泰底一篇关于日俄战争的文字[1],而感动得下泪,全身颤抖着,大声疾呼地喊说:"托尔斯泰是今世唯一的先知者。"几星期之后,当日本海军在对马岛击破了俄国舰队时,一下子卷入爱国狂的漩涡,终于写了一部攻击托尔斯泰底无聊的书。

更为坚实更为真诚的——但与托氏真正的思想距离很远的——是这些日本的社会民主党,反对战争的,英雄的奋斗者,[2] 一九〇四年九月致书托尔斯泰;托尔斯泰在复书中感谢他们的盛意,但表示他痛恶战争,同时亦痛恶社会主义。[3]

可是无论如何,托尔斯泰底精神已深入日本,把它彻底垦植了。一九〇八年,正值他八秩诞辰,他的俄国友人向全世界

---

[1] 这篇论文载于一九〇〇年六月《泰晤士报》(*Tamura*);于十二月中在东京读到它。
[2] Izo-Abe,《平民报》经理。在托尔斯泰底复信寄到之前,他们已下狱,报纸也被封了。
[3] 这复信底内容,我在以前本文中已引述过一段。

托尔斯泰底朋友征文，预备印行一部纪念册，加藤寄去一篇颇有意义的论文，指明托尔斯泰给予日本底影响。他的宗教作品，大部分在日本都有译本；这些作品在一九〇二至一九〇三年间，据加藤说，产生了一种精神革命，不独日本的基督徒为然，即是日本的佛教徒亦莫不如此；且由此发生了佛教刷新底运动。宗教素来是一种已成法统，是外界底律令。那时起它才具有内心的性质。"宗教意识"从此成为一个时髦名辞。当然，这"自我"底觉醒并非是全无危险的。它在许多情形中可以引人到达和牺牲与博爱精神全然相反的终局，——如引人入于自私的享乐，麻木，绝望，甚至自杀：这易于震动的民族，在他热情底狂乱之中，往往把一切主义推之极端。但在西京附近，好几个托尔斯泰研究者的团体，竟这样地形成了，他们耕田度日，并宣扬博爱底教义。[1] 以一般情形言，可说日本底心灵生活，一部分深深地受着托尔斯泰底人格的感印。即在今日，日本还有一个"托尔斯泰社"发行一种每期七十面底颇有意义而浸淫甚深的月刊。[2]

这些日本信徒中最可爱的模范，是年轻的德富健次郎，他亦参加一九〇八年底祝寿文集，一九〇六年初，他自东京写了一封热烈的信致托尔斯泰，托尔斯泰立刻答复了他。但德富健次郎等不得收到复信，便搭了最近期出口的船去访他。他不懂一句俄文，连英文也懂得极少。七月中他到了伊阿斯拿耶，住了五天，托尔斯泰以父辈底慈爱接待他，他回到日本，这一星期底回忆与老人底光辉四射的微笑，使他终生不能忘怀。

---

[1] 一九〇六年十月三日，Tokutomi 写信给他道："你不是孤独的，大师，你可自慰了！你在此有许多思想上的孩子……"
[2] *Tolstoi Kenkyu*（意为《托尔斯泰研究》）。

他在一九〇八年底祝寿文中提起此事,他的单纯洁白的心倾诉着:

"在别后七百三十日与距离一万里底雾雾中间,我还依稀看到他的微笑。"

"现在我和妻和犬生活在小小的乡间,在一座简陋的房屋中。我种着蔬菜,刈着滋生不已的败草。我的精力与我的光阴完全消磨在刈草,刈草,刈草,……也许是我的思想底本质使然,也许是这困阨的时代使然。但我很幸福……只是个人在这情境中只能提笔弄文,亦是太可怜了!……"

这个日本青年,在他的卑微纯朴幸福的生活状态上,在他的人生底智慧与勤劳的工作上,较诸参与祝寿文集的一切托氏底信徒都更能实现托氏底理想,而触及托氏底内心。[1]

[1] Tokutomi 记得一九〇六年时托尔斯泰问他道:——"你知道我的年纪么?"——"七十八岁。"我回答。——"不,二十八岁。"我思索了一会说道:——"啊!是的,从你成为新人的那天算起。"他颔首称是。

俄罗斯帝国底回教徒共有二百万人,故托尔斯泰在他俄国人底地位上,颇有认识他们的机会。而他们在他的通信中亦占据了重要的地位,但在一九〇一年前,这种通信尚属少见。是年春天,托尔斯泰底被除教籍与致神圣宗教会议书感服了他们。卓越的坚决的言辞对于回教徒们不啻是古犹太先知爱里升天时底嘱言。俄罗斯底 Baschkirs 人,印度底回教僧侣,君士坦丁堡底回教徒写信给他,说他们读到他斥责整个基督教底宣言,使他们"快乐至于流泪";他们祝贺他从"三位一体底黑暗的信仰"中解脱出来。他们称之为他们的"弟兄",竭力使他改宗。一个印度回教僧,竟天真地告诉他说一个新的救世主(名叫 Chazrat

Mirza Gulam Ahmed）方在 Kashmir 觅得耶稣底坟墓，打破了基督教中"复活"底谎言；他并且寄给他一张所谓耶稣坟墓底照相，和这所谓新救世主底肖像。

托尔斯泰对于这些奇特的友谊，怎样地报以可爱的镇静，几乎没有讥讽（或悲哀）的表示，这是我们难以想象的。不曾看到托尔斯泰在这些辩论中所取的态度的人，不能知道他刚愎的天性，涵养到如何绝端温和的地步。他从来不放弃他的殷勤的情意与好意的镇静。倒是那些与他通讯的回教徒愤愤然斥他为"中古时代底基督教偏见底余孽"[1]。或是那个因为托尔斯泰不承认他的新的回教救主，以种种说话威吓他，说这位圣人将把受着真理底光辉的人分作三类：

"……有些人靠了他们自己的理智而受到的。有些人由于有形的信号与奇迹而受到的。第三种人是由于剑的力量而受到的。（例如法拉翁 Pharaon，摩西逼得要使他喝尽了红海底水方能使他信仰上帝）。因为上帝所遣的先知者应当教导全人类……"[2]

托尔斯泰从不以斗争的态度对付他的含有挑战性的通讯者。他的高贵的原则是无论何人，爱了真理，永远不可把各种宗教底不同与缺点作准，而是应当注意沟通各种宗教与造成宗教底价值的特点。——"我对于一切宗教，努力抱着这种态度，尤其是对于回教。"[3]——他对于那个暴怒的回教僧，只答道："一个具有真正宗教情操的人底责任，在于以身作则，实践道德。"我们所需要的尽在于此。[4] 他佩服摩罕默德，他的若干言论使他感服。[5] 但摩

---

[1] Asfendiar Woissow 在君士坦丁堡。
[2] 一九○三年七月二十二日 Mohammed Sadig 书。
[3] 一九○八年六月十日 Elkibajew 书。
[4] 一九○三年八月二十日致 M.Sadig 书。
[5] 托尔斯泰极佩服摩罕默德关于贫穷的祈祷："吾主，使我在贫穷中生存，在贫穷中死去！"

罕默德只是一个人，如基督一样。欲使摩罕默德主义与基督主义成为一种正当的宗教，必须放弃对于一个人或一部书底盲目的信仰；只要他们容纳一切与全部人类底良心与理智符合的东西。——即在包容他的思想底适当的形式中，托尔斯泰也永远留神着不佛逆他的对手底信仰：

"如果我得罪你，那么请你原谅我。我们不能说一半的真理，应当说全部，或者完全不说。"[1]

[1] 一九〇二年十一月十一日致 A. Woissow 书。

他的丝毫不能说服他的质问者，自是毋容提及的事。

至少，他遇到别的回教徒，明白的，自由的，和他表示完满的同情：——第一流中有著名的宗教改革者，埃及底大教士 Mohammed Abdou，一九〇四年四月八日从开罗（Caire）写信给他，祝贺他的被除教籍：因为这是贤圣之士底神明的报酬。他说托尔斯泰底光辉温暖了聚合了一切真理底探求者，他们的心永远期待着他的作品。托尔斯泰诚恳地答复了他。——他又受到驻君士坦丁堡波斯大使 Mirza Riza Chan 亲王（一九〇一年海牙和平会议波斯首席代表）底敬礼。

但他尤其受着白勃（Babisme）运动底吸引，他常和这派人物通声气。其中如神秘的 Gabriel Sacy 于一九〇一年自埃及致书于他，这是一个亚剌伯人，改信了基督教以后又转入波斯底白勃主义。Sacy 向托尔斯泰陈述他的主张。托尔斯泰答言（一九〇一年八月十日）"长久以来白勃主义已使他感到兴趣，关于本问题的书籍，他已读过不少"；他对于它的神秘的根据及其理论认为毫无重要；但他相信在东方可以成为重要的道德律："白勃主义迟早将和基督教底无政府主义融和。"他曾写信给一个寄给他一部白勃主义书底俄国人，说他确信"从现在各种教派——婆罗门教，佛教，犹太教，基督教——中产生的一切合理化的宗教箴规必能获得胜利"。他看到它们全体底倾向是"会合到普遍地合于人间性的唯一的宗教"方面去。——他得悉白勃主义流入俄国感染了嘉尚地方底鞑靼人，大为喜悦，他邀请他们的领袖 Voissov 到他家里和他谈了很久，这件事故有 Goussev 底记载（一九〇九年二月）可考。

一九〇八年底祝寿文集中，一个 Calcutta 地方底法学家，名叫 Abdullah-al-Mamun-Suhrawardy，代表了回教国，作了一篇称颂备至的纪念文。他称他为 yogi①，他承认他的无抵抗主义并不与摩罕默德底主义相抵触；但"应当如托尔斯泰读《圣经》一般，在真理底光辉中而非在迷信底云雾中读《可兰经》"。他称颂托尔斯泰之不为超人，而是大家底兄弟，不是西方或东方底光明，而是神底光明，大众底光明。随后他预言托尔斯泰底无抵抗主义与"印度圣哲底教训混合之后，或能为我们这时代产生出若干新的救世主"。

这确是在印度出现了托尔斯泰所预告的活动的人格。

在十九世纪末二十世纪初，印度是在完全警醒的状态中。除了一部分博学之士——他们是不以向大众传布他们的学问为急务的，他们只醉心于他们的语言学中，自以为与众隔绝，[1]——以外，欧洲尚未认

[1] 除了极少的例外，如 Max Müller 那大思想家，心地宏伟的人。

① 此系印度的苦修士。

识这种状态,它亦毫没想到在一八三〇年发端的印度民族心魂在一九〇〇年竟有如此庄严伟大的开展。这是一切在精神领域中突然发生的繁荣。在艺术上,科学上,思想上,无处不显出这灿烂的光华。只要一个泰戈尔(Rabindranath Tagore)底名字,便在他的光荣的星座下,照耀着全世界。差不多在同时,吠擅多派(Vedantisme)教义受过 Arya-Samâj(一八七五)Dayananda Sarasvati 辈底改革,Keshab Chunder Sen 并把 Brahmâ-Samâj 作为一种社会改革底工具,借为调和基督教思想与东方思想底出发点。但印度底宗教界上,尤其照耀着两颗光芒万丈的巨星,突然显现的——或如印度的说法,是隔了数世纪而重新显现的,——两件思想界底奇迹:一个是 Ramakrishna(一八三六～一八八六),在他的热爱中抓住了一切神明的形体,一个是他的信徒 Vivekananda(一八六三～一九〇二),比他的宗师尤为强毅,对于他的疲惫已久的民众唤醒了那个行动底神,Gitâ 底神。

托尔斯泰底广博的智识自然知道他们。他读过 Dayananda 底论文。一八九六年始,他已醉心 Vivekananda 底作品,体味 Ramakrishna 底语录。Vivekananda 于一九〇〇年漫游欧洲的时候没有到伊阿斯拿耶·波里阿那去,真是人类底大不幸。作者对于这两个欧亚二洲底伟大的宗教心魂没有尽联合之责,认为是一件无可补赎的憾事。

如印度底 Swami 一样,托尔斯泰受过"爱之主"Krishna 底熏陶。且在印度不少人敬礼他如同一个"圣者",如一个再生的古 Rishi。《新改革》杂志底经理 Gopal Chetti 在印度是一个崇奉托尔斯泰思想的人，他在一九〇八年底祝寿文集中把托氏和出家的王子释迦牟尼相比；且说如果托尔斯泰生于印度，他定能被视为一个 Avatara，一个 Purusha（宇宙心魂底化身），一个 Sri-Krishna。

但是历史底无可移易的潮流已把托尔斯泰从苦修士对于神的梦想中转移到 Vivekananda，或甘地底伟大的行动中了。

命运底奇特的迂回！第一个导引托尔斯泰到这方面去，而以后又成为印度圣雄底左右手的人，这时候当和达玛路以前的圣保尔一般，是反对托氏思想最猛烈的一员，他是 C.R.Das[1]。我们能否假想是托尔斯泰底呼声，把他引入他的真正的使命？——一九〇八年终，C.R.Das 处在革命的立场上。他写信给托尔斯泰，毫不隐蔽他的强项的信心；他公然指摘托尔斯泰底无抵抗主义；可是他向他要求为他的报纸 *Free Hindostan* 作同情的表示。托尔斯泰答了一封长信给他，差不多是一篇论文，在《致一个印度人书》（一九〇八年十二月十四日）底题目下，散布于全世界。他坚决地宣传他的无抵抗主义与博爱主义，每一部分都引用 Krishna 底言论作为他的论证。他对于科学底新迷信和对于古代的宗教迷信同样痛加抨击。他责备印度人，不应当否认他古代的智慧而去承袭西方的错误。

"我们可以希望，"他说，"在这佛教与孔子主义的广大的世界内，这新的科学褊见将无立足之地，而中国人，日本人，印度人，澈悟了承认暴力的宗教谎言之后，立刻可具有爱底律令底概念，适合于人类的，为东方底大师以那么雄伟的力宣示于世界

---

[1] C.R.Das 最近已经去世。他成为甘地底好友，印度和平抵抗运动底首领。

的。但科学底迷信代替了宗教迷信来慢慢地侵吞东方诸民族了，它已征服日本为它摆布着最不幸的前途。在中国，在印度，一般自命为民众领袖的人全受了科学迷信底魅惑。你在你的报纸上提出你所认为应当指导印度底动向的基本原则如下：

"抵抗暴力不单是合理的，且是必需的；不抵抗既无补于自私主义亦有害于利他主义。

"……甚么！你，宗教情绪最深刻的民族底一员，竟相信了你的科学教育而敢把你的民族自远古以来即已主张的爱底律令，遽行弃绝么？暴力底首领，真理底敌人，最初是神学底囚犯，继而是科学底奴隶，——你的欧罗巴老师，感印给你那些荒谬的言论，你竟反复地说个不厌吗？

"你说英国人底制服印度，是因为印度不以武力来抵抗暴行？——但这完全是相反！英国人所以制服印度人，正因为印度人曾承认而现在还承认武力是他们的社会组织底基本原则之故；依了这个原则，他们服从他们各邦底君主；依了这个原则，他们向这些君主，向欧洲人，向英国人争斗……一个商务公司——三万人，而且是最无用的人——竟制服了二千万人底一个民族！把这个情形说给一个毫无成见的人听罢！他将不能懂得这些说话底意义……依数字而论，制服印度人的不是英国人而是印度人自己，这论断岂非是很明白确切的么？……

"印度人所以被暴力所制服，即因为他们就生存于暴力之中，现在还是依了暴力生活而不认识切合人类底永恒的爱底律令。

"凡是追寻他的所有物而不知他已占有的人，是愚昧而值得怜悯的！是的，不认识包围着他们的，所给予他们的爱的福利的

人是愚昧而可怜的!（Krishna 言）

"人只要度着与爱底律令协和的生活,这是切合他的良心而含有无抵抗与不参加暴力底原则的。那么,不独一百人不能制服数百万人,即是数百万人也不能制服一个人。不要抵抗恶,不参加恶,不加入行政司法,纳税,尤其是军队!——那时,无论何物,无论何人也不能制服你了!"

一段 Krishna 名言底申引,结束了这俄国教导印度底无抵抗主义宣道:

"孩子们,把你们被蒙蔽的目光望着更高远之处罢,一个新的世界,充满着欢乐与爱的世界将在你们面前显现,一个理智底世界,为'我的智慧'所创造的,唯一的实在的世界。那么,你们会认识,爱对于你们底赐与,爱向你们提出底条件。"

托尔斯泰此书落到一个年轻的印度人手里,他在南非洲 Johannesburg 地方当律师。他名叫甘地。他被这封书大大地感动了。一九〇九年终,他致书托尔斯泰。他告诉他,十年以来,他在托尔斯泰底宗教精神中所作的奋斗。他请求他允许他把他的致 C.R.Das 书译成印度文。

托尔斯泰对于他的"温和与强暴之战,谦卑与博爱和骄傲与暴力之战"表示祝福。他读到了 Hind Swarâj 底英文本,为甘地寄给他的;他立刻领悟这种宗教的与社会的经验底价值:

"你所讨论的,和平抵抗这问题,具有最高的价值,不独对于印度,且对于全人类亦是如此。"

他读了 Joseph J.Doke 著的《甘地传》为之神往。虽然病着,他还是写了几行动人的言辞寄给他（一九一〇年五月八日）,

当他病愈时，一九一〇年九月七日，在 Kotschety——他出家逃亡以至病殁前一个月，——他又写给他一封长信，这封信是那么重要，虽然冗长，我决意把它差不多全部附录在本文后面。它是，它将是，在未来人士的眼中，是无抵抗主义底经典，托尔斯泰思想上的遗嘱。南非洲底印度人于一九一四年在 *Golden Number of Indian Opinion* 上发表了，那是一册研究南非洲和平抵抗运动底杂志。它的成功同时亦是无抵抗政策底首次胜利。

同时，欧罗巴大战爆发了，互相屠杀：这不能不说是一种奇特的对照。

但当暴风雨过去，野蛮的骚扰渐渐地平息时，在废墟残迹之外，人们听到甘地底精纯坚决的呼声，如一头云雀一般。这声音，在一个更响亮更和谐的音调上，重新说出了托尔斯泰底名言，表明新时代人类希望底颂曲。

罗曼·罗兰

一九二七年五月

托尔斯泰逝世前二月致甘地书

致南非洲 Johannesburg, Transvaal, M.K.Gandhi.

　　我接到你的 Indian Opinion 报,读悉关于绝对无抵抗主义底论见,不胜欣慰。我不禁要表示我的读后感。
　　我阅世愈久,——尤其在此刻我明白感到日近死亡的时候——我愈需要表白我心中最强烈的感触,我认为重要无比的东西:这是说无抵抗主义,实在只是爱底法则底教训,尚未被骗人的诠解所变形的学说。爱,或者以别的名辞说沟通人类心魂底渴望,是人生底唯一的,最高的法则。……这是每个人知道,在心底里感到的。(在儿童心中尤其明显。)他只要没有受世俗思想底谎言所蒙蔽,他便会知道这点。
　　这条法则曾被人间一切圣哲之士宣扬过:印度人,中国人,希伯莱人,希腊人,罗马人。基督尤其把它表白得明显,他以确切的辞句说这条法则包括一切法则与一切先知者。而且,基督预料到这条法则有被变形底可能,故他特别暴露那种危险,说那些生活在物质的利益中的人要改变它的性质。所谓危险者,是那些人自以为应以暴力来保卫他们的利益,或如他们的说法,以暴力来夺回被人以暴力夺去的一切。基督知道(好似一切有理性的人所知道的一般)暴力底运用,与人生最高的法则,爱,是不相容的。他知道只要在一种情境中容受了暴力,这法则便全盘摧毁了。全部的基督教文明,在表面上虽然似乎非常灿烂,其实它时常在推进这种显而易见的,奇特的矛盾与误会,有时是故意的,但多半是无意识的。

实际上,只要武力抵抗被容受,爱底法则便没有价值而且也不能有价值了。如果爱底法则没有价值,那么除了强权之外,任何法则都无价值了。十九世纪以来的基督教即是如此。而且,在一切时间内,人类常把力作为主持社会组织底原则。基督教国家与别的国家中间底异点便是在基督教中,爱的法则是表白得很明显确切的,为任何宗教所不及;而基督徒们虽然把暴力底运用认为是合法的,把他们的生活建立于暴力之上,但他们仍旧庄严地接受这法则。因此,基督教民族底生活是他们的信仰与生活基础之间的矛盾,是应当成为行动底法则底爱,与在种种形式下的暴力之间的矛盾。(所谓暴力底种种形式是:政府,法院,军队,被认为必需而受人拥护的机关。)这矛盾随了内生活底开展而增强,在最近以来达到了顶点。

今日,问题是这样:是或否;应当选择其一!或者我们否定一切宗教的与道德的教训而在立身处世之中任令强权支使我们。或者把一切强迫的纳税,司法与警务权,尤其是军队,加以摧毁。

本年春天,莫斯科某女校举行宗教试验,那时除了宗教科教员之外,还有主教也亲自参与;他们考问女学生,关于十诫底问题,尤其是第五诫:"戒杀!"当学生底答语正确的时候,主教往往追问另外一句:"依了上帝底律令,是否在无论何种情形下永远禁止杀戮?"可怜的女郎为教员们预先教唆好了的,应当答道:"——不,不永远如此。因为在战争与死刑中,杀戮是允许的。"——但其中一个不幸的女郎(这是由一个在场目睹的证人讲给我听的)听到这照例的问句"杀人永远是一件罪恶么?"之后,红着脸,感动着,下了决心,答道:"——永远是的!"对于主教底一切诡辩,年轻的女郎毫不动心地回答,说在无论何种情形中,杀戮是永远禁止的,——而这在《旧约》中已经如此;至于基督,他不独禁止杀戮,并且禁止加害于他的邻人。虽然主教是那么庄严,那么善于说辞,他终竟辞穷,为少女战败了。

是的,我们尽可在我们的报纸上唠叨着谈航空进步,外交阴谋,俱乐部,新发现,和自称为艺术品等等底问题,而对于这少女所说的缄口不言!但我们决不能就此阻塞了思想,因为,一切基督徒如这女郎一样地感觉到,虽然感觉底程度或有明晦之别。社会主义,无政府主义,救世军,日有增加的罪案,失业,富人们的穷奢极侈天天在膨胀,穷人们底可怕的灾祸,惊人地增多的自杀事件,这一切情形证明了内心的矛盾,应当解决而将会解决的矛盾。承认爱底法则,排斥一切暴力底运用。这是近似的解决方法。因此,你在 Transvaal 底活动,于你似乎显得限于世界底一隅,而实在是处于我们的利益底中心;它是今日世界上最重要的活动之一;不独是基督教民族,世界上一切的民族都将参预。

在俄罗斯,也有同样的运动在迅速地发展,拒绝军役底事件一年一年地增加,这个消息定会使你快慰。虽然你们的无抵抗主义者与我们的拒绝军役者底数目是那么少,他们毕竟可以说:"神和我们一起,而神是比人更强。"

在基督教信仰底宣传中,即在人们教给我们的变形的基督教义形式中,即在同时相信战时屠杀的军备与军队是必须的情形中,也存在着一种那么剧烈的矛盾,迟早会,很可能是极早地,赤裸裸地表白出来。那么,我们必得或者消灭基督教,——可是没有它,国家的权威是无从维持的,——或者是消灭军队,放弃武力,——这对于国家亦是同样重要的。这矛盾已为一切政府所感到,尤其是你们的不列颠政府与我们的俄罗斯政府;而由于一种保守的思想,他们处罚一切揭破这矛盾的人,比着对于国家底其他的敌人,处置得更严厉。在俄国我们看到这种情形,由于你的报纸,我们亦看到你们的情形。各国政府明知威胁他们的最严重的危险之由来,他们所极力护卫的亦不止是他们的利益。他们知道他们是为了生或死而奋斗。

雷翁·托尔斯泰
一九一〇年九月七日于 Kotschety

托尔斯泰著作年表

一八五二年　童年时代（一八五一～一八五二）——侵略——哥萨克（一八六二年完成）
一八五三年　记数人日记
一八五四年　少年时代——伐木
一八五五年　一八五四年十二月之塞白斯多堡——一八五五年五月之塞白斯多堡——一八五五年八月之塞白斯多堡
一八五六年　两个轻骑兵——下雪——支队中的相遇——一个绅士底早晨——少年时代
一八五七年　亚尔培（Albert）——吕赛纳（Lucerne）
一八五八年　三个死者
一八五九年　夫妇间的幸福
一八六〇年　波里哥加（Polikouchka）
一八六一年　纺亚麻的人
一八六二年　民族教育论——写读教授法——建设初等学

校计划草案——教化与教育（Education et Instruction）——教育之定义与进步——师资论——十一十二两月中的伊阿斯拿耶·波里阿那学校——民众学校之自由创设与发展论——民众教育范围内的社会活动论——Tikhon 与 Malanya（遗著）——田园诗歌

一八六三年　十二月党人（预定的长篇小说中的断片）

一八六四～一八六九年　战争与和平

一八七二年　启蒙读本［包含伊索、印度、美国等寓言之翻译，神话、物理、动物、植物、历史各科讲话，短篇故事（高加索之囚犯，神见真理），史诗，数学，教员参考资料。］

二旅客（遗著）

一八七三年　撒玛拉饥荒感言（致 Moscow Vedomosty 主编书）

一八七四年　论民众教育（致 J.U.Shatiloff 书）——提出莫斯科文学委员会之报告书

一八七五年　启蒙新读本俄罗斯读本四种——斯拉夫古书四种

一八七六年　安娜小史（一八七三～一八七六）

一八七八年　初年回想录（断片）——十二月党人（断片之二）——十二月党人（断片之三）

一八七九年　我是谁（Tchertkov 藏件）——忏悔录（一八八二年增订）

一八八〇年　定理神学（Théologie Dogmatique）之批判——彼得一世（短篇小说中之一章）——幼

女之自卫——随笔——爱之死灭——神怪故事之始端——卢梭论——沙漠中的湿地——哥萨克逃兵

一八八一年　四福音书之索引与翻译——福音书缩本——人类之生存要素

一八八二年　教会与国家——无抵抗主义——关于调查之论文

一八八四年　我的信仰底内容（我的宗教）——Bondarev著"农夫之胜利或劳作与懒惰"序——一个疯人底日记

一八八五年　通俗传说［两兄弟与黄金，比老人更乖的幼女，敌人抵抗而上帝坚持，三隐士，基督之诱惑，基督之痛苦，伊里亚斯（Ilias），一个饿鬼，忏悔的罪人，上帝之子，一幅最后之晚餐的画，蠢货伊凡底故事］
通俗故事（二老人，烛，爱之所在即神之所在，无从熄灭的火焰）——十二使徒之教诲——苏格拉底——彼得传——Pietr Hlebnik

一八八六年　黑暗底力量——伊凡·伊列区之死——我们应当做什么？——我们是什么？——通俗传说（一个人需要许多土地么？——一颗大如鸡卵的谷子）——Nicolas Palkine——成语日历——慈悲论——信仰论——论抗拒罪害之斗争（致一个革命党人书）——宗教论——妇女

	论——告青年——神之国（断片）——*Aegée*
一八八七年	人生论——论人生之意义（在莫斯科心理学会中宣读的报告）——论生与死（致 Tchertkov 书）——在光明中前进——有闲者底谈话录——工人 Emelian 与空鼓——三个儿子（寓言）——手工工作与智识活动（致罗曼·罗兰书）
一八八八年	论高果尔（未完成）
一八八九年	魔鬼（遗著）——蜂房故事——克莱采朔拿大——爱神与爱邻论——告同胞书——论艺术（听了 Goltsev 演讲"艺术中之美"后的感想）——教育之果实（喜剧）——振作——一月十二月底光明节
一八九〇年	为何人类如何昏愦——"四十年"（地方传说）——克莱采朔拿大跋——论 Bondarev——论性底交际——论亨利·乔治之计划——一个基督徒底回忆录——圣徒传——圣约翰——"我们的兄弟"——中国的生底智慧（道德经）——大众底福利——尼古拉——自杀论（论这怪现象底意义）
一八九一年	一个母亲底回忆录（遗著）——"高的代价"（引莫泊桑语）——饥馑论——论艺术与非艺术及艺术之重要性与无聊性（断片）——法院论（遗作）——第一个阶段——一个钟表匠——一个可怕的问题——"舒拉德咖啡店"

（引 Bernardin de Saint-Pierre 语）——论荒歉时对于平民的补救方法

一八九二年　拯救饥民论——困难中的人（论文两篇）——拯救饥民报告书——论理智与宗教（致 Rosen 男爵书）——论 Karma 书——"*Françoise*"（引莫泊桑语）

一八九三年　拯救饥民报告书——灵魂得救在你自己（神国在你心中）（一八九一～一八九三）——基督教义与军役（前书中被检查会删去的一章）——宗教与道德——无为论——爱情之所欲——基督教精神与爱国主义——自由思想论

一八九四年　*Karma*（佛教童话）——年轻的俄皇（遗著）——论与国家之关系——论不朽——莫泊桑著作序——致印度人书

一八九五年　主与仆——寓言三种——羞耻——致一个波兰人书——论狂妄的梦

一八九六年　四福音书读法——告中国民众（未完成）——无抵抗主义论——论教会之欺诈——爱国主义与和平——致自由主义者书——与政府现存法统之关系——终局之迫近——基督教之训

一八九七年　艺术论（何为艺术？）——为要求将诺贝尔奖金赠与 Doukhobors 人事致瑞典某日报主笔书——我的五十余年有意识的生活

一八九八年　为援救 Doukhobors 人事宣言——饥荒——塞越老人（遗著）——嘉本特论现代科学文序——致 Russkiya Vedomosty 书

一八九九年　复活——论宗教教育——致一个军官书——为海牙和平会议问题致一个瑞典人书

一九〇〇年　出路在哪里——这时代底奴性——活尸——绝对戒杀——致移民于加拿大的杜高鲍人书——应否如此——爱国主义与政府——蜂房童话（以上皆为遗著）——"贫穷之解剖"序

一九〇一年　唯一的方法——谁为有理——告有闲的青年——告俄国劳动者书——论宗教之容忍——理智，信仰，祈祷（论文三篇）——答神圣宗教会议书——军官底杂记簿——论俄法同盟（信）——致俄皇及其参赞（其一）——论教育（致皮吕高夫书）——致皮迦尔日报书

一九〇二年　告僧侣书——黑暗中的光明（剧本，遗著）——何为宗教何为宗教的要素——地狱之毁灭与重建——告劳动者

一九〇三年　莎士比亚与戏剧论——舞会之后（遗著）——亚叙利亚王——劳作——死与疾病——三问题——告政治改革者——灵智的来源观（一九〇八年修正）——论劳力

一九〇四年　童年回忆（一九〇三～一九〇四，一小部分在一九〇六年写成）——Hadji-Mourad

（一八九六～一八九八，一九〇一～一九〇四）（遗著）——伪票（一九〇三～一九〇四）——哈里逊（Harrison）与无抵抗主义——我是谁？——圣哲底思想录——振作起来！（一九〇六～一九〇七年修正）

一九〇五年　文选——释迦牟尼——神与人——拉默奈（Lamennais）——柏斯格（Pascal）——*Pierre Heltchitsky*——苏格拉底案——*Korney Vassiliyeff*——祈祷——唯一的必需品——*Alexis le Pot*（遗著）——世界的末日——大罪恶——论俄罗斯的社会运动——我们当怎样生活？——绿竿——真的自由（致一个乡人书）

一九〇六年　Vassily 老人（遗著）——论俄罗斯革命之意义——告俄国民众（政府，革命党，大众）——论军役——论战争——土地问题之唯一的解决法——论基督教规条（致 Paul Sabatier 书）——致一个中国人书——亨利·乔治"社会问题"序——戈米区老人底遗著——日记（遗著）——梦中所见（遗著）——有什么可以做——致俄皇及其参赞书（其二）

一九〇七年　与儿童谈道德问题——拉勃·吕伊哀与拉·洛倏夫谷等思想选录序——你们相爱么——戒杀——论人生的了解——与 Ernest Crosby 的

	初次会晤——为何基督教国家特别是俄国现在处于可悲的情形
一九〇八年	我不复能缄默了——文选（修正及增订本）——爱底福利——狼（儿童故事）——一个兵士底诸案——暴力底律令与爱底律令——谁为凶手？（遗著）——答八秩祝寿文集书——致一个印度人书
一九〇九年	世界上无罪人——教育家底首要任务——儿童的智慧（遗著）——致和平会议书——唯一的诫条——Gusseff 被捕感言——论教育——无可避免的责任——论高果尔——论国家——论科学——论法学——答一个波兰女子书——为了爱上帝之故停着想一想罢——致一个老信徒书——致一个革命党人书——是了解的时候了——向为了爱真理而受难的人致敬——路人与农人——乡村之歌——父与子的谈话——与一个旅人的谈话
一九一〇年	村中三日记——人生大道——Khodynka——一切品行之所从来（喜剧）——论疯狂——致斯拉夫大会书——肥沃的土地——致和平会议书——儿童故事——哲学与宗教——论社会主义（未完成）——有效的方法

莫罗阿

服尔德传

目 录

译者附识　　529

一　十八世纪的渊源与特征　　530
二　童年与教育　　534
三　喜剧　　538
四　悲剧　　543
五　服尔德在英国　　548
六　成功与虐害　　553
七　哲学书信　　557
八　至高至上的爱弥丽　　561
九　路易十四与弗莱特烈克二世　　565
十　得宠与失宠　　571
十一　圣朗倍　　576
十二　普鲁士王　　580
十三　哲学家的三窟　　585
十四　法尔奈的生活　　589

十五　服尔德的哲学　594
十六　刚第特　599
十七　小品　603
十八　喀拉事件　606
十九　骑士拉拜尔事件　610
二十　元老　614
二十一　服尔德的加冕　619
二十二　结论与批判　623

参考书　626

译者附识

服尔德（Voltaire），时人多译作福禄特尔，鄙意与原文读音未尽相符，因援用北平中法大学服尔德学院译名。窃意凡外国人名之已有实际应用者较有普遍性，似不必于文字上另用新译。

本书所引诗句，只译其大意，读者谅之。本书中注解皆为译者添加，以便读者。本书采用一九三五年巴黎 Gallimard 书店 nrf 版本。

二十五年四月

一　十八世纪的渊源与特征

路易十四①的统治，是一个聪明政治家的正当的独裁。而且是必不可少的独裁。迄十七世纪为止，法国贵族始终是桀骜好战的阶级，屡次作乱，致国家无法统治。个人之间的争执，其暴烈亦不下于党派之间的争执。一五八九至一六〇七年间死于决斗的直有七千人。所谓现代国家这种簇新的威力，那些文艺复兴期的巨子是不承认的。吕希李安（黎塞留）②曾把他们抑压过一时；但在路易十四尚未亲政的时期，他们重又抬起头来，吐出凶猛疯狂的火焰。即是女人亦是好勇斗狠之流，比男子更高傲更残暴。伽斯东·特·奥莱昂③有一封信是"致诸位伯爵夫人，反对玛查冷（马萨林）④阵线中之司令夫人"的。那时的情势，只要浏览雷兹

---

① Louis XIV，生于一六三八年，一六四三年登位，御极七十二年而崩。在位时荡平诸侯，统一法国，尊定近代法国王朝之基业。
② Richelien（一五八五～一六四二），路易十三朝之名相。
③ Gaston d'Orléans（一六〇八～一六六六），路易十三之王弟，为权贵之首。
④ Mazarin，路易十三、十四两朝之首相，吕希李安后之重臣。

大主教①或拉·洛希夫谷②的《回忆录》,便可懂得非绝对专制的君主不足以驯服那般英武危险的魔王了。

吕希李安开创的事业,经过玛查冷与路易十四两人方告完成。那些强大的诸侯,轻视国家的个人,在十七世纪中崩溃了。文学与社交,同时也发生剧烈的转变。内乱中的强悍的战士学习周旋于客厅中的礼仪。路易十四的宫廷中,大家都受着群居精神的熏陶。"武士一变而为绅士……③佩剑一变而为装饰品。"④军人在年富力强的时节已经被命退休,谈情说爱的勾当把他们羁縻住了。女人威势大增。谈话与文字的唯一的题材,是分析女子感人的或感到的种种情操。为表白细腻入微的区别起计,语言磨练得准确,抽象,精炼起来。于是古典精神诞生了。

在古典精神的发展史中,至少应当分成两时期。第一时期是高乃伊⑤,莫利哀(莫里哀)⑥,拉·洛希夫谷,赛维尼夫人⑦的时期,古典精神是一种表现强烈情操时所必须采用的完善的形式。一个伟大的古典主义者决非麻木不仁的人。他有与浪漫主义者一样的情操。但"他在谈话写作思想诸方面,养成了以上流社会的听众为对象的习惯"。字汇是轻盈的。凡是专门的术语,迂腐的谈吐,粗俗的俚言,一切足以引起上流社会厌恶的字眼,作家都

---

① Cardinal de Retz(一六一三〜一六七九),法国政治家,作家。
② La Rochefaucauld(一六一三〜一六八〇),法国大文学家,以讽刺尖刻著名。
③ 见《何谓古典主义者》一书。
④ 武士 Chevalier,系指中古及文艺复兴期的贵族,好勇斗狠,以豪侠英武为尚。Cavalier 一字在此与 gentilnomme 同义,意为彬彬有礼,温文尔雅之辈。
⑤ Corneille(一六〇六〜一六八四),法国悲剧之创始者。
⑥ Molière(一六二二〜一六七三),法国喜剧之创始者。
⑦ Mme de Sévigné(一六二六〜一六九六),法国女文学家,以书翰著名。

要避免。他们努力养成一种明白晓畅,直捷了当的风格。他们表现个人的痛苦,也不用抒情的自白,而出之以一般格言的方式,因为剧烈的口吻是不登大雅之堂的。但在格言之下,始终于隐约之间露出热情,而伟大的古典主义者的美,便在这种含蓄上面。

四五十年之后,古典精神腐化了。表面上还是精致光泽,内里却一无所有。趣味变得褊狭了;怕用具体字眼的结果,使文字与现实完全脱离关系。承继拉西纳①(拉辛)的是克莱皮翁②与服尔德的悲剧。前此所表现的是就范于客厅生活的英武的贵族,此刻却是想望英雄情操而不得的客厅中的贵族。恋爱变成纵欲。"夫妇与男女社交之间满是混乱的现象。"可是寡廉丧耻在任何时代都足促成统治阶级的灭亡。贵族没落之后,出现了一般议论是非,专好讥讽的中产阶级,一部分被路易十四迫使退休的宫臣更去支持他们。青年的贵族梦想有一种新封建制度的运动,梦想有一种贵族的与平民的反响。

当时另一种深刻的思想运动是近代科学的形成。自哥白尼③,伽利莱(伽利略)④,笛卡儿⑤诸人而后,星球的运行,物体的降落,光线的射程,似乎都可由推理来计算预测。人的精神为这种新的力量陶醉了。理智高于一切。情欲啊,政治啊,上帝啊,都等它来解释。学在应用抽象的字汇,把原子当作代数上的符号一

---

① Racine(一六三九~一六九九),法国悲剧作家,与高乃伊齐名。
② Crébillon(一六七四~一七六二)。
③ Copernic(一四七三~一五四三),波兰天文学家,首先发明太阳系中心说。
④ Galilée(一五六四~一六四二),意大利天文学家,数学家。
⑤ Descartes(一五九六~一六五〇),法国哲学家,数学家。

般，使伦理学家与哲学家以为一切问题可用纯理智来解决。斯宾诺查（斯宾诺莎）①在《伦理学》中已把形而上学归纳为定理与系论。十八世纪的英法哲学家势将把合乎逻辑的推理来代替本能与传统。

他们虽已窥见实验科学的前途，但与促成十九、二十两世纪物理化学突飞猛进的严格的方法，以及对于事实的绝对的服从，究竟还差得很远。可是一般最有思想的人对于世界的观念，已经受到科学的影响而转变了。他们不复视世界为全知全能的神明所导演的简单的戏剧，却发见了无数细小的原因的极复杂的游戏。人不复自以为万物的中心，而是迷失于宇宙的一隅的微渺的动物。这些思想减弱宗教的威信，正如爱好批评的中产阶级与愤懑不平的贵族阶级减弱专制政体的威信一样。十七世纪时支持法国的砥柱整个地倾倒了。

在摧毁砥柱的破坏工作中最有力的一分子，是一个中产者，书吏②阿鲁哀（Arouet）的儿子，祖上亦是贵族出身，与圣·西蒙③家亦有戚谊。

---

① Spinoza（一六三二～一六七七），荷兰大哲学家。
② Notaire 为一种法人，有证明文件，保管产业……之权。中国尚无此种人物，故亦无适当名辞，姑译为书吏。
③ Saint-Simon（一六七五～一七五五）。

二　童年与教育

一六九四年十一月二十二日，一个娇弱的孩子在巴黎受洗礼，名字叫做法朗梭阿·玛丽·阿鲁哀（François-Marie Arouet）。后来他自己命名为服尔德（Voltaire）。这个名字有人说是阿鲁哀家某处产业的名字，又有人说是阿鲁哀三字的化名；穿凿附会，莫可究诘。

服尔德的娇弱是与生俱来的；他却把这种弱点作为武器。他从小就身心活跃，三岁的时候，他的教父夏多纽夫神甫（L'abbé de Chateauneuf）教他背诵拉·风丹纳①的《寓言》，与一首不可知论派（agnostique）攻击一切宗教的诗，题目叫做《莫伊撒特》（*Moïsade*）：

> 基督徒，暹罗人，大家都研究推敲，
> 有人说白，有人说黑，总是不一致。

---

① La Fontaine（一六二一～一六九五）。

无聊与盲信之徒,

会轻易接受最荒诞的神话。

夏多纽夫对他的老友尼侬·特·朗格罗①得意地说:"他只有三岁,已能背诵《莫伊撒特》全诗。"服尔德跟他学会了做诗,也学了他的样厌恶盲目的热狂者。阿鲁哀书吏的长子是冉逊派(詹森派)②的信徒,狭隘的宗教的崇拜者。服尔德在宗教问题上所表现的激烈的情操,一部分定是由于厌恶这个不堪忍受的长兄之故。

他十岁时进耶稣会③教士主办的路易中学(Collège Louis le Grand)。他们用着他们的模型来教育他。所授的科目有拉丁文,有修辞学,养成学生尊崇古典文学的心理,如史诗,悲剧,语录之类。他们也很重视仪式,教学生娴习上流社会的节度。法朗梭阿·玛丽·阿鲁哀和他们倒是非常相得。

像他那样幼小而思想广博的学生,耶稣会教士还是第一次遇见。"鲠直温厚的"卜莱神甫④曾经感动地说:"他欢喜把欧洲重大的问题放在他的小秤上称过。"但这位中学生究竟还是孩子,难免有时要作弄他的老师。路易中学的惯例,要待小礼拜堂圣水缸里的水结了冰方才生火。怕冷的小阿鲁哀便把院子里的冰块偷

---

① Ninon de Lenclos(一六二〇~一七〇五),以美貌博学闻于时,为法国史上著名女子之一。

② Jansénisme 系十七世纪时盛行法国的旧教教派,教义大体以为人类原始罪恶深重,非得神宠永不能超拔,为极端的悲观论。

③ 系基督旧教中之一派,称 Jésuites。

④ Père Porée(一六七五~一七四一),路易中学教员,最早发现服尔德之天才。

偷地放入圣水缸里，这种玩意可说是他的运命的先兆。

他十二岁时已能毫不费力地写出华丽平易的诗句，醉心学问的神甫们对于这个神童的怜爱自然可想而知。他们把他的诗作传布出去。其中有一首被夏多纽夫拿给尼侬·特·朗格罗看了，那位美貌的八十老人就要求把作者领来见她。神甫便依言领了他去。她问他对于冉逊派论战的意见，觉得他颇有胆量，心思巧妙；后来她临死的时候遗命送他一笔小款子作为书籍费。

一个博学的名姬，一个思想自由的教士，一般耶稣会的神甫，服尔德所受的这种教育很可说明为何他是当时完满的代表了。人家说十七世纪是路易十四的世纪，十八世纪是服尔德的世纪。这是不错的。在一个中产阶级议论是非的时代，他便是一个议论是非的中产者；在一个宗教论争最剧烈的时代，他便是最熟悉论争，关心宗教而反宗教的人；在一个古典主义的时代，他便是一个古典主义者，一个前代规律的承继人；在一个科学萌芽的时代，他虽非专门学者而确是博闻强记的爱好者与宣传家。走出校门时他对于自己的才力已有充分的把握。父亲叫他选择一种职业，他答道："除开文人以外，甚么职业我都不要。"

书吏阿鲁哀（他在儿子读书的时节已经买了一个司法的缺份）原希望儿子成为一个法律家。但一个轻视一切的青年，怎能叫他在法科学校中留得住呢？人家向他解释法律家可有如何崇高的地位，他却置若罔闻的答道："告诉我的父亲，说我不要买得来的尊崇，我会不费一文的自己挣取尊崇。"

先是由于夏多纽夫的提携，不久靠着他引人入胜的思想，他从二十岁起已经为王公贵胄的座上客,老诗人旭利曷①周围尽是一派奢华放逸的空气,服尔德就是耽溺在这种环境中。他见到龚底亲王②与王陶姆公爵③。他替时髦女子修改诗文,在一个威武不足聪慧有余的男子,这倒是取悦女人的一种方法。他写了一出题作《奥第伯》(俄狄浦斯)④的悲剧,自以为新奇可喜,因为如古希腊人的作品一样,其中亦有合唱。⑤少数旁人对他的赞美使他欣喜欲狂。他开始运用讽刺、短诗、妙语,来养成树立敌人的巧妙的艺术。贵族们与他结为朋友,他亦居然和他们分庭抗礼。在用餐时他对众人说:"我们在此都是亲王呢还是诗人?"贵人的薄情与傲慢的滋味,他还不曾尝到呢。

其实,要是夏多纽夫不当荷兰大使不把他带去充随员的话,他二十岁时早就尝到这种滋味了。年轻的阿鲁哀当随员么?因了人家的宠爱,因了自己漂亮的抒情天才,因为能写情诗,他居然当起随员来了。但这个随员是情绪丰富的,在癫狂的外貌下面却是正经得可怕。谈恋爱稍嫌脆弱,做工作倒够结实了。随员么?其实更像一个教会里的学习修士,他的宗教在本身没有变得热狂的以前是专门攻击热狂的信仰的。

---

① Chaulieu(一六三九~一七二〇),教士,善作香艳绮丽的诗。
② Prince de Conti(一六六四~一七〇九),法国王族后裔,代有名人。
③ Duc de Vendôme,系亨利第四之私生子之后裔。
④ Oedipe,希腊神话中王子弑父娶母之故事,希腊作家以此写成悲剧者甚多。
⑤ Choeurs,系古典悲剧中之一种穿插。

三 喜剧

随员在外国所过的生活正如希吕朋①一样，他谈起恋爱来了。在海牙城里有一位杜诺阿依哀夫人（Mme Dunoyer），是一个带有危险性的法国新教徒，离开丈夫带着女儿逃到荷兰，靠着写些诽谤文字度日。服尔德很瞧不起她，但在她家里发现一个非常年轻的女郎奥令波（Olympe），他称之为彭班德（Pimpette）。"是啊，亲爱的彭班德，我将永爱你。虽然最不忠实的爱人也会这样说，但他们的爱情决非像我的那样基于完满的敬爱之上的。我非但爱你的人。且亦爱你的德性。"

杜诺阿依哀夫人对于这位随员流连忘返的态度很气恼，去告诉夏多纽夫，夏多纽夫便不准服尔德外出。他呢，白天固然守着禁令，夜里却又逃出去和情人私会。"亲爱的彭班德，我可以为你冒无论何种的危险，为你这样的人物，即是赴汤蹈火都值得

---

① 希吕朋（Chérubin），为法国著名喜剧 Mariage de Figaro 中的人物，代表一胆怯而已届春情发动期的青年。

呢。"后来服尔德绝对不能出门了,他把自己的衣服送给奥令波叫她扮了男装来看他,她居然这样做了。

> 我终于见到你了,亲爱的可人儿,
> 你扮了男装,我以为见到了,
> 乔装爱神的维纳斯(Vénus)。

大使生气了,又惧怕那无赖的,当新闻记者的母亲,把服尔德送回巴黎。

这一次书吏阿鲁哀对他很不好了。这位父亲也没有运气。大儿子愈来愈迷信冉逊教,虔诚苦修,简直不近人情。小儿子放浪形骸,简直太近人情。"我的两个儿子都是疯子,"他说,"一个是散文式的疯子,一个是诗歌式的疯子。"那时代做父亲的可以请求政府授以禁锢或驱逐儿子之权。阿鲁哀得到了这样的一道家庭敕令。服尔德躲起来,运用他惯有的手段,以种种计策去平复父亲的气并赚取他的情妇。

他的妙计是叫耶稣会教士出来干涉,由法国的主教们去把彭班德提到法国来。"杜诺阿侬哀小姐的确是一个新教徒,"他说,"她被一个残酷的母亲羁留在海牙,困在异端邪说的空气里。她只希望改信了旧教而嫁给我,要是能够把她提得来,她定会弃绝邪道。"路易中学的一位教授多纳米纳神甫(Père Tournemine),是一向宠信服尔德的,把这件事情告诉勒德利哀神甫(Père Letellier),亦是耶稣会教士兼王上的忏悔师。这件荒唐的案子几乎罗织成功了,幸亏夏多纽夫大使说此举会得罪荷兰政府而把它打销了。于是服尔德唯有与父亲讲和的一法。他答应重新研究法律并跟一个检察官去学习。但不久他又跑掉了。

一七一五年,路易十四薨逝了。他的统治的结局很悲惨。最后的几次战争对法国不利。国库空虚。似乎已经平复的冉逊教纠纷又因葛斯奈神甫①的一部著作而死灰复燃,最初罗马方面认为是一部好书,后来人家发见是冉逊派作品而请求教皇禁止。法国重新分裂为两个教派,反对教皇敕令的人都一概下狱。大家为此怨恨王上和王上的忏悔师勒德利哀。总而言之是一场大混乱。

因了这种种缘故,没有一个人对于老皇的薨逝表示哀悼。幼君则如圣·西蒙②所说的,还不到懂得哀毁的年纪。新的摄政奥莱昂大公也不是惋惜前王的人。曼德侬夫人③"被前王磨折够了;不知道如何应付亦不知道如何替他消遣"。曼纳公爵④与王室其他的私生子觊觎大位,高兴得发狂似的。宫臣卿相觉得好似除去了沉重的枷锁一般。"巴黎人在热望自由的空气中舒一舒气,眼见多少人滥用的威权居然倾倒,真是何等欣喜的事。"人民久苦于繁重的赋税,至此不禁感谢上帝,如任何时代一样的痴望有一种新的政体来拯救他们。老王奉安的那天,在到圣特尼⑤的路上,摆满着乡间小酒店。服尔德去看热闹,看见群众不是酒醉了就是快乐得醉倒了。这种景象引起他深长的思索。

---

① Père Quesnel(一六三四~一七一九),冉逊教派的神学家,后逃奔荷兰。
② Saint-Simon(一六七三~一七五三),法国史家,以回忆录著名。
③ Mme de Maintenon(一六三五~一七一九),为路易十四所幸,玛丽后薨后与路易十四秘密结婚。
④ Duc de Maine(一六七〇~一七三六),路易十四与蒙德朋夫人之私生子。
⑤ Saint-Denis,系教堂名,法国王室陵寝所在地。

在此初获自由的时期，大家以为甚么话都可以说了。攻击前代政制的文字多至不可胜计。服尔德也写这种东西，不是他写的人家亦以为是他写的。新的摄政，斐列伯·特·奥莱昂公爵（Philipe d'Orléans）并非凶狠的人。圣·西蒙说"他酷爱自由，对于人家的自由和他自己的一样尊重。他有一天对我称赞英国是一个既无流刑亦无监禁的国家"。虽然如此，他可并未因此而不把服尔德送入巴斯蒂狱（巴士底狱）①。他让他在那边住了一年多。因为写了几首恶意的诗就关到监里，可说是很重的刑罚了。而且一个那么活泼的青年一旦禁锢在四壁之中的时候，精神上更可激起许多关于正谊公道的感想和愤慨。我们不难想象他整天踱来踱去，一方面冷嘲热讽的辞句变得更尖刻了，一方面幻想着英国的宪法或保障个人自由的法律。

服尔德在巴斯蒂狱中埋头工作。他要成为法国伟大的史诗作家。他的歌咏亨利第四的长诗，开首的一些歌辞与借题发挥指摘苛政的几段，便是在狱中写的：

> 我歌颂这位英雄，
>
> 他是以武功与出身统治法国的。

禁锢了十八个月以后，服尔德终于从古炮台中释放出来了。过了几天，摄政王笑容可掬地接见他，对于这个为了一首歌辞而

---

① Bastille，原为十四世纪时建筑之炮垒，不久改为监狱。重要政治犯及法国名人之因思想言论而获罪者均曾在彼饱尝铁窗风味。后于一七八九年七月十四日为革命党人所毁。

幽禁了十八个月的青年,并不记下什么仇恨。"殿下,"服尔德和他说,"承蒙王上供给我食粮确是非常舒服,但我恳求殿下不必再供给我住处。"

依当时的习惯,在巴斯蒂狱释出之后,必须继以短期的流戍。贝多纳公爵(Duc de Béthune)邀请服尔德到他的舒里(Sully)宫堡中度此隐遁时期。狱中生活损害了服尔德的健康,正需要乡间清净的空气,他答应了。他在舒里很快乐,做了一个年轻的李佛莱(Mlle de Livry)小姐的情人,她立志献身戏剧,要求他为她写几部剧本。

四　悲剧

法国这时代是一个疯狂的时代。老王的巨大的阴影消灭了，一切的约束也随之消灭了。大家所大吵大闹的不过为了一些极小的事情。文人为了荷马问题①而争吵，教会中人为了教皇的敕令而翻脸。不信宗教的风气在前代已经很盛，此时愈加明目张胆。伤风败俗的事情遍及各阶级。即是摄政，也有人说他与女儿裴利公爵夫人乱伦犯奸。大家为之哄笑。罪恶不过给人家编些歌谣来唱唱罢了。戏院常常满座。"甚么事情都变成寻欢作乐与说说笑笑；这与弗龙特②乱事时期有些相仿，去内乱不远了。"

在此狂歌醉舞人心携贰的巴黎，服尔德把《奥第伯》公演了。这出恶劣的悲剧居然轰动一时。大家知道作者是反对政府的，在巴斯蒂坐过牢，放出来还没有多久。大家说他的剧本是攻击教士，甚至也是抨击宗教的，说他描写奥第伯乱伦的用意，只

---

①　当时文人争辩荷马是否实有其人。
②　Fronde，系路易十四时权贵谋乱之事。

是为暗射摄政的乱伦。民众成群结队的来,竟没有失望。实在《奥第伯》是一出平庸的悲剧,只能算卜莱神甫得意门生的作文,拉西纳的巧妙的但非故意的仿制品,然而一七一八年代巴黎人所探究的,并非丹勃①的国王而是法兰西的摄政,并非故事里的大祭师而是法国的时事。剧本中平板无聊的地方,他们倒觉得是大胆的表现。

> 我们只要信赖自己;用我们的眼睛瞩视。
> 这才是我们的祭杯,我们的启示,我们的上帝。

两句恶劣的诗,它的意思无疑是说实验的科学胜于圣书的启示。

> 我们的神甫绝非一个庸俗的人民所想象的那种人物。
> 我们的轻信造成了他全部的法术。

庸俗的民众,因为给王上的忏悔师、教皇的敕令、亵渎宗教的判罪等等麻烦够了,便不禁齐声喝彩。青年诗人的脆弱的根据,他的"啊!上帝!"他的"哦甚么?"他的"公正的老天!"他的"我听到些甚么啊?"民众都不觉其可厌。因为《奥第伯》在一个内乱时期确是一件叛乱的作品,所以大获成功。

思想开通的摄政,也来看一看这出风行一时的悲剧;他的

---

① Thèbes,奥第伯为丹勃国王。

女儿亦来了,服尔德竟有这种厚颜,把剧本题赠奥莱昂公爵夫人。他觉得任何大胆的事都做得出。女人们追求他;男人们恭维他;作家们妒羡他。他呢,恋爱,工作,攻击或反攻别人,忙个不了。反对他的人团结起来了。有一首抨击摄政的匿名诗,叫做《斐列伯式》①,写得非常恶毒,人家说是服尔德的手笔。这是谣言,但如何证明呢?他的敌人们劝摄政把他重新关到巴斯蒂去,但奥莱昂公爵对于这青年已经发生兴趣,所以格外开恩只把他放逐出去。服尔德在大雷雨中离开巴黎。他望着乌云,闪电,和一切天上混乱的局面,说:"天国也应让摄政来整顿一下才好。"

这一次他又躲到舒里去。李佛莱小姐在那里等他。他为她写一部悲剧《阿德米士》(*Artémise*),以消遣他逃亡中的岁月。后来这出戏上演的时候,"不幸的王后"竟被人家喝倒彩。服尔德突然中止了逃亡生活,跃上剧坛辩护他的戏及其主角,但反对他的人顽强得厉害。虽然很年轻,他已树立强有力的敌人:如教士台风丹纳②在帮助他的时候成了他的敌人,约翰·巴底斯德·罗梭③因为在恭维他的说话中有所保留而成了他的敌人。每逢他的剧本初次公演,总不免大闹一场。有一次,在主献节前日上演他的《玛丽安纳》④,当玛丽安纳举杯的时候,池子里一个恶作剧的人大喊道:"王后仰药了!"这样之后,戏的结局再也无法听到。但对于服尔德又有什么关系呢?他自以为背后有贵人撑腰。每次

---

① *Philippiques*,斐列伯为摄政之名。
② Desfontaines(一六八五~一七四五),批评家,以反对服氏著名。
③ Jean Baptiste Rousseau(一六七一~一七四一),抒情诗人。
④ Marianne,系古犹太国王 Hérode 之妻,王受莎乐美之诱惑逼伊仰药而死。

失败之后，他总跑到舒里贝多纳公爵那边去，或是靠近奥莱昂（奥尔良）①的苏斯（Source）地方他第一个英国朋友鲍林勃洛克爵士（Milord Bolingbroke）府中，再不然投奔伏城（Vaux）维拉元帅夫人（Maréchale de Villars），她还允许他爱她呢，此外还有梅重（Maison）地方的梅重院长。他到处吟诗，跳舞，朗诵，打诨说笑，逗引大家开心。他觉得很幸福。

这场美梦惊醒的情景是非常突兀的。有一天，在舒里公爵府中，这位青年中产者志得意满的神气，恼怒了一个世家的浪子，骑士②洛昂·夏鲍（Chevalier Rohan-Chabot），他问道："这个和我高声争论的青年是什么人？"——"骑士先生，"服尔德答道，"他是一个没有煊赫的姓氏可是使他的姓氏煊赫的人。"骑士站起来走了，舒里公爵接着说道："要是你能把我们的姓氏除去倒是很高兴的。"

过了几天，服尔德在舒里公爵府里，忽然仆人通报说有人要在门外与他相见。他出去看见停着一辆马车，车中有两个人招呼他请他走到大门口去。他毫不介意的去了，等到将近的时候，他们突然把他抓住，用棍子把他痛打一顿。坐在车前的骑士，一面监视着一面嚷道："不要打他的头，其中会制造些好东西出来的。"围观的群众齐声喊道："好善心的老爷！"服尔德衣冠凌乱狼狈不堪地回进屋内，要求他的贵族朋友陪他到警察署去，公爵及其朋友们哄笑一阵，拒绝了。归根结底，不过是一个洛昂棒打

---

① Orléans，法国西部名城。
② 骑士为当时最低的爵衔。

一个诗人罢了。事情虽是遗憾,但还合乎体统。

服尔德往常总是精神比肉体更勇敢,但他这一次被羞辱的太厉害了,渴想报复一番。他跟着一个武术教师学技,到处扬言要和洛昂·夏鲍挑战,临了洛昂一家害怕起来,去求莫勒柏[①]把这个易受惊吓的平民重新下入巴斯蒂狱。所以服尔德是输定了,他的冤枉没有申雪,关入牢狱里的倒是他。实在说来,摄政时代的法国是一个快乐可爱的国家,但一个爱自由的人不容易住下。这一回,服尔德在巴斯蒂狱只耽搁了几天功夫。莫勒柏大臣也许为了内疚之故,把他放出来命他出境。

这件事故很重要,因为服尔德的永远反对政府是这件事情决定的。当然,他的天才也使他不得不往这方面走。现在他有热情了。奥第伯的乱伦,玛丽安纳的爱情,亨利第四的功业,甚至彭班德的女扮男装,都是没有热情的题材,只能使他写出没有热情的诗。社会的疯狂与褊枉,人类的恶毒,神明的无灵,这才能引起剧烈的情操,才能有产生杰作的一天。

[①] Maurepas(一七〇一~一七八一),路易十五、十六两朝的大臣。

五　服尔德在英国

从巴斯蒂狱出来,他决意到英国去。这个有民选议会而不知有监禁诏令的国家,当时颇得一般哲学家的信仰。服尔德在致友人书中写道:"在这个国家里面,各种艺术都受尊重与酬报,社会阶级的差别固然也有,但人与人间的等级是依了才德而定的。大家可有自由高尚的思想,绝对不用忌讳顾虑。"他只懂得几句英语,但英国的驻法大使瓦波尔(H. Walpole),替他写了好些介绍信。而且他在伦敦有一个有势力的朋友,鲍林勃洛克爵士。爵士曾经爱上一个法国女子维兰德夫人(Mme de Villette),后来娶了她,在奥莱昂附近买了一所宫堡。服尔德即在那时认识他的,他们夫妇也听过服尔德朗诵他诗剧《亨利亚特》①的手写稿而加以赞美。服尔德满想靠着他们来结交英国的文人,在伦敦重新过着他爱好的社交生活。他尤其渴望安逸与思想自由,希望在不列颠的宽宏大度之下实现他的梦。

---

① Henriade,即第一章所述关于亨利第四之剧本名。

那时法国人以为英国不是一个信教的国家。孟德斯鸠[①]曾言："英国绝对没有宗教……要是有人谈起，一定会受大家嗤笑。"其实只有在少数的作家与贵族集团中是如此。但英国教会比较巴黎冉逊派议会宽大确是实情。英国的教会中人"注重基督教义中合理的成分，《圣经》中所载的奇迹，被认为只是一种历史的证据，用以证明任何时代在常识上可以接受的那种制度的"。总之，大家按照英国的传统观念而接受一种折衷办法：一个人可以信仰宗教而不至于热狂，或可以做哲学家而不至遇事抨击。即是不信英国国教的人也并不如何激烈。"朋友会[②]取着镇静的态度，按部就班的发展开去。"直到后来韦斯莱[③]时代，宗教才重新成为一种感情的力量，以后受到法国大革命影响时，宗教更变成英国政治上的保守势力。

服尔德到伦敦时，没有遇到鲍林勃洛克爵士。在他居英国时，爵士一直认为"他的废话"有些可疑，并且疑心他是法国宫廷的奸细。可是这位诗人被一个姓法格奈（Falkener）的商人招待到离伦敦十里的梵兹华斯地方，他在那边住下，一七三三年时把他的悲剧《查伊》（Zaïre）题赠给他："献给英国商人法格奈先生——亲爱的朋友，你是英国人，我是法国人，但爱好艺术的人都是同胞……所以我把这部悲剧题赠给你，有如我题赠给同国的文人或知己的友人一样……同时我能够很高兴的告诉我的国人，你们用何种目光看待商人，在英国，对于光耀国家的职业，大家知道尊重。"把一部悲

[①] Montesquieu（一六八九～一七五五），法国政论家，与服尔德齐名。
[②] 原文为 Quakers，为流行英美两地的一种教派，亦称朋友会。
[③] Wesley（一七〇三～一七九一），英国新教神学家。

剧题赠商人还是破天荒第一遭,确是非常大胆的举动。

服尔德旅居伦敦的情况,我们不大详细。只知道他的通信处是鲍林勃洛克家,他在乡间彼得鲍罗爵士①家住得很久,据说是和史维夫脱(斯威夫特)②一起住了三个月。因法格奈的关系,他见到了商人的社会;他们的声势,在国会中的权力,教服尔德叹羡不置,这种情形很满足中产者的自尊心。和他们作伴的结果使他对于商业大感兴趣,且也颇有成就。他第一次的经营是在英国发售《亨利亚特》四开精装本的预约。他写信给史维夫脱说:"我能不能请求你,运用你在爱尔兰的信誉替我介绍几个《亨利亚特》的预约者,它完成已久,只因乏人赞助而迄未出版。预约只须先付一奇奈③。"这次的买卖大获成功,预约全数售完。

服尔德在鲍林勃洛克那里结识了一般倾向共和的保守派,他们组织一个"民主保守党",即后来狄斯拉哀利④所复兴的。他又遇到当时英国最大的作家。史维夫脱与服尔德天生是互相谅解互相钦佩的。《哥利佛游记》(*Voyages de Gulliver*)刚刚出版(一七二六)。服尔德自告奋勇要把它译成法文:"这是英国的拉勃莱⑤,但他没有拉勃莱的暧昧;以奇特的想象而论,以作风的轻灵而论,即算它不是讽刺人类的作品,这部书的本身

---

① Peterborough(一六五八~一七三五),英国将军兼大政治家。
② Swift(一六六七~一七三五),英国大小说家。
③ guinea,英国货币名,值二十一先令。
④ Disraëli,英国维多利亚朝大政治家。
⑤ Rabelais(一四八三?~一五五三),法国大文学家,以讽刺著名。

也已饶有趣味了。"

服尔德亦见到蒲柏①,康葛利佛②与甘③。康葛利佛是十足道地的英国文人,不愿服尔德称他诗人,自言只是一个简单的绅士(gentleman)。于是服尔德答道:"假使你只是一个简单的绅士,我也不来拜访你了。"甘把《乞丐的歌剧》在上演之前给他看。他常到虹酒店去,尤其常去观剧,所以他比当时大多数的法国人更熟悉莎士比亚的作品。朋友会和非教徒的集会他也欢喜参加。相传他有一天在街上,因为群众讨厌他的外国服装而叱逐他,他站在凳上和他们说:"英国的好汉们,我不生为英国人不是已够可怜了吗?"这样一说,叱骂他的人齐声叫好,把他抬在肩上送回住处。

他自然利用留英的时期遍读英国哲学家的书,尤其是陆克(洛克)④的著作。一七二七年,他目睹牛顿⑤的葬礼,国家对于科学天才所表示的隆重的敬礼使他非常惊异。遗骸在火炬通明的寝床上抬到威斯敏士特大寺,后面是大队送丧的行列,首相和大臣都在内。这种典礼和巴斯蒂狱及贵人的棍棒比较起来,确是很强烈的对照呢。

过后,他的热情稍稍低减了:"我年轻时以为牛顿的幸运是他崇高的功业造成的。我以为朝廷与伦敦城是为表彰他起计才授

---

① Pope(一六八八~一七四四),英国诗人。
② Congreve(一六七〇~一七二九),英国诗人,喜剧作家。
③ Gay(一六八八~一七三二),英国诗人兼童话作家。
④ Locke(一六三二~一七〇四),英国大哲学家。
⑤ Newton(一六四二~一七二七),英国物理学家、数学家、天文家。

予他大勋位。哪知全然不对。牛顿有一个可爱的侄女,叫做康特伊脱夫人(Mrs.Conduit)。财政大臣哈利法克斯(Halifax)很疼她。没有一个美貌的侄女时,什么微积分什么地心吸力,都是不值一文的⋯⋯"

他离开英国的日期与动机无从查考,只知他于一七二九年初已经在法国了。最初他躲在圣·日耳曼地方一个假发匠家里,他写信给莫勒柏大臣,要求回到巴黎。

六　成功与虐害

服尔德回来时所见的巴黎,和他走的时候一样党派纷歧。"大家谈论的无非是罗马啊,开除教籍啊,冉逊教派啊,耶稣会派啊,教皇的敕令啊,驱逐出境或监禁啊等等。主教们在安勃仑①开会,签出了二万道监禁状。"凡在教义上与大臣们见解不同的人,似乎天然应当下之于狱,即是圣·西蒙也劝摄政把耶稣会派的拉勒芒,杜生,多纳米纳监禁起来,"把后者关在横山纳②,笔墨纸张一概不许给他,也不准他和任何人交谈,可是应当让他好吃好睡,因为他是世家出身;其余两人则关入别的监狱中的地牢里,用地牢的待遇,不给外人知道他们幽禁何处,让他们死去就是"。

文人们也互相排挤,"因为一个有思想的人认为韵文并不即是悲剧的特质"。服尔德回国后的第一次动静是印行一本小册

---

① Embrun,法国东南部。
② Vincennes,巴黎近郊,亦有古炮垒改成之监狱。

子,题作《双方的愚蠢》。他在书中说明这些争辩的无谓,述及久已遗忘的中世纪的论战,预言冉逊派和耶稣会派将来也一样的被人遗忘。"一个老神学博士和我说:'先生,在我年轻的时候,我写过文章反对教皇与教廷法令;我因此下狱而我自以为是殉道者。此刻我一切不预闻了,我觉得自己安分守理。'——那么你现在做些什么呢?我问他。——'先生,'他答道,'我很爱金钱。'原来人类老年时会如此嗤笑青年时的热情;行为也会和人一起老的。"

服尔德自己呢,虽然还年轻,已经爱金钱了。他在英国时懂得财富可以保障个人的独立自由。他回到法国的辰光结识了两个大金融家,巴里斯(Pâris)兄弟。他们劝他把书吏阿鲁哀的遗产做些投资事业。他便投资一部分于供应军队粮食的生意,据他的书记说他赚到六十余万;又投资另一部分于加第克斯①的商业和对美通商的船只方面。他运气很好,那些船只居然从没被军舰查抄。他又中了奖券,不久他的财富竟增加到一个诗人从未有过的地步。"他的皮包中装满着合同、汇票、期票、国家的债券。要在一个文人的皮包中寻到这么多的这类文件当然是不容易的。"

殴辱与逃亡并未打断他交接贵人的兴趣。他那样的爱人生,要遍尝人生种种方式的乐趣。不久之后,他在一首题作《浮华》的诗中描写生的幸福与肉欲的嗜好,两者是他当时主要的情操:

---

① Cadix,西班牙城名。

一切的味道同时进入我的心坎。

一切艺术得我崇拜,一切享乐把我煽惑。

科学,历史,歌剧,晚宴,诗歌,明智,他甚么都爱,甚么都渴望。戏剧尤其使他如醉如狂。他从英国获到这种艺术的新观念,很想在法国舞台上应用一次。并非说他投降了莎士比亚;他是十八世纪式的典型的法国人,不能全部接受莎士比亚的。但"在那么多的重大的缺点"中间,他也窥见妙处。在不损害三一律①的范围之内,能不能在法国创造行动较为泼剌的悲剧?能不能把叙述文体中的这些行动搬上舞台(好大胆)?他回来之后,立刻于一七三〇年用政治题材试作一部悲剧《勃罗多斯》②。排演的时候他照常很热心,对着扮演勃罗多斯的主角嚷道:"喂!先生,你当记得你是勃罗多斯,是一切罗马执政中意志最强的一个,对战神说话也不该像说'啊,我的好圣母,赏我在奖券上得一百法郎的奖罢'那种话的样子。"

《勃罗多斯》出演的成绩很好。两年之后,《查伊》又大获成功。像服尔德一切的剧作一样,这是少许的大胆与多量的谨慎的混合物。他在结构剧情的转扭时,曾想起莎士比亚的《奥丹罗》(Othello),只是换了一个背景,变成法国的武士与耶路撒冷的帝王罢了。在服尔德导演之下的演员的剧烈的动作,在当时是前所未见的,剧本的成功,一半也因此故。无疑的,我

---

① 系古典戏剧上之原则。
② Brutus(布鲁图斯)系罗马帝国时代的执政。

们看来觉得很冷静的东西,那时的群众已感到浪漫主义的遥远的最初的音响了。

同时代,服尔德印行一部《查理十二史》,大受读者的欢迎。群众因为他没有被选入学士院而愤慨。但如果王室与大臣们让他安安静静的不去麻烦他,也许他终生只是一个时髦的戏剧作家罢了。

七 哲学书信

一七三一年时,他又要逃亡了。亚特里安·勒哥佛鸾[①]死了;这是服尔德赏识的一个名女优。然而教会是不准优伶葬在教徒墓上的。人们只能把勒哥佛鸾小姐埋在塞纳河边的一片荒地上。服尔德愤慨之余,在送丧过后出来抗议了:

> 啊,难道我的国家永远没有确定的志愿,
> 永远要贬辱她所钦佩的人?
> 我们的风俗永远和我们的法律抵触。
> 难道意志不定的法国人长此耽于迷信?
> 甚么?难道人们只有在英国才敢自由思想?
> 噢伦敦!你这可以媲美雅典的名城,你这尘世的乐园,
> 你会扫除引起纠纷的偏见,好似驱逐专制的魔王一般。
> 在此大家才无话不谈,无功不赏;

---

① Adrienne Lecouvreur(一六九二~一七三〇)。

> 没有一种艺术会受轻蔑，没有一项成功不获光荣，
> 崇高的特列邓①，明哲的阿狄生②，
> 还有那不朽的牛顿，纪念堂中都有他们的份，
> 要是勒哥佛鸾生在伦敦，一定也会，
> 在哲人贤士英雄明主之旁有她的墓坟。

"这篇追悼女演员的颂诗，被认为大不敬。"服尔德逃了，躲在诺尔曼地③。不久他在罗昂④又秘密刊印论列英国人的《哲学书信》。这是一部奇特的书，风格虽很轻巧，影响却极重大。我们不能说它写得如何深刻，材料如何丰富。但作者确达到了预定的目的，即是教法国人知道一些素来隔膜的英国情形，让他们想一想自己的缺点与制度，改变一下宗教与政治思想。

先是五封叙述教派的信：朋友会，长老会，唯一会⑤，英国教会，阿利安会⑥。这是服尔德最得意的题材，原因是很易明白的。指出宗教信仰的纷歧，即是证明每种信仰都有缺陷。而且，凡是他自己说来易有危险的主张，可以借书中的人物来辩护。"亲爱的先生，他和朋友会派的人说，你有没有受过洗礼？——不，他答道，我的同道们也绝对不受洗礼。——甚么，该死的！难道你不是基督徒？——朋友，他柔声答道，不要发誓，我们确是基督

---

① 系英国诗人。
② 系英国大批评家。
③ Normandie，系法国北部之总地名。
④ Rouen，北部名城。
⑤ 系 Socionus 僧正所创，否认三位一体之说。
⑥ 系高僧 Arius 所创。

徒，但我们不信基督教义在于撒些盐和水在头上。——嗳！上帝，我被他这种不敬的态度气坏了，你难道忘记耶稣基督亦是由圣·约翰给他行洗礼的么？——朋友，再说一遍不要发誓。基督受着约翰的洗礼，但他从未为别人行洗礼；我们是基督的信徒，可不是约翰的信徒啊。——啊！我喊道，你真该被异教裁判所的火活活焚死！"

宗教问题之后是政治问题：有两封信是关于英国议会与政府的。下议院的势力与若干特权的废止使中产者的阿鲁哀很高兴。"这些情形使一个英国商人敢于自傲，也敢与罗马公民相比。所以即是贵族的子弟也不看轻经商的……"

接着是可称为通俗化的书信，一封是叙述陆克哲学的，服尔德借此机会第一次发表他自己的主义。他信上帝，但不信除了上帝的存在和创造世界以外我们还能知道关于上帝的别的事情。他相信灵魂不死，因为为社会的福利是必需的，但他在自然中找不到灵魂不死的痕迹，所以他赞美陆克那种谦虚的说法："一件纯粹物质的本体到底有没有思想，也许我们永远不能知道。"

以后几封信是关于牛顿、地心吸力、光学等等的。一切都表露作者的好奇心及其广博的学识。最后一部分是几封论列悲剧与喜剧的信。他对法国人提起莎士比亚时说："他在英国人心目中无异苏福格勒（**索福克勒斯**）①复生……天才横溢，元气充盈，无矫揉造作之态，极崇高壮丽之至，至于典雅的风趣，严正的规

---

① Sophocles，系古代希腊戏剧作家。

律,则彼一无所知。"服尔德一方面尽管批评莎士比亚不知规律,一方面亦指责人家不该单把莎翁的缺点介绍给法国人,故他想自己动手把莎翁最精彩的篇幅译成法文诗。他选了哈姆雷德"To be or not to be"那段独白。①

他的译文虽不忠实,他的诠释倒颇有深意:"迄今为止,英国的诗歌天才有如一株大自然所种植的丛树,它随便长出千千万万纵横的枝干,尽力生长,可决不是平均的发展。要是你逆了它的本性,强把它修剪成花园中的树木一般,那它定会枯死的。"

书一出版,警察当局立刻加以追究。书商下了巴斯蒂狱,服尔德一直逃到洛兰纳②。《哲学书信》被法院列为禁书,"堆在王宫前面大石梯下焚毁,因为它违反宗教,妨害善良风俗,不敬权威"。这条禁令于一七三四年六月十日执行。

这正如解释因斯坦(爱因斯坦)的理论或苏维埃的宪法或比朗台罗③的戏剧的书,在美洲要被刽子手焚毁一样。

---

① 本节原文在《哈姆雷德》剧中第三幕第一场,服氏译文既与原文大有出入,本书译者又拙于此道,故擅为略去。
② Lorraine,系法国东北部与德接壤之行省,彼时为一独立小邦,详见后。
③ Pirandello,现代意大利作家。

八　至高至上的爱弥丽

要是一个女子爱了一个名人，她的私情可以永垂不朽：夏德莱夫人①便是显著的例子。她未嫁时称勃勒端伊小姐，如当时多数的女子一样是很博学的。她懂得拉丁文，欢喜科学。她研究过数学，译过牛顿的定律，还附以代数的表解。她如服尔德所说的：在"风流自赏之外，兼有哲学家的气息"，她又写过一部《幸福论》。但如果她不是服尔德的情妇的话，这些著作早已湮没无闻了。

两人相遇时，她二十七岁，他三十九岁。旅居英国的印象在他还很新鲜，一天到晚"陆克先生""牛顿爵士"的挂在口边。而这正是夏德莱夫人在爱情（关于这一点她的丈夫难得关心）以外所最感兴趣的。她又有知识，又很肉感，两者可说是可喜的混合。书籍、钻饰、代数、时装、物理，她都喜欢。当时的女人说

---

① Mme du Châtelet（一七〇六～一七四六），母家姓 Breteuil，名爱弥丽（Emilie）。

她生得很丑，台方夫人①刻毒的形容是有名的，说她"高大的个子，毫无丰韵，没有腰身，胸部狭窄，臂膀粗大，两腿肥胖，双足奇伟……"克莱基夫人②的描写是："我的表姊爱弥丽是一个样样都大得可观的巨人，精强力壮异乎寻常，不成体统至矣尽矣。她的皮肤之粗劣有如豆蔻刨床一般。"但讲到一个聪慧博学，受人钦崇，会征服当代最大的名士的女子时，我们可以相信女人们的说话么？

她和服尔德订交的时候，正当他需要安全退隐的际会。一般的虐待陷害已经成了习惯。陷害这位诗人又成了朝臣与司法界的习惯。巴黎主教横底米勒③是"一个爱女人而不爱哲学家的人"，向警察总监告发一部《致于拉尼》书。大家又讲起一首关于奥莱昂童贞女④的史诗，据说是影射某件丑事的。司法大臣通知作者，威吓他说"如果敢把那首诗印出来，定要把他活埋在地牢里"。一个人只有做使徒的意愿而没有做殉道者的决心是很为难的。服尔德期望能自由思想，但不期望在巴斯蒂狱过活。夏德莱夫人邀请他躲到她的西雷宫堡去，那边与洛兰纳的边界相距不远，一旦有事很易溜走。他接受了，从此和她在亲密的交谊中过了十四年。

这么悠久的交情并非毫无风波。在躁急的服尔德与性如烈火的夏德莱夫人中间，时常有火星迸发。两个人免不了大叫大嚷，

---

① Mme du Deffand（一六九七～一七八〇），法国十八世纪名媛之一。
② Mme de Créqui（一七一四～一八〇三）。
③ Vintimille（一六五二～一七四六）。
④ 原意系指圣女贞德。

骚乱一阵，在宾客前面用英语来互相咒骂。但这对活动的人并不记恨。在西雷有一所实验室，一所化学室，都由服尔德出资请夏德莱先生建造的。夏德莱夫人与服尔德在白天是分居两处的，或是做实验，或是写文章。他们参与科学院关于"火的性质"的悬赏竞赛，却互相瞒着不使对方知道。夏德莱夫人缮写报告书时，兴奋到要把双手浸在冷水里几小时才能镇静下来。服尔德写着牛顿哲学的原理。数学家如格兰卢（Clairault），莫班多伊（Maupertuis）等来访问他们这对业余同志。议长哀诺①路过西雷时发现一个僧侣一个大几何学家住在那里。他对于这座朴实优美的建筑，摆满着器械的工作室，埋头用功的生活，叹赏不已。

在邻邦吕纳维尔（Luneville）的宫廷中也有客人来访问他们。葛拉斐尼夫人为了某种不快意的事情到西雷小住。接待她的，除了"地方上的水神"，至高至上的爱弥丽（divine Emilie）以外，还有那称为"偶像"的服尔德，手里拿着一座小烛台。和他们同住的有"大猫"香鲍娜夫人（Mme de Champbonin）和难得在家的"好好先生"夏德莱侯爵，他是一个不欢喜数学但很幽密识趣的人。一天的生活是非常充实的。夏德莱夫人与"偶像"要到晚餐时才出现，白天是在实验室里，面对着地球仪或别的器械。晚上，他们谈着诗歌、科学、艺术，一切都用闲谈的口气，唯有提起服尔德的敌人（罗梭或台风丹纳）时，他才失去了节度，诅咒谩骂，无所不至。除开这项缺点而外，他是挺可爱的，在客人面前朗诵悲剧，或是书信，或是《路易十四史》的开端，或是

---

① Hénault（一六八五～一七七〇），法国史学家，诗人。

甚么研究科学的文字,或是叙述中国人亚拉伯人的故事。

他对一切都感兴趣,他说:"我愿牛顿也会写些通俗喜剧,如果真是这样,我将更加敬重他……一个人应当使他的精神有一切可能的形式;这是上帝赋与我们的灵火,应当把最宝贵的食料滋养它。只要是意想得到的形态,都应设法灌入我们的内心,并且使它接受任何学问任何情操。在我们的心灵中,一切都有地位,只要整饬有序。"此外他又说:"我老实告诉你,我很想一生之中追逐一次文艺女神而获得成功。九个文艺之神我都爱慕,而且应当都有伟大的收获,只要不流于轻狂不玩弄艺术。"

葛拉斐尼夫人的通信中曾述及这对奇怪的情侣的私生活:"夫人是专制的,服尔德是爱反抗的,要是关于衣服罢,她要他更换,他推说要受凉。她坚持着。于是言语之间龃龉了。服尔德走了,叫仆役进来通知说他腹痛。这便是他们古怪的把戏。"两人争吵,咕噜,又重新讲和。吵架的人会面了,用英语互相讲些慰藉的温柔话。服尔德重复入席用膳,嘱咐仆人格外小心侍候夫人。吃完晚饭,如果他高兴的话,他亲自放映幻灯。他真是巧妙非凡,把台风丹纳,罗梭,耶稣会教士们一齐牵涉进去。他忙乱得把酒精灯打翻,手也烧痛了。但他鼓起兴致,提议做傀儡戏,演一出悲剧或喜剧。他把一二十张手写稿分配众人,大家不得不一目十行的拼命念下去。他强迫人家担任剧中的角色,定要令人忙做一团。葛拉斐尼夫人曾经计算过,在二十四小时内,西雷府中排演了三十三场戏。"嗳!时间真短啊!"

九　路易十四与弗莱特烈克二世

在西雷幽静的岁月中,服尔德写了不少东西,做了一番广博的考据功夫。他当时在这些工作中获得最大光荣的部分,并非最好的部分。例如用韵文写成歌咏人类的文字,比起英国诗人蒲柏的作品是逊色多了,还有那些书翰,虽然可爱,却没有令人惊叹之作(最有意思的倒是他随随便便的通信),至于费解的悲剧,如《阿尔齐》(Alzire),《摩罕默德》等都有哲学意味与教训口吻,"其价值全在于弦外之音"。在一七四〇年代人士的心目中,服尔德的真面目是这样的一个诗人。只要他谈起科学——像他关于牛顿的书——的时候,学者们就要抗议。等他印行一部历史时,据龚陶赛说,"他大受史学家们的指摘,说它只是一部小说,因为它富有小说的趣味"。可怜的作者不懂把作品弄得艰涩沉闷,人家怎肯承认他是严肃的学者呢?

他对于历史是终生感到兴趣的,而且如果我们把在他以前的史学著作仔细评估一番的话,他的确在这方面增加了相当的准确性。那时的史学家但尼哀①在王家藏书室里只须一小时的功夫便把一千二百部的手钞本和原稿浏览完了,自言他的考据工作已经做得非常圆满。服尔德却精密多了,他博览群书,推究根原,参证旁籍。他认为历史不应当只记载帝王的生活与功业,且应缕述民族的嬗变与乎风俗文艺的进化。他在提及弗洛利神甫②的作品时说:"这并非一部历史,而是好几部历史。"他寓居西雷的时期,他的世界史式的《风俗论》(*Essai sur les Moeurs*)与其中最重要的《路易十四时代》(*Le Siècle de Louis XIV*),即使没有完成,至少已经写了一大半。后来他被命为王家史官时又写了一部《路易十五》。

关于《风俗论》的批评,可说是毁誉参半。服尔德首先懂得把亚拉伯文化,中国文化,与素来犯禁的比较宗教研究在历史中占一地位。但书中错误的地方亦属不少,有些是难于宽恕的,有些是无可避免的,因为事情的真际在那时还未大白。孟德斯鸠说服尔德写作历史的用意是显耀他自己的宗派,有如一切本多派教士③一样;这句话是不错的。他在《风俗论》中随处宣传他非宗教的宗教。他固定的概念是:(一)证明鲍舒哀④以上帝的意志解释世界的历史是错误的。服尔德认为历史不当用原始缘由解释,而当用许多小原因的盲目的游戏来说明;(二)表明人类的历史是罪恶与苦难的连续,但不久可由理智来澄清混乱的局面;(三)否认一切超自然(surnaturel),在这一点上,服尔德的标准似乎

---

① Daniel(一六四九~一七二八)。
② L'abbé de Fleury(一六四〇~一七二三),法国史学家。
③ Bénédictins,系基督旧教中之一派。
④ Bossuet(一六二七~一七〇四),法国主教,以善作宣教演说著名。

没有把握了。他以为一切不近事实的都是假的,可惜近乎事实的范围并无十分确定的界限。

以史学家而论,服尔德最大的缺点是因为他是一个理智本位的哲学家,故不了解别一等人物的感情的与神秘的需要。无数的教派礼俗自有其共同的原因,这原因便是民众有此礼俗的需要,然而服尔德见不及此。可怪的是服尔德在论列家庭、爱情、友谊的时候,倒很能分析人类共同的禀赋。"服尔德很明白帝王并非国家,外交家的会议不能令人知道一个店主的习惯或一个乡人的愤懑不平,但他不大明白甲地的店主异于乙地的店主,十字军时代的乡人和路易十五治下的农夫不是为了同样的原因而反叛的。"①但在《路易十四时代》中毫无上述的缺点。那是一个他熟悉而目睹其中的演员的时代。在此,他确是近代大史家中的第一人。

在西雷时期中,服尔德赢得了普鲁士太子弗莱特烈克(Frédéric)的友谊,在他遭受法国宫廷仇视的情景中,这于他确是一种安慰。

弗莱特烈克是被一般亡命的法国人教养起来的。他渴想在法文方面能够成为一个大诗人大散文家。这也并非妄想,因为他法文写得很好,且也不乏性灵。可是他知道他的文字还不免错误,以致弄坏了他的诗。服尔德既是一个多方面的才人,当时最好的史诗诗人,悲剧诗人,同时又是最高明的书翰家与最优秀的史学家,那么他的获得弗莱特烈克的崇拜自是当然的了。

---

① 引用裴尔索语。

一七三六年某日，服尔德接到一封信，内面写着："先生，——虽然我还未拜识你，可是我从你的作品上早已认识你了。你的大作可说是精神的财宝。"此后两人即有书信往还，语气非常殷勤亲切。"不要以为，"年轻的弗莱特烈克写道，"我的怀疑主义会运用到极端的地步。例如我仍旧相信世上只有一个上帝只有一个服尔德。"服尔德在复信中说这位德国太子的法文诗"写得很好，很美，品格极高"。他以后提及这段通信时又说："词藻对于我们全无用处。"

一七四〇年，弗莱特烈克即了王位。哲学家想起欧洲王座上有一个"开明的"太子，自称为服尔德的朋友，或者会把他们的箴言见诸事实，不禁神驰向往。这位新君颇想把他的宗师罗致到宫里去，但夏德莱夫人是一件重大的障碍物。她一定不肯放服尔德走；而带她同到卜兹顿宫①又是绝对做不到的；因为弗莱特烈克不欢喜异族的身材高大的女子。

可是他热望一见服尔德，在比利时布置初次的会晤。当服尔德看见坐在行军床上穿着戎装的青年君王时，不禁大为讶异。欧洲人士立即明白在登极以前写过一本《反玛希阿凡》的书的人②将是全欧帝王中最玛希阿凡式最奸雄的一个。一七四一年时，他已征略奥国。那时奥国是法国的世仇，法国人对于弗莱特烈克的成功一致喝彩叫好，且他使用法国的文人为之歌功颂德，故他在法国愈加声势显赫。服尔德正在里尔城③上演在巴黎不敢上演的《摩

---

① Potsdam，柏林郊外的王宫。
② Machiavel（一四六九～一五二七），意大利政治家，以阴险诡谲著名。
③ Lille，系今法国北部名城。

罕默德》，忽然接到普鲁士王在莫维兹（Molwitz）地方大捷的信息。于是他在包厢里站起来，手里拿着信，要求大家静听他的报告，说他方才接到普鲁士王陛下的捷报，原文是几句法文诗：

> 我们在此活动轻巧的城中，
> 禁不起风的摇撼；
> 那么微小的建筑物。

这是说："我在营帐里写信。"当他念完之后，里尔的民众热烈鼓掌。

服尔德一时认为他可以利用这段王室的交谊来当政治家与外交家了，这原是他多年想望的。一七四三年，法国宫廷急欲知道能否借弗莱特烈克二世之助以攻击英奥二国。有一位大臣想任用服尔德，叫他负着秘密的使命去卜兹顿。他瞒着弗莱特烈克，假装说他因为讽刺弥勒保亚（Mirepoix）主教之故，不得不逃亡国外。

但弗莱特烈克何等精明，决不会中这种诡计。他把服尔德款待得很好，为他举行音乐会，把他介绍给公主们，他亦替她们写了好些歌曲，一方面，弗莱特烈克却把服尔德攻击弥勒保亚主教的信寄去。这条妙计可有两种作用：或者是弥勒保亚盛怒之下诉诸法国宫廷，使服尔德重新逃亡，不得不留在普鲁士，在这种情境中普王可以获到一个天才秘书为他修改诗文；或者是弥勒保亚毫无动静，那便证明服尔德的谎骗。

当然，后一种推测是对的。服尔德把一本手册送呈弗莱特烈

克请他把答语写在书上的空白里,当这本手册还给他时,他发见写的一首歌辞。他请问普王能否助法抗英,弗莱特烈克答道:

> 你要我像一个机关布景中的上帝,
> 帮你解决困难,
> 但请审视我的面貌,
> 我还不够凶恶。

于是,普鲁士王的诗便是诗人大使的全部成绩了。

十　得宠与失宠

服尔德在法国宫廷中一直被认为难于容忍的危险人物，到五十岁上突然得宠起来，变了近臣。这种幸运的转变有许多原因：他在对德交涉中成了要人；他路易中学时代的同学，哲学家阿扬松①做了大臣（他因为诚实而被朝臣笑为"蠢货"）；他的知友篷巴杜夫人②为路易十五所幸，加上服尔德自己的热衷。他如所有的男子一样，已经到了一个张皇着急的时期，眼见衰老将临，只怕自己的声威有减削之虞。他们期望固守已得的成绩，从此挣些光荣来支撑场面。

服尔德的《曼洛帕》③在剧坛上获得非常的成功。全体的观众站着喝彩，对年轻的维拉夫人喊道："维拉夫人，拥抱服尔德！"这种民间的光荣于他还嫌不够，他要头衔，他竟到手了。他被任

---

① Argenson（一六九四～一七五七）。
② Mme de Pompadour（一七二一～一七六四），路易十五之情妇，对于法国内政外交皆有重大影响。
③ *Mélope*，服氏著名悲剧之一。

为普通侍从兼王家史官。他可以直入大内的秘库检阅档案,准备描写路易十五的战绩。他对于这史官的职务很有兴味。

从前在大主教弗禄利①逝死时,他就想进学士院。"狂热的信徒们"阻挠他不得成功。他设法平息他们的怒气,写信给拉都神甫(Père de la Tour)"声明他尊重宗教,始终拥护耶稣会派"。龚陶赛曾言:"虽然他在这封信里措辞很巧妙,实在还是放弃进学士院的念头,不写这封信的好。"末了,终于由篷巴杜夫人的力量,他获得写一篇庆祝王妹大婚的杂剧的差使,作为进学士院的代价。

> 我的《亨利四世》,我的《查伊》,
> 还有我的《阿尔齐》,
> 都从未博得君王的青睐。
> 我仇敌众多荣誉很少。
> 终于一篇无聊的杂剧,
> 替我赢得了光荣与财富。

狂热的信徒们还指摘他的《摩罕默德》。他便把剧本寄给教皇本多十四(Benoit XIV),那是一个开明的有理性的人物,复信说《摩罕默德》是一部"很美的悲剧",他读后"非常欣喜"。这样之后,学士院无话可说,只得任命他为会员了。

然而高官厚禄并不予服尔德以幸福。君王的宠信是活动易变

---

① Fleury(一六五三~一七四三),路易十五之首相,学士院会员。

的,他的憎厌之心却是不容易变的。路易十五从未欢喜服尔德;他是一个颇有思想的人,自然惧怕别人的思想,在许多宫臣冒冒失失地敬重一般哲学家的时候,他已觉得哲学家是他的王位的大敌。服尔德在《光荣的庙堂》(Temple de la Gloire)一剧中故意把路易十五比拟德拉扬①;正当那出戏在凡尔赛宫上演的辰光,服尔德与御座的包厢离得很近,在将要终了时他走近去向王上说:"德拉扬快乐么?"路易十五转身直望着他一言不发。这等亲昵的举动使他大为不快。

事情还有更严重的呢。有一天服尔德和夏德莱夫人在一处赌博,夏德莱夫人输了很多,服尔德用英语轻轻地和她说,和她赌博的都是些坏蛋,她应当赶快走开。于是两个老相好热烈争吵起来,说了许多使在场的人难堪的话;因为他们如多数的法国人一样,以为用外国语谈话是无人懂得的。但不久他们从大家的骚动与谈吐之间知道有人在留心谛听他们。他们立刻着了慌。服尔德想起巴斯蒂狱。夏德莱夫人想象与她的"偶像"隔离后的苦况。到了夜里他们套着车子一直逃到巴黎郊外的苏城(Sceaux)曼纳公爵夫人家里。

这个"在野的爵府"②确是逃亡者托足的地方。曼纳公爵是路易十四与蒙德朋夫人的私生子,娶了龚底亲王(Prince de Condé)的孙女,她生得很矮,但"很有魄力,很专横,而且很古怪"。她曾怂恿她胆怯的丈夫觊觎大位,在路易十四薨逝时呼

---

① Trajan,系古代罗马皇帝。
② 原文 Cour d'opposition,系指与朝廷对立的意思,详见下文。

声颇高,老王在遗嘱中也的确很想周全他们。但因为王室的反感终于不得上台。

失败之后,公爵夫人在苏城府邸中招致文人哲士,造成一个小朝廷的模样聊以自慰。她学问渊博,谈吐温雅,与门下的食客吟诗唱和。这样,她过了一番南面之王的瘾。史太·特洛奈夫人①描写服尔德与夏德莱夫人突然来到府中的情景,说:"他们在半夜时分出现,好似幽灵一般,身上发出一股防腐尸身上的气味,仿佛是从坟墓里带出来的。大家已经用过晚餐。但来客是两个饿鬼,要替他们端正饭食与床铺。"

这两个客人真不容易款待,他们在晚上十时以前是不露面的,因为白天一个要写一章历史,一个要诠释牛顿的理论。夏德莱夫人一些声响都忍不住,尽是更换住处。"她那时正在检阅她的原则。这是她一年一度必做的工作,否则那些原则会统统溜走,使她无从寻找。"

服尔德,因为害怕巴斯蒂狱之故,住在一所隐僻的屋子里,只有晚上才下来和曼纳公爵夫人在她寝室里一同用餐。公爵夫人非常欢喜与他相见,与他谈话。他的滔滔不竭的议论使她很高兴,她呢,也有许多从前宫中的轶事讲给他听。有时,他在饭后念一篇故事或小说,是他在白天特地写来给她消遣的。《巴蒲克的幻象》(*La Vision de Babouc*),《默农》(*Memnon*),《斯格芒太陶》(*Scarmentado*),《米克洛曼伽》(*Micromégas*),《查第葛》(*Zadig*)等,便是在这种情景中一天一天写成的。

---

① Mme de Staël De Launay(一六八四~一七五〇)。

这些小型的哲学小说，都是为证明一部分道德真谛而幻想出来的，作风很轻快灵动。曼纳公爵夫人酷爱这些作品，以致大家要求服尔德高声朗诵公诸同好。他朗诵时真像一个名演员，大受听众的欢迎，甚至要他把这些小说付印。但他再三拒绝，说这种小玩意儿是不值得出版的。

风声又紧急起来了，他决意重返西雷。那时正是冬天。"黑夜里在荒野中断了车轴，车身倾倒了。在等待从人修理的时候，服尔德与夏德莱夫人坐在雪地里，仰望星月，讨论天文学上的问题。"童时他把冰块放在圣水缸里。成年后他和情人坐在雪地上对着星球出神。服尔德的生涯与爱情的象征，早由神明巧妙地安排下了。

十一　圣朗倍

西雷附近有座小小的都城,叫做吕纳维尔(Luneville)。那边的统治者是洛兰纳的君主,法国王后①的父亲,前波兰国王斯太尼斯拉·雷秦斯基(Stanislas Leczinski)。他的小朝廷中最重要的人物,只有一个情妇与一个忏悔师,忏悔师是耶稣会教士默奴(Menou),和王上的情妇蒲弗莱夫人(Mme de Boufflers)有隙,一七四九年时他想引进夏德莱夫人来代替她。侯爵夫人②与服尔德的关系,因服氏多病之故,差不多变成只有精神恋爱了,这是地方上人尽皆知的。可是夫人"烈火一般的气质"并未改易。一方面虽然希望保持她的伟人,一方面亦不肯放弃肉欲。

服尔德与夏德莱夫人被邀到洛兰纳宫中作客,在那边,"他们组织音乐会、庆祝会、演剧等种种游艺以娱悦斯太尼斯拉王。"夏德莱夫人扮演喜剧、悲剧、歌唱,与蒲弗莱夫人甚是投机,不

---

① 系路易十五之后。
② 即指夏德莱夫人。

是成了她的情敌倒是成了她的与党。她同时又和一个当大佐的圣朗倍（Saint-Lambert）交好，那是一个面貌姣好的青年，富有机智，擅于诗文。

有一天晚上，服尔德为《路易十五史》工作了一整天之后，不经通报径自闯入夏德莱夫人的室内，发见她和圣朗倍在沙发上"谈着诗文哲学以外的事情"。他盛怒之下把他们痛骂了一阵，出来叫仆人套马，要当晚离开吕纳维尔。夏德莱夫人止住了仆人，一面去劝慰服尔德。"怎么？"他说，"你想我看见了那些情形之后还会相信你么？"——"不，"她说，"我永远爱你，但若干时以来，你说你精力衰颓无以为继了。我为此非常难过。我决不希望你死；你的健康于我何等宝贵。在你方面，你亦很关心我的健康。既然你承认除了损害你自己的身体之外，不能再有助于我的健康，那么你的朋友中有人替你代庖的时候你倒动怒起来，这是应该的么？"

——"啊，夫人，"他说，"你总是有理的。既然事情是应得如此，至少不要在我眼前做出来。"

明天，圣朗倍亲自来向服尔德请罪。"孩子，"他和他说，"我都忘记了，而且是我的过错。你是正当爱慕取悦的华年。尽量享乐这短促的时期罢。"几天之后他把这段故事写成一本喜剧，但认为秘不付印之为妙。

两人讲和之后回到西雷，正在想去巴黎的时候，平素那么活泼的夏德莱夫人突然忧虑起来。她竟在四十四岁上有了身孕。她告诉了服尔德。他劝她马上叫圣朗倍来举行三人会议，商量用何种方法使夏德莱先生承认这个孩子是他生的。一切都像喜剧一般布置好了；叫人送信去请夏德莱先生回家，说要商量某些家务，等他回来时把他待得非常亲热。服尔德与圣朗倍都在，又请了些邻近的人来，举行小小的庆祝会，一起聚餐。夏德莱先生给众人灌了许多酒，吃得饱饱的，讲他从前的战绩，大家听得津津有味，他愈加高兴了。夏德莱夫人盛装艳服，打扮得娇滴滴地，她的丈夫不知不觉对她殷勤献媚起来，自以为还如青年一般。兴高采烈的过了三星期之后，他的夫人告诉他说她觉得受孕了。他跳起来抱着她的颈项，拥抱她，得意洋洋的逢人告诉：于是她得救了。

在她怀孕的时期，她有时住在巴黎，有时住在吕纳维尔。她竭力装做快乐的神气，但她颇有悲哀的预感。她想她会难产而死。可是生产的难关竟平安渡过了。她最初觉得的时候还在诠释牛顿的理论。服尔德书信中有下列的一段记载："昨晚夏德莱夫人在诠注牛顿时微觉不适，就呼唤女仆，等到女仆上前时，已只有张开围裙来端抱小孩的时间了。她生了一个女孩。"

但第六天上产母死了，于是一切都完了。夏德莱先生，服尔德，圣朗倍三人都在场，哭不成声。服尔德悲痛之下，惘惘然走出府第，跌在地下。跟着他的圣朗倍把他扶了起来。他醒过来时对圣朗倍说："啊，朋友，是你害死她的。"他悲苦万状，久久不能自己。他在这座巨大的府第中徘徊，样样都使他想起爱弥丽。他想起他们初到时的情景，她用了何等巧妙的艺术把荒凉的地方点缀成充满着爱情、友谊、学术空气的宫殿。

末了，他回到巴黎。初时，简直没有人能和他谈话。他的友人，久已见他对于这位情妇已经厌倦了，此刻却又见他如是哀伤，觉得很怪异。玛尔蒙丹①说他看见他泪流满颊："他以前常常和我说，她不啻是钉在他脚跟上的魔鬼，我看他哭泣，不禁陪着他难过。但我想使他在她的死因中寻出多少减轻他的哀伤的成分，便问她是怎样死的。'怎样死的？他不知道么？啊，朋友，是他把她害死的，那个家伙。她替他生了一个孩子。'这样之后，他又称赞这位贤淑的夫人的美德，愈加哭得伤心了。这时候刚巧旭佛兰②来了，不知讲了甚么好玩的故事，把他哄得大笑。"因为他如一切大人物一样，像孩子般很会变的。

后来还是戏剧使他重新感到人生的趣味。

---

① Marmontel（一七二三～一七九九），法国文学家。
② Chauvelin（一六八五～一七六二），法国政治家。

十二　普鲁士王

弗莱特烈克二世久想把服尔德罗致在宫中。夏德莱夫人亡故以后,他的邀请愈加来得频数了。服尔德方面也不能漠然无动于衷。法国的君主不许他同席;普鲁士王却与他赋诗唱和。朝廷对他的劲敌克莱皮翁宠幸有加,更使他怨愤。此刻唯一的阻碍是弗莱特烈克的吝啬。他很愿给服尔德一笔年俸,但不肯津贴旅费。服尔德自从情妇物故以后和侄女特尼夫人(Mme Denis)住在一起,想把她带着同去,那么又多出一千金币的旅费,而在这项费用里面弗莱特烈克是决不肯破费一文的。

然而在服尔德心中,骄傲毕竟战胜了金钱。有人告诉服尔德说一个恶俗不堪的法国诗人亚诺·巴哥拉(Arnaud Baculard)曾经在普鲁士宫中当食客,普王赠给他的一首诗,简直把他当服尔德一般看待,其中几句失敬的话是:

　　法兰西的亚波罗,
　　已经走入颓唐的路,

来吧,你来光照世界罢。

服尔德立刻致书弗莱特烈克:

你的多情的文字在法国已通国皆知,
你称扬亚诺的少壮;
我已度了六十春秋。
但即算你如何光荣显赫,
难道就应该奚落我这老叟?

写完了这几句,他从床上跳下来嚷道:"服尔德已是日暮而巴哥拉方是旭旦么?这种狂言竟出之于君王之口么?"他穿着衬衣,暴跳如雷的把普鲁士王大骂一顿。"我要去,"他说,"是的,我要去教他把人物认认清楚!"普鲁士之行就此决定了。①

动身还得请求宫廷的允准。服尔德向主管的大臣陈说,并且问他有没有什么事情交他到柏林去办,大臣答道:"一件也没有。"路易十五旋转身去简直不睬,太子也是这样。终于服尔德请弗莱特烈克二世写信给路易十五,请求允许他永远把服尔德留在宫中;路易十五哼着鼻子说他全不在乎,又和朝臣说这不过是普鲁士宫中多了一个疯子,法兰西宫中少了一个疯子罢了。

"一切的开端总是可爱的。"服尔德初到卜兹顿的情景真是美妙非凡。普鲁士王亲自迎接他下车。宫中为他举行庆祝会,表演

---

① 引裴尔索语。

他的悲剧，他巍然坐在王室贵胄之间。他经过的路上大家都喁喁的说："服尔德……服尔德……"他胸前挂着大勋章，背后挂着侍从长的钥匙，每年享用二万八千金的恩俸。普王周围一小群亲狎的人，那些文人学者，开始觉得新来的宠臣可厌了。那时普鲁士宫中也有一般法国人，如弗莱特烈克称为"他的无神论者"的拉·曼德里①，在索尔篷②公然宣称摩西③是最大胆的历史家的台泼拉特（Desprades），服尔德到后立刻请普王驱逐出宫的少壮的亚诺·巴哥拉，而尤以弗莱特烈克任为科学院院长的莫班多伊为最著。他是优秀的数学家，以在拉卜尼④测算北极子午线而闻名，他在那边带回的两个拉卜尼人⑤在巴黎交际场中轰动一时，服尔德来到的时候，莫班多伊没有在场；他回到柏林，却发现宫中多了一个对他犯过两大不敬罪的文人，居然满身披戴的挂满了勋章。服尔德所犯的两大不敬罪是：一、在他进学士院的演说中，列举当代的名人而忘掉了莫班多伊；二、他与莫班多伊是同国人而胆敢比他更有声名。

这些小党派是最危险的东西。一言一语在人群中传来传去，好似水滴在漩涡中打转。弗莱特烈克是如阿扬⑥所说的一个轻狂妇人，要讨好好几个情夫而结果使每个人受苦。他招致服尔德来是要他改削法文诗。但卜兹顿宫中的人屡次告诉他说，服尔德在

---

① La Mettrie（一七〇九～一七五一），法国医生，唯物论的哲学家。
② Sorbonne，即今巴黎大学文科。
③ Moïse，古代先知者。
④ Laponie，瑞典、挪威以北之地带，为欧洲极北之地。
⑤ 系一种特殊的矮小的民族。
⑥ Argens（一七〇四～一七七一），法国文学家。

接到他的手稿时叽咕道:"王上又把脏衣服给我洗了。"同时他们又告诉服尔德说,王上说:"我再需用他一年;橘汁吸完之后,自然要弃掉橘皮。"于是服尔德以处在霸王特尼①宫中的柏拉图自比,叹道:"然而柏拉图还不必虚掷光阴去洗濯脏衣服呢。"这样的话又传到王上耳中,而且还要加些注解上去。

王与客卿之间的关系日趋恶劣了。爱做买卖的服尔德,禁不住在普鲁士做非法的投机事业。他雇用一个叫做赫歇尔的犹太人为经理。后来两人互控欺诈,赫歇尔下了狱。但服尔德的敌人替赫歇尔叫冤,弄得弗莱特烈克大发雷霆,说:"你弄得满城风雨。在你未来之前,我宫中一向是很安静的,我现在告诉你,要是你欢喜使用阴谋诡计,你真是看错了人。"如果服尔德以为普鲁士王不及法兰西王严厉,那么这种刺耳的话应当够他思索一番了。

另外一件事业使他与卜兹顿宫中的人根本闹翻了。莫班多伊发表一篇称为"最低限度律"的论文;坚谓自然界总以最低限度分配各种原动力。他洋洋自得的用此"最低限度"来解释一切。柏林科学院的另一个会员葛尼兹②说这条定律在莱布尼兹③学说中已经有过而且加以摈斥了。莫班多伊否认其事,痛斥这个真正的学者与颇得人望的葛尼兹为谬妄。此说一出,舆论哗然,但不敢向偏袒莫氏的王上说。凑巧莫班多伊又发表一篇授人话柄的文字。服尔德一方面想主持公道,一方面想炫耀才智,便写了一篇《阿加基亚医生的驳议》,恣意取笑莫班多伊的某些思想,说他无

---

① Denys,为纪元前四世纪时西西利岛之霸王。
② Koenig(一七一二~一七五七),德国数学家。
③ Leipniz(一六四六~一七一六),德国大哲学家。

异把所有的病人涂抹树脂以防止伤风。这场取笑被认为不敬君王。小册子被搜去焚毁了。哲学家的君主与专制的霸王完全一个模样。

服尔德把十字勋章与侍从长钥匙奉还普王,附以下列的诗句:

> 我接受时满心欢喜,
> 我璧还时一腔悲苦,
> 正如一个妒忌的情人,
> 在愤懑时交还情妇的肖像。

王请他把勋章宝绶留着,但要他上路。他经过了许多困难才走出德国境界。在佛朗克府(法兰克福)①,一个蛮横的官员把他拘押起来,要他交出王上的诗集。但弗莱特烈克的大作是存放在莱布齐格(莱比锡)②的行李中。服尔德便和来迎接他的特尼夫人在佛朗克府下了狱。这件事情在当时大大的轰动了一番。③

---

① Francfort,德国名城。
② Leipzig,德国名城。
③ 服尔德原拟把弗莱特烈克的诗作带走,以便有机会时用为取笑的资料,在佛朗克府留五星期后,卒被迫交出。

十三　哲学家的三窟

在佛朗克府受辱以后,服尔德知道在德国决不比法国更自由。回到巴黎是不可能的;法王不愿看见他,这是君王的失着。有人说服尔德的逃亡是王室与文人分裂的标识,这句话是不错的。路易十四对于文人的优遇,无异软禁他们;路易十五轻视他们,便无异解除了他们的束缚。可是文人能够造成舆论,而舆论是任何政府——即是专制政府也如此——不能忽视的。服尔德的逃亡确是法国王政衰败之征。

他道经高玛①,在赛诺纳(Senones)寺院中勾留了数星期,寺中本多派教士的藏书室帮助他继续写他的《风俗论》。这位反对教会的老人,很恬适的住在教会里,叫本多派教士替他搜集各种"杂凑的材料"。他说到敌人那边去取得攻击他们的武器是最好的计策。以后他到柏龙皮哀(Plombières)去疗养了若干时候,重行与他的朋友阿扬太,侄女特尼夫人,风丹纳夫人相聚。

---

① Colmar,在上莱茵城。

他经过里昂，受到热烈的款待，终于到了瑞士。他想在此共和国土内，他总可不受王家警察的麻烦了；而且他很天真的相信，既然那些宗教改革家①是被虐害过来的人，决不致再去虐害别人。一七五四年十二月十二日，他到日内瓦。他刚好六十岁。

他先住在德龙芎医生②家里，继而在柏朗杨宫堡借住了几星期，一面寻找房子。他先在洛桑③半山间租了一所临湖的住宅，但那是夏季避暑的庄子，特尼夫人在里面几乎冻死。于是他们在日内瓦城里找到一座大房子叫做圣·约翰庄；服尔德因为不愿顶用圣者的名字，把它改称快乐庄。这是反面的迷信。一个旧教徒在日内瓦是不准置产的，故服尔德借钱给德龙芎医生叫他买下，一方面给服尔德一张终生租住契约作为借款的利息。他早就把财产的一部储作终生年金，且因他身体瘦弱形容憔悴之故收有很高的息金。

他写信时随即改用"瑞士人服尔德"的署名，他描写从家里望出去的风景；又因生性好动之故马上兴工建筑，装饰内部，布置花园，忙个不了。"我和特尼夫人忙于建筑客舍和鸡棚。我们定造四轮车与独轮车，种植橘树，罂粟，玫瑰与萝萄。我们什么都缺少。得把整个的迦太城④建设起来。"

迄今为止，服尔德一向住在别人家里，积聚了大宗的财产。从此以后，他想过巨宦生活了。他有四辆车子，仆从无数，又很

---

① 瑞士系新教国家。
② Tronchin（一七〇九～一七八一），当时最行时之瑞士医生。
③ Lausanne，瑞士名城。
④ Carthage，系腓尼基人于纪元前七世纪时在非洲建立之名城。

好客。他造了一座剧院,当勒甘①路过时,请他表演《查伊》。那时琪篷②方在洛桑,看见服尔德亲自扮演吕西昂的角色,认为他的说白颇为堂皇。日内瓦所有的世家都来参观这些表演,不久,牧师们认为这是含有危险性的娱乐。日内瓦教堂里宣道演说中有攻击他的说话了,于是他只能私下举行表演。

这还不过是令他扫兴的开端罢了。他在《百科全书》中论列日内瓦的文字,又掀起了纷纭的议论,终竟使他的隐居生活发生恐慌。他在那篇文字中称赞新教的牧师既不相信《圣经》,亦不相信地狱,只是如他一样的理神论者(déiste)。但牧师们绝对不愿领受这种称赞。他又说过加尔文③的心是"残酷的",更加令人不快。他徒然写信给印刷所,争辩他原稿上写的是"严峻的"(austère),被手民误读为"残酷的"(atroce)。这种申辩方式是他惯用的伎俩,无奈事情演变的结果,表明日内瓦并不比巴黎更有哲学气息。"我极爱自由的人民,"他说,"但我更爱我个人的自由。"

既然他在法国与瑞士都不得安宁,最妥当的莫如一只脚伸在瑞士一只脚伸在法国,或更好是如服尔德所说的有四只脚。在日内瓦湖畔有两座别业,在边境上再有两座,那么一有警报立刻可以逃跑,声辩,静待风浪的平息。凑巧在靠近日内瓦的法国边境有两块田地出售,一处是多奈伯爵的食邑,连着一切贵族的特权出让,还有一处是法尔奈(Ferney)宫堡。他把两

---

① Lekain(一七二八~一七七八),法国著名悲剧演员。
② Gilbon(一七三七~一七九六),英国名史家。
③ Calvin(一五〇九~一五六四),法瑞两国之宗教改革家。

处一起买下,他的阵地便如狡兔三窟般布置周密了。"我左脚踏在于拉峰上,右脚踏在阿尔卑斯山巅,阵地的前面是日内瓦湖。一座美丽的宫堡在法国边境,一所隐居的精舍在日内瓦,一个舒适的住宅在洛桑;从这一窟到那一窟,我终可幸免君王及其军队的搜索了吧!"

十四　法尔奈的生活

差不多一切伟大的人物,一生中总有一个时期的面目对于后世的印象特别显著。传说中的拜伦是一八一二年代美貌的青年,而非勃梨辛顿夫人①认识时的成年人,头发稀少,未老先衰的模样。托尔斯泰是于思满颊的乡下老翁,穿着粗劣的工衣,腰里束着一条阔带。传说中的服尔德是法尔奈时代的狡猾老人,正似乌同②所作的雕像,嬉笑怒骂的神气,瘦削的个子,像一座枯朽的骸骨,在大理石的衣服下面伛偻着,但像一根伛偻着的弹簧随时会跳起来的样子。在法尔奈的二十年中,服尔德都像快要老死的神气;其实他终生都如此。"他老是怨叹的健康,耐得住最繁重的精神工作而受不了任何过度的疲劳,倒是他最会运用的宝贵的倚傍。"

法尔奈隐居中的宾客颇为众多。服尔德曾谓哲人退隐于孤

---

① Lady Blessington（一七八九～一八四九）,英国有名才女,以思想出众著闻于世。
② Houdon（一七四一～一八二八）,法国大雕刻家。

独之中为烦闷所苦。但他在法尔奈既不孤独也不烦闷。与他相处的最初便有他的两个侄女。特尼夫人是"一个臃肿不堪的小妇人,年纪约在五十左右,面貌生得很丑,心肠倒很慈悲,善于说谎,但不是有意的也不是恶意的;并没有什么思想而装做颇有思想;一天到晚的叫嚷,出主意,乱谈政治,做诗,一忽儿很有理解,一忽儿毫无理解;一切举动都出之无心而且不得罪人。"服尔德购买法尔奈时用的是特尼夫人的名字,但要她签署一张证明法益权的契约;买卖成交之后,特尼夫人不肯签字了,并非要逐出她的叔父而且要叫他逃不出她的掌握,这是他们两人争吵的起因。还有一个侄女是风丹纳夫人(Mme de Fontaine),更温柔,更和平易与,尤好绘画,屋内到处挂着她仿蒲希与诺多阿①作风的裸体画,说是"使她衰老的叔父恢复一些青春之气"。他也的确很感趣味,他写道:"应当叫人把王宫里最美最大胆的作品临摹下来。"

除了侄女们来来往往之外,常客还有一个秘书——忠心的华尼哀,和一个耶稣会教士亚达神甫(Père Adam)。在服尔德老年有一个耶稣会教士与他相处并非可怪的事。那些"可敬的神甫"在他幼年给他受了那么美满的教育,故他心里是始终感激他们的。亚达神甫极好下棋,每天和服尔德对弈。"这位神甫,"他说,"决非世界上第一流的人物,但精于弈棋。"要是神甫胜了,服尔德就把棋盘扔在地下,嚷道:"耗费两小时的光阴去搬木块,还不如写一幕悲剧。"要是他胜了,便一直下到终局。

---

① Boucher 与 Natoire 均为当时法国有名的学院派画家。

服尔德住到法尔奈后第一桩举动是造一所教堂，亚达神甫替他当祭司。教堂的屏风上写着"Deo erexit Voltaire"。来往的人都说："两个伟大的名字。"服尔德造了一座坟墓，一半在教堂里面一半在堂后的墓地上。"狡黠之徒可以说我既不在内亦不在外。"他又造了一座演剧厅。"如果你遇着狂热的教徒，可以告诉他们我造了一所教堂；如果你遇着可爱的人，可以告诉他们我造了一所剧院。"

两个年轻的女郎先后在府第中加增了不少清新蓬勃的气象。一个是高乃伊的侄女，服尔德为纪念大诗人而抚养在家的。他写道："伟大的高乃伊的部下，应当为他的将军的孙女效劳。"他写了一部诠释高乃伊剧作的书，以售得的稿费充作她的奁资，把她嫁给一位杜洛依先生。还有一个是清贫的世家小姐华列古，"可爱的胖子"。服尔德称她做"善心的美女"，和她说："你使我心平气和，在你面前简直不会生气。"她早上到他卧室里时，他问她说："日安，美丽的造物。"她答道："日安，庇护我的上帝。"说完之后抱着他的颈项亲吻。"啊，小姐，"他嚷道，"这是生与死的拥抱啊。"但死并不讨厌这种接触。后来他把她嫁给维兰德侯爵（Villette），她亦对他矢忠不渝。

如在快乐庄时一样，他在法尔奈过着最勤劳的生活。他不但专心于文学工作，并且从事建筑种植，他说这是"慰娱暮年的唯一的勾当"。周围的土地养活了他家中的三十个人与十二匹马。自朝至暮（他五时起身十时就寝）他忙于农事与饲养马匹（因为他费了许多心血想改良马种，可惜没有成功）；他接待无数上门求见的宾客；写无数的信札，小册子，故事，剧本，或是口中念出来叫人录写。晚上,大家玩些智力的游戏。或是他讲窃贼的故事。"夫人们,"服尔德开始说道,"有一天一个催征吏……哦,下文忘记了。"他觉得甚么都好玩。他在法尔奈最不欢喜的宾客要算公牛了。"我讨厌公牛,它们走得太慢,与我活泼的性格不合。它们老是像生病似的。我爱强壮健旺,耕田干练的家伙。"

至于他,虽然身体不好,可是工作很快。他致书台方夫人说:"在那一无所有的死未曾临到之前,尽量享受区区的生罢。"他在给亚朗培①的信中又说:"得永远嬉笑怒骂的走向真理的路。"他行善的时候是否嬉笑怒骂可不知道,但他的确行了不少的善事。他把法尔奈的村落弄成一个繁荣的地方。他开垦土地,建造农舍,造好之后以低价售与农人。"我在贫苦的地方播种繁荣。这固然使我化费不少,但是为了最高尚的事业而化费的。"

那时日内瓦正闹着几件虐害无辜的大狱,他乘机使他的村落增加了许多居民。他开办织造丝袜的工厂,把第一双出品寄给旭阿索侯爵夫人②:"夫人,只请你试穿一次,穿了之后可以把你的腿给任何人看。"他开办花边工厂。他又招了许多出色的钟表工人,像治理一个帝国那样的拼命推销他的出品。他对他所有的巴黎朋友宣传法尔奈的钟表:"此地的货色远胜日内瓦的……在巴黎值四十路易③的打簧表,我这里只要十八路易。如蒙赐顾,竭诚欢迎……你可有极好的表,附赠极坏的诗,要是你欢喜的话。"

因旭阿索侯爵的介绍,他印了传单寄给所有法国的驻外大

---

① Alembert(一七一七~一七八三),法国文学家、哲学家、数学家。
② Choiseul 侯爵为路易十五之外交大臣。
③ 系法国旧币名。

使,请他们推销法尔奈钟表。"他们非常尊敬旧教,所以尤其值得阁下提倡。"当他的朋友俄罗斯女皇和土耳其打仗时,他很想请她介绍做一笔希腊正教寺院的钟表生意,但他同时与苏丹亦有来往,做土耳其方面的交易。总而言之,他把法尔奈造成一个快乐勤勉的天堂,因宗教信仰绝对自由之故,人们更加幸福:"在我的部落中,有一百多个日内瓦人的家庭,可是一些也不觉得有两种宗教。"

年龄的增高,只有加增他的勤劳与工作的兴致。"我年纪愈大,愈需要工作。工作慢慢地成为最大的乐趣,代替我一切已经消失的幻象。"此外他又言:"衰老与疾病都不能消磨我的勇气。即令我只能开垦一方地,只能种成二十株树,也已经不是白费的事业了。"这已与《刚第特》(《老实人》)①的哲学相去不远了。

---

① Candide,服氏名小说之名,详见后。

十五　服尔德的哲学

一般的传说把法尔奈时期的服尔德当作真正的服尔德确是不错的。在法尔奈以前,服尔德是什么呢?一个声名卓著的诗人兼戏剧作家,一个受人辩难的历史家,一个科学的提倡者。法兰西当他是一个显赫的作家,可不当他是思想界的权威。直到他住居法尔奈以后,他的精神才得解放,才变得伟大。靠了狡兔三窟的掩护,他甚么话都敢说了。他一般百科全书派的朋友在巴黎冒险为争思想自由所作的奋斗,倒由他在隐居之中主持一切。他在这场斗争中间,灌输入灵气与幻想,化为种种不同的形式,与有意单调的主张。

二十年间从法尔奈散布到全欧洲的文件有如雨点一般,这些小册子以各式各样的名字出现,到处被人扣留查禁,驳斥痛骂,但它仍是遍地风行,慎思明辨之士竞相传诵,击节叹服。在法尔奈的服尔德已非"漂亮人物"而是理智本位的宣道者了。他以使徒自命,说:"我对于我的时代的影响远过于路德与加尔文。"又谓:"许多人说基督教义是十二个门徒建立起来的,这种论调我早已听厌，我真想证明给他们看，要破坏它时，一个人便已足够。"他的书信末了几乎总加上"铲除卑鄙"的口号，他天真地把这几个字写成缩写，以免触犯忌讳。所谓卑鄙是指什么呢？是宗教么？是教会么？说准确些是迷信。他攻击它不遗余力，因为他吃过它的苦，因为盲目的信仰使人类遭受不必要的苦难。

因此，服尔德在法尔奈时期的作品大半是破坏性质的。他要证明：（一）以为一个全能的上帝，天地的创造者，特地选中犹太人那个游牧的亚拉伯部落作为他的特选民族，是最荒谬的思想；（二）这个民族的历史（《圣经》）充满着不可信的、淫猥的、矛盾的事实（他颇费心血的写了一部《圣经广注》，把经文重行校订，加以无数的按语）；（三）还有十八世纪以来教派之间为了几个字而互相残杀是发疯的无聊的行为。

服尔德的这种批判同时也受到公正的批判。人家说服尔德没有节度，缺少同情，即是他自己的史学修养亦嫌不充分。这些说话都是对的，服尔德自己有时也竭力想说几句公道话："不消说，我们不该以我们的时代去批评那些时代，也不该叫英国人或法国人去批判犹太人。"要是人家肯把《圣经》当作野蛮部落的传说去读，那么他亦承认它引人入胜之处不下于荷马的作品。要是人家认为其中有神明的说话与超人的思想，那么他便要列举先知者的事迹而指出他们的残酷了。

什么是服尔德积极的哲学主张呢？是一种由理神主义冲和的不可知论。"一个人诞生下来，自然而然就会承认上帝……有出品就证明有工人。一切星球以最高妙的艺术在太阳周围跳舞。动物、植物、矿物，一切都由节度、数目、动作安排妥当。一幅美丽的风景画或动物画是出之于高明的艺术家之手，这是无人置疑的。既然临本是智慧的产物，原本怎么会不是呢？"

关于上帝的性质，他很少告诉我们。"盲目的信徒告诉我们说：——上帝在某个时代来到人世；他在一个小村上宣道，但他把听众的心肠都变硬了，使他们绝对不相信他；他塞住了他们的耳朵而和他们谈话。——全地球的人都会嗤笑这些盲目的信徒。对于人家发明的一切上帝，我都可以这么说。无论是印度的鬼怪或埃及的鬼怪，我都一律不稍假借。有些国家为了那些特殊神道的幻影而放弃无所不在的上帝，真堪惋惜。"

那么应当相信什么呢？这便有些模糊了。"有神论者①是我们可以自命的唯一的名称；大自然是我们可以讽诵的唯一的福音书。唯一的宗教是信奉上帝，努力行善。这纯洁的永恒的宗教决无弊害。"的确，这种有神论似乎没有害处，但有没有益处呢？我们不懂，何以如此抽象的信仰能与道德相容，何况服尔德的道德又是极重人情的。"是啊，老天！我为上帝服役，因为我爱我的国家，因为我每星期日都去做弥撒，因为我设立学校，因为我将设立医院，因为虽然有盐税我这里可没有穷人。是啊，我为上帝服役，我相信上帝，而我要大家知道这一点。"我们的确知道这一点，但这种样子的侍奉上帝倒是一个廉洁的行政人员的办法而非神秘论者的气派。

名义上的有神论者，实际上的人文主义者，服尔德是这样

---

① Théiste，相信神之存在，其与理神论者相异之处，在于相信上帝对于世界之权力。

的一个人。他一朝要正正经经的辩解道德戒条时，他是依据社会思想行事的。而且，既然神是无所不在的，自然之中便有道德。"一虱之微，亦有神明。"无论何时何地，人类在良心中所能找到的道德只有一条。苏格拉底、耶稣、孔子，他们的玄学是各异的，但道德差不多是相同的。有一般人，例如窃贼，尽管否定神的律令，却又造出别的律令来奉行唯谨。拍斯格①觉得这种情形大为"可笑"，服尔德则加以按语道："这是有益的而非可笑的，因为于此足证，无论何种社会不能一日无律令，即是游戏之中亦如此；无规则的游戏是没有的。"在此，他的史学家的目光看得很准确，而且用深刻的说话，道破了今日一般观察家所描写的原始社会情形。

人家对于这种服尔德式的哲学曾经加以严厉的批判。法葛②评为"明白思想的浑沌物"③，泰纳④则谓："他因为要令人易于接受之故，把大事缩小了。"大家也可想起一个女人的名言："他把事情讲得那么明白，以致我永远不明白了；这是我不能宽恕他的。"当然，一种完全清楚明白的学说不大容易把暗晦的世界表现真切。

即是服尔德自己，在他坦白的时候，也说——而且比任何人都说得澈底——所谓"明白"是有界限的，人类运命中尽有疯狂与暧昧不明的区处。如果你不相信，可请翻阅他《哲学辞典》中

---

① Pascal，法国十七世纪大思想家。
② Faguet，系近世法国批评家。
③ 此语意为思想明白，但无系统，故大体上仍是一片混沌，不成一家言。
④ Taine（一八二八～一八九三），法国哲学家，历史家，批评家。

"愚昧"一辞下的第二节:"我不知①我如何形成如何诞生。我一生之中四分之一的时间,我所见所闻所感,皆绝对不知其理由,我只如鹦鹉一般学舌而已……当我想向这个确定的途程中前进时,我既找不到一条路径,也找不到一个目标,我对'永恒'默想了一会之后,我又堕入愚昧的深渊中去了。"在此,服尔德与拍斯格相遇了,但只在半路上相遇;而这烦躁不安的服尔德确是最高的服尔德,因为这是《刚第特》中的服尔德了。

---

① "愚昧"一辞在法文中作动词用时作不知解。

十六 刚第特

假使我们告诉《查伊》与《亨利亚特》的作者,说他的著作中在一九五〇年代唯一(或差不多是唯一)有人讽诵而认为人类精神杰作之一的书,将是他六十六岁时所写的一部短篇小说《刚第特》(Candide),他一定要惊讶不置。

他写作本书的用意,是讽刺莱布尼兹的乐天主义。一般乐天家说:"在最好的世界中一切都好到无以复加。"服尔德观察过人类的生活,他生活过、奋斗过、受过苦,而且看见人家的受苦。真的不,这个火刑场的世界,争战连年的世界,断头台与疾病的世界,决不是可能的世界中最好的世界。史家(尤其是米希莱①)常认为刚第特的悲观主义是由于几件特殊的事故:里斯本②的地震(服尔德曾为此写过一首诗),七年战争及其惨祸,特尼夫人的贪婪。这些小理由似乎是多余的。服尔德否认世界的完满,因

---

① Michelet(一七九八~一八七四)。
② Lisbonne,葡国京城。

为完满难得在这明智的老人面前显现。

他的主题是简单的。刚第特慢慢地认识了军队,异教裁判,巴拉甘(巴拉圭)[①]的耶稣会教士;凶杀,窃盗,奸淫;认识了法国,英国,土耳其。他到处看出人是凶恶的动物。班葛罗斯[②]代表乐观派的哲学,马丁(Martin)代表悲观派,他想人是"生来在彷徨不安的动乱中或敌人的绝境中讨生活的"。但作者既不采取马丁的悲观主义亦不采取班葛罗斯的乐观主义。书中的最后一句是:"应当耕种我们的园地。"意思是说,世界是疯狂而残酷的;地下震动,天上霹雳,帝王相战,教会相残。还是缩小我们的活动范围,尽我们的力来干些小事情罢。

这是根本"合于科学与中产阶级的"结论。应当有所作为。一切都是不良的,但一切都可改善。人"不能消灭宇宙的残酷,但能运用谨慎来保护其中的几个村落,使它们一时不致遭受虐害"。服尔德所用来反对马丁的悲观主义与班葛罗斯的乐观主义的,用来反对基督教神学与莱布尼兹淡泊的乐天哲学的,是牛顿的科学,是限于自然界的科学,它虽然只能令人抓到自然界的几种关系,但我们已能由此驾驭一部分的自然现象。在这一点上,服尔德已预示出现代人与工程师式的明哲(Sagesse)。虽是不完全的,但是有益的明哲。

在服尔德全部著作中,唯有《刚第特》一书最能表现他是一个伟大的古典派与十七世纪型的人物,卢骚(卢梭)那时已是一

[①] Paraguag,今南美一共和国,刚第特游踵所及之地。
[②] Pangloss,书中人物之一。

个浪漫派与十九世纪型的人物了。要把《刚第特》一变而为《冢子哈洛特》①是极容易的。只要把刚第特作为服尔德的人格的映画,诅咒宇宙夺去了他的哥纳公特小姐,幻想自己与命运斗争,那么他便成为浪漫派的英雄了。但刚第特和莫利哀的剧中人物一样,是普遍的人物;反浪漫派的后期的拜仑,《唐·朱安》②时代的拜仑,即是受了《刚第特》的影响而形成的。所以一切浪漫主义者是反服尔德派(Antivoltairiens),即使在政治上应当赞成服尔德的米希莱亦不能例外;反之,一切接受世界而识得它的恶作剧与薄情的人是服尔德派(Voltairiens)。"莫拉先生③每年要温读一次《刚第特》,读完时总想:'前路是通行的',即是说,尘世的幻象,云翳的障蔽,一切现实与悟性之间的阻梗,都被服尔德一扫而空了。"④

阿仑⑤说得很对,《刚第特》的文笔颇像伽朗氏(Galland)译的《天方夜谭》。"一是法国古典派作家,他把事情的结果加以证明加以演绎,一是东方的宿命论者,描写人生荒诞不经的形象;两者相遇,产生了一种新的不和协音(dissonance)。"原文的诗意,大部分因为世间的疯狂与混乱由一种节奏来表现、统制之故。《刚第特》是有两种性格的。一方面每页都有变幻莫测的事实令人炫目;一方面又有奔腾迅速的气势,与乎循环反复的马

---

① *Childe Harold*,系拜仑著名诗作,述一诗人游历各地之见闻与印象。
② *Don Juan*,拜仑名著。
③ Charles Maurras,一八六八年生,现代法国政论家,主张复辟,反对民主。
④ 引彭维尔语。
⑤ Alain,现代法国思想家。

丁悲观主义的题旨,老妇的叙述和刚第特的复唱(refrains),足与伟大的诗作媲美,予人以悲壮之感。"一切杰作中间都有悼词(oraison),服尔德的小说亦是如此。"

除了伽朗的影响之外,史维夫脱的作品亦是服尔德百读不厌的,他用最自然的风格叙述最荒唐的故事的艺术,即是从这位作家学得的。在一切法国古典派文字中,《刚第特》最与英国幽默作家的作品相近。史维夫脱的幽默有时还不免粗野,夸张,《刚第特》的幽默却是为取悦读者起计而更净化的了。一切文人的作品中都有幸运的成功:《刚第特》便是服尔德最幸运的成功。

十七　小品

服尔德在法尔奈做了许多工作，产生了他著作中最重要的部分。在西雷与柏林两地开始的大著都在此完成并出版了，如《风俗论》、《大彼得时代的俄国史》及《哲学辞典》。关于《风俗论》，上文已经谈过；至于《哲学辞典》，则是依字母次序排列的随笔，根本没有什么系统，唯有主义是一贯的。他写本书的动机发轫于柏林与普鲁士王用晚餐的时候。他想用以取悦一般欢喜谈论一切而不欢喜"结构"的人。

有人写过一部《法国简明作品史》①，其实还可以写一部《法国奇文与无结构作品史》。其中可以列入蒙丹（蒙田）②的论文，拉·勃吕伊哀（拉布吕耶尔）的《人性论》，服尔德的《哲学辞典》与梵乐梨（瓦莱里）③的《断片》。即是《风俗论》也不过是一种以年代为序的百科辞典。辞典这种形式是服尔德最欢喜的，

---

① 系今巴黎大学莫南教授所著。
② Montaigne（一五三三～一五九二），法国大文豪。
③ Valéry，现代法国大诗人兼批评家。

他屡次应用。一七六四年出版的第一册,题作《袖珍哲学辞典》,被查禁焚毁了。以后又出版《关于百科全书的问题》,《以字母排列的言论集》。服尔德死后,这些作品都归并入盖尔(Kehl)版的《哲学辞典》中。它包括轶事、神学论、科学、历史、音乐、语录。

服尔德在法尔奈也写了许多哲学故事,有几篇虽不及《刚第特》完美,但亦是有趣而深刻的东西。《耶诺与高兰》(Jeannot et Colin)是讥刺富翁的;《四十金币的人》(L'Homme aux quarante écus)不像小说而更似抨击经济政策的文字;《耶尼的历史》(L'Histoire de Jenni)的首章是服尔德最精彩之作;以后还有《老实人》(Ingénu)、《巴比仑的公主》(Princesse de Babylone)、《白公牛》(Taureau blanc),和颇有《刚第特》的诗意而没有它的气魄的《白与黑》(Blanc et noir)。

但这时期最大部分的作品是政治评论,小册子与语录,因了这些文字,服尔德(与阿狄生两人)才成为空前绝后的名记者。他创造了一组傀儡人物以陈述自己的意见,嘲笑敌人的主张。有时是一个受着宗教虐害的印度人书信(《亚玛贝特的书信》),有时是一个西班牙学士的神学论(《查巴太的问题》),有时是拉葛斯地方嘉布新教派(Capucins)的看守写给前往圣地的班第哥洛梭修士的指南。"班第哥洛梭修士,你应当做的第一件事情,是去看看上帝创造亚当与夏娃的尘世天堂,那是古代的希腊人,早期的罗马人,波斯人,埃及人,西利人等所熟知的,但那些国家的文人从未讲起过……你只须问道于耶路撒冷的嘉布新派教士,便决不会迷路了。"再不然是圣哥谷法派的阿斯高利修士的谥圣典礼，及其在脱洛伊城中产者前面显灵的故事。或者是犹太教士阿基勃的宣教，中国皇帝的上谕，伽拉西斯修士的旅行，中了耶稣会报纸的毒，读了一部分《百科全书》方得解救的。

这些以抨击为主的文学，并非都是才气横溢的作品。《圣哥谷法谥圣典礼》中的滑稽是呆滞无味的。但这些幻想故事自有一种剧烈的动作与节奏，快乐的气氛，巧妙的发明，壮丽的风格，尤其是许多当时的"时事"，很能博得时人的欢迎。他们对于这位政论家的价值与勇气，自然比我们更能体会。他虽然声名卓著，虽然住在安全的地方，有时仍不免受到威胁。王后玛丽·雷秦斯基（Marie Leczisky）临死之时，遗命要惩罚他的不敬神明之罪。"你叫我怎么办呢，夫人？"王上答道，"要是他在巴黎，我可以把他赶到法尔奈去。"法院可不及君主贤明了，把《四十金币的人》付之一炬，把出售本书的书商枷示。在处理这桩案子时，一个法官在刑事庭上大嚷道："难道我们只焚烧书籍么？"服尔德虽与边界近在咫尺，也不免常常恐慌，但他总是无法抵御他的魔鬼，不肯搁笔。

《刚第特》、《路易十四时代》与许多故事，无疑是服尔德的杰作。但若要明白他何以对于当时的法国有那么普遍重大的影响，便当检阅他无数的应时文章，题目是过时的，形式是永久的，而且也应该想象一个天才记者对于舆论界的势力，他老是用同样的题材，使法国在二十余年中为之惊讶赞叹，骚乱不已，并且不知不觉的受他控制。

十八　喀拉事件

一七六二年三月杪，有一位游客从朗葛陶克省^①来到法尔奈，告诉服尔德都鲁士（Toulouse）城中新近发生的一件骇人听闻的案子。一个在城中颇有声誉的新教徒商人，约翰·喀拉（Jean Calas），在下列的情形中被处极刑：

他儿子中有一个名叫马克·安东尼·喀拉的，素性抑郁，居常落落寡欢。因为他是新教徒，故不能进大学修习法科；一方面他不愿如父亲一般做一个商人。他最欢喜的读物是《哈姆雷德》和赛纳克^②论自杀的文字。

一七六一年十月十三日，家里来了他的一个朋友，他在晚餐席上先行告退，经过厨房时，女仆和他说："来烤烤火罢。"——"啊，"他答道，"我热死了。"说完之后径向店铺走去。等了一会，朋友起身告辞了；第二个儿子掌着灯送他走出店铺时，突然

---

① Languedoc，系法国古时西南行省，首府为都鲁士。
② Sénèque（二~六六），罗马帝国时代哲学家。

发见他的哥哥吊在门框上,已经死了。他大声惊叫,母亲父亲都跑来了。大家割断绳子把他放下。邻人们拥来观望,立刻有些疯狂的旧教徒扬言马克·安东尼是被父母杀害的,因为他要改信基督旧教,明天就要声明脱离新教,而按照新教徒的规矩,做家长的宁愿置儿子于死地可不愿他改教。

这种指控的理由是荒唐无稽的。新教之中从没那种规矩。一切熟悉喀拉家庭情形的证人,都缕述父亲的慈爱与宽容。他的一个名叫路易的儿子,不久以前因受女仆的劝说而改信旧教;喀拉宽恕了儿子,连那个女仆也没有撤换。而且一个老人怎能制服一个年富力强的青年而把他缢死呢?要就得承认全家的人,连客人在内都是共谋。但你能想象父母兄弟集合起来谋害一个嫡亲骨肉么?加以连死者生前意欲改教的事也没有一个人能切实证明。但案子落在一个狂妄好事的法官手里。盲目的教徒们又从而附和。教堂里为马克·安东尼举行庄严的弥撒祭,堂中张着白幔,挂着一副向外科医生借来的骷髅,一手执着纸条。大书"弃绝异端"①,一手执着棕叶,作为殉道的标识。

案子由都鲁士法院审理了。喀拉全家的人被拘押起来,隔别鞫讯。大家坚持着初次的口供。然而八票对五票,父亲被判车裂的死刑,他的儿子比哀尔充军,其余的人宣告无罪。这种判决真是残酷而又荒谬,因为要即是全家都是共谋,要即是全家都是无辜。喀拉老人自始至终表示他对于这件冤狱的痛心。在法官询问他何人共谋的时候,他老是回答道:"嗳!既没有犯罪,哪里来

---

① 系暗指新教。

的共谋?"

终于他被处极刑,刽子手用铁棒打断了他的臂骨腿骨肋骨。随后把他系在车轮上让他慢慢地死,末了再用火刑。他对在他身旁的神甫说:"我无辜而死;耶稣基督简直是无辜的代名词,他自愿受比我的更残酷的极刑。我对于我的生命毫无遗憾,因为我希望这场结局会引我去享受永恒的幸福。我哀怜我的妻和子,但对于那个我为了礼貌而留他晚餐的客人,尤其觉得遗憾……""在场的旧教教士都相信他是无罪的,说他虽然是新教徒,但他的死与殉道者的受难完全一样。"

这件故事使服尔德大为诧怪。他觉得喀拉的罪状是不近事实的,但他亦难于相信都鲁士的法官竟会如此残暴。恰巧喀拉家中有一部分人逃在法尔奈附近,住在日内瓦;他便把他们叫来,询问了好几次以后,确信他们是冤枉的。从此以后四年之间,为喀拉一家平反冤狱成了他的一件大事。他说动了旭阿索公爵,普鲁士王,凯塞琳女皇为之声援,这件事情轰动了全欧洲,以至服尔德声请复审的运动终于成功,"虽然有些盲目的教徒公然主张与其使朗葛陶克省的八位法官承认错误,宁可车裂一个无辜的老加尔文教徒。甚至也有人说:'法官的人数多于姓喀拉的人数。'由此所得的结论是喀拉一家应当为保全法官的荣誉而牺牲。他们不懂得法官的荣誉是和别的人一样,在于补救自己的过失。"

巴黎法院审理本案时颇能主持公道。都鲁士的判决于一七六六年春撤销了。"到处的广场上挤满着人。大家要看这一家沉冤大白的人。法官走过时,大众热烈鼓掌,祝福他们。当时的情景所以格外动人的缘故,尤其因为那一天,三月九日,即是三年以前喀拉惨死的一天。"法王赐予喀拉寡妇三万六千金币作为抚恤,服尔德写了一篇《宽容论》,申说"无论何人,有权发表他认为正当的任何言论,只要它不妨害公共秩序","如果你想学耶稣基督,你当为殉道者而勿为刽子手"。

这种说话虽是老生常谈,可是只要有发生喀拉事件的可能时,还是应当反复申说,甚至像他所谓的哓哓不已。在都鲁士另有一件与此大致相仿的西尔凡事件,亦是一个新教徒被诬而由服尔德为之平反的。他因此两大冤狱在民间所得的声誉,远过于他的作品。

三十年后,国民大会(Convention Nationale)下令在"狂妄迷信害死喀拉的"广场上建立一座白石纪念碑,上面镌着下列的字句:"国民大会奉献于父爱,奉献于自然,奉献于狂妄迷信的牺牲者喀拉",费用由国库支拨。

这是一七九三年的事,那时,国民大会正把几百个与他们思想不同的法国人枭首。

十九　骑士拉拜尔事件

"比加地省（Picardie）一个名叫亚倍维尔（Abbeville）的小城中，有一个可爱的品行端方的女修院主。"城里有一个叫做倍尔华（Belleval）的居民，年纪已有六十岁，是当地小法庭里的警官。他追求女修院主，被她婉辞拒绝了。

一七六四年时，女修院主有一个十九岁的侄子骑士拉拜尔（Chevalier La Barre）住在她身边。他宿在修院外面，但常和几个朋友到院里去用晚餐。倍尔华先生因为从前被摈席外之故，一向怀恨着女院主。他得悉年轻的骑士拉拜尔和他的一个朋友哀太龙特会长（Président d'Etallondes）的儿子，在某次宗教仪仗出巡时不曾脱帽，便想把"这件失礼的事"罗织成故意侮辱宗教的罪案。几天之后的一个早上，亚倍维尔桥上的一座木十字架毁损了，可能是被路过的小车撞坏的，但有人定要把这件小事认为故意的捣毁与侮辱宗教。凑巧亚米安（亚眠）①的主教来举行庄严的

---

① Amiens，法国名城之一。

出巡典礼，满城只谈着这些事情。

倍尔华卖弄狡狯，有心把木十字架与出巡两桩事情混在一起。他开始调查骑士拉拜尔的人品。他获得一张控告他的召唤状，把一封主教的信在说教时公开宣读，勒令忠实信徒供给证据，如有隐匿，必将开除教籍。这是再危险也没有的事，因为公开宣布的嫌疑案一定会产生伪证。世界上的恶人与疯子只嫌太多；任何刺激会煽动他们的凶焰。当时就有一个证人说拉拜尔唱过淫词邪曲，另外一个发誓说他在讲起圣·玛丽·玛特兰时用过亵渎的字眼，第三个证人又来报告同样严重的事情。所能证明的尽于此了，而且还是出之于不负责任的证人之口，为被告所否认的。

可是亚倍维尔的法官简直残暴到不可思议，把十八岁的哀太龙特判决连根割去舌头，在教堂门前斩下右手，然后缚在柱上用文火烧死。幸亏哀太龙特在逃。但骑士拉拜尔已经落在他们手里。"法官们大发慈悲，减轻他的刑罚，判他先行枭首再用火刑。宣判此怪刑的时期是一七六六年二月二十八日。"

骑士拉拜尔押送到巴黎。检察长决意撤销亚倍维尔的原判，但二十五个法官中十五个赞成维持原判。这一次，法兰西全国人士都为之痛心疾首。骑士拉拜尔重新押回亚倍维尔去执行。在场的陶米尼派教士（dominicain）看见他的痛苦而食不下咽。"吃一些东西罢，"骑士和他说，"你和我需要同等的精力，才能支持我主演的场面。"他受刑之前的遗言只是："我不信人家会因了这么一些小事而处死一个年轻的绅士。"他问刽子手道："是你砍掉拉利伯爵的头的么？——是的，先生。——你那次手段不高妙呢！——那是他自己慌乱之故；你好好的不要张皇，我不会失手。——不要担心，我一定不会作儿女态。"他的死讯传到巴黎时，教皇的代表公然说这种事情在罗马也不会如此办理。在焚烧骑士拉拜尔的火场上，同时焚毁服尔德的《哲学辞典》。

这种惨无人道的事情又激发了服尔德的嬉笑怒骂。顾问官巴斯基哀（Pasquier）在法院中宣称，亚倍维尔青年的亵渎宗教是因为看了现代哲学的著作之故，他并说出服尔德的名字。服尔德骇坏了，离开法尔奈。"过了几天，考虑的结果祛除了恐惧，他不复害怕任何敌对的当局了。"十余年中，他努力要平反哀太龙特的冤狱，反诉判决骑士拉拜尔的法官，但终于没有成功。

司法上的屈枉是每个时代都有的，但在那时似乎特别严重。喀拉事件发生之后，差不多所有的冤狱都引起了法尔奈的注意。一七六六年，服尔德辩护故拉利伯爵的冤狱①，终于替他申雪了。一七六九年，他平反一个农夫马丁的冤狱。他被诬杀人而受车裂，到后来，真正的凶手却招认了。一七七〇年，是圣·奥曼地方蒙拜伊（Montbailli）夫妇的案子，不幸服尔德出场援助的时候，丈夫已被处决，但赦免了他的妻。有时他自己也弄错了，援助并非真正含冤的人。但与其枉死无辜，宁可释放罪人。在赋税方面，他把日克司地方（Gex）的人民从苛捐杂税之下解救出来，当日克司举行三级会议②通过与法国订立的条约时，服尔德

---

① Comte de Lally（一七〇二～一七六六），法国驻印度长官，与英人战败，被诬卖国，判处死刑。

② 此 trois ordres 当另有历史意义，译者不详，擅译如此。

被请去主持典礼。他在市政厅的窗口中与众为礼,喊道:"自由万岁!"民众欢呼道:"君王万岁!服尔德万岁!"

陪侍他的有法尔奈的十二名龙骑兵,站在会议室前面。"十二名龙骑兵对我们的朋友举剑致敬,他随即动身回去用餐。路过四五个村镇时,大家把月桂掷在他的车中。他全身都盖满了。他的居民排列着迎接他,挥舞着匣子,瓶,对他致敬。他非常快乐,全不觉得他已是八十二岁的老人。"

二十　元老

一个大文豪而能享上寿，确是一种力量。他赢得群众的爱情，他们即使不知道他的作品，也要敬重他的耆年；他获得后辈的宽容，因为明知他不久人世，不再吝惜对他表示应有的崇拜；还有，他能恢复一个人天然的自由思想，因为知道自己临到虚无或最后之审判（依各人的信仰而定）之日不远，故对于此世的一切，即使不能常常保持的坦白的判断力，此刻也能完全恢复。一七六四年后，服尔德先后过了七十，八十的高龄，成为欧洲智识界的元老。大家不复当他是人而是象征了，即使安纳西①的主教，因为他不顾教会反对而上演某出猥亵的喜剧而向朝廷控诉他，在从前会把他监禁起来的大臣，此刻亦不过写了一封措辞严厉的信给他。舞蹈家范斯德利②说："现在欧洲只有三个大人物：普鲁士王，服尔德先生与我。"

---

① Annecy，法国东南部城名。
② Vestris（一七二九～一八〇八）。

各国的君主，除了他本国的以外，认为他是思想界的权威。他的巴黎友人发起为他建造纪念像，四国君主答应负担费用：俄罗斯女皇，普鲁士王，波兰王，丹麦王。这件事情使他非常欢喜："我有了一手的王[①]，"他说，"但我应当胜这一局。这个荣辱交错，黑白相映的生涯，你不觉得惊佩么？在我的四王之中没有一个南方之王，你不觉得遗憾么？"

弗莱特烈克和他音信隔绝，勃谿了五年之后，与他重修旧好了。"这是情人的反目，"服尔德说，"宫廷中的纠纷过去了，但主要的美妙的情分历久常存。"两人重复通信，初时稍感困难，因为普鲁士与法国正在交战。但那时的爱国情调并不如何坚强，他们尽可在两军交绥的情形中赋诗酬唱，这在今日势必是舆论哗然的事件。

弗莱特烈克致服尔德：

> 魅人的民族，可爱的疯子，
> 空言和平而不想实行，
> 你们究竟要战争还是和平？
> 总应切实决定了吧。

服尔德致弗莱特烈克：

> 既然在战争与赋诗的艺术中，

---

① 系以纸牌作譬。

> 你是一个那么伟大的大师，
> 既然你亦欢喜如此，
> 那么吟咏罢，厮杀罢；
> 教育人群罢，劫掠世界罢；
> 我爱诗歌，我恨战争，
> 但我不反对你行军的凶焰，
> 我想，像你一样具有杀戮
> 与取悦的艺术是人人欢喜的。

我们可不容易这样想。"这是，"弗莱特烈克在结论中说，"马丁与班葛罗斯的讨论方式，至于我，只要人家厮杀下去，我总是奉陪的。你是流血惨剧的旁观者，你尽可在我们残杀的辰光嘲弄我们。"

两人中间的关系转变了，书信更坦白了，酬答的诗歌不尽是谀扬恭维的了，服尔德以难堪的口吻写道："你当兵的职业与君王的地位不能如何感动我们的心。"弗莱特烈克在骑士拉拜尔事件中以国家的立场反对服尔德："对于时代特有的褊见，应当迎头痛击么？……你当记得风德奈（丰特奈尔）①的名言：'如果我手里尽是真理，我亦将三思而后启视。'"这样说过之后，两人互相钦佩。后来当服尔德去世之后，弗莱特烈克对他仍是念念不忘："我每天早上对他祈祷。我和他说：神明的服尔德，为我们祈祷罢。"

---

① Fontenelle（一六五七～一七五七），法国大文豪。

另外一个"开明的"狡猾的君主亦成了老人的朋友，那是伟大的凯塞琳（Catherine）。他们为了《彼得大帝》而开始通信。以后，一直在亲切尊敬的情调中继续无间。凯塞琳称赞服尔德为喀拉主持公道，服尔德称赞凯塞琳在国内建立"理智、清白、道德"三大信条。他们之间为了土耳其战争说过一大篇打趣的话："我承认虽在战事期间，我村中仍旧把成箱的钟表运往君士坦丁堡。因此我与战胜战败两方都有来往。我还不知道多髭的胖子①有没有买我的表，但我知道他们没有与情人幽会的余暇②，而你反使他们过了凶险的时间。"

服尔德是否在这些君王的友谊中感到精神上的快乐，我们不得而知；但他一定有虚荣的快感。他甚至觉得自己不啻智识界的王者，故奥皇约瑟二世经过日内瓦而不像大众一样的到法尔奈来，使他非常难堪。

访问的宾客与岁月俱增。亚朗培也来了，欣喜非常。大家接待亚倍维尔案中的哀太龙特时又是十分激动。但始终忙于工作的服尔德，对于普通的宾客是回避的。这种人每天都有：艺术家、学者、哲学家、德国亲王、波兰亲王、俄国亲王。他总用老法子——装病来挡驾。要是通报的是一个厌物的话，他就喊道："快，快，德龙芗医生。你所见的是一个垂死的人，我只有几分钟可活了……"于是他又是瘫痪，又是聋聩，差不多是盲目了。过了那个辰光，他像孩子般一跃而起，到花坛里去拔草了，"那

---

① 此语似指俄兵。
② 此语暗指军事忙碌。

是些又小又细,藏在郁金香叶下,别人找也找不出的莠草"。

所有访问过他的人都描写过他形销骨立的外貌。当毕伽尔[①]想为他塑像时,他说:"据说毕伽尔先生要来塑我的肖像。可是,夫人,要我有一副脸相才行啊!人家简直猜不到我脸部的位置。我的眼睛凹进去有三分深;我的面颊是粘在东倒西歪的骨头上的羊皮纸;所有的少数的牙齿都落光了。人家从没有塑过这么一个可怜虫的像。"雕塑家一到,"可怜虫"的精神却又活跃起来,从雕塑家的谈话里找到为他老题目辩证的借口。他问毕伽尔要用多少时间才能塑一座三尺高的马,毕伽尔答道:"六个月。"服尔德要他写下来签了字。于是他胜利了。《圣经》中的亚龙[②]怎么能在一夜之中铸成金牛呢?在他以后几年的余生中,他老是天真地把毕伽尔的说话和拥护《圣经》的人抗辩。

只要他遇到这样的一个题目,他便关起门来,一天一晚写了一段《哲学辞典》中的文字,或是一篇语录,或是一篇尖刻的驳议。翌朝,他精疲力尽了。但怎么能停止活动,停止写作,停止建造,停止奋斗,停止冒险呢?"人生是一个婴儿,应当推动他的摇篮直到他睡熟为止。"他是一个残废者。他永远是这个样子。八十年来,他总是只有几分钟可活,而这几分钟是告终了。他快要死了。或者他已经死了。"他忘记了埋葬自己。"一个访问者说。

---

① Pigalle(一七一四~一七八五),法国大雕刻家。
② Aaron,系摩西的长兄希伯莱族之大教士。

二十一　服尔德的加冕

为何一个八十三岁的老翁还决定不避艰险,从法尔奈到巴黎去呢?"我?"他说,"到巴黎去?知道在那个城里有四万束木柴给我布置火刑场么?"——"但是,"一个怂恿他去的人说,"你知道你在巴黎有八万个朋友一齐奔来扑灭火种,而且要是你欢喜,把搬柴的人淹死?"

路易十五一日在世,他便一日不许回巴黎。当路易十六登极时,所有的大臣都更换了;"开明而有德的"人如玛兰才勃①、杜谷②辈都上了台。从此巴黎于服尔德是开放了。特尼夫人,维兰德夫人,竭力怂恿他动身。巴黎百科全书派的人亦热望他去。加以服尔德刚写了一部悲剧《伊兰纳》(*Irène*)预备给法兰西喜剧院上演。演员们意见纷歧,作品的演出要受影响了。《伊兰纳》的成功是八秩老人极关心的事,他理想他一去便可解决一切。于

---

① Malesherbes(一七二一~一七九四),路易十六时大臣,以公平正直、思想开明、优容文人著称。

② Turgot(一七二一~一七八一),法国经济学家。

是他动身了。

他穿过法尔奈村,安慰那些流泪的居民,说他六星期后一定回来。他自己也和他们一样的哭,但过了最后的一所村舍之后,变得非常快活了,滔滔不竭的讲着故事。到了蒲格(Bourg),群众识得他,驿站主人给他最好的马匹,吩咐马夫说:"好好的为服尔德先生赶路,鞭死我的马也不妨。"到了第雄(Dijon)当地的青年扮着仆人侍候他。在巴黎关卡上,税吏亦认出他,喃喃地说:"服尔德先生。"恭恭敬敬对他行礼,也不敢问一声他有没有夹带私货。一忽儿后,他到了波纳街与现今称为服尔德堤岸的转角处,到了维兰德夫人的府第①,马上,他"在执政时代的假发上面戴着一顶皮边的红丝绒小帽",出去拜访阿扬太先生,和他说:"我特地从临终的昏迷中醒过来拥抱你。"

他的来到,使巴黎城比一国的君主来到更加轰动。"在走道上,在咖啡店里,大家只议论着他。人们走拢来互相说:'他来了,你看见过么?'"战事的消息,宫廷的阴谋,比乞尼派与格吕克派②的争执,一切都置之脑后了。维兰德府中满是宾客。法兰西学士院派遣代表团登门致意。法兰西喜剧院的演员成群的来。服尔德穿着寝衣戴着睡帽见客,随后又埋头修改《伊兰纳》。卜利虐夫人③,南格夫人④,格吕克,比乞尼,都来表示敬意。佛

---

① 维兰德夫人即华列古小姐,曾受服尔德之抚养,后嫁维兰德侯爵。
② Piccini 与 Gluck 为当时两大音乐家。
③ Mme de Polignac(一七四九~一七九三)。
④ Mme Necker(一七三四~一七九四),著名女作家。

兰克林（富兰克林）①带了孙子来请服尔德祝福。老人伸出手来说："上帝与自由。"（God and Liberty.）

佛兰克林与服尔德的相会，民主政治与理神主义的握手，这已是大革命开始的预兆。只要在两人一同露面的地方，或是戏院里，或是散步场上，或是学士院内，总是掌声不绝。服尔德打一个嚏，佛兰克林便说："上帝祝福你！"于是彩声复起。第特洛（狄德罗）②来了，滔滔不竭的谈话使服尔德插不下一个字，他说："这个人当然极有思想，但上天少给他一件主要的才能，即对话的本领。"大臣们亦来了。唯有王室毫无优礼的表示，但也不敢把他赶回法尔奈。在巴黎这些热闹的日子中，一件疏忽的行为几乎闯出祸来。

正当人家把他奉如神明的时候，他的身体提醒他死期近了。他吐了几口血。有人向他提议请一个忏悔师来。巴黎全城窥伺着他的态度，但他只有模棱两可的表示。他很怕将来他的遗骸被弃在荒冢上，要求依照初期教会中的惯例让他在大众前面忏悔。哥蒂哀神甫坚持反对，定要他表明他的宗教情操。他不肯在声明书上签字，把忏悔师送走了，说："今天这样已经够了；不要把事情弄得严重。"他最担心的是《伊兰纳》的排演问题，他说："要是我到巴黎来只为了忏悔和受人耻笑，才是难堪呢。"

《伊兰纳》并未受人耻笑，却大获成功。他写信给弗莱特烈克二世说："我竭力在巴黎避去两件事情：嘲笑与死。我在八十四岁上要能逃过这两种致命的疾病才是有趣呢。"

---

① Benjamin Franklin（一七〇六～一七九〇），美国大政治家，独立运动领袖之一。
② Diderot（一七一三～一七八四），法国哲学家，百科全书派首领。

他的悲剧首次上演时,他不能亲自到场,但到三月三十日第六次上演时,他觉得身体恢复,可以出去了。那次的情形真是惊人。巴黎全城像发了疯一样。在一辆绘着金星的蓝马车中,一副老朽的骸骨穿着皮边的丝绒外衣,手里执着一根小杖,巍然过市。学士院的全体会员,除了主教以外,都在门口迎接他。路上拥挤的群众嚷着:"闪开,服尔德来了!"卫兵接他下车,一直陪他到包厢里。他一进去,观客都站起来喊着:"服尔德万岁!光荣啊,喀拉的辩护人!光荣啊,世界的伟人!"

末了,观客要求演员为他加冠。在两出戏中间。幕启处台上放着一座服尔德的像。全体男女演员在像前鱼贯而行,每人放一座桂冠在它头上,每次群众站起来向服尔德喊道:"这是大众给你的!"临了,众人轰轰烈烈的送他回维兰德府。女人们差不多把他抱在怀中。"夫人们,"他说,"你们叫我欢喜得要死了。"一个作家从未受过这样的敬礼。但他仍旧保持着冷静的头脑:"成千成万的人对你喝彩啊。"有人和他说。——"嗳!"他答道,"要是我临刑的时候,也有成千成万的人来观看呢。"

几星期后,他离开了这座征服的城。他一回家立即工作,说他没有多少时间可活,而他应当不负众人给予他的荣誉。终于,五月十一日,他发热了。德龙芎医生诊断为摄护腺癌。他非常痛苦,神志昏迷了。关于他的死况有许多矛盾的说法,每派有每派的作用,教会与哲学家们都想利用他的死况作为一种榜样。当地的神甫拒绝他葬在教墓上,威吓着正如服尔德所担心的一样,要把他弃在荒冢上。于是人家把他葬在他的侄子当神甫的舍利哀(Sellières)。他的心保存在国家图书馆里,直到今日。

二十二　结论与批判

在大地上有过宏伟嘹亮的声音的生命，决不会在静寂的坟墓中立即泯灭的。服尔德的一生全是热烈轻快的节奏（allegretto），不能突然一变为严肃静穆的调子（andante maestoso）。若干时内，他的帝王的朋友继续为他忙乱。弗莱特烈克二世委托乌同塑造一座胸像。凯塞琳女皇意欲收买他的藏书，写信给特尼夫人商量，称她为"曾经有些爱我的伟人的侄女"。

在法国，他所不赞成（因为他是保守主义者与君主专制的拥护者）而确曾揭竿倡导的大革命，把他当作先知者。一七九一年，宪政会议下令把服尔德遗骸迁葬先贤祠（Panthéon）。在壮丽的行列之前，那个"善心的美女"[①]穿着希腊式的长袍哀泣。一八一四年首次复辟时，他的棺龛被人盗发，经过的情形迄今不明。那座形销骨立的遗骸，曾经于八十余年中负载服尔德灵活的天才的尸身，从此不知下落了。

---

① 即维兰德夫人。

他是一个伟大的人格么？他讥讽帝王而又谄媚帝王。他对教会中人宣说应当宽恕横暴，他却不能放过他的敌人。他慷慨而又吝啬，坦白而又谎骗，懦怯而又勇敢。他最怕人类免不了的打击，他的一生却老是卷入最易遭受打击的纠纷。他在法尔奈有如一头躲在窟中的野兔，但是狡猾的野兔，在政治场中往往曾令狮虎却步。他受不住有利可图的事情的诱感，但更受不住危险的善行的诱感。

他是一颗伟大的智慧么？他不了解宗教，也不了解宗教之所以能不断的复生是证明人类有此不断的需要。他把基督教义与被人附会曲解的教义混为一谈。他对于一切都好奇，他比数学家知道更多的历史，比史学家知道更多的物理。他的天才能适应种种不同的规律。我们可以说这样的无所不知实际只是一无所知，在"通俗化"之中便有"庸俗"，但这亦是浅薄的思想。大众也需要多少文人不时把专门学者的成绩代为咀嚼消化，需要他们做一番归纳综合的功夫。否则，专家与常人之间会有不可超越的鸿沟，会酿成社会的混乱。何况"明白"并非与"庸俗"同义，除非在诗歌中是如此，故服尔德只有在他不求"明白"的小说中才是诗人。

他是一个宽宏大度的人么？他的本性始终是慈悲为怀，慷慨大量的。他的抚养高乃伊小姐足为证明。他痛恨苦难，不但为自己即为别人亦如此。他曾努力为人祛除无谓的悲惨的灾祸。有一次，一个朋友去看他，他正含泪读着一段历史，说："啊！人类曾经那么不幸那么可怜！而他们的所以不幸只因为懦怯愚蠢之故。"当他要和残暴与酷刑奋斗时，他难得愚蠢，从来不懦怯。"是的，"他说"我哓哓不已，这是我老年人的特权，我将哓哓不已直到同胞革除愚蠢的时候。"战争最是残酷的暴行之一，他对于战争的宽容未免令人诧异，但在他的时代，兵士是雇用的，而且只用雇用的兵士去打仗，故它的祸害亦相当轻减。

在一切十八世纪的哲学家中，最少哲学家气息的他倒是最著名，这是什么缘故呢？因为十八世纪是中产阶级与绅士的时代，是博学的与轻佻的时代，是科学的与浮华的时代，是欧洲的尤其是法国的全盛时代，是古典的而已染着浪漫色彩的时代，而这一切特点都集于服尔德一身，他是十八世纪一幅最完美的图像。

还有，他在外国人心目中是纯粹法国式的。世界上其他的国家，一直爱好如服尔德或法朗士①辈的作家，以巧妙婉转的态度，用明白的言语表现简单的思想。这种特殊的混合并非整个法国的面目，而是一部分法国的面目，而最优秀的法国人多少总有这种成分。因服尔德之功，法语才得在十八世纪中风靡全欧，才成为语言的光荣，它无异全欧的心灵所反射出来的奇光异彩，笼罩着法尔奈老人。

最后的尤其重要的一点，是他的轰轰烈烈的生活，凡是怕烦闷甚于烦恼的人，对于使他们生活在明快强烈的节奏中的人，当然是感激不尽的。从西雷、柏林、法尔奈散布到全法国的小册子、短文、小说、诗歌、书信，有如洪水一般，其中有陈腐的俗套，亦有精警的名言。但一切是轻快的，欢乐的，而法国人听到服尔德先生的琴声颤动时，都觉得精神一振。自然我们可以更爱更严肃的音乐，但一百多年以后，法国对于所谓服尔德先生的强烈活泼的调子（prestissimo）仍是百听不厌，足见它自有魅人的力量。

---

① Anatole France（一八四四～一九二四），法国近代大小说家，批评家。

参考书

本书所用参考资料为人尽皆知之典籍，如服尔德之著作及书信，龙乡（Longchamps）及华尼哀（Wagnière）之回忆录，葛拉斐尼夫人①之书信，台诺莱斯丹②之大著《服尔德与十八世纪法国社会》，龚陶赛③及阿扬太④之《服尔德传》，朗松⑤、勃吕纳蒂哀⑥、裴尔索⑦、穆黎⑧诸人论述服尔德之著作。本书首章材料颇有采用斐达·于斯蒂阿尼（Fidao-Justiniani）之《何谓古典主义者》之处，至论列服氏小说及故事一章，则多引彭维尔⑨为《服尔德全集》（Cité des Livres 版）所作之《绪论》。

---

① Madame de Graffigny（一六九五～一七五八），以学问渊博闻于时，书信中颇有讽刺服尔德之处。
② Desnoiresterres（一八一七～一八九二）。
③ Condorcet（一七四三～一七九四），法国哲学家，数学家，政治家，曾参与革命。
④ Aryental（一七〇〇～一七八八），服尔德之崇拜者。
⑤ Lanson，近代法国文学史家。
⑥ Brunetière（一八四九～一九〇七），法国近代大批评家。
⑦ Bellessort，法国作家兼教授。
⑧ Morley（一八三八～一九二三），英国政治家兼政论家。
⑨ Jacques Bainville，近代法国作家。

附录　谈傅雷和罗曼·罗兰的通信

戈宝权

多年来，我经常在注意和研究罗曼·罗兰与中国人的友好交往。从罗曼·罗兰夫人去年提供的珍贵资料中，我们知道早在一九二四年，年刚二十三岁的敬隐渔[①]，就开始着手翻译罗曼·罗兰的名著《约翰·克利斯朵夫》，他在六月三日从上海写信给罗曼·罗兰，罗曼·罗兰当即在七月十七日复了信，其中说：

亲爱的敬隐渔：

你的信使我很愉快。多年以来，我和日本人、印度人及亚洲其他民族已有友谊的交际，已互相观察了我们的思想的通融。但是至今我和中国人的关系只是很肤浅的。我记得托

[①] 敬隐渔（一九〇一～一九三一），作家和翻译家，著有短篇小说集《玛丽，玛丽》（一九二五）。他的生卒年是根据他写给罗曼·罗兰的信和有关材料推算出的。又据一九八三年五月欧洲华人学会出版的《欧华学报》第一期《一九二一至一九四六年里昂中法大学海外部同学录》，敬隐渔的生年亦为一九〇一年。

尔斯泰在他的生命的末时也表示这宗遗恨①——可是中国人的精神常常引起了我的注意；我惊佩它已往的自主和深奥的哲智；我坚信它留为将来的不可测的涵蕴。

……

你要把《若望－克利司多夫》译成中文，这是我很高兴的。

惟愿我的克利司多夫（昔曾有此一人）帮助你们在中国造成这个新人的模范，这样的人在世界各地已始创形了！愿他给你们青年的朋友，就如给你一样，替我献一次多情的如兄如弟的握手②。

到了一九二六年一月十日，郑振铎主编的《小说月报》从第十七卷第一期开始发表敬隐渔翻译的《约翰·克利斯朵夫》，同时又刊出了罗曼·罗兰在一九二五年一月特地写成的《约翰·克利斯朵夫向中国的弟兄们宣言》：

我不认识欧洲和亚洲。我只知世界有两民族：——一个上升，一个下降。

一方面是忍耐、热烈、恒久、勇敢地趋向光明的人

---

① 托尔斯泰在一九〇五年十二月四日写给当年在彼得堡留学的张庆桐的信中说："在我整个长远的一生中，我曾经有好几次同日本人见过面，但从没一次同中国人见过面，也没有发生过关系，而这正是我一向非常想望的。"他在一九一〇年逝世的这一年的四月十七日还曾说："假如我还年轻的话，那我一定要到中国去。"

② 引敬隐渔的译文，见一九二五年一月十日出版的第十卷第一期《小说月报》。

们，——一切光明：学问、美、人类的爱、公共的进化。

另一方面是压迫的势力：黑暗、愚蒙、懒惰、迷信和野蛮。

我是顺附第一派的。无论他们生长在什么地方，都是我的朋友、同盟、弟兄。我的家乡是自由的人类。伟大的民族是他的部属。众人的宝库乃是"太阳之都"。[①]

就在一九二五年年底，罗曼·罗兰审阅了敬隐渔翻译的鲁迅的名著《阿Q正传》，把它介绍给《欧罗巴》杂志，发表在一九二六年五月号和六月号上，而且在他写给敬隐渔的信中还给予它以很高的评价："阿Q传是高超的艺术的作品。其证据是在读第二次比第一次更觉得好。这可怜的阿Q的惨象遂留在记忆里了。"

继敬隐渔之后，翻译罗曼·罗兰的著作并和罗曼·罗兰通信的人，就是傅雷[②]了。他从三十年代初起，开始翻译罗曼·罗兰的著作。在一九三一到一九三五年期间，他先后翻译了罗曼·罗兰的三名人传：《贝多芬传》、《托尔斯泰传》和《弥盖朗琪罗传》，并开始翻译《约翰·克利斯朵夫》。据罗曼·罗兰夫人在去年提供的资料，我们才知道一九三四年当傅雷二十六岁时，曾用傅怒安的名字在三月三日写信给罗曼·罗兰，罗曼·罗兰在同年六月三十日复了他的信，其中说：

[①] 引敬隐渔的译文。
[②] 傅雷（一九〇八～一九六六），字怒安，号怒庵。

三月三日致书，收到甚迟。足下迻译拙著《贝多芬》、《弥盖朗琪罗》、《托尔斯泰》三传，并有意以汉译付刊，闻之不胜欣慰。

当今之世，英雄主义之光威复炽，英雄崇拜亦复与之俱盛。惟此光威有时能酿巨灾；故最要莫如将"英雄"二字下一确切之界说。

夫吾人所处之时代乃一切民众遭受磨炼与战斗之时代也；为骄傲为荣誉而成为伟大，未足也；必当为公众服务而成为伟大。最伟大之领袖必为一民族乃至全人类之忠仆。昔之孙逸仙、列宁，今之甘地，皆是也。至凡天才不表于行动而发为思想与艺术者，则贝多芬、托尔斯泰是已。吾人在艺术上与行动上所应唤醒者，盖亦此崇高之社会意义与深刻之人道观念耳。①

罗曼·罗兰的原信，曾制版印在一九三五年十一月商务印书馆初版的《托尔斯泰传》的卷首。傅雷把它作为代序，并附了一个《论无抵抗主义》的小标题。看来，傅雷在三月三日写给罗曼·罗兰的信（可惜现未见到原信），大概向他请教了有关"无抵抗主义"的问题，因此罗曼·罗兰在复信中说："至'无抵抗主义'之问题，所涉太广太繁，非短篇可尽。虽曾于论甘地之文字中有所论列，散见于拙著《甘地传》②、《青年印度》及《甘地

---

① 引傅雷的译文。
② 《甘地传》有陈作梁的中译本，见一九三〇年七月商务印书馆出版的"百科小丛书"本；一九三七年十二月又有"万有文库"本。

自传》之法文版引言。余将首先声明,余实不喜此'无抵抗'之名,以其暗示屈服之观念,绝不能表白英雄的与剧烈的行动性,如甘地运动所以实现者,唯一适合之名词,当为'非武力的拒绝'。"罗曼·罗兰在信的结尾处又说,"狂风暴雨之时代终有消逝之日……。不论其是否使用武力,人类必向统一之途迈进!"

傅雷在当年八月二十日又写了一封信给罗曼·罗兰,并附去自己的照片一张。承法国巴黎第八大学中文系教授米歇尔·鲁阿夫人亲自到罗曼·罗兰夫人家,从罗曼·罗兰收藏的外国人的通信中将这封信影印出来,现将全文发表如下[①]:

亲爱的大师:

六月三十日所赐长书奉悉,不胜感激。尊作三部《名人传》,译稿已为商务印书馆接受,该馆系我国最大的出版社,惜乎书待明年方能出版。鄙人已擅将大札译成中文,冠于《托尔斯泰传》卷首,同时亦将复制所赠照片,特此再次表示谢意。

先生对于英雄主义所作之界说,与鄙意十分契合,足证余虽无缘拜识尊颜,实未误解尊意,良可自慰。

近想逐译尊著《昔日音乐家》与《今日音乐家》,因余笃嗜音乐,此其一;再者,真正之中国音乐尚不存在,或说已不存在,故犹应介绍欧洲音乐,以音乐家之人格更重于音乐。先生上述两部大著,于尚未有切当之听觉,一味注重教

[①] 这封信是请中国社会科学院外国文学研究所的罗新璋同志译成中文的。

化之吾国听众,当大有裨益。

此信拟托一赴欧友人寄交,因时间仓卒,恕不多写。

至于敬隐渔,苦于无法获得确切情况,一说此人已疯,似较可信,因已听说不止一次。一说已去世,尚无法证实。

最后拟告,余正如来书末段所说者,为国家与环境所挤逼,既无力量亦无勇气实行反抗,惟求隐遁于精神境域中耳。虽知我辈努力不至全属徒然,但确乎甚少把握。旷目以待,犹如临终受难,道德信念也将为之动摇!各方支持,实吾人之所需!

敬颂

近安!

远方之谦逊崇拜者

及忠实弟子

傅怒安

一九三四年八月二十日

于上海吕班路二〇一弄五十三号

附寄的照片背面写有:"谨致深切的敬意,傅怒安。一九三四年八月。"罗曼·罗兰在边上注明:"傅怒安,'三名人传'的中译者。"

关于傅雷在一九三四年八月二十日写的这封信,有几处地方需要加以说明的:

一是信中提到罗曼·罗兰的两部有关音乐的著作:《昔日音乐家》和《今日音乐家》,都是一九〇八年出版的。但未见傅雷译成中文。

二是这封信是托经海路赴欧的友人代寄的。在现有保存下来的信封上，有一九三四年九月二十一日的邮戳，是由马赛港发出的，当时从上海到马赛的轮船要走将近一个月的时间。信封上的字样是："瑞士，沃德州，新村，奥尔加别墅，罗曼·罗兰先生收。"

三是关于敬隐渔的情况。本文开头处已提到他同罗曼·罗兰通信，并开始翻译《约翰·克利斯朵夫》，但他的译文在《小说月报》上只发表到第十七卷第三期为止，也就是译到该书的第一卷第二部第五大节为止，并未译完，现在的全译是出自傅雷之手。敬隐渔在一九二五年八月前往法国，九月初到达马赛，入里昂中法大学学习。他当时曾专程到瑞士沃德州的新村拜望了罗曼·罗兰。从这时起，他翻译了鲁迅的《阿Q正传》、《故乡》、《孔乙己》等小说，还翻译了一些中国现代小说家的作品。在翻译工作上和生活方面，都得到罗曼·罗兰的不少帮助。他后来在法国得了色情狂症，一九三〇年初返国。[①]他曾在二月二十四日拜访鲁迅，鲁迅在当天的日记中写着："敬隐渔来，不见"，可能是"拒见"之意。传闻他是在一九三一年"以狂疾蹈海而死的"。罗曼·罗兰和他的夫人都非常关心敬隐渔的情况。巴黎第八大学中文系教授米歇尔·鲁阿夫人从《鲁迅研究集刊》第一辑上读到我写的有关《阿Q正传》法文译本的文字，特别是提到了敬隐渔的情况和他同罗曼·罗兰的关系，她在一九八〇年五月四日写信

[①] 据前引《欧华学报》第一期史料，敬隐渔返国或离开里昂中法大学的日期是一九三〇年一月十日。

告诉我，说我的文章引起了罗曼·罗兰夫人和《欧罗巴》杂志主编皮埃尔·加马拉的很大兴趣，因为他们早就想知道敬隐渔这个"可怜的孩子"("Ce Pauvre garcon")的命运。

四是傅雷信结尾的一段话，是同罗曼·罗兰六月三十日来信结尾处的一段话有关的。罗曼·罗兰在信中谈到印度的无抵抗主义与甘地的关系：

> 彼同人民之濡染无抵抗主义也既已数千年，今又得一甘地为其独一无二之领袖；此其组织天才，平衡实利与信心之精神明澈，及其对于国内大多数民众之权威有以致之。彼所收获者将为确切不易之经验，不独于印度为然，即于全世界亦皆如此。是经验不啻为一心灵之英雄及其民族在强暴时代所筑之最坚固之堤岸。万一堤岸奔溃，则恐若干时内，强暴将掩有天下。而行动人物中之最智者亦只能竭力指挥强暴而莫之能御矣。当斯时也，洁身自好之士惟有隐遁于深邃之思想境域中耳。

讲到傅雷本人的经历，他在二十年代初曾在上海天主创教办的徐汇公学读书，因反迷信反宗教，言论激烈，曾被学校开除。"五卅"运动时，他参加在街头的讲演游行。北伐战争时他又参加大同大学附中学潮，被说成是共产党，在国民党反动派逮捕的威胁和恐吓之下，他不得不被寡母强迫回到上海南汇县的乡下去。一九二七年冬他离沪去法，在巴黎大学文科听课；一九三一年春访问意大利时，曾在罗马演讲过《国民军北伐与北洋军阀斗争的意义》，猛烈抨击北洋军阀的反动统治。一九三一年秋回国后，不得不在上海靠教书和笔耕生活。因此他才说出："为国家与环境所挤逼，既无力量亦无勇气实行反抗，惟求隐遁于精神境域中耳。"这正表现出了他当时写信时的心情。

一九八一年十二月十七日，已是八十七岁高龄的罗曼·罗兰夫人写信给我，感谢由米歇尔·鲁阿夫人转给她的信，并表示要将有关罗曼·罗兰与中国人通信的资料寄给我。在去年夏季她托人带来的不少影印信件中，就有这里发表的傅雷在一九三四年八月二十日写给罗曼·罗兰的这封信。当生活·读书·新知三联书店将傅雷翻译的罗曼·罗兰的《贝多芬传》、《弥盖朗琪罗传》和《托尔斯泰传》重印出版时，特将这封信发表出来，并在此对罗曼·罗兰夫人和米歇尔·鲁阿教授表示深切的谢意！

一九八三年七月一日